I ndilchuimhne Martin Vereker
1978–2014

Clár

Liosta giorrúchán

BAI: Údarás Craolacháin na hÉireann

ESRI: an Institiúid Taighde Eacnamaíochta agus Sóisialta

FNT: Feachtas Náisiúnta Teilifíse

IBEC: Cónaidhm Ghnólachtaí agus Fhostóirí na hÉireann

LFM: Language Freedom Movement

NUJ: Ceardchumann Náisiúnta na nIriseoirí

RnaG: Raidió na Gaeltachta

TnaG: Teilifís na Gaeilge

UCD: An Coláiste Ollscoile, Baile Átha Cliath

Nóta ón údar

Is é a chuireas romham sa saothar seo ná stair TG4 (TnaG roimhe sin) a bhreacadh. Toisc gur iriseoir mé seachas staraí, thugas faoin obair mar a bheadh gné-alt fada nuachta le scríobh agam agus tá iarracht déanta agam snáithe an scéil a fhí le chéile le taighde, le hagallaimh agus le tuairimíocht, mo chuid tuairimíochta féin faoi TG4 san áireamh.

Is iad na hagallaimh fhoirmeálta a chuireas ar lucht TG4 féin i gcaitheamh 2013–2017 bunchloch an leabhair seo, ach bhain tábhacht nach beag chomh maith leis na comhráite ar fad a bhí agam le daoine nár theastaigh uathu go luafaí a n-ainmneacha leis an eolas ná leis na tuairimí a roinneadar liom.

Tá tréimhse níos faide i gceist sa leabhar seo ná an fiche bliain atá caite ó tháinig an stáisiún Gaeilge ar an saol in 1996. Chuas níos sia siar ná sin chun tuiscint a fháil ar an gcomhthéacs as ar eascair aisling na teilifíse Gaeilge agus Gaeltachta an chéad lá.

Pléann an chéad chaibidil in *Súil Eile* mar sin le cruachás na teanga i saol na craoltóireachta in Éirinn ó na 1960idí i leith agus le patuaire an chraoltóra náisiúnta i leith na Gaeilge a thug ar lucht feachtais bóthar fada anacair a thabhairt orthu féin.

Deintear cur síos anseo chomh maith ar an aighneas idir feachtasóirí na hardchathrach agus feachtasóirí na Gaeltachta agus ar iarrachtaí luatha an dá dhream aird an rialtais a tharraingt ar a n-éilimh.

I gcaibidil 2, a phléann leis an tréimhse 1990–1993, cuirtear síos ar an athmhuintearas – má ba mhíshocair féin é – idir an dá fheachtas ar mhaithe le bunú an Fheachtas Náisiúnta Teilifíse (FNT). Féachtar sa chaibidil seo ar na geallúintí polaitiúla ar fad i dtaobh cheist na teilifíse nár comhlíonadh agus ar an gcor a chuir beirt Airí tuisceanacha i scéal aisling na teilifíse Gaeilge.

I gcaibidil 3 tá cuntas ar stocaireacht pholaitiúil lucht an fheachtais, ar an gcinneadh Rialtais a réitigh an chonair do Theilifís na Gaeilge agus ar an gcogadh sna meáin faoin gcinneadh céanna, nó 'the war against the Irish language' mar a thug an tráchtaire John Waters air.

Tá insint i gcaibidil 4 ar an méid a thit amach sna blianta beaga roimh bhunú an stáisiúin agus ar an mbráca ar fad a bhain leis an stáisiún nua a thabhairt ar an saol agus lucht a bhunaithe ar bheagán airgid, foirne agus clár. Cuirtear clabhsúr ar an gcaibidil seo le cur síos ar sheoladh Theilifís na Gaeilge ar oíche Shamhna 1996.

Na blianta 1997–1998 atá á gcíoradh i gcaibidil 5 agus tugtar léargas anseo ar mhúnlú íomhá an stáisiúin nua, ar úire na híomhá sin agus ar an moladh agus cáineadh a thuill TnaG i dtosach aimsire. Pléitear sa chaibidil seo chomh maith pianta breithe TnaG agus na fadhbanna teicniúla agus eile a d'fhág go raibh an stáisiún nua faoi léigear agus gan é tagtha chun coinlíochta go fóill.

I gcaibidil 6 cíortar an tréimhse 1999–2000 agus tugtar aghaidh anseo ar phianta fáis TnaG, agus ar an bplean tarrthála seiftiúil a ceapadh chun fuascailt a fháil ar na laincisí a bhí ar an stáisiún ó thosach, plean a d'fhág gur TG4 a thabharfaí feasta ar an gcraoltóir Gaeilge.

Leantar i gcaibidil 7 leis an gcur síos ar theacht aniar TG4 idir 2000 agus 2008, tréimhse inar tháinig Pól Ó Gallchóir i gcomharbacht ar cheannasaí bunaidh an stáisiúin, Cathal Goan, agus tréimhse ina raibh an stáisiún ag strácáil go fóill le ganntanas acmhainní agus airgid. Ba le linn na mblianta seo chomh maith a thug TG4 bóthar na saoirse air féin chun neamhspleáchas ó RTÉ a bhaint amach. *'From no hopers to giant killers'* an cur síos a dhein nuachtán amháin ar ghaiscí an chraoltóra le linn na mblianta áirithe seo agus féachtar i gcaibidil 7 ar na cláir agus ar an asarlaíocht mhargaíochta a thuill clú do TG4.

'TG4 agus Éire na Déine' atá sa treis i gcaibidil 8 agus cur síos anseo ar an rian a d'fhág an ghéarchéim eacnamaíochta ar stáisiún Bhaile na hAbhann. Scrúdaítear anseo, leis, figiúirí féachana an stáisiúin agus mar a tháinig TG4 i dtír ar an nuatheicneolaíocht agus ar na hathruithe móra ar shaol na teilifíse. Déantar scagadh i gcaibidil 8 ar cheist na Gaeilge (agus an Bhéarla) ar TG4 agus leantar leis an scagadh sin i gcaibidil 9 ina gcaitear súil níos géire ar chaidreamh an stáisiúin lena chroíphobal féachana – pobal na Gaeilge – agus leis an earnáil teilifíse neamhspleách. Tá tuilleadh sa chaibidil seo faoin meath atá tagtha ar fhigiúirí féachana an stáisiúin agus faoi na dúshláin is mó atá roimhe.

I gcaibidil dheireanach an leabhair áitítear go bhfuil stáisiún Bhaile na hAbhann i ngreim an dá bhruach agus fiche bliain curtha de aige. Cíortar i gcaibidil 10 cuid de mhórthéamaí an leabhair agus féachtar ar a bhfuil bainte amach ag TG4 agus ar a bhfuil i ndán dó.

Tá léirmheas ginearálta ar chláir TG4 tríd síos sa leabhar.

Tá tagairtí d'fhoinsí an tsaothair sna caibidlí féin agus iad ag freagairt do liosta na bhfoinsí ag deireadh an leabhair. Maidir leis na hagallaimh a dhein an t-údar féin, tá na ráitis uathu os comhair an léitheora san aimsir láithreach chun idirdhealú a dhéanamh idir iad agus na foinsí stairiúla sa leabhar. Mar shampla, nuair a chítear 'a deir Pádhraic Ó Ciardha' seachas 'a dúirt Pádhraic Ó Ciardha' is agallamh comhaimseartha leis an údar atá i gceist.

Mura dtugtar a mhalairt le fios, is ó thuarascálacha agus as cáipéisí oifigiúla eile de chuid TG4 a tógadh na figiúirí a bhaineann le lucht féachana an stáisiúin agus is amhlaidh an scéal i gcás na bhfigiúirí a bhaineann le cúrsaí airgeadais. Tá na tuarascálacha agus na cáipéisí áirithe i measc na bhfoinsí ar chúl an leabhair.

Seán Tadhg Ó Gairbhí

10 Eanáir 2017

Nóta buíochais

Táim faoi chomaoin mhór ag gach aon duine a chabhraigh liom scéal TG4 a insint, go háirithe Pádhraic Ó Ciardha. Ba mhaith liom buíochas ó chroí a ghabháil chomh maith leis an uile dhuine eile a chabhraigh liom leis an saothar seo a chur i gcrích: Caoilfhionn Nic Pháidín, Fionnuala Cloke, Jenifer Ní Ghrádaigh, Breandán Delap, Seán Ó Cuirreáin, Máire Ní Fhinneadha, Dara Ó Cinnéide, Linda Ní Ghríofa, Kevin Hickey, Róisín Ní Ghairbhí, Cillian Ó Gairbhí, Domhnall Ó Gairbhí, Mary Ó Domhnaill, Cóilín Ó Domhnaill, Micheál Ó Domhnaill, Rónán Ó Domhnaill, Deirdre Guérin, Ciarán Ó Súilleabháin, Robert Ballagh, John Walsh, Eoin Flannery, Pól Ó Muirí, Seán Ó Mainnín, Maitiú Ó Coimín agus Breandán 'Brandy' Mac Gearailt.

Táim fíorbhuíoch leis de mhuintir Ghairbhí agus de mhuintir Ghríofa ar fad.

Beidh mé buíoch go deo de mo thuismitheoirí, Seán agus Mary, as a mbuantacaíocht.

Thar aon ní eile, táim buíoch d'Emer agus de Mháire bheag.

C: Teilifís na Gaeltachta? Ní fheicfidh tú go brách é.

God damn it man, mar a deir an fear. Níl ann ach cat i mála.

Ach céard sa diabhal a chuirfí air, mara gcuirfí fógraí báis air?

Nach bhfuil muid bodhraithe ag an *radio*, is a bhfuil á gcailleadh i Donegal air.

M: Ha ha ha! nach gcuirfí áilleacht Chonamara air, a dhiabhail, nó na báid ag dul go hÁrainn.

Ach idir mé fhéin is tú fhéin, níl dabht ar bith i m'intinnse ach go mbeadh *Westerns* thar barr air.

('Teilifís na Gaeltachta agus an OK Corral', agallamh beirte le Ciarán Ó Fátharta agus Máirtín Jaimsie. Cumadh é tamall fada roimh theacht Theilifís na Gaeilge.)

1. Aisling theilifís na Gaeilge

Féach an bosca san sa chúinne agus gan aon ní ag teacht amach
as chugam ach Béarla, tar éis na fola go léir a sileadh
ina choinne.

(Seán Ó Criomhthain, *Lá dár saol,* 1969)

*... the people do not want to listen to Irish; they are not listening
to it and they will not listen to it ... the sooner this Irish rot and
codology is got rid of, the better for everyone in this country.*

(Díospóireachtaí Dála 1960)

*Policy for about two decades has clearly been to let the language die
by stealth.* (Joe Lee 1989)

*Where, he asked, were the Irish-speaking men of television ... (The
Irish Times,* 15 Aibreán 1963)

☻

Bhí Ciarán Ó Feinneadha ina sheasamh ag stad an bhus ar Fhaiche
Stiabhna oíche an 4 Nollaig 1976 agus cé gurbh é an lá ab fhuaire den
bhliain é de réir Met Éireann, ba bheag a bheann ar an bhfuacht. Bhí oíche
sheoigh tugtha aige ag ól i dTigh Sinnott ar Shráid an Rí Theas, tábhairne
a raibh teist an uair sin air mar áit ina mbailíodh lucht cúise agus lucht
cearta isteach chun a scéalta feachtais a chur trí chéile.

1

'Fear óg ar an Aeróg', *Inniu*, 10 Nollaig 1976

Ní raibh aon easpa ábhar cainte an oíche sin ar Chiarán agus a chomrádaithe agus bhí miongháire anois air agus é ag fanacht ar an uimhir 14 a thabharfadh abhaile go Teach Mealóg é. Bhí sé fós ar tinneall ag cuimhneamh ar eachtraí an lae nuair a chuir sé suim sa chomhrá bríomhar a bhí ar siúl ag beirt strainséirí a bhí laistiar de sa scuaine. Bhíodar ag caint faoi scéal agus faoi phictiúr ar an *Evening Press*.

'*What a gobshite*!' arsa bean amháin leis an mbean eile. Ba é Ciarán Ó Feinneadha an '*gobshite*' aici, an fear óg a bhí le feiscint sa phictiúr san *Evening Press*. Níor ghéill an bhean eile do bhreith a cara agus b'fhéidir gurb in an chúis gur shocraigh an t-idéalaí óg ceanndána fanacht ina thost, rud nár ghnách leis a dhéanamh nuair a thugtaí a dhúshlán. Nó b'fhéidir gurb amhlaidh go raibh dóthain déanta cheana an lá sin aige 'ar bhonn prionsabail'.

2

Bhí an tráthnóna caite aige i stáisiún na nGardaí i nDomhnach Broc agus cé nár bualadh é deineadh an oiread sin bagartha air gur fhiafraigh Garda sinsearach de an raibh sé ag iarraidh gearán oifigiúil a dhéanamh nuair a chonaic sé chomh suaite is a bhí sé. Ach ba anois agus é ag cúléisteacht le beirt strainséirí ag stad an bhus a thuig Ó Feinneadha i gceart a raibh déanta aige. Tharraingeodh an scéal seo i bhfad níos mó cainte ná aon agóid eile a bhí déanta aige féin agus a chairde roimhe seo.

Níos luaithe an lá sin, chuaigh Ó Feinneadha agus aon bhall déag eile de Chonradh na Gaeilge amach go dtí ceannáras RTÉ i nDomhnach Broc chun agóid a dhéanamh faoina laghad clár Gaeilge a bhí á gcur amach ag an gcraoltóir náisiúnta. Bhí cás na Gaeilge sa tseirbhís chraolacháin ag dó na geirbe ag lucht na teanga le fada an lá. Ceist chearta a bhí inti, ach bhíodar buartha go háirithe faoina raibh i ndán don teanga i measc an aosa óig i bhfianaise faillí RTÉ sa Ghaeilge. Cláir Ghaeilge ba ea 2.8 faoin gcéad de na cláir a chraol RTÉ in 1975, i gcomparáid le 6 faoin gcéad in 1965, de réir meastacháin amháin (Watson 2003).

Theastaigh ón dream a chuaigh amach go Domhnach Broc an lá sin a mbuairt faoi fhaillí an chraoltóra phoiblí i leith na Gaeilge a chur in iúl ar bhealach níos drámatúla ná mar a bhí déanta acu roimhe sin. Mar a dúirt duine acu, Treasa Ní Laoi, i ndiaidh na hagóide, bhíodar 'ag éirí bréan' de bheith ag scríobh litreacha nár tugadh aon fhreagra orthu (Inniu 1976a). Ba é Ó Feinneadha príomhphearsa an dráma a stáitsíodh in Montrose. Le cabhair ó Phádraig Ó Snodaigh, fear mór téagartha, chuaigh an fear óg íseal ocht mbliana déag d'aois in airde ar aeróg RTÉ agus dhreap sé chomh hard uirthi agus a d'fhéadfadh sé. Nuair a bhain sé a cheann sprice amach, scaoil ar foluain le gaoth an gheimhridh brat a raibh an mana 'Ní leor 3 faoin gcéad' air mar thagairt don chéatadán Gaeilge a mheas Conradh na Gaeilge a bheith ar sceideal RTÉ ag an am.

Thug Ó Feinneadha trí cheathrú uaire ar an aeróg, a bhí 200 méadar ar airde, nó gur mheall teicneoir anuas é. Chomh luath agus a leag sé cos ar thalamh arís gabhadh agus tugadh go dtí stáisiún na nGardaí i nDomhnach Broc é, áit ar lean a chomrádaithe lena n-agóid nó gur scaoileadh amach 'An fear óg ar an aeróg', mar a thugadh air ar phríomhleathanach *Inniu* an tseachtain dár gcionn.

Cúisíodh Ó Feinneadha as briseadh síochána agus bhí imní air go gcuirfeadh a ghníomh dána i mbaol a phost nua mar státseirbhíseach leis na Coimisinéirí Ioncaim. Ach nuair a bhain sé an obair amach Dé Luain ní raibh faic le rá ag a shaoiste nua faoin scéal ach, 'An raibh sé fuar ansan thuas?' Fuair sé dea-scéal eile cúpla lá ina dhiaidh sin nuair a bhí sé ar dualgas ní ba neamhurchóidí mar Dhaidí na Nollag i scoil áitiúil. Bhí gach aon 'hó hó' aige ag dáileadh bronntanas ar pháistí Gaelacha an cheantair nuair a thug sé faoi deara go raibh an Garda a ghabh é an tseachtain roimhe seasta taobh leis. 'Ná bí buartha faoin scéal sin, a mhac. Tá sin réitithe,' arsa an Garda de chogar. Cé nach raibh a fhios ag Ciarán go dtí an lá sin é, bhí an té seo pósta le cara leis, Gaeilgeoir aitheanta a raibh cion ag cách uirthi.

Níorbh é an uair dheireanach a tharraingeodh Ó Feinneadha aird na n-údarás air féin agus ní raibh in eachtra na haeróige ach an chéad gháir chatha i bhfeachtas fada nach dtiocfadh deireadh leis go ceann fiche bliain eile, ar Oíche Shamhna 1996.

Thug craobhscaoileadh a dteachtaireachta ó aeróg Montrose misneach do lucht an fheachtais ar son tuilleadh clár Gaeilge ar RTÉ. Sna blianta ina dhiaidh sin ba i dtreise a chuaigh iarrachtaí ghluaiseacht na teanga aird a tharraingt ar an scéal. Eagraíodh agóidí éagsúla, ina measc 'sochraid na Gaeilge', mórshiúl ag ar iompraíodh tríd an ardchathair 'cónra na Gaeilge'. Mar léiriú ar 'threascairt' an Stáit agus RTÉ i leith na Gaeilge, bhí an chónra clúdaithe le *Union Jack* a bhí deartha go speisialta don ócáid i ndathanna bhrat na hÉireann.

Ar ócáid eile, i Márta na bliana 1977, cheangail seachtar ball de Chonradh na Gaeilge iad féin le slabhraí de gheata Ard-Oifig an Phoist ar Shráid Uí

Chonaill. Gabhadh seisear acu – d'éalaigh Ó Feinneadha sular tháinig na Gardaí agus é buartha nach maithfeadh an státseirbhís arís dó a dhásacht – agus tugadh bolscaireacht mhaith don eachtra sna meáin náisiúnta.

Bhí baint lárnach ag Freagra, brúghrúpa nua a bhunaigh Ó Feinneadha agus scata feachtasóirí óga eile, leis na hagóidí seo. Bhí graifítí Fhreagra le feiscint i mBaile Átha Cliath ag deireadh na 1970idí agus, le linn dhorchadas na hoíche, péinteáladh manaí ar nós 'An leor 3 faoin gcéad?' ar bhallaí ar fud na cathrach.

Ar na daoine a chuir spéis in obair Fhreagra bhí cathaoirleach Údarás RTÉ, Pádraig Ó Muircheartaigh, a dhein léirmheas nach raibh rómholtach ar a saothar ealaíne. '*Many walls in Dublin are daubed with crude and vulgar slogans in the name of the Irish language,*' a dúirt Ó Muircheartaigh i mí Feabhra 1980 agus eagla air go n-iompódh cur chuige Fhreagra an pobal i gcoinne na Gaeilge seachas tacaíocht don teanga a mhúscailt ina measc (The Irish Times 1980).

Chreid lucht Fhreagra go láidir san easumhlaíocht shibhialta mar uirlis agóide, ach cuireadh teist ar a bhfoighne ar a laghad uair amháin le linn 'suí istigh' i bhforhalla RTÉ. An lá áirithe sin, dar le Ó Feinneadha, d'fhill ball foirne RTÉ ar a chuid oibre tar éis lóin le braon faoin bhfiacail agus é meáite ar dhul ceangailte i gcnáimhseálaithe na Gaeilge. Is cosúil, nuair a chuir sé an mheisce de, gur ghabh sé leithscéal as duine de na feachtasóirí a bhualadh.

Ní róbhuíoch a bhí RTÉ ach an oiread nuair a chuir beirt fheachtasóirí de chuid Freagra stop le craoladh beo clár nuachta ar an 23 Deireadh Fómhair 1980. Cuireadh moill bheag ar an gclár nuair a ghabh duine den bheirt lom díreach gan staonadh isteach sa stiúideo le linn craoladh ar mhír faoin státaire Rúiseach Alexei Kosygin. 'Breis cláracha Gaeilge!' a bhéic an feachtasóir agus iarracht á déanamh aige fógra a raibh 'Is dona linn an briseadh seo' scríofa air a chur ar aghaidh an cheamara amach. Cuireadh ina thost é agus díbríodh an bheirt go dtí an pasáiste lasmuigh den seomra stiúrtha. Cuireadh ceithre scuadcharr i dtreo RTÉ ach bhí lucht na hagóide éalaithe ón áit sular bhain na Gardaí Montrose amach. Bhí tuairiscí faoin agóid chun tosaigh ag cuid de na nuachtáin náisiúnta agus tuairiscíodh ar phríomhleathanach an *Irish Press* go ndúirt urlabhraí ó RTÉ gur gortaíodh beirt le linn na heachtra. Maíodh gur thit bean amháin i laige agus gur tugadh cic, ach dúirt urlabhraí ó Fhreagra nár gortaíodh oiread is duine amháin (Ryan 1980).

I gcaitheamh an ama seo go léir, bhí agóid eile ar bun a bhain go díreach le héirim an fheachtais teilifíse Gaeilge – agóid na gceadúnas teilifíse. Bhí Alan Heussaff, Briotánach ó dhúchas a thóg a chlann le Gaeilge, ar an gcéad duine a dhiúltaigh a cheadúnas teilifíse a íoc mar sheasamh i gcoinne easpa Gaeilge ar sceideal RTÉ. Ba í an sóisialach agus poblachtánach óg as Baile Átha Cliath, Íte Ní Chionnaith ó Chonradh na Gaeilge, an chéad duine de chúig dhuine dhéag a chuaigh chun príosúin mar chuid d'agóid na gceadúnas teilifíse. Gabhadh Ní Chionnaith ar an 4 Eanáir 1977 agus thug sí seacht lá i bpríosún Mhuinseo. Thuill a cás cuid mhaith poiblíochta don fheachtas.

I mí an Mhárta an bhliain chéanna, bhí scéalta sna meáin faoi Shighle Bean Uí Dhonnchadha, baintreach seachtó a cúig bliain d'aois a raibh príosún á bhagairt uirthi toisc nár íoc sí ach daichead a cúig pingin den sé phunt a bhí ar cheadúnas. Bhí sé déanta amach ag an mbaintreach ghaoiseach go raibh 2.8 faoin gcéad de sceideal RTÉ i nGaeilge agus gurbh ionann daichead a cúig pingin agus 2.8 faoin gcéad de sé phunt, táille an cheadúnais.

Tharraing cás Fhlann Uí Riain, a thug dhá lá i bpríosún i Meitheamh 1977, cuid mhaith poiblíochta don fheachtas chomh maith. Duine de na cartúnaithe ba mhó cáil sa tír ab ea Ó Riain a mbíodh a shaothar le feiscint i bhfoilseacháin éagsúla faoin ainm 'doll'. Dar le hÍte Ní Chionnaith, áfach, gur cheart aitheantas ar leith a thabhairt do Cháit Uí Chadhain, duine eile den chúig dhuine dhéag a chuaigh chun príosúin.

Díobh siúd uile a tugadh os comhair na cúirte, is gá a rá gur léirigh Cáit Uí Chadhain diongbháilteacht ar leith. Tugadh os comhair na cúirte í arís agus arís eile. Gearradh fíneálacha uirthi uaireanta agus an tAcht Promhaidh uaireanta eile. (O'Connell et al. 2008)

Le linn an fheachtais léirigh breithiúna áirithe, an Breitheamh Ó Gliasáin agus an Breitheamh Delap ina measc, bá leis na cosantóirí a tugadh os a gcomhair. Léirigh Rúnaí Parlaiminte an Taoisigh Seán Ó Ceallaigh bá le lucht an fheachtais chomh maith agus é den tuairim nach raibh cothrom na féinne á thabhairt ag RTÉ don teanga (Irish Independent 1975).

Ba ar an easpa Gaeilge ar RTÉ seachas ar bhunú stáisiúin nua Gaeilge ba mhó a dhírigh an feachtas ar son na teilifíse Gaeilge sna 1970idí, ach ní shin le rá nach raibh aon chaint ar sheirbhís Ghaeilge ar leith a bhunú. In Aibreán 1963, ag Ard-Fheis Chonradh na Gaeilge i dTiobraid Árann, glacadh le rún go n-iarrfaí ar an Rialtas stáisiún lán-Ghaeilge ar imeall na Gaeltachta a bhunú (Irish Independent 1963). In 1969 d'fhoilsigh Bob Quinn, Jack Dowling agus Lelia Doolan, triúr a bhí fostaithe ag RTÉ, a leabhar cáiliúil *Sit Down and be Counted* inar deineadh an cás ar son stáisiún neamhspleách Gaeilge a bhunú, i bhfianaise dhrochstaid na teanga ar RTÉ.

De bharr an leithcheala atá déanta le fada anois ar chláracha Gaeilge is beag fonn atá ar fiú na stiúrthóirí sa stáisiún a bhfuil Gaeilge líofa acu aon bhaint a bheith acu leo. An té a théann i bhfeighil clár Gaeilge tuigeann sé go mbeidh sé taobh le droch-am craolta agus nach mbeidh na háiseanna ná an t-airgead aige a bheadh aige ina mhacasamhail de chlár i mBéarla. (Doolan et al. 1969)

Trátha an ama chéanna a foilsíodh *Sit Down and be Counted* bunaíodh Coiste Práinne na Gaeilge. Stáisiún raidió Gaeltachta ba mhó ba chás leis an mbrúghrúpa nua, ach bhí stáisiún teilifíse á lorg acu chomh maith agus gan aon luí acu le gluaiseacht 'mheasúil' na Gaeilge (The Irish Independent 1969).

Laistigh de ghluaiseacht na Gaeilge bhíodh caint ann ó am go chéile faoi stáisiún nua a éileamh agus deineadh roinnt plé faoin gceist i gConradh na Gaeilge i lár na 1970idí. Tháinig borradh faoin bplé seo i ndiaidh don Chonradh comhdháil ar an gcraoltóireacht i dteangacha Ceilteacha a eagrú i mBaile Átha Cliath in 1975.

Deineadh corrthagairt do stáisiún nua ag ócáidí poiblí chomh maith. Ag cruinniú i mBaile Átha Cliath i mí na Nollag 1976, dúirt Maolsheachlainn Ó Caollaí, Cathaoirleach Choiste Craolacháin Chonradh na Gaeilge, go raibh 'an comhrac ar son seirbhís iomlán teilifíse i nGaeilge buaite' mar gur ag gluaiseacht na Gaeilge a bhí 'na hargóintí is láidre' agus mar nach 'ligfeadh an náire' do RTÉ a mhíniú cén fáth nach raibh ach 3 faoin gcéad dá sceideal i nGaeilge (Inniu 1976b). Ba threise 'argóintí stuama ná biogóideacht', a dúirt Ó Caollaí, ach faoin tráth sin ba bheag duine a bhí ag éileamh os ard go mbunófaí stáisiún nua Gaeilge.

Ní hamháin nach raibh an 'comhrac' áirithe sin 'buaite' ach is ar éigean a bhí sé tosaithe fós. Go deimhin, ba mhó an bhaint a bhí ag an gcruinniú agóide i gColáiste Mhuire le cúrsaí raidió agus leis na ráflaí a bhí sa treis ag an am go raibh Radio West le bunú agus go gcraolfaí ar thonnfhad Raidió na Gaeltachta é. Shéan Seán Mac Réamoinn, urlabhraí RTÉ ag an gcruinniú, go raibh aon fhírinne sna ráflaí seo nó gur chúis imní ba ea an mhoill a bhí le ceapadh ceannaire nua ar RnaG.

Nuair a mhaígh Mac Réamoinn go raibh an céatadán de chláir Ghaeilge níos airde ná an 3 faoin gcéad a bhí á lua ag Conradh na Gaeilge, bhéic duine ón slua, 'Ar chóir dúinn a bheith buíoch as sin?' Thug an colún 'Tuarascáil' in *The Irish Times* breith ghonta ar an gcruinniú faoi chúrsaí raidió agus teilifíse agus chuir údar an cholúin comhairle ar Chonradh na Gaeilge.

Bhí an cruinniú féin suarach agus is mór is fiú do Chonradh na Gaeilge gur rith lucht stiúrtha RTÉ roimh ghlam an tíogair páipéir. Is féidir a rá anois nach bhfuil de pholasaí Gaeilge ag RTÉ ach pé rud a shocraítear idir dhá chic sa tóin. Ní foláir do Chonradh na Gaeilge péire nua buataisí troma a fháil i mball éigin. (The Irish Times 1976)

Bhí amhras ar dhaoine eile seachas scríbhneoir 'Tuarascáil' faoi mhianach na gluaiseachta. Ag trácht ar lucht na teanga, dúirt Maolsheachlainn Ó Caollaí féin gur 'dream leisciúil, faillíoch sinn ... agus b'fhearr lenár bhformhór mór bheith inár dtost ag súil go ndéanfadh duine éigin eile gníomh.' (Inniu 1976b)

In ainneoin agóidí na ndaoine sin nár fhan ina dtost, is beag rian a d'fhág an feachtas ar pholasaí RTÉ toisc gur bheag a bhí RTÉ féin sásta a ghéilleadh. Níl aon amhras, áfach, ach gur tharraing feachtasaíocht na 1970idí aird ar cheist theilifís na Gaeilge. Is cinnte chomh maith gur spreag an chrógacht a bhain le feachtas na gceadúnas teilifíse agus an tsamhlaíocht a bhain le roinnt de na hagóidí drámatúla eile daoine chun dul i mbun achainí níos uaillmhianaí – go mbunófaí stáisiún nua Gaeilge.

Is de réir a chéile a d'athraigh béim an fheachtais ag deireadh na 1970idí. I dtús na bliana 1978, mhol Maolsheachlainn Ó Caollaí go mbunófaí stáisiún bradach raidió Gaeilge ach go ndéanfaí cinneadh lá níos faide anonn maidir le stáisiún teilifíse lán-Ghaeilge a éileamh. Bhí geallta ag Fianna Fáil ina bhforógra toghcháin an bhliain roimhe sin go scrúdófaí ceist na teilifíse Gaeltachta, ach bhí an-chuid daoine laistigh de ghluaiseacht na Gaeilge féin fós go mór in amhras faoi stáisiún nua a éileamh.

Diaidh ar ndiaidh, ar chúiseanna éagsúla, mhaolaigh ar an amhras sin, agus cé gur gheall RTÉ i bhFeabhra 1980 go rabhadar meáite ar 20 faoin gcéad dá sceideal a chur ar leataobh don Ghaeilge, faoin tráth sin bhí a ndóthain gealltanas ó RTÉ cloiste ag daoine áirithe.

I mBealtaine na bliana 1980 ritheadh rún ag Ard-Fheis Chonradh na Gaeilge ar an Spidéal go n-éileofaí stáisiún nua Gaeilge. 'Conradh na Gaeilge's hard-working and generally sober Ardfheis' a tugadh ar an ócáid san Irish Press (MacConnell 1980) agus de réir na tuairisce ar an Ard-Fheis a bhí in The Irish Times (1980), ba faoi cheist na Gaeilge ar RTÉ agus ceist chúinsí na bpríosúnach sa Cheis Fhada a bhí na hóráidí ba 'phaiseanta' a tugadh le linn na deireadh seachtaine.

Moladh ar dtús go n-éileofaí stáisiún teilifíse Gaeilge laistigh de chúig bliana, ach mar a dúradh in The Irish Times, 'realism won'. Ba é an rún a ritheadh sa deireadh ná go n-éileofaí go mbunófaí stáisiún Gaeilge a luaithe agus ab fhéidir é. Dar le hÍte Ní Chionnaith gur ghníomh 'thar a bheith radacach a bhí ann' a chuir alltacht ar dhaoine eile i ngluaiseacht na teanga.

> Ní raibh a leithéid d'aidhm ag aon eagraíocht Ghaeilge ná Ghaeltachta eile ag an am ná go ceann i bhfad ina dhiaidh. Bhí an aidhm sin chomh fada sin ón bhfreastal suarach a bhí á dhéanamh ag RTÉ ar phobal na Gaeilge ag an am gur cheap go leor daoine i ngluaiseacht na Gaeilge, fiú, go rabhamar glan as ár meabhair, gur aidhm chraiceáilte a bhí ann agus nach bhféadfaí í a bhaint amach. (O'Connell et al. 2008)

Ba í an chúis ba mhó leis an athrú poirt ag Conradh na Gaeilge ná righneas RTÉ féin. Ón uair a tháinig ann don stáisiún nua agus fiú sular bunaíodh in aon chor é, bhí lucht RTÉ agus lucht na Gaeilge in adharca a chéile faoi cheist na teanga.

Sna míonna beaga sular bunaíodh Telefís Éireann in 1961 d'éiligh Comhdháil Náisiúnta na Gaeilge cruinniú práinne le hÚdarás Radio Éireann chun ceist na Gaeilge ar chlár teilifíse a phlé. Dhein an Chomhdháil cáineadh géar chomh maith ar chuid dá raibh le rá go poiblí faoin nGaeilge ag an gcéad chathaoirleach ar údarás craolta RTÉ, Eamonn Andrews. 'Use of such clichés as "not wanting to ram the language down the *throats, eyes or ears of the viewers" tend to mislead the uninformed rather than enlighten public opinion,'* a dúirt lucht na Comhdhála (Delap 2012).

Bhí an conach ar fad ar an scáthghrúpa teanga nuair nach raibh cumas Gaeilge luaite mar choinníoll d'fholúntais le haghaidh láithreoirí leanúnachais a fógraíodh san *RTV Guide*. Thug freagra Ard-Stiúrthóir Thelefís Éireann, Edward J. Roth (a chabhraigh le hiarratas Ghael Linn ar an gconradh don tseirbhís teilifíse i ndeireadh na 1950idí) ar ghearán na Comhdhála léargas ar dhearcadh RTÉ i leith na Gaeilge: *'The authority's obligations ... have to be read in conjunction with its other obligations, including those of providing and maintaining a national broadcasting service and of being financially self-sufficient in the process.'* (Delap 2012)

Ba léir go raibh tuairimí láidre faoi cheist na teanga ag daoine ar an leibhéal ba shinsearaí den eagraíocht agus d'éirigh Andrews féin as mar chathaoirleach in 1966 mar gheall ar easaontas le baill eile den Údarás faoina laghad Gaeilge a bhí ar RTÉ.

An mbeadh an Ghaeilge i gcónaí in áit na leathphingine ar RTÉ fad is a bhí an choimhlint seo ann idir a ndualgas i leith na teanga agus a ndualgais eile? Faoi dheireadh na 1970idí agus tús na 1980idí ba í sin an cheist á bhí á hionramháil ag lucht an fheachtais ar son na teilifíse Gaeilge.

In 1979 ghlac Údarás RTÉ le moladh i dtuarascáil ó choiste comhairleach rialtais go gcraolfaí tuilleadh clár Gaeilge, go háirithe do dhaoine óga, ach níor tháinig aon athrú ar an scéal ná ar an sceideal. Gealladh a leithéid chéanna nuair a bhí RTÉ Two, an dara cainéal náisiúnta, á bhunú ag deireadh na 1970idí, ach arís níor dhein an craoltóir náisiúnta beart de réir a bhriathair.

Ní haon iontas mar sin go raibh roinnt de na feachtasóirí tagtha ar an tuiscint nach raibh aon athrú meoin i ndán do RTÉ agus nach raibh an dara rogha acu ach féachaint an athuair ar bhunéileamh an fheachtais. Measann Ciarán Ó Feinneadha, agus formhór na ndaoine eile ar cuireadh agallamh orthu don leabhar seo, nach mbeadh aon ghá in aon chor le bunú Theilifís na Gaeilge dá gcloífeadh RTÉ sa chéad áit lena ndualgais reachtúla i leith na teanga.

Is iomaí rud beag eile a thug ar dhaoine a meon a athrú, áfach. Síleann Ó Feinneadha, mar shampla, nár tugadh riamh a cheart do ról an 'zaipire' i stair na teilifíse Gaeilge.

I lár na 1970idí bhí aithne agamsa ar go leor daoine a bhí i gcoinne stáisiún nua a bhunú mar nár chreid siad go mbeadh daoine sásta an bealach a athrú. Ach de réir mar a bhí teacht níos forleithne ag daoine ar an zaipire teilifíse d'athraigh a meon! Rud beag ach rud tábhachtach a bhí ann a d'athraigh intinn go leor daoine. (Ó Feinneadha 2013)

D'fhág feachtas teilifíse na Breataine Bige a lorg ar fheachtas na tíre seo chomh maith agus deineadh aithris abhus ar chuid de na seifteanna agóide thall, feachtas na gceadúnas teilifíse ina measc. Chomh fada siar le 1971, bhí lucht feachtais na tíre sin ina n-eiseamláir ag lucht na Gaeilge. Ag Ard-Fheis Chonradh na Gaeilge na bliana sin, a reáchtáladh ar an Tulach Mhór, mhol Mairéad Ní Chinnéide, ball den choiste náisiúnta, go siúlfaí go Baile Átha Cliath chun suí isteach in 'ivory tower' RTÉ. Nuair a chuaigh lucht na Breatnaise go dtí an BBC i Londain tugadh cluas éisteachta dóibh, a dúirt sí. (The Irish Times 1971). Ar an 10 Deireadh Fómhair 1980, thug Uachtarán Plaid Cymru, Gwynfor Evans, caint i mBaile Átha Cliath ina ndúirt sé *[that] television had the power to kill a national language*. Ba mhór an spreagadh é don fheachtas cinneadh rialtas na Breataine an stáisiún Breatnaise S4C a bhunú. Ba faoi réimeas Margaret Thatcher agus na dTóraithe a tháinig ann don tseirbhís chraoltóireachta i Samhain 1982. Má bhí Maggie sásta stáisiún dá gcuid féin a thabhairt do lucht na Breatnaise, cén fáth nach mbronnfaí a macasamhail de sheirbhís ar lucht na Gaeilge?

In Aibreán 1983 cuireadh séala níos oifigiúla fós ar an éileamh ar stáisiún nua nuair a d'fhoilsigh Bord na Gaeilge a Phlean Gnímh Trí Bliana. Moladh go soiléir sa phlean sin go mbunófaí Teilifís na Gaeltachta. Ach ina ainneoin sin níor deineadh mórán dul chun cinn maidir le ceist theilifís na Gaeilge faoi chomhrialtas Fhine Gael agus Pháirtí an Lucht Oibre 1982–87.

Léirigh cáipéisí stáit a scaoileadh faoin 'riail 30 bliain' in 2014 a laghad measa a bhí ag an Rialtas ar an bplean gníomhaíochta ó Bhord na Gaeilge a raibh an t-éileamh ar stáisiún Gaeilge ann. Dhiúltaigh an rialtas scun scan d'iarratas ó Bhord na Gaeilge go gcuirfí acmhainní breise ar fáil dóibh mar nach raibh glactha leis an bplean mar 'pholasaí Rialtais' (Delap 2014).

Garret Fitzgerald a bhí ina Thaoiseach le linn na mblianta sin agus bhí droch-cháil ar Fitzgerald i measc lucht na Gaeilge mar gheall ar a dhearcadh i leith na Gaeilge éigeantaí sa chóras oideachais, dearcadh a d'fhág an-rian ar an Language Freedom Movement, deargnaimhde na gluaisteachta le linn na 1960idí agus na 1970idí. Brúghrúpa ba ea an Language Freedom Movement a bunaíodh chun cur i gcoinne pholasaí athbheochana an Stáit. Bhí an LFM meáite ar deireadh a chur leis an nGaeilge 'éigeantach' i scrúduithe an Stáit agus sa chóras earcaíochta don státseirbhís, agus ba é Garret Fitzgerald a gceann feadhna agus a lóchrann.

Cé nach raibh mórán ratha ar fheachtas na teilifíse faoin gcomhrialtas nua agus cé go bhfuil an chuma ar chuid de ráitis oifigiúla Chonradh na Gaeilge faoi RTÉ ón tréimhse sin go raibh dearmad déanta ar an rún a ritheadh ag Ard-Fheis 1980, ní raibh lucht agóide díomhaoin ar fad.

Idir 1982 agus 1987, chuaigh ochtar eile chun príosúin mar gheall ar fheachtas na gceadúnas teilifíse agus chabhraigh a n-íobairt siúd leis an scéal a choimeád i mbéal an phobail. Ar dhuine den ochtar, bhí Brian Ó Baoill ar cuireadh tréimhse príosúin air i Meitheamh 1985 toisc gur dhiúltaigh sé a cheadúnas teilifíse a íoc. Bhí Ó Baoill, agus cónaí air i gCois Fharraige i gConamara, ar an gcéad duine sa Ghaeltacht ar cuireadh príosúnacht air mar gheall ar an bhfeachtas agus tugadh bolscaireacht ar leith don scéal dá bharr. Bhí tábhacht shiombalach le cás Uí Bhaoill mar gur chruthaigh sé don saol mór gur bhain ceist na teilifíse le pobal na Gaeltachta agus ní le 'lucht cúise' na gluaiseachta amháin. An bhliain roimhe sin, bhunaigh Ó Baoill an grúpa Léargas chun go mbeadh béim níos láidre san fheachtas teilifíse ar an nGaeltacht agus ar fhostaíocht a chruthú sa Ghaeltacht.

Cé gur bheag an spéis a léirigh an saol polaitiúil san fheachtas agus gur annamh a deineadh an scéal a phlé i dTithe an Oireachtais, ní bodhar ar fad a bhí an comhrialtas ar stocaireacht na gluaiseachta. I Márta na bliana 1986, bhunaigh an tAire Cumarsáide, Jim Mitchell, agus Aire na Gaeltachta, Pádraig Ó Tuathail, an Mheitheal Oibre ar Chraolachán Teilifíse trí Ghaeilge chun an cheist a chíoradh agus tuarascáil a ullmhú. Seisear a bhí ar an Meitheal: Eoghan Ó Cadhain ó Roinn na Gaeltachta; Bob Collins agus Brendan McDonald ó RTÉ; Séamus Ó Móráin ón Roinn Cumarsáide; Micheál Grae ó Bhord na Gaeilge; agus oifigeach eile ó Roinn na Gaeltachta.

Faoin tráth ar foilsíodh tuarascáil na meithle, bhí rialtas nua ann, ach tharlódh go raibh leid faoina mbeadh inti i bhfreagra a thug Ted Nealon, Aire Stáit sa Roinn Cumarsáide, ar cheist Dála faoin ábhar ar an 10 Nollaig 1986.

I am happy that it is being tackled by this group. The Deputy will be very well aware that there is a notoriously difficult situation as far as the language is concerned. Whether we like it or not, unfortunately programmes in the Irish language do not attract a high viewing audience as other programmes and this is what affects advertising. It is a very big problem and I hope that the group will be able to come up with a satisfactory solution.

Is cinnte go raibh cosúlachtaí idir dearcadh Nealon agus an dearcadh a bhí riamh anall ag RTÉ faoi cheist na Gaeilge. Léirigh céad Ard-Stiúrthóir Telefís Éireann, Edward J. Roth, an dearcadh céanna go paiteanta nuair a bhí Údarás RTÉ agus Comhdháil Náisiúnta na Gaeilge i bpíobáin a chéile faoi cheist na teanga i dtús na 1960idí. Ón uair a ceapadh é in 1960, dúirt

Roth go mbeadh na cineálacha clár a chraolfaí ar RTÉ ag brath ar éileamh an phobail. Bhí an cheist seo maidir le costas agus éileamh ina dris chosáin go minic ina dhiaidh sin ag feachtas na teilifíse.

I bhFeabhra na bliana 1987, ruaigeadh an comhrialtas as oifig agus an mhí dar gcionn cuireadh comhrialtas nua ar bun idir Fianna Fáil agus páirtí nua, an Páirtí Daonlathach. Charles Haughey a bhí ina Thaoiseach agus thóg sé cúram Aireacht na Gaeltachta air féin chomh maith. Bhí feachtasóirí na teilifíse dóchasach go bhfaighfí éisteacht níos fearr ón Rialtas nua agus ó Haughey go háirithe. Bhí teist áirithe ar an Taoiseach nua mar dhuine a raibh bá aige leis an gcultúr Gaelach.

Ar an 11 Nollaig 1976 thug Haughey óráid in Óstán na Ceathrún Rua i nGaeltacht na Gaillimhe inar léirigh sé cá raibh a thriall sa chogadh idéeolaíochta a bhí ar bun an uair sin faoin teanga. Ba léir gur ag tagairt don LFM a bhí sé nuair a tharraing sé chuige féin fabhalscéal an tsionnaigh a chaill a eireaball mar mheafar do ghanfhiosaíocht naimhde na teanga. Dúirt Haughey go raibh aicme daoine ann a bhí ar aon dul leis an sionnach mí-ámharach 'iad go síoraí ag gabháil timpeall ag iarraidh a chur in iúl do na sionnaigh eile cé chomh breá de rud é a bheith gan eireaball' (Inniu 1976c). An oíche roimh chruinniú na Ceathrún Rua, glacadh ag tionól i gcathair na Gaillimhe le rún ó Chomhairle Ceantair Chathair na Gaillimhe a mhol go gcuirfeadh Fianna Fáil i gcoinne bhunú RTÉ 2 agus go dtabharfaidís tacaíocht do bhunú stáisiúin neamhspleách san iarthar.

Os cionn deich mbliana ina dhiaidh sin, i mBealtaine 1987, thug Haughey cuairt mar Thaoiseach ar Chonamara agus dúirt sé go raibh faoin Rialtas nua seirbhís teilifíse i nGaeilge a bhunú a luaithe agus ab fhéidir é. Ar an 27 Bealtaine sa Dáil, áfach, chaith Ray Burke, an tAire Cumarsáide nua, amhras ar gheallatanas Haughey.

As the Taoiseach indicated on a visit to Connemara in recent days, while we would be anxious to see an Irish language television service for the Gaeltachtaí as soon as possible, this matter will have to be considered in the context of all the other priority demands which are seeking Exchequer funding. (Díospóireachtaí Dála 1987a)

Dúirt Burke nach ndéanfaí aon chinneadh maidir le bunú stáisiúin Gaeilge go dtí go scrúdófaí na moltaí a dhéanfaí i dtuarascáil na Meithle Oibre ar Chraolachán Teilifíse trí Ghaeilge a bhunaigh a réamhtheachtaí.

Níorbh é Haughey an chéad Taoiseach a gheall stáisiún Gaeilge. In Aibreán 1969 gheall Jack Lynch do bhaill de choiste teanga ó Chorcaigh go gcuirfeadh sé iachall ar RTÉ stáisiún Gaeilge a bhunú, ach tharraing sé siar a ráiteas nuair a foilsíodh tuairisc faoi ar an nuachtán *Inniu* (1969). Níl aon dabht ann, áfach, ach gurb é Haughey an Taoiseach ba mhinice a gheall an stáisiún nua. Cé nár comhlíonadh na gealltanais sin riamh, tugtar creidiúint dó as stádas a bhronnadh ar an éileamh ar stáisiún nua. Ba é an Taoiseach é tar éis an tsaoil agus thug sé misneach do na feachtasóirí gur chaith sé go dáiríre lena n-éileamh. Chomh maith leis sin, bhain a thacaíocht phoiblí don éileamh barrthuisle astu siúd a chreid nach raibh san éileamh ach plean buile eile ag cancráin na Gaeilge.

Ní féidir a shéanadh ach an oiread ach gur tógadh cúpla cinneadh suntasach le linn a thréimhse mar Thaoiseach a chuaigh go mór chun leasa an fheachtais. Roimhe sin, áfach, buaileadh buille trom ar lucht na teilifíse le foilsiú thuarascáil na Meithle Oibre ar Chraolachán Teilifíse trí Ghaeilge. Ba i Meán Fómhair 1987 a foilsíodh saothar na Meithle agus chuir an príomhthátal ann idir dhíomá agus fhearg ar fheachtasóirí.

Mhaígh Meitheal an Rialtais nach raibh sé inmholta ag an am sin stáisiún neamhspleách Gaeilge a bhunú agus go ráineodh gur mó dochar ná maitheas a dhéanfadh a leithéid (Meitheal Oibre ar Chraolachán Teilifíse Trí Ghaeilge 1987). Luadh sa tuarascáil go gcaithfeadh stáisiún neamhspleách Gaeilge a bheith ag craoladh ar feadh trí huaire gach oíche le seirbhís 'inchreidte' a chur ar fáil agus go gcosnódh a leithéid de sheirbhís £18.5m in aghaidh na bliana agus £5.5m in infheistíocht chaipitil. Bhí an baol ann chomh maith, a dúradh, go ndéanfadh stáisiún neamhspleách imeallú nó *'ghettoization'* ar an teanga agus go mbeadh easpa caighdeáin ag baint leis an ábhar.

Mhol an Mheitheal go mbeadh gá le dhá uair an chloig in aghaidh an lae ar a laghad de chláir Ghaeilge ar RTÉ, ag áireamh clár 'substaintiúil' do dhaoine fásta gach oíche agus 'réimse fiúntach clár do dhaoine óga'. 'Bunriachtanas' a bhí anseo, cé gur thug RTÉ féin le fios nach bhféadfaí 'réimse ceart clár a chur ar fáil sa ghearr nó sa mheántéarma'.

'Míléamh iomlán ar staid na Gaeilge é diúltú na Tuarascála don mholadh a deineadh go mbunófaí bealach Teilifíse lán-Ghaeilge,' a dúirt Conradh na Gaeilge. Mheas an Conradh gurbh ionann an diúltú do bhealach teilifíse nua 'agus neamhaird a dhéanamh ar an mór-dhul chun cinn teicniúil atá déanta le blianta beag anuas agus ar an méid atá déanta i dtíortha eile san Eoraip chun bealaí teilifíse ina dteangacha féin a chur ar fáil do phobail éagsúla'. (de Bréadún 1987a)

'Damnú uafásach' ar sholáthar Gaeilge RTÉ a bhí sa tuarascáil, ach 'leithscéal gan dealramh' a bhí sa chuid sin de shaothar na Meithle a leag béim ar na hacmhainní breise a theastódh ó RTÉ chun 'réimse sásúil' clár Gaeilge a chur ar fáil.

> Bunaíodh bealaí teilifíse ar leith le blianta beaga anuas don Bhreatnais, don Chatalóinis, don Bhascais agus don Ghailéis. Ba chóir go mbeadh an tábhacht don Ghaeilge a bhainfeadh lena leithéid d'fhorbairt thar a bheith soiléir don Mheitheal Oibre, más ea. (Meitheal Oibre 1987)

Ba gheall le treascairt an tuarascáil dar le roinnt feachtasóirí agus chothaigh sí go leor aighnis i measc phobal na teanga. Mheas roinnt daoine go raibh sé thar am acu siúd a thacaigh leis an éileamh ar stáisiún nua a n-aisling a chur uathu. Is cuimhin le Ciarán Ó Feinneadha cruinniú achrannach a reáchtáladh chun an tuarascáil a phlé in Óstán Buswells i mBaile Átha Cliath.

Bhí mé ar buile an oíche sin agus níor chuir mé aon fhiacail ann agus mé ag caint. Dúirt mé gur threascairt a bhí ann agus treascairt a bhí ann. Chaill mé go leor cairde an oíche sin, cairde maithe. Ag deireadh an chruinnithe bhí mé seasta liom fhéin ar thaobh amháin den bheár agus bhí gach éinne ar an dtaobh eile. Ní labharfadh éinne liom mar gheall ar an méid a dúirt mé. B'í Deirdre Davitt, a bhí ag obair do Bhord na Gaeilge, an t-aon duine a tháinig sall chugam chun labhairt liom. Ní dhéanfaidh mé dearmad air sin mar bhí lagmhisneach orm an oíche sin. (Ó Feinneadha 2013)

Ar an 3 Deireadh Fómhair, ag mórthionól Bhord na Gaeilge, dúirt Bob Collins, Ceannasaí na gClár in RTÉ, gur smaoineamh maith é teilifís na Gaeilge go teoiriciúil ach nach raibh aon chiall le bheith ag caint ar a leithéid an uair úd (de Bréadún 1987b). Buille eile fós ba ea ráiteas Collins don fheachtas mar gur samhlaíodh mar chara sa chúirt é ón uair a mhaígh sé cúpla bliain roimhe sin, in 1984, nach mbeadh aon róchostas ag baint le seirbhís teilifíse i nGaeilge a bhunú (The Irish Press 1984).

Blianta fada ina dhiaidh sin, mhínigh Collins an t-athrú poirt aige in 1987.

D'aontóinn leis an méid a dúirt mé an uair sin anois chomh maith. Más buan mo chuimhne ag an am, bhí caint faoi sheirbhís thrialach nuair a bhí Cathal Ó hEochaidh ina Thaoiseach, an smaoineamh faoi sheirbhís thrialach a chur ar bun, a mheas mé féin a bhí ait agus gan mórán céille. Cén mhaith an oiread sin caiteachais a dhéanamh gan dul ar aghaidh leis? Bhí sé cruthaithe ag an am go mbeadh éileamh agus lucht féachana ann … Bhí smaoineamh ann go bhfeidhmeofaí Teilifís na Gaeltachta laistigh de sceideal RTÉ2 – déantar dearmad gur tháinig cláracha tráthnóna isteach an-deireanach sa saol. Bhíos féin den tuairim, i gcomhthéacs na gcinntí rialtais, gurb é an t-aon rud a d'fhéadfadh tarlú ná stáisiún nua a bhunú. Bhí an toil ann. (Ó Coimín 2015d)

Ag deireadh Dheireadh Fómhair 1987, shéan an tAire Cumarsáide Ray Burke sa Dáil go raibh an Rialtas ag tarraingt na gcos maidir le geallúint an Taoisigh faoi bhunú stáisiúin nua. Shéan Burke chomh maith go raibh tuarascáil na Meithle mar leithscéal acu gan beart a dhéanamh de réir a mbriathair.

> *That is not long fingering it. We envisage about two to three months for receipt of responses to the report, so nothing is ruled out at this stage and nothing is included pending observations of RTÉ and other interested groups. We would be very interested to get any views the Deputy himself may have on it. Nothing is in and nothing is out.* (Díospóireachtaí Dála 1987b)

Thug an tAire leid chomh maith faoin léamh a bhí aige féin ar an scéal.

> *There is another point of view that the establishment of a separate service would be inappropriate because of the danger of 'ghettoising' the language itself and that maybe it would be preferable that RTE would put on more Irish language programmes rather than a separate service. They are matters to be decided. It is only a point of view at this stage.* (Díospóireachtaí Dála 1987b)

Céim mhór ar gcúl don fheachtas teilifíse ba ea foilsiú thuarascáil Mheitheal Oibre an Rialtais a d'fhág go raibh níos mó éiginnteachta ná riamh ann faoi cheist na teilifíse Gaeilge.

'*Nothing is in and nothing is out,*' mar a dúirt Burke.

Fad is a bhí feachtasóirí ag cásamh easpa tacaíochta Mheitheal an Rialtais, bhí meitheal de shórt eile ar fad i mbun oibre san iarthar agus iad ag prapáil chun teachtaireacht dhána lán dóchais a chraoladh a thabharfadh dúshlán lucht an amhrais agus a chuirfeadh gaoth arís i seolta an fheachtais.

Thug an grúpa seo, a bhí lonnaithe i nGaeltacht Chonamara, Meitheal Oibre Theilifís na Gaeltachta orthu féin agus deir duine acu, Donncha Ó hÉallaithe, gur le seanbhlas ar mheitheal oibre an Rialtais a roghnaíodh an t-ainm sin.

I mí Dheireadh Fómhair 1987, chuir Ó hÉallaithe agus a chomrádaithe, Bob Quinn, duine d'údair *Sit down and be Counted* ina measc, seirbhís teilifíse Ghaeilge ar an aer go mídhleathach le linn fhéile Oireachtas na nGael i Ros Muc. Agus iad ag ullmhú don chraoladh bradach, bhí an crann beag tarchuradóireachta a bhí curtha i bhfearas acu ar Chnoc Mhordáin á fhaire de ló is d'oíche le cinntiú nach gcuirfeadh beithíoch nó Garda fiosrach isteach air.

Ar na chéad chláir ar an teilifís bhradach bhí díospóireacht bheo ar cheist na teilifíse agus coirmcheoil mhór. Tháinig cór cáiliúil Chúil Aodha an bóthar fada aneas ó Chorcaigh chun a bheith rannpháirteach sa chraoladh stairiúil. Deir an scríbhneoir agus iarbhall de Ghluaiseacht Chearta Sibhialta na Gaeltachta, Joe Steve Ó Neachtain, go raibh an oíche ar cuireadh an 'teilifís' bhradach ar an aer ar cheann d'ócáidí móra a shaoil, agus is cinnte go raibh draíocht ag baint leis an scéal. Bhí 'cluaisíní' ar Ó Neachtain nuair a chonaic sé an pictiúr ar an teilifís den chéad uair i dTigh Mhaidhco i Ros Muc, mar a raibh slua daoine bailithe isteach agus iad faoi gheasa ag na cláir seo a bhí ag teacht chucu ina dteanga féin ón 'stiúideo' nach raibh ach cúpla céad slat uathu (Ó Neachtain 2013). Chuir an craoladh laochas ar Bob Quinn.

> *We hardly believed it. It was as if we had invented television all over again – with two and a half cameras: one borrowed by Billy Keady, one brought on the bus from Derry by Tom Collins, and the other an antique resuscitated by Norbert Payne.* (2001)

Cé nach raibh an tseirbhís 'bhradach' ar an aer ach ar feadh trí lá agus gur tuairiscíodh gur tháinig críoch thobann leis an gcraoladh nuair a leag an ghaoth an tarchuradóir ar Chnoc Mhordáin, 'd'athraigh sé chuile rud', dar le Ó hÉallaithe. '*It was like the first moon landing*,' a dúirt Quinn (2001).

Ní mó ná sásta a bhí RTÉ leis na craoltóirí bradacha.

The operation was seen by RTÉ as an 'unfriendly act'. We were
treated as pirates, even pariahs, or at least seen as giving comfort to
the real commercial pirates, not the least of whom was Ray Burke.
Much hair was torn out in Donnybrook. (Quinn 2001)

Deir lucht an chraolacháin bhradaigh go raibh cosc in RTÉ ar agallaimh a
dhéanamh leo i ndiaidh na heachtra. '*There even seemed to be a reluctance*
in the RTÉ newsroom to report that the event had even happened,' a scríobh
Quinn. Mhol feidhmeannach sinsearach in RTÉ 1 do Quinn fad a chur
idir é féin agus lucht na teilifíse bradaí ar eagla go gcuimhneofaí ar an
mbaint a bhí aige leis an eachtra nuair a bheadh ábhar á choimisiúnú ina
dhiaidh sin. Bhain Quinn féin súp as cuid áirithe den scéal: '*This story is*
full of ironies – not least of which was the RTÉ Cúrsaí *programme begging the*
Conamara pirates for a tape of their exclusive last interview with the suddenly
deceased Dónall Mac Amhlaigh, author of Dialann Deoraí.' (2001)

Bhí íoróin nach beag ag baint chomh maith le gné eile den chraoladh
bradach. Ba ar Raidió na Gaeltachta a fuair cuid mhaith de phobal na
Gaeltachta an t-eolas a bhí riachtanach chun an 'teilifís' bhradach a
thiúnadh. (Cuireadh bileoga eolais abhaile le daltaí scoile ar fud dheisceart
Chonamara chomh maith).

Ba chuid de RTÉ é RnaG agus '*unfriendly act*' ceart a bhí ann na sonraí
tarchuradóireachta a chraoladh.

Cruthúnas ba ea an craoladh beo ó Chnoc Mordáin i Ros Muc nach raibh
an dream a bhí ag caint ar stáisiún neamhspleách imithe le brothall ar fad.
Ba mhór an spreagadh d'fheachtasóirí eile a bhí ann chomh maith. Go
gairid i ndiaidh na heachtra, bunaíodh Gluaiseacht Theilifís Gaeltachta na
Mumhan, grúpa a raibh Feargal Mac Amhlaoibh ina cheannaire air. Throid

Mac Amhlaoibh agus a chomhghleacaithe cás na teilifíse ar bhonn cearta mionlaigh agus theastaigh uathu go mbeadh an tseirbhís nua lonnaithe sa Ghaeltacht ach ag freastal ar phobal na Gaeilge ar fad.

Mar léiriú beag amháin ar an athrú a lean an craoladh ó Ros Muc, luann Ó hÉallaithe agallamh a thug an Teachta Dála ón bPáirtí Daonlathach, Bobby Molloy, don nuachtán *Anois* i ndiaidh don teilifís bhradach dul ar an aer. Dúirt Molloy nach bhféadfadh sé tacú le craoladh mídhleathach ach go raibh ceisteanna le freagairt ag RTÉ toisc gur éirigh le grúpa amaitéarach thiar i Ros Muc an rud a dúirt RTÉ a bhí dodhéanta a bhaint amach.

An crann beag tarchuradóireachta a cuireadh i bhfearas ar Chnoc Mordáin do chraoladh bradach 'Teilifís na Gaeltachta' in 1987

Níorbh é Molloy an t-aon pholaiteoir a thug suntas don scéal. Cé nár labhair sé go poiblí faoin eachtra, tuairiscíodh in *The Irish Times* ina dhiaidh sin go raibh Charles Haughey féin an-tógtha le gníomh dána na meithle a chuir seirbhís teilifíse ar bun go mídhleathach *'in a shed'* (de Bréadún 1989a).

Ní fios an comhtharlúint a bhí ann, ach cúpla seachtain tar éis chraoladh Chnoc Mordáin, d'fhógair an Taoiseach go raibh £500,000 ó airgead an chrannchuir náisiúnta le cur ar leataobh don teilifís Ghaeilge. Ní chaithfí an t-airgead seo ar theilifís na Gaeilge go deo, ach glacadh leis ag an am mar fhógra go raibh an Stát dáiríre faoin éileamh ar stáisiún nua.

Ba mhór an dealramh a bhí ag craoladh Shamhain 1987 le múnla Saor-Raidió Chonamara, an stáisiún bradach a chuir gluaiseacht Chearta Sibhialta na Gaeltachta ar bun in 1970. Glactar leis gur réitigh Saor-Raidió Chonamara an bealach do bhunú Raidió na Gaeltachta in 1972 agus bhí lucht na teilifíse bradaí ag súil go mbeadh an rath céanna ar a n-iarracht siúd.

Ach má bhí gaiscí lucht chearta sibhialta na Gaeltachta mar lóchrann ag Ó hÉallaithe agus a chairde, d'aimseoidís údar misnigh eile i bhfad níos faide i gcéin. I bhFeabhra 1987, thug Ó hÉallaithe, Ruaidhrí Ó Tuairisc agus Pádraig de Bhaldraithe turas seacht gcéad míle go dtí Oileáin Fharó chun iniúchadh a dhéanamh ar sheirbhís teilifíse a tháinig ar an saol go mídhleathach ach a bhí ag freastal faoin am sin go héifeachtach agus go dleathach ar 37,000 duine. Ba é an t-iriseoir Seosamh Ó Cuaig a mhol dóibh an turas a dhéanamh tar éis dó taighde a dhéanamh ar sheirbhísí teilifíse ar fud an domhain. Chuaigh an tseirbhís thall i bhfeidhm go mór ar Ó hÉallaithe. Bhí sé siúráilte anois go bhféadfaí a leithéid a dhéanamh sa Ghaeltacht agus gur easpa tola ba chúis leis na hargóintí i gcoinne bhunú na seirbhíse nua. Ba mar stáisiún bradach a thosaigh an craoltóir a bhí lonnaithe i mbaile Torshavn sa Danmhairg, ach faoin am ar thug feachtasóirí Chonamara cuairt air bhí sé á mhaoiniú ag ceadúnas teilifíse na Danmhairge.

Nuair a d'fhill Ó hÉallaithe ar an mbaile casadh Bob Quinn air.

'An bhféadfaí é a dhéanamh i gConamara?' a d'fhiafraigh Quinn.

'D'fhéadfaí,' a dúirt Ó hÉallaithe.

'Déanfaimid é mar sin,' arsa Quinn.

Agus bhí an ceart aige. Mar a dúirt an chéad líne de thuairisc *The Irish Times* faoin gcraoladh bradach: '*Gay Byrne's* Late Late *ratings took a sudden nose-dive in the Connemara Gaeltacht on Friday night.*' (Finlan 1987)

Ach rud amháin ba ea seirbhís phobail a chur ar fáil go bradach agus go deonach ar feadh cúpla lá, rud eile ar fad a bheadh ann seirbhís inmharthana ghairmiúil a chur ar bun a mbeadh glacadh níos forleithne leis. Cé gur lean Meitheal Oibre Theilifís na Gaeltachta leis an stocaireacht, ag cur brú ar pholaiteoirí agus ag troid a gcás sna meáin, fiú ag an gcéad chruinniú a bhí acu i dteach Bob Quinn i ndiaidh eachtraí Ros Muc ní raibh aon réiteach simplí ag aon duine ar an gceist: 'Cad a dhéanfaimid anois?'

Níor chabhraigh sé go raibh scoilt láithreach sa mheitheal, scoilt a d'eascair as easaontas a bhí ann le linn deireadh seachtaine an chraolta féin. Bhí Tommy Collins, an Poblachtánach as Doire a bhí i mbun ceamara don deireadh seachtaine, ag iarraidh go gcraolfaí ábhar ón Ard-Fheis chonspóideach a bhí ag Sinn Féin an bhliain sin. Ar ndóigh, ní bheadh cead a leithéid a chraoladh ar RTÉ ag an am mar go raibh Alt 31 i bhfeidhm a chuir cosc ar an gcraoltóir náisiúnta agallaimh a chur ar urlabhraithe eagraíochtaí toirmiscthe, Sinn Féin agus an tIRA ina measc. Is chun cur i gcoinne Alt 31 a thacaigh Bob Quinn, Ó hÉallaithe agus daoine eile le moladh Collins, ach bhí Seosamh Ó Cuaig glan in aghaidh an smaoinimh. D'áitigh Ó Cuaig, a bhí fostaithe ag RTÉ agus a chuir a phost i mbaol trí pháirt a ghlacadh sa chraoladh bradach, go mbainfí aird an phobail agus na meán ón bpríomhchúis a bhí leis an gcraoladh dá gcuirfí amach an t-ábhar ón Ard-Fheis agus gur cheart don chraoladh fanacht glan ar pháirtithe polaitíochta.

Níor craoladh aon chuid den Ard-Fheis sa deireadh ach d'fhág an eachtra a rian ar an scéal agus ní raibh baint chomh mór sin ag Seosamh Ó Cuaig leis an meitheal ina dhiaidh sin. Ag cuimhneamh siar ar an aighneas, tá Ó hÉallaithe den tuairim anois go raibh an ceart ag Ó Cuaig. Maidir le Ó Cuaig féin, ní raibh aon amhras faoina dhearcadh siúd ar cheist na cinsireachta agus cúpla bliain ina dhiaidh sin thug sé cás, thar ceann an NUJ, i gcoinne Alt 31 sa Chúirt Eorpach um Chearta an Duine in Strasbourg.

Bhí titim amach eile sa mheitheal timpeall an ama chéanna nuair a bhí mionlach beag ag iarraidh go n-athrófaí béim an fheachtais chun brú a chur ar RTÉ feabhas a chur ar an soláthar Gaeilge, cur chuige a bhí níos giorra do mholtaí thuarascáil mheitheal oibre an Rialtais ná mar a bhí sé don radacachas pobail as ar fáisceadh meitheal na teilifíse bradaí. Níorbh aon chúis iontais é gur thráigh ar fhuinneamh Mheitheal Oibre Theilifís na Gaeltachta tar éis dóibh tús chomh spleodrach sin a chur lena bhfeachtas ná níor chúis iontais ach oiread é nár lean an oiread céanna búis an craoladh eile a dheineadar i mí na Nollag 1988, tráth a raibh tréimhse mhaithiúnais ann don chraoltóireacht bhradach.

Ach níor ligeadar na maidí le sruth agus bhí rath áirithe ar an stocaireacht a bhí ar bun acu féin agus ag feachtas na hardchathrach sna blianta beaga i ndiaidh chraoladh na teilifíse bradaí. Más fíor an scéal beag a d'inis iar-aire rialtais do Bob Quinn, ba chosúil go rabhthas ag dul i bhfeidhm ach go háirithe ar an Taoiseach, Charles Haughey: '*When Charles J. Haughey, the Taoiseach, was emerging from the RTÉ studios in the late eighties after a not-too-friendly interview, he turned to his companions and said, "Never mind. We'll soon have our own fucking station".*' (Quinn 2001)

Uair éigin ag deireadh na bliana 1988 bhí cruinniú ag Haughey le Príomhfheidhmeannach Údarás na Gaeltachta, Ruán Ó Bric, faoi mhaoiniú na heagraíochta. Baineadh siar as Ó Bric nuair a tharraing Haughey aníos ábhar cainte nach raibh ar chlár oibre an chruinnithe. 'Cad é an scéal leis an rud seo faoin dteilifís?' a d'fhiafraigh Haughey den phríomhfheidhmeannach. 'An féidir é a dhéanamh agus cé mhéad a chosnódh sé?' Faoin am ar fhág Ó Bric an cruinniú bhí cúram nua leagtha air – tuarascáil a ullmhú don Taoiseach faoi bhunú stáisiúin teilifíse nua.

Thug Údarás na Gaeltachta coimisiún do KPMG agus Stokes Kennedy Crowley le staidéar a dhéanamh ar cheist na teilifíse, agus deineadh anailís sa tuarascáil ar an gcostas a bhainfeadh le bealach nua a bhunú, ar an lucht féachana a d'fhéadfadh sé a mhealladh agus ar na riachtanais theicniúla agus foirne a bheadh aige.

Bhí tábhacht ar leith le tuarascáil an Údaráis. Mar a scríobh Breandán Delap, bhí sé 'i scríbhinn ag sainchomhairleoirí neamhspleácha den chéad uair go raibh bunús earnála closamhairc sa Ghaeltacht, a bhféadfaí forbairt a dhéanamh air amach anseo'. (Delap 2012)

Tá siad siúd a bhí bainteach le feachtas na hardchathrach agus feachtas Chonamara ar aon intinn go raibh tuarascáil an Údaráis, nár foilsíodh go dtí deireadh 1989, mar chloch mhíle ar bhóthar anacair na teilifíse Gaeilge.

Chuir an tuarascáil fuaimint sa chaint faoi stáisiún nua, caint a bhí ábhairín teibí agus ar easpa fíricí roimhe sin, agus bhréagnaigh sí chomh maith cuid de na miotais a bhí sa treis maidir leis an gcostas agus na fadhbanna teicniúla a bhainfeadh le stáisiún neamhspleách a bhunú.

De réir mhúnla an Údaráis bheadh an stáisiún nua lonnaithe sa Ghaeltacht agus ag craoladh go náisiúnta ar feadh dhá uair an chloig in aghaidh an lae. Bheadh teacht air ar an ngnáthchóras tarchuradóireachta sa Ghaeltacht agus ar chóras MMDS agus cábla lasmuigh den Ghaeltacht. Chosnódh sé £10m an stáisiún a bhunú agus £5m in aghaidh na bliana agus é bunaithe. Bhí na figiúirí sin beagáinín róchoimeádach ach bhíodar i bhfad níos réadúla ná cuid de na figiúirí eile a bhí á lua ag an am le bunú na seirbhíse nua.

Bhí bonn níos fearr anois faoin éileamh ar theilifís na Gaeilge ach, faraor, ba bheag comhoibriú sna 1980idí a bhí idir feachtas teilifíse na gluaiseachta i mBaile Átha Cliath agus feachtas na Gaeltachta. Go deimhin, bhí daoine sa dá fheachtas a raibh dearcadh ciniciúil go maith acu ar obair a chéile. Dar le Ó hÉallaithe nár dhein Conradh na Gaeilge 'tada' tar éis dóibh an rún a rith ag Ard-Fheis an Spidéil in 1980 ag tacú leis an éileamh ar stáisiún nua agus tagann fearg fós air nuair a chuimhníonn sé ar rún eile a cuireadh síos ag Ard-Fheis an Chonartha in 1988 ag cáineadh chraoladh na teilifíse bradaí ó Ros Muc.

Ba í an tuairim a bhí riamh ag Ciarán Ó Feinneadha ná go raibh éileamh Mheitheal Oibre Theilifís na Gaeltachta 'róchúng', cé go ndeir sé gur spreagadh iontach a bhí sa chraoladh bradach ó Chnoc Mordáin. Ag tús na 1980idí, tráth a raibh sé ag cur faoi i gConamara agus ag obair don nuachtán *Amárach*, d'fhág Ó Feinneadha cruinniú a d'eagraigh Bob Quinn in Óstán na Ceathrún Rua chun ceist na teilifíse a phlé. Chuir caint Quinn ar theilifís phobail olc air an oíche sin. 'Ní raibh aon rud ann dom. D'éist mé ar feadh tamaill agus ansin chuaigh me ag ól piontaí sa bheár. Níor chreid mé sa chaint seo faoi theilifís phobail. Stáisiún Gaeilge don tír ar fad, thuaidh agus theas, a bhí uaim,' a deir sé. (Ó Feinneadha 2013)

I litir uathu a foilsíodh ar an *Irish Press* seachtain tar éis chraoladh na teilifíse bradaí dhein Ó hÉallaithe, Quinn, Clár Ní Thuathail agus Colm Ó Mainnín cur síos beacht ar an saghas seirbhíse a bhí uathu agus ba léir nach raibh mórán d'athrú ar an meon a chuir fonn dí ar Ó Feinneadha blianta roimhe sin. '*We are not looking for RTÉ3* (as Gaeilge). *We are looking for a community television service for the Gaeltacht. Let's debate that,*' a dúradh sa litir ar an *Press*. (Ó hÉallaithe et al. 1987)

Cé go raibh an dá dhream ag brath ar a chéile ar an-chuid slite, bhí caidreamh míshocair riamh idir cainteoirí dúchais na Gaeltachta agus díograiseoirí teanga lasmuigh den Ghaeltacht ar chúiseanna casta tíreolaíochta, eacnamaíochta agus síceolaíochta. Go deimhin, is in olcas a chuaigh an caidreamh nuair a bhí gluaiseacht Chearta Sibhialta na Gaeltachta, a bunaíodh ag deireadh na 1960idí chun troid ar son chearta phobal na Gaeltachta, i mbarr a réime.

Ag cruinniú faoi bhunú Údarás Áitiúil don Ghaeltacht in Eanáir 1971, mar shampla, bhí sé ina raic idir muintir na Gaeltachta agus ionadaithe ó Chonradh na Gaeilge. Tuairiscíodh in *The Irish Times* '[*that*] *the meeting descended into a slanging match between various factions*' agus go raibh Maolsheachlainn Ó Caollaí '*viciously attacked*'. Dúirt fear Gaeltachta amháin ag an gcruinniú go raibh sé 'in am a rá go macánta ná raibh faic déanta ag Conradh na Gaeilge don nGaeltacht le fiche bliain anuas.' (Musgrave 1971)

Bhí an tuairim seo coitianta i measc lucht cearta sibhialta agus cé go bhféadfaí cás a dhéanamh go raibh cuid den fhírinne acu, bhí sé ábhairín íorónta go raibh lámh ag Conradh na Gaeilge in eagrú na hócáide a ghin gluaiseacht Cearta Sibhialta na Gaeltachta féin, an agóid i gcoinne thaifeadadh an chláir Béarla *Quicksilver* i dTeach Furbo i nGaeltacht Chonamara i Márta 1969.

Cuireadh síolta na coimhlinte seo idir an Ghaeltacht agus na ceantair lasmuigh di ag tús na hathbheochana ag deireadh an naoú haois déag agus, mar atá ráite ag an scoláire Caoilfhionn Nic Pháidín, deighilt a bhí ann idir dhá aicme an-éagsúil:

> muintir na Gaeltachta ar thaobh amháin, fíorphobal labhartha na teanga ach gan a bhformhór ábalta í a léamh, agus ar an taobh eile, dream níos sócúlaí go mór, lucht léinn agus go háirithe na foghlaimeoirí sin a raibh léamh acu ach gan an teanga féin ar a dtoil acu. (Nic Pháidín 1998)

Tugadh an-léargas ar an deighilt seo in alt le hEarnán de Blaghd a foilsíodh ar *An Claidheamh Soluis* ar an 5 Feabhra 1916. Fuair de Blaghd locht ar chleas Chonradh na Gaeilge mar nár thuigeadar an difear 'idir scata Conraitheoirí i mBaile Átha Cliath a d'fhoghlaim a gcuid Gaeilge' agus muintir na Gaeltachta i gCiarraí a raibh an Ghaeilge 'á labhairt acu coitianta agus ag a seacht sinsir rompu'.

Ach, is í an fhírinne go bhfuil oiread difríochta idir an dá dhream agus atá idir dubh agus dearg. An rud a spriocfadh dream acu ní spriocfadh sé an dream eile ... An rud a dtabharfadh na Conraitheoirí ard-mholadh dó ní chuirfeadh na Ciarraígh aon suim ann. An fear a déarfadh na Conraitheoirí a bheith lán dáiríre, mheasfadh na Ciarraígh gur chaitheamh aimsire a bheadh ar siúl aige nó go mbeadh fonn air post a fháil nó táillí a thuilleamh. Ar an ábhar sin nuair a bhíodh lucht an Chonartha ag iarraidh muintir na Gaeilge a spreagadh cheapfadh siad coitianta gur fusa an gníomh a dhéanamh ná mar a tharlódh dó a bheith, agus b'ionann cás dóibh agus na Sasanaigh ag Gallipoli. Níor éirigh leo agus chaill siad mórán. (de Blaghd 1916)

Faraor do lucht páirte aisling na teilifíse Gaeilge, ba bhuan cogadh na gcarad sa chás áirithe seo.

Pléadh an fhadhb seo go paiseanta ar *Irisleabhar na Gaeilge* agus *Fáinne an Lae* ag aos machnaimh agus scríbhneoirí na hathbheochana, ach níor aimsíodh réiteach a chuimsigh an dá shruth ó thaobh meoin, ná cur chuige. Gineadh amhlaidh ceann de phríomhábhair teannais an fichiú haois i ngach gné de pholasaí teanga sa mhéid nár aimsíodh guth comhtháite idir athbheochanóirí na cathrach agus pobal na Gaeltachta féin. (Nic Pháidín 1998)

Tá cur síos léargasach ag an údar Joe Steve Ó Neachtain ar an drochamhras a bhíonn fós ag cuid de phobal na 'garbhchríocha' ar lucht na gluaiseachta a mbíonn an oiread sin gleo acu faoi shealbhú teanga atá ag muintir na Gaeltachta féin ó dhúchas.

Ní bheadh meabhair ná meas ag formhór na ndaoine seo ar an acht teanga mar shampla. Cáipéis nár casadh ina mbealach is nach eol dhóibh aon tairbhe a bheith ag baint léi dá réir. Ní mhothaíonn siad aon dáimh nádúrtha a bheith acu le mórchuid d'eagraíochtaí oifigiúla na Gaeilge. Eagraíochtaí a mheasann siad a bheith ag diúl an uachtair de chíoch an stáit ach atá chomh strainséara dhóibh is dá mba ar phláinéad éicint eile a bheidís ag feidhmiú … (Ó Neachtain 2013)

'Míthuiscint' a thugann Ó Neachtain ar an gcoimhlint seo a bhíonn 'mar chnámh spairne corruair idir nádúr agus mínádúr an chultúir' agus 'idir na Gaeil a d'fhás ón rúta agus na Gaeil a síolraíodh i ngorlann an oideachais'.

Le linn an fheachtais teilifíse, nocht cuid de na seanaighnis seo gan réiteach iad féin arís sa teannas idir an dá eite d'fheachtas na teilifíse. Bhí an choimhlint le brath go láidir ar dhearcadh Dhonncha Uí Éallaithe, fear as Tiobraid Árann a bhí meallta ag 'samhlaíocht agus fuinneamh' Ghluaiseacht Cearta Sibhialta na Gaeltachta agus an nasc a dheineadar idir cearta teanga agus cearta sibhialta.

D'aistrigh Ó hÉallaithe siar go Conamara as Baile Átha Cliath in 1973 mar gur taibhsíodh dó gur sa Ghaeltacht a bhí an cath ar son na teanga le troid agus gurbh ann a bhí 'chuile rud ag tarlú'. Bhí sé gníomhach i gConradh na Gaeilge san ardchathair roimhe sin, ach chaill sé suim san eagraíocht nuair a fuair sé blaiseadh de smaointeoireacht an scríbhneora Desmond Fennell. Chuaigh tuairimí Fennell i gcion go mór air, go háirithe a achainí gur cheart do dhaoine óga a raibh spéis acu sa teanga dul siar go dtí Gaeltacht Chonamara chun pobal nua a bhunú san áit go raibh an Ghaeilge fós mar phríomhtheanga ag na daoine.

An teachtaireacht a bhí ag Deasún Fennell ná 'go west young man'. Dúirt sé nach raibh aon dul chun cinn á dhéanamh ag an ngluaiseacht i mBaile Átha Cliath agus gur cheart éirí as an tseafóid sin, bualadh siar agus saol nua-aimseartha uirbeach a chruthú san áit a raibh an Ghaeilge á labhairt leis na cianta agus á labhairt fós. 'Iosrael in Iar-Chonnacht' a thug sé air agus bhí sé ag iarraidh go mbeadh pobal nua de 20,000 duine ann faoi 1985. (Ó hÉallaithe 2013)

Níor fíoraíodh aisling Fennell, ach d'fhág sé a lorg ar ghníomhaithe teanga ar nós Uí Éallaithe a chreideann gur chóir d'aon fheachtas ar son na Gaeilge díriú ar dtús ar shlánú na teanga sna ceantair sin ina bhfuil sí fós in uachtar mar theanga phobail. B'fhéidir go raibh a theanga ina leathphluic ag Ó hÉallaithe nuair a dúirt sé i nDeireadh Fómhair 1987 gur chóir go ndúnfaí Bord na Gaeilge agus an milliún punt a bhí á fháil aige a thabhairt ar láimh chun Teilifís na Gaeltachta a bhunú, ach bhí a ráiteas ag teacht chomh maith lena dhearcadh ar cheist na teanga.

Ar an taobh eile den scéal, bhí scata de lucht na gluaiseachta i mBaile Átha Cliath fós faoi anáil luachanna na hathbheochana agus a chreid gur togra náisiúnta a bhí in athréimniú na teanga. Bhí lucht an Chonartha agus daoine eile den tuairim go raibh éileamh fheachtas na Gaeltachta rótheoranta. Ina measc siúd, bhí an t-iriseoir aitheanta Risteard Ó Glaisne a scríobh roinnt colún ar an *Irish Press* ag ceistiú chur chuige Mheitheal Oibre Theilifís na Gaeltachta agus go háirithe ráiteas Uí Éallaithe maidir le maoiniú Bhord na Gaeilge.

I gceann de na colúin sin i nDeireadh Fómhair 1987, mhol Ó Glaisne dúthracht fheachtasóirí Chonamara agus a n-éileamh nach bhfágfaí an Ghaeltacht gan seirbhís cheart teilifíse. Dúirt sé, áfach, go bhféadfadh 'dhá dhrochthoradh' a bheith ar an múnla a bhí á mholadh acu, 'go mbeadh an tseirbhís ró-chúng agus go mbeadh Gaeilgeoirí i mbaill eile a bhfuil a gcearta féin acu ar theilifís Ghaeilge míbhuíoch go leor de mhuintir na Gaeltachta as gan bacadh leosan'. (1987)

Teilifís na Gaeltachta nó Teilifís na Gaeilge? Ba é sin an chnámh spairne ba mhó maidir leis an tseirbhís nua, agus ní gach duine a bhí chomh tomhaiste le Ó Glaisne i mbun argóna. Scríobh Deirdre Nic Éanruig san *Irish Press* i Meán Fómhair 1989 go raibh an chuma ar an scéal gur 'faisisteachas paróistiúil' agus 'gealtachais' a bhí taobh thiar d'fheachtas

Mheitheal na Gaeltachta 'seachas fíorchumarsáid idir na Gaeltachtaí go léir agus idir lucht labhartha nó tuisceana na Gaeilge thoir thiar theas agus thuaidh.' (1989)

An mhí dar gcionn, chuir Bob Quinn cúl le cine i leith an Aire Máire Geoghegan-Quinn, arbh as Carna i gConamara di, nuair a dúirt sí gur mhó seans gur Teilifís na Gaeilge ná Teilifís na Gaeltachta a bhunófaí (de Bréadún 1989b). Ag cuimhneamh siar dó ar scéal theilifís na Gaeilge, thug Bob Quinn léargas ar a dheighilte ó thaobh meoin is a bhí cuid d'eite na Gaeltachta agus eite na gluaiseachta den fheachtas.

There was other opposition; it was not just political opportunists or even so-called "west Brits" who were against an Irish-language community TV service... the real enemies of the project were the Dublin Gaelic Revivalists, who seemed to me to be saying, "Why should we have pictures of Conamara people gathering seaweed imposed on us sophisticated Dublin people?" It seemed not to occur to these critics that Conamara people for thirty years had had images, equally irrelevant to their lives, imposed on them. The revivalist mindset never lost sight of the goal of imposing a veneer of halting Irish on the entire nation. In seventy years of such a state-backed aspiration, they had utterly failed. The real losers were the Gaeltacht communities who actually spoke exquisite and fluent Irish. (Quinn 2001)

Bhí an díospóireacht idir an dá thaobh teasaí go maith uaireanta ag deireadh na 1980idí.

'Bhí sé gránna go maith in amanna agus dúradh rudaí gránna fúmsa go pearsanta, ach bhreathnaigh mé i gcónaí ar an dá fheachtas mar chuid den iarracht chéanna,' a deir Ciarán Ó Feinneadha (2013).

Bhí Donncha Ó hÉallaithe ag teacht ar an tuiscint chéanna de réir a chéile, cé nach raibh sé sásta fós a ghreim a scaoileadh ar aisling Theilifís na

Gaeltachta, ná baol air.

Mar sin féin, bhí athmhachnamh á dhéanamh aige le linn an ama seo ar chur chuige Mheitheal Oibre Theilifís na Gaeltachta. Comhrá le Bob Collins ó RTÉ uair éigin in 1988 ba mhó a ghríosaigh Ó hÉallaithe chun féachaint go grinn ar chur chuige an fheachtais Ghaeltachta.

> Tháinig Bob Collins suas go dtí mé ag ócáid agus dúirt sé, 'an fhadhb atá ag an bhfeachtas seo ná go bhfuil sé teoranta go dtí an Ghaeltacht seo, séard a theastaíonn uaibh i ndáiríre ná feachtas náisiúnta má tá sibh chun an rud seo a bhaint amach'. Chuaigh sé sin i bhfeidhm go mór orm mar bhí mé den tuairim le tamall go raibh an feachtas rite as *puff*, ach ba é seo an duine is sinsearaí ó thaobh na gclár in RTÉ á rá liom go bhféadfaí rud éicint a dhéanamh. (Ó hÉallaithe 2013)

Faoi dheireadh na bliana 1989, bhí a phort athraithe ag Collins mar gheall ar an bplean a mheas sé a bheith 'craiceáilte' cúpla bliain roimhe sin. Ag labhairt dó ag comhdháil a d'eagraigh Meitheal Oibre Theilifís na Gaeltachta in Áras Mháirtín Uí Chadhain ar an gCeathrú Rua i gConamara, dúirt Ceannasaí na gClár in RTÉ go bhfáilteodh sé roimh bhunú stáisiúin Gaeilge agus go bhféadfaí a leithéid a chur ar bun laistigh de bhliain.

Ráiteas suntasach a bhí sa mhéid sin, dar le Seosamh Ó Cuaig.

> Cruinniú thar a bheith tábhachtach a bhí sa gceann sin mar ba é an chéad chruinniú ag ar tháinig ionadaí ó RTÉ, Bob Collins, agus ag ar thug RTÉ tacaíocht iomlán do bhunú stáisiúin nua. Ba é caint Bhob Collins ag an gcruinniú sin an chaint ba thábhachtaí a tugadh agus ba mhór an dul chun cinn é gur tháinig sé fiú, mar, bliain nó dhó roimhe sin, bhí RTÉ ag rá nach bhféadfaí stáisiún nua a bhunú agus an méid ba mhó a d'fhéadfaí a dhéanamh ná uair nó cúpla uair a' chloig breise d'ábhar Gaeilge a chur ar RTÉ. (Ó Coimín 2015d)

Cuid den slua a bhí i láthair ag comhdháil faoi cheist na teilifíse a d'eagraigh Meitheal
Oibre Theilifís na Gaeltachta in Áras Mháirtín Uí Chadhain ar an gCeathrú Rua i
gConamara in 1989

I dtús mhí Feabhra 1990 ag Scoil Gheimhridh Merriman in Inis bhí
cruinniú neamhfhoirmeálta eile ag Ó hÉallaithe a chuirfeadh cor i
gcinniúint scéal theilifís na Gaeilge. Is in Óstán an West County a casadh
Ciarán Ó Feinneadha agus eagarthóir *Comhar* Tomás Mac Síomóin air. Bhí
aithne mhaith ag Ó hÉallaithe agus Ó Feinneadha ar a chéile le fada agus
cé nach mbídís ar aon fhocal i gcónaí bhí meas acu ar a chéile. Thosaíodar
ag caitheamh siar agus dúirt Ó hÉallaithe go raibh athmhachnamh
déanta aige ar chur chuige fheachtas na Gaeltachta. Bhí comhrá fada acu
agus labhraíodar faoina raibh i ndán don teanga agus don teilifís. Bhí Ó
hÉallaithe fós ag caint ar Theilifís na Gaeltachta, Ó Feinneadha agus Mac
Síomóin fós ag trácht ar Theilifís na Gaeilge.

'Cad faoi TnaG?', arsa Ó Feinneadha. Bhí glacadh acu ar fad leis sin.

Bhí creatlach an fheachtais náisiúnta teilifíse aontaithe acu roimh am
dúnta an bheáir.

2. An feachtas náisiúnta

Is ar Kylie Minogue agus ní ar Chaitlín Ní Uallacháin anois atá
aos óg na Gaeltachta ag déanamh aithrise.

(Eamon Gilmore, Díospóireachtaí Dála 1990a)

*That is my commitment, yes, to have it up and on the
way in 1992.*

(Charles Haughey, Nollaig 1991)

Mar chuid d'fheachtas a d'eagraigh Meitheal Oibre Theilifís na Gaeltachta
ar an 17 Márta 1990 iarradh ar mhuintir na Gaeltachta staonadh ó
labhairt na Gaeilge ar feadh tamaillín den lá mar agóid faoin easpa gnímh
maidir le bunú na seirbhíse teilifíse. Ina theanna sin scríobh an Mheitheal
litir oscailte chuig Margaret Thatcher, Príomh-Aire na Breataine, á moladh
as an tacaíocht a bhí tugtha aici do S4C sa Bhreatain Bheag agus don
Ghàidhlig. D'iarr údair na litreach ar Thatcher stáisiún Gaeilge a bhunú
ó thuaidh, '*a service towards which we would be glad to contribute and on
which we might eavesdrop*'. (Anois 1990) Tuairiscíodh nach mó ná sásta a
bhí an Taoiseach agus Aire na Gaeltachta, Charles Haughey, a thuig go
rímhaith an masla air féin a bhí folaithe sa litir ag moladh Thatcher.

Iarracht eile a bhí san agóid suim an phobail a athmhúscailt i scéal na
teilifíse agus dúshlán na n-údarás a thabhairt ar bhealach drámatúil,

ach d'éirigh an feachtas níos ciúine sna 1990idí. Ón uair a bunaíodh an Feachtas Náisiúnta Teilifíse (FNT) tháinig deireadh leis an agóidíocht phoiblí ar son na teilifíse agus le gníomhartha drámatúla na 1970idí agus na 1980idí. Leanadh d'fheachtas na gceadúnas teilifíse ar feadh cúpla bliain eile, ach tháinig athrú ó bhonn ar chur chuige na bhfeachtasóirí.

Ón uair sin amach leagadh béim ar an stocaireacht dhiscréideach, ar an idirbheartaíocht faoi choim agus ar chomhráití ar chúla téarmaí le polaiteoirí, státseirbhísigh agus iriseoirí. Tréimhse éiginnte ó thaobh na polaitíochta agus ré ghruama ó thaobh na heacnamaíochta a bhí ann, agus faoi mar a dúirt Feargal Mac Amhlaoibh, Cathaoirleach an FNT, bhí a sáith ag daoine den 'agóidíocht taobh amuigh de na geataí' a raibh baint nach beag aici le cultúr na feachtasaíochta in Éirinn sna 1970idí agus sna 1980idí.

Ceannaire comhréitigh ar an FNT ab ea Feargal Mac Amhlaoibh a ceapadh mar nach raibh rócheangal aige le heite na Gaeltachta ná le heite na gluaiseachta den fheachtas. Léiriú ab ea a cheapachán gur tuigeadh do cheannairí an fheachtais faoin tráth seo go gcaithfí iarracht a dhéanamh seasamh gualainn ar ghualainn in aghaidh dhoicheall an státchórais agus, ar a laghad, gothaí an aontaithe a chur ar an FNT.

I mí Feabhra, cúpla seachtain i ndiaidh chruinniú Uí Éallaithe agus Uí Fheinneadha ag Scoil Gheimhridh Merriman in Inis, eagraíodh cruinniú neamhfhoirmeálta eile sa Palace Bar san ardchathair. Bhí Ó hÉallaithe, Ó Feinneadha, Mac Síomóin, agus Pádraig Ó Snodaigh i láthair ag an gcruinniú seo ar Shráid na Toinne mar ar leagadh síos an múnla agus an clár oibre a bheadh ag an bhfeachtas náisiúnta teilifíse.

Fiú má mhair cuid den easaontas fós, bhí an tslí réitithe anois don fheachtas náisiúnta.

I dtús mhí an Mhárta, in Buswells, óstán atá suite díreach lastall de gheataí Theach Laighean, bhí cruinniú ag an gCoiste Teilifíse Áitiúil, Baile Átha Cliath, faoi fheachtas náisiúnta a bhunú chun seirbhís náisiúnta teilifíse a éileamh a bheadh lonnaithe sa Ghaeltacht. Dhéanfaí iarracht ansin an feachtas a thabhairt laistigh de na geataí thall.

Bhí achrann faoi rún an chruinnithe, áfach, agus bhí díospóireacht chrua chealgánta ann faoi chur chuige an fheachtais náisiúnta. Bhí amhras ar chuid de lucht Chonradh na Gaeilge faoi bhunú an ghrúpa nua agus iad buartha go gcaillfeadh an eagraíocht teanga is ársa sa tír smacht ar fheachtas a raibh baint aici leis ó na 1970idí. Tuairiscíodh ar *The Irish Times* nár vótáil ach triúr den ocht nduine is seasca a bhí i láthair i gcoinne an rúin, ach ar bheirt den triúr sin bhí Seán Mac Mathúna, Ard-Rúnaí an Chonartha, agus Íte Ní Chionnaith (de Bréadún 1990c). Cuireadh 'tuairimí frith-Ghaeltachta' i leith Uí Chionnaith. ach bhí freagra aici ar lucht a cáinte. 'Cuid de na daoine atá ag lorg stáisiún Ghaeltachta, ní spéis leo pobal na Gaeilge i gcoitinne,' a dúirt sí. (de Bréadún 1990e)

Dar le Ciarán Ó Feinneadha, dhein an t-aighneas seo 'dochar uafásach' agus 'ba bheag nár cuireadh an feachtas aontaithe go tóin poill' (Ó Feinneadha 2013). Níor tharla sin, áfach, agus tháinig lucht an Chonartha ar bord. I ndiaidh an chruinnithe, sheol cathaoirleach Choiste Teilifíse na hardchathrach, Tomás Mac Síomóin, cuireadh chuig daichead ionadaí ó choistí teilifíse ar fud na tíre ag iarraidh orthu freastal ar mhórchruinniú ag deireadh na míosa. Ar an 31 Márta bunaíodh an FNT go hoifigiúil in Áras Bhord na Gaeilge.

An chéad rud a bhí le déanamh ag an FNT ná éilimh agus cuspóirí a shainmhíniú chun sástacht na ngrúpaí agus na bpearsan éagsúla a bhí páirteach ann. Thángthas ar fhoirmle focal a bhí inghlactha ag gach duine. Lorgófaí cainéal náisiúnta teilifíse a mbeadh a lárionad sa Ghaeltacht ach a dhéanfadh freastal ar 'an tír ar fad, na Sé chontae san áireamh' (Mac Amhlaoibh 1990). Breacadh éilimh an FNT i gcáipéis ghonta a bhí teibí a dóthain chun lucht an amhrais a chur ar a suaimhneas ach a raibh dóthain sonraí inti le struchtúr ceart a chur faoin obair stocaireachta a bhí le déanamh. Aon leathanach amháin a bhí sa cháipéis inar éilíodh stáisiún náisiúnta teilifíse a bheadh dírithe ar phobal na Gaeilge ar fud na tíre. Bheadh an stáisiún nua lonnaithe sa Ghaeltacht agus á riar ag údarás neamhspleách a mbeadh ionadaíocht ón nGaeltacht agus ó eagraíochtaí teanga air. Dhéanfadh an stáisiún freastal ar leith ar an nGaeltacht agus ar cheantair bheaga Ghaeltachta agus bheadh cur isteach ag pobal na Gaeltachta féin sa tseirbhís. Bheadh Gaeilge ag foireann an stáisiúin nua agus trí Ghaeilge a dhéanfaí na cláir. Leagfaí béim ar leith ar chláir don óige.

Bíodh gur ghá teacht ar chomhthuiscint faoi chuid den chur chuige seo, bhí gach éinne ar aon fhocal faoin mian sin go leagfaí béim ar an óige. 'Ní le freastal ar dhaoine fásta go príomha ba cheart TnaG a bhunú ach le freastal ar pháistí,' a mhaígh Donncha Ó hÉallaithe. Thabharfadh an stáisiún nua 'instealladh dóchais' do dhaoine 'leis an gcath deireanach a throid' chun an Ghaeilge 'a shábháil' mar theanga phobail ón 'díothú' a bhí i ndán di (Ó hÉallaithe 1991).

Mar a dúirt Feargal Mac Amhlaoibh díreach i ndiaidh bhunú an FNT bhí 'breis agus glúin fásta suas ó bunaíodh seirbhís náisiúnta teilifíse' agus tuismitheoirí 'a bhí ag iarraidh cothrom na féinne dá leanaí le cláir Ghaeilge imithe ar pinsean ó shin'. (1990)

Comhréiteach stuama a bhí in éilimh an FNT agus cé go nach mbeadh lucht an fheachtais i gcónaí ar aon fhocal as sin amach, ar a laghad bhí sraith d'éilimh chomónta breactha síos acu. Aon duine dhéag a bhí ar choiste stiúrtha an FNT; Ó hÉallaithe, Ó Feinneadha, Mac Amhlaoibh, Mac Síomóin, Ó Snodaigh, Máire Mhic Niallais, Mairéad Uí Dhomhnaill, Liam Ó Cuinneagáin, Liam Mac Cóil, Aodán Mac Póilín agus Aoife Ní Scolaí. Bhí an FNT mar scáthghrúpa ag suas le tríocha eagraíocht ach cé gur chuir na heagraíochtaí seo gréasán fairsing gníomhaithe agus teagmhálaithe ar fáil do na ceannairí ba é an lárchoiste féin a ghlac stiúir ar an bhfeachtas.

Thosaigh an FNT láithreach ar an gcúrsa nua a bhí leagtha amach acu don fheachtas. Deineadh teagmháil le Seanadóirí agus Teachtaí Dála agus bailíodh eolas faoin gcostas a bhainfeadh le bunú na seirbhíse. D'ullmhaítí ceisteanna Dála le go gcuirfeadh polaiteoirí an fhreasúra ar an Rialtas iad agus eagraíodh lá eolais do bhaill an Oireachtais in Buswells. Choimeádadh súil ghéar ar na meáin, deineadh cairdeas le hiriseoirí ar measadh luí a bheith acu le héileamh an FNT agus tugadh a ndúshlán siúd nach raibh chomh tuisceanach céanna. Agus d'éirigh leis an FNT tabhairt ar gach páirtí polaitíochta sa Dáil an polasaí ar éileamh stáisiún teilifíse nua a ghlacadh chuige féin.

I mí Feabhra 1990, thuairiscigh an t-iriseoir Deaglán de Bréadún go raibh trí rogha á scrúdú ag an Roinn Cumarsáide: seirbhís a chraolfaí ar fud na tíre ón nGaeltacht; seirbhís a chraolfaí ar fud na tíre ó Bhaile Átha Cliath ach a mbeadh ionchur ón nGaeltacht inti; nó tuilleadh clár Gaeilge a chraoladh ar RTÉ (de Bréadún 1990a). Ar ndóigh, bhí an ceathrú rogha leis ann. Gan faic a dhéanamh.

Bhí an Rialtas fós ag tarraingt na gcos, mar a mhaígh an Teachta Dála Eamon Gilmore sa Dáil ar an 8 Márta 1990.

> Tá gach cosúlacht ann anois go bhfuil an Rialtas ag tarraingt siar ar an ngeallúint a thug siad go mbunódh siad Teilifís na Gaeltachta … Dhéanfadh seirbhís Theilifís na Gaeltachta i bhfad níos mó don Ghaeilge ná aon díospóireacht anseo sa Dáil. (Díospóireachtaí Dála 1990a)

Dúirt Gilmore nárbh fhiú a bheith ag trácht ar athbheochan na teanga cheal Theilifís na Gaeltachta. Dá huireasa, bhí aos óg na Gaeltachta á chur ar seachrán ag na sobaldrámaí Astrálacha a raibh an-tóir orthu ag an am.

> Tá na daoine óga, fiú amháin sna Gaeltachtaí, in áiteanna mar Thír an Fhia agus Chorca Dhuibhne, ag féachaint ar *Neighbours* agus cláracha mar sin, cosúil leis na daoine óga sna cathracha móra. Is ar Kylie Minogue agus ní ar Chaitlín Ní Uallacháin anois atá aos óg na Gaeltachta ag déanamh aithrise, agus ní

féidir an Ghaeilge a shábháil, fiú amháin sna Gaeltachtaí, mura gcuirtear fostaíocht ar fáil iontu agus mura gcuirtear na meáin nua cumarsáide ar fáil trí Ghaeilge. (Díospóireachtaí Dála 1990a)

Pé acu ar Kylie nó ar Chaitlín a bhí aos óg na Gaeltachta ag déanamh aithrise, bhí craiceann na fírinne ar léamh Gilmore ar staid na Gaeilge sa Ghaeltacht. Dhá mhí ina dhiaidh sin, foilsíodh *The death of the Irish language: A qualified obituary* le Reg Hindley, léachtóir sinsearach le tíreolaíocht in Ollscoil Bradford.

Leabhar conspóideach a bhí ann, a raibh lochtanna éagsúla air, agus dar le mórán ba ródhuairc breith Hindley '[*that*] *there is no room for honest doubt that the Irish language is now dying.*' (1990) Ach fiú lucht cáinte an léachtóra, ní áiteoidís go raibh an teanga ar fónamh sna ceantair sin ina raibh sí fós in uachtar agus ní raibh aon chonspóid ag baint le maíomh Hindley go raibh baint mhór ag dúil ógánaigh na Gaeltachta sa teilifís le meath na teanga. Trátha an ama chéanna a raibh saothar Hindley á phlé sna meáin, cuireadh faoi bhráid Bhord na Gaeilge tuarascáil ina raibh tuilleadh figiúirí scanrúla faoi labhairt na teanga. Níor tháinig an scéal conspóideach seo chun solais go ceann bliana eile agus bhí údar na tuarascála, an scríbhneoir Breandán Ó hEithir, caillte faoin tráth sin.

Tuairiscíodh ar *Anois* go raibh saothar an scríbhneora 'chomh héadóchasach sin' gur dhiúltaigh Bord na Gaeilge í a fhoilsiú (1991a). Dála Hindley, d'áitigh Ó hEithir go raibh níos lú ná 10,000 cainteoir dúchais fágtha sa Ghaeltacht. B'ionann an 10,000 nó mar sin de chainteoirí dúchais agus an gnáth-thinreamh ag cluiche ceannais peile i gcontae beag, a mheas sé. Ní raibh líon na gcainteoirí dúchais ach beagán níos mó ná ballraíocht Pháirtí Cumannach na Breataine ag an am sin, dar leis. Bhí cuma dhuairc ar léamh Uí Eithir agus Hindley ar chás na teanga sa Ghaeltacht, ach is beag duine a shéanfadh go raibh cuid mhaith den fhírinne acu.

Faraor, bhí an t-aos polaitiúil fós ar nós cuma liom faoi cheist na teilifíse. Obair fhadálach a bheadh ann beocheist a dhéanamh den éileamh ar stáisiún Gaeilge agus tabhairt ar an gcomhrialtas nua idir Fianna Fáil agus an Páirtí Daonlathach beart a dhéanamh de réir a mbriathar.

Bhíodh díospóireachtaí faoi cheist na teilifíse i dtithe an Oireachtais ó am go chéile, ach ba ríshoiléir le linn na ndíospóireachtaí sin nach raibh an Rialtas chomh tiomanta do bhunú stáisiúin nua is a tugadh le fios aimsir an olltoghcháin.

Ar an 16 Bealtaine 1990 chuir an Seanadóir Gaeltachta Pól Ó Foighil síos rún thar ceann Fhine Gael go n-iarrfaí ar Sheanad Éireann, ar an Aire Cumarsáide agus ar an Taoiseach (mar Aire na Gaeltachta) go gcuirfí Seirbhís Teilifíse Gaeilge/Gaeltachta ar bun roimh dheireadh na bliana sin le freastal ar mhuintir na Gaeltachta agus ar mhuintir na hÉireann (Díospóireachtaí Seanaid 1990a). Níor pléadh rún Uí Fhoighil toisc gur mhol páirtithe an Rialtais, faoi ainm Éamoin Uí Chuív, go scriosfaí gach focal tar éis an fhocail 'go' i bhfoclaíocht Uí Fhoighil, agus go gcuirfí ina háit:

[Go] bhfáiltíonn Seanad Éireann roimh an staidéar cúramach atá á dhéanamh ag na hAirí Cumarsáide agus Gaeltachta maidir le ceist na teilifíse trí Ghaeilge agus go ndearbhaíonn sé lánmhuinín as an gcur chuige atá á ghlacadh acu faoin ábhar seo. (Díospóireachtaí Seanaid 1990a)

Bhí ceist séimeantaice á déanamh de cheist na teilifíse in ainneoin iarrachtaí leithéid an tSeanadóra Brendan Ryan an lasóg a chur sa bharrach:

... *Teilifís na Gaeltachta is an absolutely unequivocal necessity. It is no longer a question of argument. It is easier to bring up children in the French language in this country than it is to bring up children through Irish, because there is a French language television service available via satellite ... The one language in which we cannot offer our children a decent television service is our own. That is an outrageous and disgraceful position.* (Díospóireachtaí Seanaid 1990b)

Ba léir don Seanadóir neamhspleách gurbh é easpa tola an Rialtais ba mhó ba chúis leis an moill a bhí ar bhunú na seirbhíse agus, dar leis, bhí fáilte an doichill ag an Rialtas roimh thuarascáil Údarás na Gaeltachta.

One of the problems is the incessant delay. RTÉ have provided an outline of a cheap transmission service. Údarás have shown there are people in the Gaeltachtaí ready, willing and able to provide the programmes. The problem is the political will at Government level, and perhaps at Government advisory level, because all the political parties are officially in favour. (Díospóireachtaí Seanaid 1990b)

Thug Aire Stáit na Gaeltachta, Pat 'the Cope' Ó Gallchóir, le fios nach raibh an Rialtas ag déanamh 'cúlú ar bith sa cheist seo' ach go rabhadar 'réadúil ina taobh'.

Breathnaíonn sé seo furasta go leor, go háirithe nuair atá tú sa bhfreasúra. Nuair a thosaítear ar impleachtaí na moltaí a scrúdú go mion, agus nuair a chuirtear san áireamh na tuairimí éagsúla ... is léir go bhfuil an scéal i bhfad níos castaí agus níos deacra ná moltaí tuarascála a chur i bhfeidhm. (Díospóireachtaí Seanaid, 1990b)

Bhí spéis mhór ag an Taoiseach agus ag an Rialtas sa scéal, a dúirt an tAire Stáit, ach ba bheag an sólás don FNT 'spéis' an Taoisigh agus caint 'réadúil' an Aire Stáit.

Thagair Ó Gallchóir chomh maith don easaontas faoi chur chuige na seirbhíse a bhí molta agus an costas a bhainfeadh léi. Bhí an chuma ar an scéal go n-úsáidfí na 'tuairimí éagsúla' seo chun cinneadh faoin stáisiún a chur ar an méar fhada. Dá chasta an scéal b'amhlaidh ab fhearr a d'oir sé don Rialtas, agus b'fhollasaí ná riamh an gá a bhí le feachtas níos aontaithe, níos eagraithe agus níos gairmiúla. Léirigh an seanadóir Paschal Mooney, Fianna Fáil dearcadh an Rialtais:

I do not wish to harp too much on Senator Ryan's contribution. Generally speaking, when talking about an Irish language service there seems to be a certain glib, simplistic approach as if it is something that can be manufactured out of the air. All I will say, and I say it to Senator Ryan, is that there was a very successful movie a few years ago which was called ET. He was an extra-terrestrial. He lived up there. (Díospóireachtaí Seanaid 1990b)

Bhí teachtaireacht shoiléir i ndíospóireacht an tSeanaid: bhí dearcadh réadúil fódúil ag an Rialtas faoi chúrsaí ach b'ionann an dearcadh a bhí ag lucht an fheachtais agus an tuiscint a bheadh ag neach eachtardhomhanda ar an scéal.

Fuarthas blaiseadh eile ar dhearcadh réadúil fódúil seo an Rialtais nuair a tuairiscíodh ar nuachtán Domhnaigh go gcuirfí dhá uair an chloig de chláir Ghaeilge ar siúl ar Network 2 seachas stáisiún nua a bhunú. 'Ráflaíocht' a thug Bob Collins, Ceannasaí na gClár Teilifíse in RTÉ, ar na tuairiscí seo. 'Ní réiteach ar an scéal é go mbeadh tuilleadh clár ar RTÉ – ní leor é gan Teilifís na Gaeltachta,' a dúirt sé (de Bréadún 1990d).

Chuir sceitheadh an scéil faoi Network 2 isteach go mór ar an Seanadóir Brendan Ryan, a chreid go raibh beag is fiú á dhéanamh ag an Rialtas de dhíospóireacht thábhachtach.

I would like to be assured that if there is a debate in this House on a serious issue the Government will treat the House seriously and tell us what is going on, instead of having it leaked to a political correspondent ... (Díospóireachtaí Seanaid 1990c)

Le linn an ama seo, bhí 'tuairimí éagsúla fós á nochtadh ag eagraíochtaí teanga. Ag deireadh Bealtaine, léirigh Comhdháil Náisiúnta na Gaeilge amhras faoi ghnéithe de thuarascáil Údarás na Gaeltachta. Bhí imní mhór ar an gComhdháil faoin gcóras tarchuradóireachta a bhí molta ag an Údarás. Dá nglacfaí le múnla an Údaráis, ní bheadh 'formhór ball na bpobal Gaeilge, gan trácht ar fhormhór mhuintir na hÉireann, sásta dul as a mbealach, socruithe ar leith a dhéanamh, nó táillí ar leith a íoc d'fhonn a bheith in ann seirbhís Ghaeilge a ghlacadh'. (de Bréadún 1990e)

Níor léir don Chomhdháil conas a d'fhéadfaí freastal ar 'chuspóirí ghluaiseacht na Gaeilge' ar aon chóras eile seachas ar chóras RTÉ 1, Network 2, nó b'fhéidir 'TV3'. Chaithfí an tseirbhís nua Gaeilge a chraoladh ar ardmhinicíocht UHF ar fud na tíre agus dá leanfaí an cur chuige tarchuradóireachta a bhí molta ag Údarás na Gaeltachta bhí 'baol mór' ann go gcuirfí 'na cláracha Gaeilge ar fad amach ar chóras rúnda' agus go mbainfí 'an bonn ar fad ó theilifís na Gaeilge'.

'Mura bhfuil agat ach pocaide gabhair, bí i lár in aonaigh leis' an chomhairle a bhí ag an gComhdháil.

D'fháiltigh an Feachtas Náisiúnta Teilifíse agus Meitheal Oibre Theilifís na Gaeltachta araon roimh mholtaí na Comhdhála agus scríobhadh ar 'Tuarascáil' in *The Irish Times* gur léirigh tacaíocht an dá eagraíocht go raibh, ar deireadh thiar thall, 'polasaí aontaithe i leith na ceiste seo ag teacht chun cinn' (Mag Cuill 1990). Léamh réasúnta cruinn a bhí ansin ar bhláthú an athmhuintearais i ngluaiseacht na teilifíse, ach léirigh an aimsir nár thug 'Tuarascáil' a gceart don Ghael maidir lena chumas i mbun seancheirtlín a thochras.

I mí Bealtaine 1990 fiafraíodh de Pat 'the Cope' Ó Gallchóir ar RnaG an raibh suim 'dáiríre' ag an Taoiseach i gceist na teilifíse, agus cuireadh an méid a bhí le rá aige ar thaifead an tSeanaid:

> Tá suim ag an Rialtas, cinnte, i dteilifís Ghaeilge a chur ar fáil ach, i láthair na huaire, ní bhfuair mé deis chun é seo a phlé leis an Taoiseach mar Aire na Gaeltachta … Ós rud é go bhfuil an t-eolas uilig againn, níl aon eolas eile de dhíth orainn. Tá an tuarascáil faighte againn agus tá sé scrúdaithe ag an Roinn Cumarsáide. Níl le déanamh anois ach cinneadh a dhéanamh

… Tá mé ag súil go mbeidh cinneadh ann roimh dheireadh na bliana seo. (Díospóireachtaí Seanaid 1990e)

Bhí an-chuid geallta ach fíorbheagán pléite, de réir dealraimh.

Radadh ceist na teilifíse i lár an aonaigh pholaitiúil ar feadh cúpla lá i samhradh na bliana 1990 nuair a tapaíodh deis de bharr mhoilleadóireacht an Rialtais chun an tslat a thabhairt don Aire Cumarsáide, Ray Burke, agus an Bille Craoltóireachta a bhí tugtha os comhair na Dála aige. Ar an 13 Meitheamh sa Dáil leag an freasúra síos rún mímhuiníne in Burke. Labhair ceannaire Fhine Gael, Alan Dukes, fear a thug éisteacht mhaith don FNT, ar son an rúin:

> *The Minister has not admitted that the current shape of his plans for TV3 cut directly across the possible options for Irish language TV broadcasting. That is either because he is making a vain attempt to hide the fact or, perhaps, he simply does not understand it. He has failed to do the two jobs he was given in this Cabinet. It is time for this House to recognise that. It is time for the Government and the Taoiseach to act on what they already know and to take this Minister off the playing pitch completely.* (Díospóireachtaí Dála 1990b)

Le linn na díospóireachta faoi Bhille Burke sa Dáil thug an Teachta Dála ó Fhine Gael Ted Nealon le fios go gcuirfeadh an reachtaíocht nua constaicí móra roimh bhunú stáisiúin Gaeilge. Chiallódh an chaidhp a bhí á cur ag Burke ar an méid airgid a d'fhéadfadh RTÉ a thuilleamh ar fhógraíocht nach mbeadh an t-airgead ann chun seirbhís nua a mhaoiniú. Anuas air sin, ní bheadh an tríú banda ar fáil do theilifís na Gaeilge dá dtabharfaí ar lámh é don stáisiún nua tráchtála (Díospóireachtaí Dála 1990c).

Dúirt an Teachta Dála Micheál D. Ó hUigínn go raibh cúl á thabhairt ag an Rialtas le pobal na teanga.

What we are now witnessing is a total abandonment of the right of the people of the Gaeltachts to have a television station located in the Gaeltacht which meets their own needs and provides a national service for anyone interested in the language. There is no point in imagining that this is not the position. (Watson 2003)

Mhaígh an tAire Cumarsáide nach mbeadh aon fhadhb tharchuradóireachta ag an tseirbhís nua Gaeilge *'should a decision to that effect be taken'.* Ní raibh an *'should'* sin ag teacht in aon chor leis na gealltanais a bhí tugtha roimhe sin ag Charles Haughey. Fiú an tseachtain chéanna a pléadh an Bille san Oireachtas, gheall an Taoiseach arís go ndéanfaí cinneadh go luath faoi theilifís na Gaeilge.

'An amhlaidh go raibh an Taoiseach ag caint as bealach?' a d'fhiafraigh Pól Ó Foighil sa Seanad (Díospóireachtaí Seanaid 1990d).

I mí an Mhárta, ag Éigse Uladh i nGaoth Dobhair, labhair an craoltóir ón mBreatain Bheag, Arwell Ellis Jones, faoi bhláthú na teilifíse Breatnaise agus an tacaíocht pholaitiúil a ghin S4C: *'Willie Whitelaw gave Wales its own S4C Channel and also a social harmony. S4C has helped to give the Welsh language a new confidence.'* (Mhic Niallais 1990) Ach cá raibh Willie Whitelaw na hÉireann?

I Meán Fómhair 1990 tuairiscíodh go raibh bunú Údarás Teilifíse Gaeilge á bhreithniú ag an Rialtas agus go dtabharfaí cead don údarás nua, a bheadh faoi scáth RTÉ, cláir a choimisiúnú ó chomhlachtaí neamhspleácha Gaeltachta. Chraolfaí na cláir seo ar feadh dhá uair an chloig gach oíche ar Network 2. Sheas an FNT lena éileamh ar sheirbhís náisiúnta neamhspleách lonnaithe sa Ghaeltacht. *'RTÉ had their chance and failed,'* a dúirt Feargal Mac Amhlaoibh le *The Irish Times.* (de Bréadún 1990f)

Tuairiscíodh go raibh mórán in RTÉ a d'aontaigh le héileamh an FNT, bíodh is go raibh na cúiseanna lena dtacaíocht sin an-éagsúil le cúiseanna lucht an fheachtais. Scríobh Deaglán de Bréadún in *The Irish Times,* 'there *is a view in RTÉ circles that the appropriation of a two-hour slot for Irish language programmes in Irish would be another Fianna Fáil "move" against the station causing it to lose further revenue from advertising'.* (1990a) Níor éirigh leis an iriseoir a dheimhniú arbh fhíor do thuairiscí a bhí sa timpeall faoi *'informal approaches'* a bheith déanta le lucht tacaíochta Fhianna Fáil sa Ghaeltacht féachaint an mbeidís sásta feidhmiú ar údarás teilifíse nua.

Pé acu an raibh na tuairiscí sin fíor nó nach raibh, ní raibh aon rath ar an bplean an t-údarás nua a bhunú agus faoi dheireadh 1990 ní raibh aon chinneadh, maith nó olc, déanta faoi cheist na teilifíse. Fós féin, agus é i mbun díospóireachta le Pól Ó Foighil sa Seanad ar an 21 Samhain, bhí Pat 'the Cope' Ó Gallchóir lánsuite de go ndéanfadh Fianna Fáil an beart:

> Tá a fhios go maith aige gur gheall muidne seirbhís teilifíse trí Ghaeilge agus go gcuirfidh muid an tseirbhís sin ar fáil. Cé a gheall Raidió na Gaeltachta? Muidne, Fianna Fáil, a gheall Raidió na Gaeltachta agus chuir muid ar fáil é. Cé a gheall Údarás na Gaeltachta? Muidne a gheall é agus muidne a chuir ar bun é. (Díospóireachtaí Seanaid 1990e)

Bhí an tAire Stáit ag seasamh lena Thaoiseach agus sheasfadh a Thaoiseach le muintir na Gaeltachta:

> Gheall an Taoiseach mar Aire na Gaeltachta go mbunódh sé seirbhís teilifíse Ghaeltachta, agus cuirfear an tseirbhís sin ar fáil … Tá suim againn sa chultúr Gaelach agus i dtodhchaí na Gaeilge agus seasfaimid le muintir na Gaeltachta dá réir.

De réir meastacháin amháin, gheall an Taoiseach Charles Haughey sé huaire in 1991 go mbunófaí teilifís na Gaeilge. Agus níl san áireamh sa mheastachán sin an gealltanas a thug sé do Bob Quinn ag ócáid cheiliúrtha Aosdána san Ospidéal Ríoga i gCill Mhaighneann. Bhí Quinn ag caitheamh t-léine leis an mana 'Teilifís na Gaeltachta' ag an dinnéar foirmeálta agus thug Haughey suntas d'fheisteas neamhghnách an scannánóra.

He pointed to it and said, 'Beidh sé ann' … Little did we know that we were pawns in the bigger war against RTÉ. Our field of struggle was local and linguistic; RTÉ's was national and economic; Haughey's was bigger than both. (Quinn 2001)

Ní raibh an chuma ar Haughey, áfach, go raibh se ag sracadh le ceist na teilifíse beag ná mór. Bhí geallta chomh minic sin aige go mbunófaí an tseirbhís nua gur bhain an chuid is mó den díospóireacht anois le cé acu ar Network 2 nó ar chainéal eile a chraolfaí í, agus le cá mbeadh an ceannáras lonnaithe.

Ina aitheasc mar uachtarán ar Fhianna Fáil ag Ard-Fheis an pháirtí ar an 9 Márta 1991, gheall Haughey arís go mbunófaí stáisiún nua Gaeilge in 1992, ach ba é an t-agallamh a thug sé an lá dár gcionn don chlár *This Week* ar RTÉ Raidió 1 ba mhó a thug uchtach don FNT.

Deir Donncha Ó hÉallaithe gur éirigh leis an bhfeachtas teagmháil a dhéanamh le léiritheoir an chláir roimh ré le cinntiú go dtarraingeofaí aníos ceist na teilifíse chuig Haughey agus go meallfaí freagra díreach uaidh (2013).

Níor lig Haughey síos iad. Dúirt an Taoiseach go mbunófaí *'a separate distinct channel for* Gaeilgeoirí' in 1992 agus go bhfreastalódh sé ar an nGaeltacht. Thuig sé, a dúirt sé, nár leor seirbhís bhreise Gaeilge ar Network 2. Ní raibh sé cinnte fós cá mbeadh an tseirbhís nua lonnaithe, ach ní raibh aon amhras air ach 'go gcaillfí' an Ghaeilge d'uireasa stáisiún teilifíse (de Bréadún 1991a).

Chuir an FNT fáilte mhór roimh ghealltanas an Taoisigh cé gur eisigh Meitheal Oibre Theilifís na Gaeltachta ráiteas ag caitheamh amhrais ar an maíomh go bhféadfaí an tseirbhís a bhunú an bhliain dar gcionn.

Pé scéal é, ba é fógra an Taoisigh buaicphointe an fheachtais go dtí sin.

Ba chara le Haughey é Proinsias Mac Aonghusa, nár cheil a mheas ar an Taoiseach ina chuid iriseoireachta. Bhí Cathaoirleach Bhord na Gaeilge agus Uachtarán Chonradh na Gaeilge ar mire séin. 'Tá éacht geallta ag Cathal Ó hEochaidh a chinnteós go mbeidh trácht air i measc clanna Gael an fhad a mhaireann an náisiún Gaelach,' a dúirt sé (Mac Dubhghaill 1992c).

Ní raibh deireadh fós le gealladh na n-éachtaí. I mí an Mheithimh, i litir a seoladh chuig an FNT, gheall an Taoiseach go mbunófaí an tseirbhís nua in 1992 agus i mí Lúnasa fuair Ard-Rúnaí Chonradh na Gaeilge, Seán Mac Mathúna, litir inar thug Haughey an gheallúint chéanna. Ar an 21 Meán Fómhair agus tionscnamh ealaíne á sheoladh aige i gCill Rialaigh in Uíbh Ráthach i gCiarraí, gheall Haughey an athuair go mbunófaí an stáisiún nua.

Ach bhí caint an Taoisigh ag éirí níos seachantaí faoin tráth seo agus ar an 30 Meán Fómhair thug sé agallamh do Thimlín Ó Cearnaigh ar RnaG a bhain siar as an FNT.

> Tá deacrachtaí ann. Thug mé an gheallúint go gcuirfear ar fáil é an bhliain seo chugainn. Tá sé ar intinn agam agus ba mhaith liom seasamh leis an ngeallúint. Ní féidir liom níos mó a rá ag an bpointe seo … Níl a fhios agam fós an mbeidh sé ann. Mar is eol duit tá deacrachtaí againn agus caithfidh muid sin a réiteach, agus go speisialta tá deacrachtaí againn maidir le cúrsaí airgeadais an Stáit go léir ag an nóiméad seo. (de Bréadún 1991c)

I mí Dheireadh Fómhair d'fhreagair Aire Stáit na Gaeltachta ceist Dála thar ceann an Taoisigh. Ba chosúil nach raibh Haughey chomh daingean ina rún agus a bhí á thabhairt le fios aige i gcaitheamh na bliana: 'Níl sé i gceist agam cur leis an eolas atá tugtha agam anseo go minic cheana faoin ábhar seo, is é sin, go bhfuil an cheist faoi chaibidil fós agus nach bhfuil cinneadh críochnaitheach déanta faoi go dtí seo.' (Díospóireachtaí Dála 1991)

Thug an Taoiseach gealltanas amháin eile uaidh ag deireadh na bliana 1991. Agus é ag oscailt Áras na Gaeilge ar champas Choláiste na hOllscoile, Gaillimh, i Nollaig 1991, dúirt sé uair amháin eile go mbunófaí an tseirbhís nua in 1992. '*That is my commitment, yes, to have it up and on the way in 1992,*' a dúirt sé (Mac Dubhghaill 1991d). Faoin tráth seo, áfach, ní raibh éinne ag slogadh gealltanas an Taoisigh gan chogaint. Bhí éachtaí geallta cinnte, ach ní raibh aon éacht déanta fós.

In ainneoin na ngealltanas nár comhlíonadh, ní bheadh sé cothrom a rá nach raibh suim ag Haughey i gceist theilifís na Gaeilge. Ba é a d'iarr tuarascáil Údarás na Gaeltachta agus lorg sé tuairisc freisin ar Phroinsias Mac Aonghusa, Cathaoirleach Bhord na Gaeilge agus Uachtarán Chonradh na Gaeilge, agus ar Phádraig Ó Muircheartaigh, Príomhfheidhmeannach Bhord Soláthair an Leictreachais. Cuireadh an tuarascáil *Teilifís 92* faoi bhráid an Taoisigh in Eanáir 1991.

Moladh sa tuarascáil nua seo go mbunófaí córas teilifíse Gaeilge neamhspleách don tír ar fad agus go gcraolfaí ar chainéal ar leith é. D'fhéadfaí Teilifís na Gaeilge a mhaoiniú ach cead a thabhairt do RTÉ beagáinín breise fógraíochta a dhíol in aghaidh an lae. Bheadh an tseirbhís a bhunófaí an bhliain dár gcionn freagrach as a cláir nuachta agus cúrsaí reatha féin, ach is le cláir ó léiritheoirí neamhspleácha a líonfaí an chuid eile den sceideal. Is mar seo a chríochnaigh *Teilifís 92*:

> Molaimid go bhfógródh tusa mar Thaoiseach go bhfuil sé i gceist i bprionsabal seirbhís teilifíse a bhunú faoin ainm 'Teilifís 92'; go mbunófaí Bord nó Údarás sealadach leis an obair sin a dhéanamh; nach mbeadh ach cúigear ar an Údarás sin; gur i Ráth Chairn a bheadh sé i gceist ceannáras Theilifís 92 a bheith. (de Bréadún 1991b)

Ní fios cé chomh cúramach is a d'éist Haughey leis na moltaí sin, ach nuair a dúirt sé ar an gclár *This Week* i mí an Mhárta go mbunófaí an tseirbhís nua in 1992, mhaígh Mac Aonghusa ar Raidió na Gaeltachta gurb é *Teilifís 92* a spreag an gealltanas ba láidre fós ón Taoiseach. Ní raibh cuid d'fheachtasóirí an FNT róthógtha leis an agallamh céanna, ní de bharr go raibh Uachtarán an Chonartha ag maíomh as bíogadh a bhaint as an Taoiseach, ach toisc nár luaigh Mac Aonghusa beag ná mór na heagraíochtaí agus na daoine aonair ar fad a raibh baint acu go dtí sin le scéal fada na teilifíse Gaeilge.

Sa deireadh, ba é an moladh ba chonspóidí in *Teilifís 92* ná go lonnófaí ceannáras an stáisiúin i Ráth Chairn, an ceantar Gaeltachta i gcontae na Mí ar tháinig ann dó nuair a aistríodh seacht dteaghlach is fiche ó Chonamara go dtí talamh a fuarthas ó Choimisiún na Talún in 1935. Thug Mac Aonghusa le fios níos déanaí gur mhol sé Ráth Chairn mar 'áit neodrach' a d'fhan dílis don teanga nuair a loic ceantair Ghaeltachta eile uirthi. '*I wouldn't stand or fall on the Co. Meath idea, though I'm very attached to it,*' a dúirt sé. (Mac Dubhghaill 1991a)

Ní raibh daoine eile chomh ceanúil céanna ar an smaoineamh. '*The political cleverness of the proposed solution to the impasse, a television service with its headquarters in Dev's invented Gaeltacht in Athboy, can be admired for its cleverness. But it must be condemned for its utter cynicism,*' a scríobh Bob Quinn. (Quinn 1991)

Dúirt Donncha Ó hÉallaithe go raibh Ráth Chairn 'róbheag agus róghar do Bhaile Átha Cliath' agus gur chun leas comhlachtaí léiriúcháin san ardchathair seachas léiritheoirí na Gaeltachta a bheadh sé dá lonnófaí an stáisiún nua ann. Bheadh 'blas' róláidir Bhaile Átha Cliath ar an stáisiún nua agus is comaitéirí ón ardchathair a bheadh ag obair ann. (Mac Dubhghaill 1991a)

Ní tuairisc róthéagartha a bhí in *Teilifís 92* – '*a two-page opinion prepared overnight by two intimates of the Taoiseach*' a thug Quinn (1991) uirthi – ach ba shuimiúil an moladh inti go scaoilfí beagáinín an chaidhp fógraíochta ar RTÉ chun an tseirbhís nua a mhaoiniú. Ní raibh luaite roimhe sin ag Haughey féin mar fhoinsí maoinithe don togra ach an ceadúnas teilifíse agus an crannchur náisiúnta.

Faoi lár na bliana 1991, ba chosúil go raibh dearmad déanta ar *Teilifís 92* agus na tuarascálacha eile a chuaigh roimpi. Bhí na gealltanais fós á dtabhairt go mínáireach, ach b'olc an tuar don fheachtas an cinneadh a deineadh i mí Iúil an t-airgead ón gcrannchur náisiúnta a gealladh in 1987 do phlean na teilifíse Gaeilge a tharraingt siar. Tháinig an drochscéal seo chun solais cúpla seachtain i ndiaidh don FNT a litir ghealltanais a fháil ón Taoiseach. Tuairiscíodh ar an nuachtán *Anois* gur scríobh an Taoiseach sa litir sin:

I dtaca le ceist na seirbhíse le freastal ar phobail labhartha na Gaeilge agus na Gaeltachta, cé go bhfuil na féidearthachtaí uile fós á scrúdú, féadfaidh tú a bheith cinnte, mar a fógraíodh le gairid, go mbunófar an tseirbhís seo an bhliain seo chugainn. (Ó Cearúil agus Ó Conaill 1991)

Seachtain i ndiaidh dóibh litir an Taoisigh a fháil, ar an 11 Iúil, bhí cruinniú ag baill den FNT le Pat 'the Cope' Ó Gallchóir. Dar le Tomás Mac Síomóin, duine den toscaireacht a léirigh a mbuairt don Aire faoi gan údarás teilifíse a bheith ceaptha fós agus gan suíomh a bheith roghnaithe don cheannáras, go rabhadar 'sásta agus dóchasach' tar éis an chruinnithe go mbunófaí an tseirbhís nua. Dúirt an Síomónach nach gcuirfeadh an tseirbhís brú rómhór ar an gcaiteachas poiblí. D'fhéadfaí teacht ar an maoiniú ach cur leis an méid fógraíochta a bhí ceadaithe ar RTÉ nó táillí ceadúnais a ardú nó tarraingt ar airgead an chrannchuir náisiúnta. (Mac Dubhghaill 1991c)

Ag an bpointe sin bhí an t-aon mhaoiniú a cuireadh ar leataobh riamh do theilifís na Gaeilge á tharraingt siar. Ghéill Proinsias Mac Aonghusa gur 'droch-chomhartha' é, agus dúirt sé gurbh ar éigean a bhunófaí an tseirbhís nua in 1992 mura ndéanfadh an Rialtas gníomh 'go han-luath'. 'Tuigeann cách géarchéim eacnamaíochta áirithe a bheith ar an Stát agus ciorruithe a bheith á mbeartú. Ba dhona go leor an beart é dá mbainfí leas as an éigeandáil sealadach seo le gan Teilifís na Gaeilge a bhunú.' (Mac Dubhghaill 1991b)

Faoin am seo, bhí an FNT ag plé le hAire Cumarsáide nua, Séamus Brennan, más 'plé' an focal ceart. Dála a réamhtheachtaí, Ray Burke, dhiúltaigh Brennan bualadh le lucht an fheachtais. Ba bheag an tsuim a bhí ag an Aire nua i gceist na teilifíse Gaeilge, ach mar dhuine a bhain leis an eite dheis d'Fhianna Fáil as ar eascair an Páirtí Daonlathach agus a fhealsúnacht eacnamaíochta nua-liobrálach, bhí sé buartha faoin gcaiteachas stáit ar an togra nua. I mí na Samhna, dúirt Brennan go raibh sé féin agus Fianna Fáil ar son bhunú an stáisiúin nua, ach go gcaithfí a bheith 'praiticiúil' faoin scéal chomh maith (Anois 1991b).

Suim £60m, nó pingin sa phunt 'don cháiníocóir', a chosnódh an tseirbhís nua, dar leis an Aire agus é ag maíomh go mbeadh stráicí móra de thalamh sléibhe le ceannach chun an tseirbhís a chraoladh.

Lá amháin agus é bailithe d'áibhéil Brennan ach gan an t-eolas aige chun an tAire a bhréagnú, chuaigh Ciarán Ó Feinneadha sa seans agus ghlaoigh ar an Roinn Cumarsáide. D'éirigh leis labhairt le státseirbhíseach mná a bhí báúil, ba léir, le cás na teilifíse. Thug sí dó an t-eolas a bhí uaidh agus bhí fianaise agus figiúirí ar dalladh aici a bhain an bonn d'argóint Brennan. Bhí cara nua ag an FNT. 'Laoch ba ea í, b'iontach an bhean í, ach faraor ní cuimhin liom a hainm!' a deir Ó Feinneadha (2013).

Ba é Proinsias Mac Aonghusa a chéadchomhairligh don fheachtas a gcuid stocaireachta a dhíriú ar an Roinn Turasóireachta, Iompair agus Cumarsáide seachas Roinn na Gaeltachta agus ba luachmhar an chomhairle í, dar le Donncha Ó hÉallaithe (2013). Ba bheag an dul chun cinn a d'fhéadfaidís a dhéanamh, áfach, nuair nach raibh an tAire féin sásta fiú cruinniú a bheith aige leo.

Idir an dá linn, bhí lagmhisneach ag teacht ar na feachtasóirí ag an Taoiseach guagach. Má thug agallamh an earraigh ar *This Week* ardú croí dóibh, ba mhór an bhéim síos a bhí sa chaint a dhein sé ar Raidió na Gaeltachta san fhómhar. Bíonn gach dearóil íogair agus bhí aontacht an fheachtais anois faoi straidhn. Léirigh an aimsir go raibh an chloch sa mhuinchille fós ag daoine áirithe dá chéile. Ghoill alt a scríobh Bob Quinn in *The Irish Times* go mór ar chuid d'fheachtasóirí na hardchathrach. Mar shampla, ag cur síos dó ar na Dublin Language Revivalists, dúirt Quinn:

> *They are decent people who 20 years ago declined Deasún Fennell's challenge to them to come with their skills and live in the Gaeltacht if they were serious about maintaining Irish as a living language. … urban, middle-class language enthusiasts do not exchange their jobs and lifestyles for what they tend to regard as rural idiocy, even for the cherished language.* (Quinn 1991)

Bhí an méid sin tarcaisneach a dhóthain, ach ní raibh Quinn réidh fós le 'Gaeilgeoirí' na hardchathrach: *'Indiscriminately, this vulgar, hype-ridden, Anglo-American, half-peasant, half-yuppy consumer society ate them up, skins and all, didn't spit them out but absorbed them Marcuse-fashion into its great homogenous blob'.* (Quinn 1991)

An réiteofaí go deo na seanchnámha spairne idir an Ghaeltacht agus ceantair lasmuigh di, athbheochan agus caomhnú, Teilifís na Gaeilge agus Teilifís na Gaeltachta? Den chuid is mó d'éirigh leis an FNT pé easaontas a bhí fós ann a cheilt, ach ba ann do na scoilteanna i gcónaí agus i nDeireadh Fómhair ghéill Donncha Ó hÉallaithe don bhrú agus chrom sé ar a amhras a nochtadh faoin eagraíocht a raibh sé féin ina Oifigeach Caidreamh Poiblí uirthi.

'Tá an tóin tite as an bhFeachtas Náisiúnta Teilifíse agus is léir nach bhfuil tada ar siúl acu. Táim ag déanamh athsmaoineamh ar fiú dom a bheith ag plé leis níos mó,' a dúirt sé (de Bréadún 1991c).

Níorbh é an t-aon duine é a bhí ag smaoineamh amhlaidh, de réir dealraimh.

Tháinig sé chun solais gur chuir baill eile de choiste an FNT síos rún mímhuiníne ann mar Oifigeach Caidrimh Phoiblí trí mhí roimhe sin toisc é a bheith ag eisiúint, thar ceann na heagraíochta, ráitis nach raibh ceadaithe ná aontaithe. Chuir a ráiteas is déanaí 'ionadh' ar choiste an FNT, a dúirt Feargal Mac Amhlaoibh. (de Bréadún 1991d)

Ní raibh mórán céille anois le caint Uí Éallaithe faoi fheachtas nua a bhunú san iarthar nó faoi dhul i muinín an chraolacháin bhradaigh arís, ach bhí an ceart aige nach raibh mórán dul chun cinn á dhéanamh ag an FNT.

Léas beag dóchais a bhí i bhfógra an Aire Stáit Gaeltachta Pat 'the Cope' Ó Gallchóir i mí na Samhna go bhféadfaí breis fógraíochta a cheadú ar RTÉ chun maoiniú a chur ar fáil do sheirbhís Ghaeilge ach, tríd is tríd, bhí ag trá ar mhisneach an earraigh. Nuair a fógraíodh na meastacháin chaiteachais do 1992 i mí na Nollag, ní raibh pingin rua do theilifís na Gaeilge sa soláthar a tugadh do Roinn na Gaeltachta ná don Roinn Turasóireachta, Iompair agus Cumarsáide.

Bhí an saol ag teacht craosach ar an FNT i dtús 1992 agus iad ag iarraidh ciall a bhaint as dearcadh an Rialtais ar cheist na teilifíse. Ach bhí roth mór na polaitíochta ag casadh agus conspóid mhór ar na bacáin a d'athraigh cúrsa an fheachtais.

I mí Eanáir dúirt an t-iar-Aire Dlí Seán Doherty ar an gclár *Nighthawks* ar RTÉ go raibh a fhios ag Charles Haughey agus é ina Thaoiseach in 1982 faoi chúléisteacht theileafóin a deineadh ar thriúr iriseoirí ag an am (Collins 2000). Shéan an Taoiseach na líomhaintí seo, mar a bhí déanta go minic cheana aige, ach shocraigh an Páirtí Daonlathach nach bhféadfaidís fanacht i gcomhrialtas faoi stiúir Haughey. Ar an 30 Eanáir, d'éirigh Haughey as.

Toisc nár dhein sé beart de réir a bhriathair beidh amhras ann i gcónaí faoi cé chomh diongbháilte is a bhí an tIar-Thaoiseach maidir le teilifís na Gaeilge agus faoi cé acu an raibh suim dáiríre aige sa scéal nó an amhlaidh gur luigh sé leis an íomhá a bhí aige de féin mar cheann feadhna na nGael. Ba gheall le harraing trí chroí an fheachtais é nuair a thosaigh sé ag cúlú óna chuid gealltanas, ach, ar an lámh eile, ba í tacaíocht phoiblí an Taoisigh an chúis uchtaigh ba mhó ag an bhfeachtas i dtús na 1990idí.

'Ní dhearna Haughey faic ach i mo chroí istigh táim ag tabhairt an *benefit of the doubt* dó,' a dúirt Ciarán Ó Feinneadha. (Watson 2003)

Deirtear nár thug Haughey cuairt ar oifigí Bhord na Gaeilge ná fiú ar Roinn na Gaeltachta féin le linn dó a bheith ina Thaoiseach agus Aire Gaeltachta, ach chuir sé ceist na teilifíse Gaeilge ar an gclár polaitiúil náisiúnta. Faraor, ba ann a d'fhág sé í chomh maith.

Faoi thús 1992, ní raibh údarás ná coiste stiúrtha ceaptha chun tabhairt faoi theilifís na Gaeilge a bhunú ná ní raibh cinneadh déanta faoin saghas seirbhíse a bheadh i gceist ná cá mbeadh an tseirbhís lonnaithe ná fiú cad as a dtiocfadh an maoiniú.

Ba é Albert Reynolds a tháinig i gcomharbacht ar Haughey mar Thaoiseach agus dhein sé Aire Cumarsáide de Mháire Geoghegan-Quinn, an t-iar-Aire Gaeltachta as Carna i gConamara.

Ba é ceapachán bean Charna 'an chéad *break*' a fuair an FNT, dar le Ciarán Ó Feinneadha (2013). Le linn olltoghchán 1989, thug Geoghegan-Quinn le fios go raibh sí ar son seirbhís teilifíse a bhunú ar an Spidéal ina dáilcheantar féin agus gurbh í 'Teilifís na Gaeilge' seachas 'Teilifís na Gaeltachta' an múnla ab ansa léi féin. Nuair a ceapadh ina hAire Cumarsáide í in 1992, bhí an chuma ar an scéal nár bhuaileam sciath aimsir toghcháin a bhí ar bun aici. D'iarr sí láithreach ar RTÉ an costas a bhainfeadh leis na múnlaí éagsúla a bhí á moladh don tseirbhís nua a mheas. Ba mhó an spreagadh don FNT, áfach, an chéad chinneadh eile a dhéanfadh an tAire nua i dtaobh na teilifíse – comhairleoir ar chraoltóireacht na Gaeilge a cheapadh.

I mí an Mhárta 1992, shuigh Pádhraic Ó Ciardha, Eagarthóir Nuachta le RTÉ, síos ag an mbord ag an mbaile agus chuir sé peann le pár. Mar iriseoir agus mar fhear teilifíse agus Gaeltachta, bhí súil ghéar á coimeád ag Ó Ciardha ar scéal an fheachtais agus ní ródhóchasach a bhí sé uaireanta faoin méid a chonaic sé. Bhraith sé anois dualgas air féin rud éigin a dhéanamh faoin scéal.

Nuair a ceapadh Máire Geoghegan-Quinn mar Aire, bhí an feachtas ag treisiú agus ag dul ar gcúl, ag treisiú agus ag dul ar gcúl agus shuigh mé síos ag an mbaile agus dúirt mé liom féin, tá an rud seo i sáinn agus beidh go deo agus scríobh mé mo chuid tuairimí síos ar leathanach don Aire. Ní raibh an oiread sin aithne agam ar an mbean agus b'fhéidir gur dhána an mhaise dom é, ach thug mé faoi.

Comhairle ón gcroí amach a chuir Ó Ciardha ar an Aire.

'Go bunúsach', dúirt mé, 'tá tú i d'Aire Cumarsáide, an chéad chainteoir dúchais a fuair an post sin riamh agus b'fhéidir an duine deiridh. Tá an feachtas seo atá ar siúl le deich mbliana ag dul ar gcúl agus ag dul ar deireadh agus geallaim duit nach bhfuil sé chun tarlú mura ndéanfaidh tusa rud éicint faoi. Agus níl tusa chun aon rud a dhéanamh faoi mura bhfaighidh tú duine éicint a bhfuil eolas acu ar an státseirbhís agus a cuid ionramhála agus an "Yes Minister" sin ar fad, duine éicint atá ar an eolas faoi RTÉ, mar tá dóthain daoine sa dá áit sin [RTÉ agus an Státseirbhís] a chuirfidh stop leis an rud gan deacracht ar bith.' (Ó Ciardha 2014)

Níor chuala sé focal faoina litir go dtí timpeall is mí ina dhiaidh sin nuair a ghlaoigh Geoghegan-Quinn féin air. 'Tar isteach agus beidh cupán tae againn,' a dúirt an tAire. Nuair a chuaigh sé chun bualadh le Geoghegan-Quinn, bhí Tom Savage agus Terry Prone, beirt chomhairleoirí cumarsáide a bhí cairdiúil léi, ina teannta. Nocht Ó Ciardha dóibh a thuairimí féin faoin scéal gan aon fhiacail a chur ann. 'Ní bheidh éinne sa Roinn

Cumarsáide ag iarraidh é seo a bhunú faoi dheifir agus ní bheidh éinne in RTÉ ag iarraidh é a bhunú faoi dheifir. Má tá tú ag iarraidh é a bhunú, bunófar é, ach caithfidh tú duine éigin a fháil a bheas ag plé go lánaimseartha leis,' a dúirt sé.

Coicís ina dhiaidh sin bhí Ó Ciardha ag dul isteach chuig dráma Gaeilge in Amharclann na Mainistreach agus coinne déanta aige bualadh leis an aisteoir Macdara Ó Fátharta ina dhiaidh.

Ní raibh aon fón póca ná tada ann an uair sin, agus ghlaoigh an fear ag doras an stáitse orm – *'Are you Mr. Ó Ciardha? Ring this number now.'* Cé a bhí ann ach Máire Geoghegan ag rá go raibh mo pháipéar léite agus pléite anois aici agus go raibh mé ag tosú mar chomhairleoir aici ar maidin mar go raibh an Feachtas Náisiúnta Teilifíse ag teacht isteach le haghaidh cruinniú. 'Ní féidir liom,' a dúirt mé agus mé ag cuimhneamh go gcaithfinn an scéal a phlé le RTÉ. Fuair mé mo fhreagra. 'Is féidir. Ní thuigeann tú, is mise an tAire Cumarsáide, tá mé tar éis a bheith ag caint le Cathaoirleach RTÉ agus tá tú ar iasacht ó RTÉ ón nóiméad seo'. (Ó Ciardha 2014)

An mhaidin dár gcionn, bhí Pádhraic Ó Ciardha suite in aice le Geoghegan-Quinn ina hoifig i dTeach Laighean. Ar a n-aghaidh amach ar an taobh eile den bhord, bhí Ciarán Ó Feinneadha, Donncha Ó hÉallaithe agus Íte Ní Chionnaith. Bhí cruinniú faighte faoi dheireadh ag an FNT le hAire Cumarsáide agus bhí cara sa chúirt acu suite lena taobh. Pléadh an scéal agus éilimh an FNT go mion agus ansin bhí tost ann. Baineadh an chaint de thoscaireacht an FNT. 'Sin an chéad uair a bhraitheamar dáiríre, tá siad chun é seo a dhéanamh!' a deir Ciarán Ó Feinneadha (2013). Ní raibh aon chinneadh críochnúil déanta fós, áfach, ná níor léir gur pléadh an cheist fós ag leibhéal an Rialtais.

Idir an dá linn, bhí na moltaí faoin tseirbhís nua fós ag teacht ina slaoda. I mí Lúnasa chuir an comhlacht Telegael aighneacht dár teideal

'Moltaí do Phádraig Ó Ciardha maidir le Méadú ar Sheirbhís Teilifíse trí Ghaeilge' faoi bhráid na Roinne. Mhol Telegael go mbunófaí ceannáras na seirbhíse i gcathair na Gaillimhe, baile a raibh 'cúlra láidir Gaeltachta' ann (Mac Dubhghaill 1992a). Dá mbeadh an ceannáras i gcathair na dtreabh, chinnteodh sé go mbeadh 'an leas is mó le baint as fuinneamh, airgead agus tacaíocht na hearnála tionsclaíochta chomh maith le meon, spiorad agus samhlaíocht na Gaeltachta'. Bhí 'an-ionadh agus díomá' ar an FNT faoin moladh seo, ach tharraing an chonspóid faoi chathair na Gaillimhe aird ón bplé thuisceanach ar chás na teilifíse a bhí déanta i gcáipéis Telegael.

Dhein Telegael comparáid idir ceist na Gaeilge agus ceist na Breatnaise agus na Gàidhlige agus dúradar dá gcuirfí an tseirbhís nua ar cheann de chainéil RTÉ go mbeadh an claonadh ann gan cláir Ghaeilge a chur amach ag na buaic-amanna craoltóireachta. Dá mbunófaí 'stáisiún ar leith' bhainfeadh sé 'íomhá nua amach don Ghaeilge' agus bheadh saoirse ag an tseirbhís nua na hamanna craoltóireachta ab fhearr a aimsiú dá cláir. Ní bhraithfeadh cainteoirí aonteangacha Béarla 'faoi bhagairt' dá mbeadh a cainéal féin ag an tseirbhís nua.

Bhí foláireamh ag baint le moladh Telegael go mbunófaí 'stáisiún ar leith', áfach. D'fhéadfadh stáisiún mar é 'a bheith mar rud imeallach i saol na hÉireann, mar atá ag tarlú le Raidió na Gaeltachta go náisiúnta faoi láthair'. Bhí 'contúirt ann' leis dá ndéanfaí an tríú cainéal a fhorbairt go dtabharfaí 'ísliú céime don Ghaeilge taobh istigh de RTÉ' agus go ndéanfaí iarracht 'deireadh a chur go hiomlán le Rannóg na Gaeilge in RTÉ'. Fad is a bhain sé le RTÉ, ba é an moladh ba shuimiúla i gcáipéis Telegael ná go gcuirfeadh an craoltóir náisiúnta ar fáil, as a n-acmhainní féin, 300 uair an chloig de chláir don stáisiún nua, moladh a bhí bunaithe ar mhúnla maoinithe S4C. Is beag fáilte a chuir RTÉ roimh an moladh seo, go háirithe agus é ag teacht ó chomhlacht teilifíse a raibh scaireanna aige féin ann. Bhí baint mhór ag fear óg ó Albain, Alan Esslemont, le réiteach aighneacht Telegael.

Ar an 7 Lúnasa 1992, gabhadh Ciarán Ó Feinneadha ag an mbaile toisc nár íoc sé as an gceadúnas teilifíse. In ainneoin go raibh Ó Feinneadha éirithe níos discréidí ina chuid stocaireachta le cúpla bliain, thuig sé fós an chumhacht a bhaineann leis an agóidíocht dhrámatúil. Is ag caint beo ar Raidió 1 a bhí sé agus é ag fanacht ar na Gardaí a tháinig chuige ag 4 p.m. Cúig lá príosúin a gearradh air ach scaoileadh saor é tar éis dhá lá nuair a d'íoc duine anaithnid an £75 a bhí amuigh air. Dúirt Ó Feinneadha gur thóg sé a sheasamh ar son na teilifíse Gaeilge mar thuismitheoir a bhí ag iarraidh clann a thógáil trí Ghaeilge agus go raibh sé sásta dul chun príosúin arís dá mba ghá.

I ndeireadh Lúnasa, dúirt Proinsias Mac Aonghusa ar Raidió na Gaeltachta go raibh ceathrar Airí Rialtais ann a bhí glan i gcoinne bhunú theilifís na Gaeilge – Séamus Brennan (Aire Oideachais), an Dr John O'Connell (Aire Sláinte), Charlie McCreevy (Aire Leasa Shóisialaigh) agus Dessie O'Malley, (Aire Tionscail agus Tráchtála). Scríobh an FNT chuig an Taoiseach ag lorg soiléiriú maidir le tiomantas na nAirí don tseirbhís nua.

I Meán Fómhair cuireadh síneadh leis an gconradh ceithre mhí a bhí ag Pádhraic Ó Ciardha mar chomhairleoir craoltóireachta le deis a thabhairt dó a thuairisc féin a ullmhú don Aire. Timpeall an ama chéanna, thug Geoghegan-Quinn le fios go raibh sé i gceist aici deireadh a chur leis an gcaidhp ar fhógraíocht RTÉ, ach ní fhéadfadh sí a rá cé acu an mbeadh an tseirbhís Ghaeilge nua ar chainéal nua nó ar chainéal a bhí cheana ann.

Agus í ag oscailt Cúirt Uí Chadhain, comhdháil faoi chúrsaí cumarsáide a d'eagraigh Conradh na Gaeilge i nGaillimh, ag tús mhí Deireadh Fómhair 1992, dúirt an tAire go gcaithfí a chinntiú nach gcuirfeadh na mórathruithe a bhí ag tarlú i saol na craoltóireachta 'cultúr dúchais ná mionlaigh i mbaol' agus thug sí le fios go raibh a hathbhreithniú cuimsitheach ar chúrsaí craolacháin críochnaithe aici. Bhí rún aici mar Aire a chinntiú go mbeadh 'ról lárnach ag an nGaeilge i ngach gné den chraolachán'.

Táimid níos cóngaraí ná ariamh do ré nua i saol na teilifíse Gaeilge agus tuigim go bhfuil mífhoighid ag teacht ar dhaoine áirithe atá ar thóir a leithéid le fada an lá. Ach más fada gearr uainn an lá, caithfidh muid ar fad a chinntiú nach mbriseann ar ár bhfoighid ar bhealach ar bith a chuirfeadh an cheist seo ar an méar fhada nó i mbaol. (Mac Dubhghaill 1992b)

Bhí rian láidir de dhearcadh Uí Chiardha i leith laigí an fheachtais le haithint ar an gcuid eile d'óráid an Aire:

Is breá leis na Gaeil agus le lucht na Gaeilge a bheith ag plé agus ag argóint ach is iontach an rud é sin. Murach é ní bheadh aon scoileanna samhraidh nó scoileanna geimhridh againn. Díolann aighnis nuachtáin, agus cinntíonn easaontas – go háirithe easaontas idir cairde – lucht féachana agus éisteachta do chláracha raidió agus teilifíse. Ach tá taobh eile ar an scéal seo ann freisin ... Is féidir leo sin nach bhfuil den tuairim chéanna faoi thábhacht na Gaeilge aon easaontas agus aon argóint a chasadh ar ais linn arís, míbhrí a bhaint as in aon turas, agus rudaí a deirtear i gcomhthéacs amháin, a úsáid i gcomhthéacs eile. Tá dóthain daoine ag fearadh cogaidh ar an nGaeilge gan muid féin a bheith ag soláthar armlóin dóibh chomh maith! (1992b)

Bhí rian de pheann Uí Chiardha chomh maith ar an bhfainic a chuir an tAire ar lucht an fheachtais gan ligean don easaontas ná don mhífhoighne an ceann is fear a fháil orthu.

Sibhse a chuireann suim i gcúrsaí bádóireachta tuigfidh sibh an seanfhocal, 'Is minic a báitear bád láimh le tír'. Tá an chiall leis an seanfhocal sin mar is iomaí soitheach a thug aistear fada contúirteach – slán sábháilte – ach a chuaigh ar charraig in aice an bhaile mar gur chlis ar airdeall an chriú agus iad beagnach ag ceann a gcúrsa. Caithfidh muide freisin a chinntiú nach é sin an deireadh atá i ndán don aistear s'againn féin. Tá daoine ann … a déarfadh go bhfuil an Ghaeilge geall le bheith marbh agus gur fearr ligint di bás suaimhneach a fháil agus gan a bheith ag cur lena fulaingt ag iarraidh an dé a choinneáil inti. Dar leis na daoine seo is cur amú airgid chuile phingin a chaitear leis an nGaeilge as sparán an Rialtais nó aon fhoinse eile. Is tuairim chúng aineolach í seo, dar linne, ach caithfidh muide nach n-aontaíonn léi a bheith in ann ár gcás féin a mhíniú ar bhealach atá chomh cliste deisbhéalach lenár gcéilí comhraic. (1992b)

Bhí Pádhraic Ó Ciardha den tuairim le fada gurbh é an laige ba mhó a bhí ar an bhfeachtas ná nár réitíodh an deighilt idir Gaeilge agus Gaeltacht níos luaithe.

Nílim ag fáil locht orthu, ach níl rud is fusa do Rialtas ná feachtas atá scoilte a úsáid chun easpa gnímh a chinntiú. Bhí daoine sa Roinn agus in RTÉ a bhí in ann a rá *'These guys can't even make up their own minds what they want.'* Cheap cuid de lucht an fheachtais go bhféadfaí cainéal a bhunú ach an ceamara a lasadh agus go líonfadh an sceideal é féin le daoine ag bothántaíocht agus seaniascairí ag caint faoin seansaol, dá fheabhas iad agus dá thábhachtaí na rudaí sin. Bhí caint ag daoine áirithe faoin méid airgid a caitheadh ar S4C, cé nach mbeadh airgead mar sin ar fáil go deo anseo. Bhí bearna mhór eolais idir lucht an fheachtais agus lucht na teilifíse agus na rialtóirí agus na ceannairí pobail. (2014)

Fiú nuair a bhí sé ag obair in RTÉ chreid Ó Ciardha in aisling na teilifíse agus i mianta an fheachtais, ach ghoill sé air a bheith ag éisteacht le daoine ag pápaireacht go haineolach faoi ghnó na teilifíse.

Bhí mo chroí agus mo ghairm ar a son, ach níor thaitin sé liom go raibh formhór na cainte ó thaobh an fheachtais agus formhór na ndaoine a bhí ag caint faoi iomlán aineolach faoi thionscal na teilifíse agus faoi cén chaoi cainéal a bhunú. Cén fáth go mbeadh an t-eolas sin acu? Ní shin an réimse saineolais a bhí acu. Ba bhreá le mo chroí go raibh an feachtas ann ach mheas mé an uair sin agus measaim fós gur cailleadh go leor ama le daoine ag troid le chéile faoi stáisiún Gaeltachta nó Gaeilge, ceannáras ar an Spidéal, nó ceannáras i mBaile na hAbhann nó ceannáras i Ros Muc nó i mBaile Átha Cliath. Agus ní raibh iriseoirí ag cur na gcruacheisteanna céanna faoin bhfeachtas ag an am is a bhíodar a chur faoi ghníomh nó easpa gnímh an Rialtais. (2014)

Ba é 'ceann de na jabanna ba mhó' a bhí le déanamh ag Ó Ciardha le linn a chéad sé mhí mar chomhairleoir ag an Aire ná tabhairt ar chuid de lucht an fheachtais 'fanacht ina dtost nuair a bhí aighneas eatarthu, nó ar a laghad fanacht ina dtost go poiblí'.

Níor éirigh leis i gcónaí. Cúpla lá i ndiaidh don Aire Cúirt Uí Chadhain a oscailt i nGaillimh scríobh Donncha Ó hÉallaithe alt faoin ócáid in *The Irish Times* dar teideal, 'Níl i ndán don Ghaeilge faoi Fhianna Fáil ach an bás'. 'Tá *perspective* Gaeltachta ar cheist na teilifíse *nach* raibh le cloisteáil ón ardán oíche Dé hAoine. Ba mheasa an masla é sin do chuimhne an Chadhnaigh ná Máire Geoghegan-Quinn a iarraidh leis an gCúirt a oscailt,' a scríobh Ó hÉallaithe (1992).

Faoin tráth seo, bhí imní ar an FNT faoi staid na polaitíochta agus an chuma ar an scéal go dtitfeadh an comhrialtas. Bhí teannas idir an dá pháirtí ó thús, go háirithe idir Albert Reynolds agus Dessie O'Malley, ceannaire an Pháirtí Dhaonlathaigh, ach tháinig an scéal go cnámh na huillinne ag Binse Fiosrúcháin na Mairteola a bunaíodh chun scrúdú a dhéanamh ar mhírialtachtaí a bhain le tionscal na mairteola. Bhí Reynolds agus O'Malley beirt mar fhinnéithe agus chinntigh an fhianaise a thugadar go dtitfeadh an Rialtas. Dúirt O'Malley i mí an Mheithimh go raibh an tslí ar chaith Reynolds mar Aire Tionscail leis an gcóras creidmheasa easpórtála *'wrong, grossly unwise, reckless and foolish'*. I ndiaidh an tsamhraidh, nuair a fuair sé seans díoltas a fháil, dúirt sé go raibh fianaise O'Malley *'reckless, dishonest and irresponsible'* (Collins 2000).

Ar an 5 Samhain tháinig deireadh leis an 26ú Dáil.

Ar an lá céanna ar thit an comhrialtas, dúirt Máire Geoghegan-Quinn sa Dáil go raibh sé fós i gceist aici moltaí a chur faoi bhráid an Rialtais faoi bhunú theilifís na Gaeilge.

> Bhí agus tá fós moltaí faoi bhunú seirbhíse teilifíse Gaeilge le cur faoi bhráid an Rialtais seo. Seirbhís don tír ar fad, ar chainéal ar leith, a ceanncheathrú i nGaeltacht na Gaillimhe atá i gceist. Bheadh sí ag craoladh mar thús ar feadh dhá uair an chloig sa ló ar a laghad. RTÉ agus na léiritheoirí neamhspleácha a chuirfeadh cláracha ar fáil don tseirbhís nua. (Díospóireachtaí Dála 1992)

Bhí an t-am nach mór istigh ar an Aire, áfach, agus an modh coinníollach fós á chur ag obair aici agus í ag caint faoin gcinneadh maidir le seirbhís Ghaeilge a bhunú. Ar an gCéadaoin dár gcionn thug Geoghegan-Quinn le fios go raibh meamram rialtais réitithe aici faoi chúrsaí craoltóireachta ina raibh moladh láidir ann go mbunófaí Teilifís na Gaeilge. Bhí súil aici go ndéanfaí an cinneadh ag an gcruinniú den Rialtas mionlaigh ar an Máirt an 17 Samhain.

Bhí dóchas aici go raibh 'roinnt mhaith' dá comhghleacaithe 'fabhrach' dá moladh, ach bhí sí ag súil go gcuirfeadh daoine 'ceisteanna crua'.

'Tá sé cosúil le haon mheamram a thugann aon Aire chuig an Rialtas, déanann tú do chuid troda féin thar a cheann. Bheadh súil agam go n-éireodh an lá liom,' a dúirt sí. (Mac Dubhghaill 1992d)

Ag cruinniú na Máirt níor sroicheadh an mhír ar an gclár plé a bhain le teilifís na Gaeilge.

Le linn fheachtas toghchánaíochta na Samhna thacaigh na páirtithe ar fad leis an éileamh ar sheirbhís teilifíse i nGaeilge. Cé nár luadh ceist na teilifíse i bhforógra toghcháin Fhine Gael, thug urlabhraí cumarsáide an pháirtí, Austin Currie, le fios gur thacaigh an páirtí leis an éileamh. Gheall forógra Fhianna Fáil go mbunófaí seirbhís teilifíse Gaeilge i nGaeltacht na Gaillimhe chun freastal ar an tír ar fad.

Ach in ainneoin na hoibre ar fad a bhí déanta ag an FNT agus na gcéimeanna chun cinn a bhí tugtha ag Máire Geoghegan-Quinn, ag deireadh na bliana 1992 bhí scamall an amhrais arís ar an FNT. Cúpla seachtain roimhe sin, bhí an scéal le plé ag cruinniú rialtais, ach taobh le gealltanais toghcháin a bhí lucht an fheachtais arís.

I ndiaidh an toghcháin, dhein Albert Reynolds agus Fianna Fáil margadh gan choinne le Páirtí an Lucht Oibre agus bunaíodh comhrialtas nua le Reynolds mar Thaoiseach agus Dick Spring mar Thánaiste. An cheist mhór a bhí ann an uair sin don FNT ná cé a bheadh mar Aire ag plé le cás na teilifíse. Chuir freagra na ceiste sin áthas ar lucht an fheachtais.

Mar pholaiteoir a raibh spéis aige i gceist na Gaeilge agus na craoltóireachta, thacaigh Micheál D. Ó hUigínn ó thús le feachtas na teilifíse. Agus é sa fhreasúra chuir sé ceisteanna Dála go minic faoin ábhar, cuid acu a réitigh Donncha Ó hÉallaithe dó. Bhí cúlra acadúil ag Ó hUigínn mar shocheolaí agus bhí suim aige i gceist na teilifíse mar intleachtóir agus mar Theachta Dála Gaeltachta.

Polaiteoir neamhghnách ab ea é. Sheas sé i gcónaí le cearta an duine agus throid sé go láidir ar son cúiseanna na heite clé in Éirinn agus i gcéin. Bhí cnuasach filíochta foilsithe aige agus cáil air mar fhear a raibh bá aige leis an gcultúr agus leis na healaíona i gcoitinne.

Ní raibh lé rómhór riamh aige le hobair shalach an pholaiteora Éireannaigh, áfach, mar a léiríonn comhrá a bhí aige lena chara David Andrews ó Fhianna Fáil. Lá amháin, bhí an fear a thoghfaí ar ball ina Uachtarán ar Éirinn, díreach tosaithe mar Aire sa Roinn Ealaíon, Cultúir agus Gaeltachta ar Bhóthar Mespil i mBaile Átha Cliath agus bhí sé á ullmhú féin chun freastal ar ócáid éigin Ghaeltachta. Lig sé osna uaidh, agus dúirt le Andrews: '*Why do I have to inhale all the must of the national wardrobe?*' (Andrews 2007).

Dá dtuigfeadh sé a leath.

Faoin am a raibh a bhuille tugtha aige mar Aire, bheadh sé nach mór tachta ag iontais agus neamhiontais an vardrúis chéanna.

Ach ba é bun agus barr an scéil ná go raibh an FNT ag plé an uair sin le hAire a d'fhreastail ar cheann de na chéad chruinnithe acu. Ní haon iontas go rabhadar sásta. Mar Aire Ealaíon, Cultúir agus Gaeltachta bhí Ó hUigínn freagrach as cúrsaí craoltóireachta ach bhí cumhacht áirithe sa réimse céanna ag Brian Cowen, An tAire Cumarsáide. Mar sin féin, aon duine a cheap gur ag plé le tuairimíocht theibí amháin a bheadh Micheál D, bhí dul amú air.

Thug Ó hUigínn láithreach faoin obair a bhí fós le déanamh le Teilifís na Gaeilge a bhunú, mar a bhí geallta i gClár an Rialtais:

We are committed to the establishment of Teilifís na Gaeilge as a third channel with limited broadcasting hours. The start-up costs will be provided from the accumulated surplus in excess of the 'cap' which will be removed. The aim will be to provide two to three hours of Irish language broadcasting a day, with some element of subsidy costs from a continuation of the lottery, EC and/or licence fee. Provision will be made in the 1993 estimates. (Díospóireachtaí Dála 1993)

I mí Feabhra d'fhógair Ó hUigínn go raibh deireadh á chur aige leis an gcaidhp ar fhógraíocht RTÉ. Ceist achrannach a bhí sa chaidhp chéanna. Níor cheil lucht na nuachtán a míshástacht leis an gcinneadh agus iad buartha go dtiocfadh meath ar a dteacht isteach féin ón bhfógraíocht dá bharr. Bhí cuid díobh ag réiteach chun catha agus ba mhaith a thuig an tAire féin nach raibh an cogadh ach ina thús.

> *Yes, in a democracy, newspapers may use their power. They do use their power. They use their power most of the time accurately, sometimes inaccurately and sometimes with great ideological malice. I am not a naïve person. I read the tone of their statements. I know what is ahead of me.*

Suim £17.5m a bhí carntha ón gcaidhp fógraíochta agus d'fhógair Ó hUigínn go raibh £4.5m den tsuim sin le cur ar leataobh chun tús a chur le bunú Theilifís na Gaeilge in 1993. Tuairiscíodh ar *Anois* go gcuirfí ciste iomlán na caidhpe ar fáil do theilifís na Gaeilge, ach dúirt urlabhraí ón Roinn nach raibh an tuairisc cruinn toisc nach raibh cinneadh déanta faoin gcuid eile den airgead. (Mac Dubhghaill 1993a)

I dtús Aibreáin, ag comhdháil Pháirtí an Lucht Oibre i bPort Láirge, d'fhógair Ó hUigínn go raibh an staraí Gearóid Ó Tuathaigh ceaptha ina chathaoirleach ar Choiste Bunaithe Theilifís na Gaeilge. 'Is gnó é go mbraithim práinn a bheith ag baint leis. Nuair a iarradh orm dul ar an gcoiste ní fhéadfainn diúltú', a dúirt an tOllamh Ó Tuathaigh. An mhí dár gcionn ag an gcomhdháil 'Teilifís 94' a d'eagraigh an FNT ar an gCeathrú Rua, fógraíodh an ocht nduine dhéag eile a bheadh ar an gCoiste Bunaithe a chuirfeadh moltaí faoi struchtúr, sceideal agus foinsí maoinithe na seirbhíse nua faoi bhráid an Aire.

Bhí an FNT anois ag borradh le dóchas agus bhí staraí aitheanta eile, Joe Lee, ar aon aigne leo:

> *The recent news about Teilifís na Gaeilge is the most potentially*

positive development for a long time. Maybe the new Minister can make a historic name for himself and the State will snatch victory from the jaws of defeat? (1993)

Ní raibh, áfach, oiread agus clár amháin coimisiúnaithe fós don tseirbhís nua a bhí le dul ar an aer in 1994, in ainneoin go raibh seacht gcomhlacht léiriúcháin déag ag feidhmiú faoin tráth seo san iarthar amháin. Ní raibh deireadh ach an oiread leis an easaontas faoi mhúnla na seirbhíse. Ar an 10 Bealtaine, foilsíodh alt le Dónall Ó Móráin, bunaitheoir Gael-Linn agus iarchathaoirleach ar Bhord RTÉ, faoin gceannlíne '*Why Teilifís na Gaeilge is not such a good idea.*' (1993)

Mhaígh Ó Móráin go raibh an baol ann nach mbeadh an tseirbhís nua ach ag caint le dornán beag Gaeilgeoirí díograiseacha '*and to the seagulls*'. Ba é an rogha ab ansa leis féin ná go ndéanfadh an Rialtas margadh '*whereby RTÉ would undertake to broadcast a minimum amount of programmes in Irish daily on at least one channel*'. Chraolfadh RTÉ cláir do dhaoine óga agus do dhéagóirí um thráthnóna agus clár 'trom' cúrsaí reatha san oíche. '*That would be much more – and of higher quality – than Teilifís na Gaeilge is likely to produce in the short-term. The cost, I believe, would also be much less and the initial talent much more plentiful,*' arsa Ó Móráin. Bhí imní air chomh maith go mbeadh Teilifís na Gaeilge mar '*cop-out*' ag rialtais eile gan dóthain maoinithe agus tacaíochta a thabhairt don teanga sa chóras oideachais agus i réimsí eile den saol.

Ní raibh aon dul siar ann, áfach. I mí an Mheithimh fógraíodh go raibh Coiste Teicniúil bunaithe chun moltaí a chur faoi bhráid an Aire maidir leis an gcóras ar a gcraolfaí an stáisiún nua. Ba léir faoin tráth seo gur chraoltóir/fhoilsitheoir bunaithe ar mhúnla S4C a bheadh i dTeilifís na Gaeilge agus go dtiocfadh cuid mhaith den ábhar ón earnáil neamhspleách a raibh fás as cuimse ag teacht uirthi.

Idir an dá linn, bhí formhór na gcomhlachtaí nua léiriúcháin a bhí bunaithe fós díomhaoin, agus bualadh buille trom eile ar thionscal nua na teilifíse Gaeilge ag cruinniú de Bhord Údarás na Gaeltachta ar an 24 Meitheamh, nuair a vótáil na comhaltaí boird 5-4 gan maoiniú a chur ar fáil do RTÉ chun an sobaldráma *Ros na Rún* a dhéanamh. Bhí rath ar *Ros na Rún* nuair a craoladh é ar bhonn píolótach ag deireadh 1992 le maoiniú ón Údarás agus bhí sé i gceist sraith iomlán a thaifeadadh mar chuid den ullmhúchán do Theilifís na Gaeilge. '*Cliff-hanger end for soap in boardroom*' an cheannlíne a bhí ar an *City Tribune* (Cunningham 1993).

I dtús an fhómhair, fuair Micheál D. Ó hUigínn spléachadh ar a raibh i ndán dó nuair a foilsíodh alt le Mark Smith sa *Sunday Independent* faoin gceannlíne '*When ideology overrules broadcasting sense*'.

> *In a country with one of the lowest standards of living and highest rates of unemployment in Europe, spending such vast amounts on a TV service largely unwanted by 99 per cent of the population could be easily regarded as the most monumental folly.* (Smith 1993)

Faoin am seo, bhí a mheamram rialtais faoin teilifís nach mór réitithe ag an Aire agus an brú ag méadú air. Bhí figiúirí faoi chostas na seirbhíse anois aige chomh maith. Chosnódh sé timpeall £15m Teilifís na Gaeilge a bhunú agus £15m eile in aghaidh na bliana chun é a rith. Thiocfadh an costas bunaithe ón gcaidhp fógraíochta, ach ní raibh aon chinneadh déanta fós faoi mhaoiniú reatha na seirbhíse.

Thug an tuarascáil a réitigh an Coiste Bunaithe don Aire le fios gur cheadaigh An tAcht um Údarás Craolacháin (Leasú), 1976 dó ordú a thabhairt do RTÉ an tseirbhís nua a bhunú mar chomhlacht teoranta. Ní raibh aon ghá le reachtaíocht nua a thabhairt isteach. Mhol an Coiste chomh maith go mbeadh an stáisiún nua ag craoladh ar feadh trí huaire an chloig in aghaidh an lae. Thiocfadh 30 faoin gcéad den ábhar ó RTÉ agus cheannófaí an chuid eile ón iasacht agus ón earnáil neamhspleách. Dúradh sa tuarascáil go gcruthófaí dhá chéad caoga post le bunú Theilifís na Gaeilge. Bhí an Coiste glan i gcoinne chostas an cheadúnas teilifíse a ardú chun an stáisiún a mhaoiniú mar gheall ar an drochmheas a chothódh a leithéid de bheartas i measc an phobail.

I dtús mhí na Samhna tháinig sé chun solais go mbeadh aeróga nua UHF ag teastáil chun Teilifís na Gaeilge a thiúnadh agus tuairiscíodh go mbeadh trí bliana caite sula mbeadh teacht ag 90 faoin gcéad den phobal i bPoblacht na hÉireann ar an tseirbhís nua.

Bhí an tAire ag tuar go gcosnódh bunú an stáisiúin £17.35m. Timpeall £21m a chosnódh Teilifís na Gaeilge in aghaidh na bliana, ach ó tharla go mbeadh RTÉ ag soláthar luach £5m de chláir dó, £16m an costas bliantúil a bheadh air. Ní thiocfadh an stáisiún nua ar an aer in 1994, ach d'fhéadfadh go mbeadh sé i mbun craolacháin faoi cheann 15 mhí.

Bhí údar maith le himní an Choiste Bunaithe nuair a chomhairlíodar gan ardú a chur ar an gceadúnas teilifíse chun an stáisiún a mhaoiniú.

Cé nach raibh aon chinneadh déanta fós faoi mhaoiniú na seirbhíse bhí príomhscéal san *Irish Independent* ar an 23 Samhain a d'fhógair '*New Irish station to put £10 on licence*' (Dowling 1993a). Ba mhíthráthúil mar a d'fhoilsigh an *Independent* a scéal an lá céanna go raibh Micheál D. Ó hUigínn lena mheamram faoi bhunú na teilifíse a chur faoi bhráid an Rialtais.

In eagarfhocal san *Independent* (1993) a thagair don phríomhscéal, dúradh go raibh dualgas soiléir ar an Rialtas '*to use every possible weapon available to it*' sa chath ar son na Gaeilge. Bhí tuiscint an-teoranta ag an nuachtán, áfach, ar an mbrí a bhain le '*every possible weapon available*'.

Bheadh sé '*unpardonable*', a dúradh, an ceadúnas teilifíse a ardú chun íoc as an tseirbhís nua agus bheadh sé '*insensitive*' cáin a ghearradh ar fhístéipeanna a fháil ar cíos. Ní bheadh sé inghlactha ach an oiread airgead a thógáil ón gCrannchur Náisiúnta don stáisiún Gaeilge. Mheas an *Independent* nach raibh an dara suí sa bhuaile ann ach an t-airgead a fháil ó RTÉ. '*The last thing anyone interested in trying to keep the Irish language alive should do is to antagonize people,*' a dúradh san eagarfhocal.

San eagrán céanna den *Independent,* bhí leagan níos tuisceanaí den phort céanna ag an iriseoir Brian Dowling ina alt '*Price of the big language "switch on" – £20m a year cost*':

> *The Irish language is one of the central planks of our heritage and its use as a living language is under threat. The question now to be faced is how much are people willing to pay to fund the new service as one of the last means of, at least, offering some prospect of halting the demise.* (1993b)

Bhí faobhar á chur ar na sceana don chogadh a bhí le teacht.

3. An cinneadh agus an cogadh

Do you think the lives of our people are more important than the language of our people?

(Litir chuig an *Irish Press*, 9 Deireadh Fómhair 1987, faoi bhunú Theilifís na Gaeilge)

The £10 million, is that forever?

(An craoltóir David Hanly ag ceistiú Michíl D. Uí Uigínn faoi mhaoiniú TnaG ar an gclár *Morning Ireland*, Eanáir 1996)

This is not about news or information. It is part of the war against the Irish language.

(John Waters, *The Irish Times*, 28 Bealtaine 1996)

Tráthnóna Dé Máirt, an 23 Samhain 1993, chuir Cathal Goan, Ceannasaí na gClár Gaeilge in RTÉ, glaoch ar phreasoifigeach sa Roinn Ealaíon, Cultúir agus Gaeltachta, Seosamh Ó hÁghmaill.

'Joe, an bhfuil sé fíor go bhfuil cinneadh tógtha ag an Rialtas go mbunófar Teilifís na Gaeilge.'

'Níl a fhios agam aon rud faoi sin. Níl aon chinneadh déanta fad is eol dúinne,' arsa Ó hÁghmaill.

Bhí Goan ag ullmhú do chlár *Cúrsaí* na hoíche sin agus an scéal faighte aige gur thug Leas-Phreasrúnaí an Rialtais John Foley le fios do chomhfhreagraithe polaitíochta Theach Laighean gur deineadh an cinneadh ag an gcruinniú rialtais níos luaithe sa lá.

Is cosúil gurbh é an Taoiseach féin, Albert Reynolds, a thug an t-eolas do Foley. Mar scéal thairis a d'inis Reynolds dó faoi chinneadh na teilifíse.

'*Oh yeah, we sorted that* Teilifís na Gaeilge *thing as well,*' a dúirt an Taoiseach le Foley agus an preasrúnaí ag réiteach don seisiún eolais seachtainiúil leis na comhfhreagraithe polaitiúla tar éis cruinniú rialtais.

Ach má bhí an cinneadh déanta, ní raibh faic cloiste ag aon duine sa Roinn Ealaíon, Cultúir agus Gaeltachta faoi.

'Caithfidh tú glaoch ar Phádhraic Ó Ciardha,' a dúirt Ó hÁghmaill le Goan sa deireadh.

Chuir Goan glaoch ar a sheanchara timpeall 5.35 p.m.

'Pádhraic, an fíor go bhfuil cinneadh déanta faoin teilifís?'

Thug Ó Ciardha an freagra céanna do Goan is a tugadh dó nuair a ghlaoigh fear RTÉ ar an Roinn.

'Níl aon chinneadh tógtha,' arsa comhairleoir an Aire.

'Ach an dtiocfaidh Michael D. ar an gclár tráthnóna chun labhairt faoin scéal?' a d'fhiafraigh Goan.

'Ní thiocfaidh mar níl aon chinneadh tógtha,' arsa Ó Ciardha.

Bhí an scéal go raibh an stáisiún Gaeilge le bunú á thuairisciú faoin am sin ar cheannlínte Raidió na Gaeltachta agus sna meáin eile.

Go gairid ina dhiaidh sin, fuair Goan glaoch eile óna sheanchara agus bhí athrú poirt anois ag comhairleoir an Aire.

'Beidh an tAire ag dul amach chugaibh gan mhoill chun agallamh a dhéanamh libh,' a dúirt Ó Ciardha.

Fiche bliain níos déanaí agus tá amhras fós ann faoi cad é go díreach a tharla.

'Cibé rud a tharla, cibé anonn is anall a bhí ann idir Michael D., Joe Hamill, Pádhraic Ó Ciardha agus John Foley, bhí Michael D. ar an gclár an tráthnóna sin ag caint faoin gcinneadh,' a deir Cathal Goan (2014).

Deir Pádhraic Ó Ciardha nár éirigh leis an Rialtas dul chomh fada leis an mír faoin teilifís a bhí ar chlár oibre an chruinnithe. 'Bhí sé ar an gclár oibre ach níor sroicheadh é. Ach má bhí an Taoiseach tar éis a rá gur pléadh é agus gur aontaíodh é, pléadh agus aontaíodh é. Bhí sé le haontú an lá sin, is cuma céard a tharla,' a deir Ó Ciardha (2014).

Ach de réir leagain eile den scéal, deineadh plé gairid faoi chás na teilifíse ag an gcruinniú ach níor tógadh ach cinneadh neamhfhoirmeálta ina thaobh toisc gur theastaigh tuilleadh eolais ón Aire Airgeadais Bertie Ahern faoi ghné nó dhó de mholadh Uí Uigínn. De réir an leagain áirithe seo den scéal, tuigeadh d'Aire na Gaeltachta nach raibh aon chinneadh foirmeálta tógtha agus nach raibh an scéal le cur amach fós dá bharr. Pé rud a tharla, ba é Reynolds a thapaigh an deis an dea-scéal a scaipeadh go raibh Teilifís na Gaeilge le bunú.

An amhlaidh go raibh deimhin déanta dá bharúil ag an dTaoiseach, nó an é go raibh sé ag iarraidh an ghlóir a bhain leis an bhfógra a sciobadh dó féin agus d'Fhianna Fáil? Bhí nós ag Reynolds teacht aniar aduaidh ar a pháirtnéirí rialtais agus scéalta a fhógairt i ngan fhios dóibh, nós a chuir olc ar Pháirtí an Lucht Oibre.

Gan amhras ba róchuma leis an FNT faoin bprótacal polaitiúil a bhain le fógairt an chinnidh a rabhadar ag fanacht air le blianta fada. Cor cinniúnach a bhí ann i stair an fheachtais agus ní nárbh ionadh bhíodar siúd a throid ar son an stáisiúin Gaeilge an-lúcháireach faoin scéal go mbunófaí Teilifís na Gaeilge i mí Eanáir 1995. Tar éis na mblianta fada den fheall ar iontaoibh, de bhaothghealltanais agus den chur ó dhoras bhí an báire leo.

Trí huaire an chloig de chláir a chraolfaí ar Theilifís na Gaeilge in aghaidh an lae, uair an chloig ó RTÉ agus dhá uair an chloig ón earnáil neamhspleách. Thug urlabhraí rialtais le fios go dtiocfadh an maoiniú ón gcaidhp fhógraíochta. Ní raibh aon fhírine, a dúirt sé, sna tuairiscí go ngearrfaí £10 breise ar an gceadúnas teilifíse nó go gcuirfí cáin ar fhístéipeanna a thógáil ar cíos chun íoc as buiséad reatha an stáisiúin nua. Thiocfadh an t-airgead sin ó '*normal Exchequer revenues*' (Mac Dubhghaill 1993a).

Mar go raibh bunú na teilifíse geallta sa chlár rialtais, níor chuir mórán daoine ar Bhord an Rialtais ina choinne, ach ní hé sin le rá nach raibh gá le hionramháil chliste pholaitiúil chun, mar a dúirt Pádhraic Ó Ciardha, 'lucht an ainchreidimh a thabhairt ar an gcreideamh agus lucht an chreidimh láidir a chur ag obair orthu sin a bhí ar bheagán creidimh.' (Watson 2003)

'Bhí sé an-tábhachtach go raibh sé i gclár an rialtais agus bhí sé ann a bhuíochas leis an bhfeachtas. Thug sé *"get out of jail card"* d'aon duine a bhí i gcoinne an rud go pearsanta,' a deir Ó Ciardha (2014).

Orthu siúd a bhí in amhras faoi phlean na teilifíse bhí Bertie Ahern, an tAire Airgeadais. Dar le Colm Ó Briain, a bhí ina chomhairleoir ag Micheál D. Ó hUigínn, nach bhféadfaí brath ar Ahern.

The civil servants in the department lined up behind Michael D. against the civil servants in Finance. The problem with dealing with Bertie Ahern ... was that he was a sort of a willow-the-wisp. When he met Michael D. in the corridor he said 'That will

be alright, that will be OK' and then the letter that came from
Finance was disastrous and sent Michael D. into a tailspin. It did
more damage to his health in those two years than any other single
act of government. (Watson 2003)

Deir Pádhraic Ó Ciardha 'gur dílseacht dá Roinn' seachas 'naimhdeas don togra' ba chúis le hamhras Ahern (2014). Bhí amhras ann chomh maith faoi thiomantas Charlie McCreevy don phlean, ach bhí McCreevy mór le Máire Geoghegan-Quinn agus é sásta seasamh léi. Bhí caidreamh maith ag Geoghegan-Quinn le Albert Reynolds agus leis an Tánaiste Dick Spring chomh maith.

Bhí tacaíocht an Iar-Aire Turasóireachta, Iompair agus Cumarsáide, a bhí anois ina hAire Dlí agus Cirt, tábhachtach sa tréimhse seo. *'Máire Geoghegan-Quinn was very important in taking the temperature of Fianna Fáil,'* dar le Colm Ó Briain.

Ach ní raibh cuid d'Airí Pháirtí an Lucht Oibre chomh diongbháilte sin ina dtacaíocht do Ó hUigínn, ach an oiread. Bhí an-imní ann faoin Aire Fiontair agus Fostaíochta Ruairí Quinn agus aon uair a raibh an chuma air go raibh amhras ag teacht air, bhíodh focal ag Ó hUigínn nó Geoghegan-Quinn le Dick Spring chun a chinntiú go gcuirfí aon éirí amach faoi chois. In agallamh don leabhar seo, deir Micheál D. Ó hUigínn féin gurbh é an fhadhb is mó a bhí aige ná 'easpa suime' chuid dá chomhghleacaithe.

Mhair an tacaíocht thraspháirtí, an baol is mó a bhí ann ná go mbeadh daoine ar nós cuma liom agus go ligfí do chúrsaí eile an cheist a ruaigeadh ón gclár oibre. Bhí corrdhuine ann agus an dearcadh acu go raibh rud éigin treascrach (*subversive*) faoin dteanga. An dearcadh seo: céard atá na daoine seo ag rá! (Ó hUigínn 2014)

Is cinnte nach raibh an oiread sin tábhachta le bunú Theilifís na Gaeilge i súile daoine áirithe agus níl Teilifís na Gaeilge luaite beag ná mór i ndírbheathaisnéisí Albert Reynolds ná Ruairí Quinn. Ach d'éirigh le Ó hUigínn agus Geoghegan-Quinn lucht an ainchreidimh a thabhairt ar an gcreideamh agus cur chuige éagsúil ag an mbeirt acu.

Éinne a bhí amhrasach dhéileáil Máire Geoghegan leo nó chuir sí cairde chucu chun déileáil leo. Is polaiteoir an-chumasach í a dhéanann a cuid stocaireachta go ciúin cneasta discréideach. Ní laghdaíonn sé sin a hábaltacht spriocanna a bhaint amach ach a mhalairt ar fad. Duine mothálach é Michael D., is maith leis cuid mhór dá stocaireacht a dhéanamh go poiblí. Tugann Michael D. óráidí, ólann Máire cupán tae go ciúin leat. Beirt an-éagsúil iad, agus bhí na scileanna agus na buanna agus an tiomantas acu don rud an-éagsúil (Ó Ciardha 2014).

Beirt a bhfuil tábhacht ar leith ag baint leo i scéal na teilifíse Gaeilge iad Ó hUigínn agus Geoghegan-Quinn, dar le Ó Ciardha.

Tá mo dhílseacht roinnte mar go raibh mé ag obair don mbeirt acu. Bhain Máire Geoghegan le mórpháirtí an Rialtais. Bhí formhór an pháirtí sin neodrach ar an lá is fearr, ach ní shílim go raibh éinne, seachas duine nó beirt, a bhí diúltach faoin rud. Bhí Máire in ann go leor don fhreasúra a bhí ann a chur ar ceal gan aon rud a rá. Ba bhean Ghaeltachta í, bean a bhí go maith ar na meáin, bean nach raibh aon cháil uirthi go raibh sí i bpóca aon ghluaiseacht Ghaeltachta nó Gaeilge. Bhí meas uirthi mar bhean stuama nach gcuirfeadh aon phlean nach raibh stuama i láthair an Rialtais. Bhí meas uirthi in RTÉ cé nach raibh aon fhaitíos uirthi rompu. Bhí an togra tugtha go pointe áirithe nuair a thit an Rialtas. Bhí an cinneadh tógtha go dtógfaí an gréasán. (2014)

Bhí 'tiomantas pearsanta' ag Ó hUigínn d'aisling na teilifíse ar chúiseanna éagsúla, dar lena iarchomhairleoir.

Maidir le Michael D, bhí suim aige ann mar intleachtóir, mar shocheolaí, agus mar Theachta Dála Gaeltachta agus mar Ghaeilgeoir freisin. Dhá phearsantacht an-éagsúil ó dhá pháirtí an-éagsúil a bhí iontu. Ach murach iarrachtaí na beirte ní dóigh liom go dtarlódh an rud. B'fhéidir gurbh fhearr gur tháinig siad san ord inar tháinig siad, go raibh an obair dhúshraithe déanta ag Máire agus go raibh an rud ar fáil ansin do Michael D. len é a sheoladh. (Ó Ciardha 2014)

I dtús mhí na Nollag 1993, thacaigh Comhchoiste Oireachtais na Gaeilge d'aon ghuth le rún ar son bhunú na teilifíse. Dúirt urlabhraí Gaeilge Fhine Gael, Donnchadh Mac Fhionnlaoich gur mar a chéile a bhí na hargóintí a bhí á ndéanamh faoi chostas Theilifís na Gaeilge is na hargóintí a deineadh faoin gcostas a bhainfeadh le bunú Raidió na Gaeltachta agus nach bhféadfadh sé an saol a shamhlú anois gan an tseirbhís raidió (Mac Dubhghaill 1993d).

Bhí an Stát ag maoiniú dhá chainéal Bhéarla ach ní raibh éinne ag rá nach bhféadfaí an costas a bhain leis an dá stáisiún Bhéarla a iompar, a dúirt Mac Fhionnlaoich. Ba ríléir, áfach, nárbh aon rí gan fhreasúra a bheadh i Micheál D. Ó hUigínn, rud a thuig sé féin ag an am.

> Tá daoine ann atá beagáinín amhrasach faoin nGaeilge … Tá daoine eile ar fáthanna níos leithne nach bhfuil róthógtha leis an dearcadh go mba cheart go mbeadh aitheantas don chultúr náisiúnta againn, beag ná mór. Agus daoine eile a cheapann go bhfuil an cluiche thart. (Mac Dubhghaill 1993e)

Ar dhuine acu siúd a cheap go raibh an 'cluiche thart' bhí an Teachta Dála ó Fhine Gael, Brendan McGahon, a dúirt ar an gclár *Questions and Answers* go raibh an Ghaeilge 'marbh' agus go raibh an t-airgead a bhí le caitheamh ar Theilifís na Gaeilge '*obscene*' (Mac Dubhghaill 1993c). D'eisigh an FNT ráiteas ina ndúradh gur chóir do McGahon éirí as, ach ag an am céanna bhí Ciarán Ó Feinneadha ag stocaireacht go discréideach.

Ghlaoigh sé ar McGahon agus dhein sé coinne bualadh leis i gcomhair cupán caife.

> Bhí iontas air go raibh mé ag iarraidh bualadh leis agus bhí iontas air nach gealt a bhí ionam. Mhínigh mé ár dtaobh féin den scéal dó. Níor éirigh liom a intinn a athrú, ach dúirt sé 'is fear réasúnta tú agus tá meas agam ar do thuairimí.' Gheall sé ansin dom nach labhródh sé go poiblí arís faoin scéal. Agus ní dhearna. (Ó Feinneadha 2013)

Ba le linn mhí na Nollag chomh maith a sceitheadh tuarascáil an Choiste Theicniúil a bhunaigh Ó hUigínn chun moltaí a dhéanamh faoin gcóras tarchuradóireachta ar a gcraolfaí Teilifís na Gaeilge.

De réir na tuarascála, ní bheadh ach 60 faoin gcéad den phobal ábalta teacht ar an tseirbhís nua nuair a thiocfadh sé ar an aer, agus bheadh clúdach teoranta ann i gceantair Ghaeltachta áirithe agus i gCúige Mumhan. Bheadh aeróga UHF ag teastáil chun Teilifís na Gaeilge a fháil in áiteanna éagsúla ar fud na tíre.

Bhí Donncha Ó hEallaithe ina bhall den Choiste Teicniúil, agus throid sé go láidir ar son chórais VHF agus UHF á úsáid don stáisiún nua. Dúradh leis go raibh a leithéid dodhéanta, ach tugadh leid dó go raibh tuarascáil inmheánach ag RTÉ a chruthaigh nárbh amhlaidh a bhí. (Ó hEallaithe 2014)

Ag an gcéad chruinniú eile den choiste, d'iarr sé cóip den tuarascáil, ach dúirt Bobby Gahan, duine d'ionadaithe RTÉ ar an gcoiste, gur cáipéis rúnda bhí ann. D'ordaigh Bob Collins, an cathaoirleach, go gcuirfí an tuarascáil ar fáil. Ach ba é deireadh agus críoch na mbeart ná nach rabhthas sásta orlach a ghéilleadh i dtaobh cheist an chórs tarchuradóireachta. Fuair Ó hEallaithe blas na comhcheilge ar sheasamh righin RTÉ agus na Roinne i dtaobh na ceiste seo.

Ceapaim nach raibh RTÉ ag iarraidh níos mó comórtais sna háiteanna a raibh monaplacht acu, ar nós Chúige Mumhan. Dúradh liom gurb í an chúis a bhí ag an Roinn Cumarsáide gan ghéilleadh don argóint ar son VHF agus UHF ná go raibh fear istigh ann a bhí i gceannas ar na tonnfhaid VHF agus bhí sé ag iarraidh iad a choinneáil siar do theacht an raidió dhigitigh. (Ó hÉallaithe 2014)

Tá míniú eile ar an scéal ag Pádhraic Ó Ciardha, áfach.

Faoin am seo bhí sé mar chuid den pholasaí náisiúnta craolacháin go mbeadh aon chainéal nua a bhunófaí ar UHF. Bhí an polasaí sin bunaithe ar pholasaí Eorpach. Ach cinnte míbhuntáiste a bhí ann dúinne mar bhí an tonnfhad VHF iontach i gceantair sléibhte, i bhfad níos fearr ná UHF. (2014)

Bhí an FNT an-ghnóthach ar na fóin arís nuair a fógraíodh go raibh pobalbhreith faoi cheist na teilifíse á reáchtáil ar *The Gay Byrne Show* ar RTÉ Raidió 1. Chuir lucht an fheachtais a ngréasán stocaireachta i mbun oibre le cinntiú go dtapófaí an deis chun a thaispeáint go raibh tacaíocht an phobail acu. Deineadh teagmháil le múinteoirí agus tuismitheoirí Gaelscoileanna ar fud na tíre agus dhein na heagraíochtaí teanga féin a gcuid ar son na cúise chomh maith. Ordaíodh píotsa isteach go dtí oifig Chomhdháil Náisiúnta na Gaeilge mar bhia cothaithe do na feachtasóirí a raibh uaireanta fada caite ar na fóin istigh acu.

Ní fios cén bhaint go díreach a bhí ag an FNT le toradh na pobalbhreithe, ach bhí móramh de 65 faoin gcéad den 46,656 duine a ghlac páirt inti ar son bhunú Theilifís na Gaeilge. Bhí 99 faoin gcéad de na daoine a ghlaoigh ó Thuaisceart Éireann agus ón mBreatain ar a shon (Mac Dubhghaill 1993e). Ba mhór an spreagadh an phobalbhreith don FNT agus don Aire Ó hUigínn araon, ach bhain lucht na Gaeilge sásamh ar leith as an toradh mar gur faoi Gay Byrne a bhí sé an dea-scéal faoi thacaíocht phobal na hÉireann do Theilifís na Gaeilge a fhógairt. Bhí sé de theist ar Byrne riamh nach raibh cás na Gaeilge ar an gcloch ba mhó ar a phaidrín.

Bhí ceisteanna móra fós gan réiteach, áfach, agus orthusan bhí suíomh an stáisiúin nua. Tuairiscíodh i mí na Nollag go mbeadh an ceannáras in eastát tionsclaíochta Údarás na Gaeltachta i gceantar na Tulaí i gConamara. I bhfreagra Dála ag deireadh na bliana, dúirt an tAire Ealaíon, Cultúir agus Gaeltachta:

> *The Programme for a Partnership Government 1993–97 stated clearly that the headquarters of Teilifís na Gaeilge would be situated in the Connemara Gaeltacht and the Government has decided that the headquarters station should be in the Baile na hAbhann-An Tulach area. (Díospóireachtaí Dála 1993)*

Idir an dá linn, bhí an cogadh sna meáin faoi Theilifís na Gaeilge faoi lánseol.

B'ionann an díospóireacht faoi Theilifís na Gaeilge agus díospóireacht faoi fhéinmheas náisiúnta, dar le Micheál D. Ó hUigínn, agus ní gá go n-aithneodh duine Franz Fanon ó Franz Beckenbauer le go mbraithfeadh sé lorg láidir iarmhairtí an choilíneachais ar allagar na teilifíse Gaeilge. Díospóireacht ba ea í faoi chearta mionlaigh agus faoin gcoimhlint idir luachanna cultúrtha agus luachanna eacnamaíochta. Díospóireacht ba ea í a mhúscail ceisteanna casta, achrannacha a bhain leis an bhféiniúlacht agus leis an bhféinmhuinín.

Ach bhain díospóireacht na teilifíse le fóirdheontais bainne chomh maith. Ar an 24 Meán Fómhair 1994, bhí an méid seo le rá ag Joe Rea ar an *Irish Farmers Journal*: '*It would be interesting to calculate what the money being spent on the new Irish language television station would add to the subsidy per gallon. It is all about national priorities.*' (1994)

Níorbh é an chéad uair ag Rea dul i ngleic le téama na teilifíse ina cholún agus an tseachtain dár gcionn costas £50 milliúin in aghaidh na bliana a bhí á lua aige leis an stáisiún nua. '*This is something we need like a fish needs a bicycle*,' a scríobh sé an bhliain roimhe (1993).

Lena cheart a thabhairt dó, níorbh é an t-aon duine ach an oiread a dhein iarracht gach léan agus leatrom a leagan ar Theilifís na Gaeilge. Sna blianta roimh bhunú TnaG, ba mhinic tráchtairí sna meáin náisiúnta agus réigiúnacha ag áitiú go gcuirfeadh an caiteachas a bhí le déanamh ar an tseirbhís nua le fadhb na dífhostaíochta, fadhb na coiriúlachta agus fadhb na ndrugaí. Mhaolódh an stáisiún nua ar chumas na n-údarás déileáil le drochstaid na scoileanna, truailliú abhainn na Coiribe agus fadhbanna tráchta ar Bhóthar Áth Cinn i nGaillimh. In eagarfhocal ar an *Kilkenny People* faoi dhúnadh an *Irish Press*, d'éirigh leis an údar cuid den mhilleán a chur ar Theilifís na Gaeilge.

> *The closure this week of three newspapers could be the beginning of the end for one or two other national papers which are today just teetering on the brink of financial ruin. The politicians, who are now happy to pay out a further £20 million a year of taxpayers' money for a new Irish language television station, have a lot to answer for. The unemployment of 600 people is just the starting place, but democracy is the real victim.* (Kilkenny People 1995)

In eagarfhocal eile fiafraíodh sa *Kilkenny People* an raibh lucht an Rialtais as a meabhair: '*What sort of logic drives Ministers to allocate that level of funding for Teilifís whilst at the same time cutting back on absolutely vital policing services?*' (Kilkenny People 1993)

Chlis ar fad uaireanta ar 'an loighic' seo a raibh naimhde Theilifís na Gaeilge chomh bródúil sin aisti. Ba bheag ciall, mar shampla, a bhí le conclúid an eagarfhocail '*No Need For All-Irish Television Station*' a foilsíodh ar an *Longford Leader*:

If we have an all-Irish television station it will simply mean that those who can speak and understand the language will use it but those who cannot will ignore it. That is hardly going to do much for the promotion of spoken Irish is it? (Longford Leader 1993)

Cinnte, is mó sochtheangeolaí a bhréagnódh 'loighic' an *Leader*.

Seans, áfach, gurb é an t-eagarfhocal a foilsíodh ar an *Gorey Guardian* faoi theacht na teilifíse a bhain an chraobh ó thaobh na samhlaíochta de. Chaithfí é a thabhairt suas don *Guardian* nár chuimhnigh aon nuachtán eile ar cheangal a dhéanamh idir scéal na teilifíse agus an brú a bhí ar thuismitheoirí '*donkey derbies*' agus '*bonny baby shows*' a eagrú.

If we were living in a land of plenty, where there was no poverty, no hardship, no lack of housing and where parents and teachers did not have to try to organise donkey derbies and bonny baby shows to buy heating oil to keep classrooms aired during winter, then the establishment of such a service would be laudable. However, in the real world, where countless thousands daily are at their wits' end trying to provide for their families, the spending of such an amount of public money on an Irish TV service is bordering on the abuse or at least reckless misuse of taxpayers' hard-earned cash. (Delap 2012)

Thacaigh cuid de na meáin áitiúla chomh maith le plean na teilifíse agus deir Pádhraic Ó Ciardha go ndearnadh 'cinneadh coinsiasach' nach ag mealladh na meán i mBaile Átha Cliath amháin a bheifí.

Rinneamar iarracht dul i bhfeidhm ar na meáin áitiúla agus ar na stáisiúin áitiúla a bhí tagtha ar an saol. Chuaigh na scéalta dearfacha ar ais chuig na polaiteoirí ina ndáilcheantair. Thosaigh siad ag rá 'b'fhéidir gur linn féin an rud seo, b'fhéidir gur cheart seans a thabhairt dó'. Níl sé le bheith i mBaile Átha Cliath 4. D'oibrigh sé go pointe. (Ó Ciardha 2014)

Ach fiú sna nuachtáin a bhí lonnaithe i gcontaetha Gaeltachta, bhí cuid den tráchtaireacht faoi Theilifís na Gaeilge diúltach agus binbeach go maith. Ar *The Kerryman*, mar shampla, bhí an colúnaí Michael O'Regan glan in aghaidh bhunú an stáisiúin. Fearacht scata tráchtairí eile, chuir O'Regan é féin in iúl mar dhuine a thacaigh leis an teanga ach a sheasfadh an fód don 'fhírinne' ba chuma cén díspeagadh a dhéanfaí air dá bharr:

> *To query the validity of this project is to risk being labelled something of a cultural vandal by some. But to ignore its idiocy, and the severe financial drain it will put on the State, would be to engage in the kind of self-delusion and double-think that has characterized much of the official attitude to the Irish language for so long. TnG [sic] is an ill-conceived and reckless project born out of a phoney consensus ... It now seems too late for any of this. The die is cast on this crazy venture ... And Mr. Higgins, Dev-like, has looked into his own heart to know what is best for the Irish people. What a charade! God help us.* (O'Regan 1996b)

An rud ba shuntasaí faoi na 'fáithe aonair' seo cosúil le O'Regan ná a líonmhaire a bhíodar agus a chosúla lena chéile is a bhí a gcuid argóintí.

Ar dhuine eile acu bhí Keith Kelly a thug 'Grant TV' ar TnaG ar an *Connacht Sentinel*:

> *Now I know that all the Gaeilgeoirs will be baying for my blood, questioning my sense of nationalism and asking where my sense of culture has gone for its holiday, but T na G (Grant TV) is a waste of £16m ... At best Grant TV can be described as a cute idea that is galling. With Irish people having a long tradition of plumping for the underdog, I'll probably never be safe walking an Irish street again after writing this column, but someone has to say it.* (1996)

San alt céanna chuir sé síos ar Pheig Sayers mar '*a long decayed corpse which used to live off the Kerry coast, whining about how tough life was for her ...*'

Gaisce nach beag do chorpán, chaithfeá a rá.

Dar le Declan Tierney ó *The Connacht Sentinel*, bhí Teilifís na Gaeilge á bunú '*to keep a small number of hardliners with funny sounding Irish names happy*' agus teip a bhí i ndán don stáisiún nua, dar leis: '*I have a funny feeling that RTE and those who pay lip service to the Irish language freaks are going to feel mighty stupid when all this comes on stream.*' (1996)

Agus thar aon rud eile, dhéanfadh Teilifís na Gaeilge dochar do do shláinte. Ar chláir raidió agus teilifíse agus ar na nuachtáin, deineadh nasc arís agus arís eile idir an caiteachas ar Theilifís na Gaeilge agus na fadhbanna sa chóras sláinte. Cuireadh '*Use TV millions for health service*' mar cheannlíne ar leathanach na litreacha san *Irish Independent* i mí na Nollag 1993 agus an mhí chéanna foilsíodh litir oscailte chuig an Aire Ealaíon, Cultúir agus Gaeltachta ar an *Irish Press* faoin gceannlíne, 'Teilifís na Gaeilge *too costly while health service dies*'. Bhí nuachtán amháin ann, áfach, ar fhág a naimhdeas do choincheap na teilifíse easaontóirí eile in áit na leathphingine – an *Sunday Independent*.

Ba léir ó ceapadh Micheál D. Ó hUigínn ina Aire nach raibh an nuachtán Domhnaigh róthógtha leis féin ná le plean na teilifíse Gaeilge, agus nuair a ghlac tráchtairí an *Sunday Independent* col i gcoinne duine níor dheineadar aon iarracht a ndéistin a cheilt. Nuachtán ab ea é a bhrúigh a chlár oibre idé-eolaíoch ar leith gan taise gan trua, cur chuige a thuill idir cháil agus drochmheas air ag brath ar cé acu ar aontaigh nó nár aontaigh duine leis an tráchtaireacht ann. Seachtain i ndiaidh seachtaine phléasc an *Sunday Independent* cnuasbhuama faoi theilifís na Gaeilge. Cuireadh tús leis sin ar an Domhnach i ndiaidh chinneadh an Rialtais le halt le Eilis O'Hanlon a foilsíodh faoin gceannlíne '*It's TV Ga-Ga as Gaeilge*':

> *An Irish language TV station. What a splendid idea. I wonder why nobody thought of it before. Of course plenty of people have thought of it before, but they have always been forced to abandon it for the simple reason that it was unaffordable. Thankfully, in*

Michael D. Higgins, we have a Minister for the Arts and Culture and the Gaeltacht for whom such considerations mean nothing. Let it not be said that Michael D. would let a small matter of cash come between him and his ambitions. Alas there is hardly likely to be any serious debate about the proposed TV station, because the Irish language is one of the many sacred things (like John Hume) which are deemed to be above criticism. Anybody with the audacity to question public policy with regard to the Irish language would quickly be condemned as unpatriotic. (1993)

Thug O'Hanlon *'sentimental old Marxist'* ar Ó hUigínn agus a *'Cloud Cuckoo Land Economics'* agus dhein cur síos ar Theilifís na Gaeilge mar a *'televisual monument to his* [Ó hUigínn's] *own brilliance.'*

It is comical to pretend that this scheme can be funded without pain. Everybody knows that if there is going to be a new channel, then somebody, somewhere will have to pay. And that somebody is going to be the taxpayer, again … Where else, after all, is the money to come from? From social welfare? From agriculture? From employment? … No doubt to Michael D. and his sycophantic friends in the media that will be taken as evidence of a brutal, unsympathetic, right-wing Philistinism. But it is nothing of the sort. It is realism … Teilifís na Gaeilge is an honourable well-meaning dream, but it is a dream which we cannot afford, and it is about time that Michael D. Higgins woke up to that. (1993)

Bhí an tráchtaire Colum Kenny sa *Sunday Independent* ar thús cadhnaíochta sna hionsaithe ar Theilifís na Gaeilge agus ar chur chuige Uí Uigínn. Mar léachtóir i Scoil na Cumarsáide in DCU, bhí tuiscint níos fearr ar an gcraoltóireacht ag Kenny ná mar a bhí ag cuid mhaith tráchtairí eile agus chuir se roinnt ceisteanna dlisteanacha faoi ghnéithe de theilifís na Gaeilge; mar shampla, an easpa taighde a bhí déanta faoi lucht féachana an stáisiúin nua.

Mar gheall ar a shaineolas ar an gcraoltóireacht bhí an-tóir ar an léachtóir ar chláir theilifíse agus raidió agus tugadh suntas dá thuairimí. I mí na Samhna 1993, dúirt sé ag seimineár de Chumann na bhFógróirí Éireannacha, go gcosnódh an stáisiún nua £100m thar thréimhse cúig bliana, agus glacadh go forleathan lena chuid figiúirí.

Mhaígh Kenny nach raibh uaidh ach díospóireacht oscailte faoi laigí pholasaí teanga agus craoltóireachta an Rialtais. Ba dheacair, áfach, glacadh leis nach raibh a thuiscint idé-eolaíoch féin aige ar chearta teanga, go háirithe i bhfianaise a ráitis *that Irish speakers have no intrinsic or prior right to broadcasting resources over other social or cultural interest groups* (Kenny 1994).

Níl aon amhras ach go raibh claonadh idé-eolaíochta ar leith ag baint le cuid de thráchtaireacht Kenny, mar a léiríodh go paiteanta i gcolún uaidh dár teideal *The New Ireland* a foilsíodh sa *Sunday Independent* ag deireadh na bliana 1993:

> *We are talking to ourselves again. The decision to launch a costly Irish-language television service and the enthusiasm accorded the Hume/Adams political strategy are two sides of the same coin. It is the coinage of exclusive nationalism once more enjoying currency in Europe.* (Kenny 1993)

Foilsíodh in éineacht le halt Kenny cartún fíor-ait de chairt láimhe a raibh 'Éire Nua' scríofa air. Istigh sa chairt bhí teilifís a raibh 'Teilifís na Gaeilge' ar siúl uirthi agus ar bharr na teilifíse bhí seamróg agus cruit a bhí clúdaithe le hAlt 1 agus Alt 2 de Bhunreacht na hÉireann. Ag brú na cairte bhí sagart Caitliceach agus ag teitheadh uaithi bhí ball den Ord Oráisteach. Ag Dia amháin atá a fhios cén bhaint a bhí ag an bhfís ait néaróiseach seo le stáisiún Gaeilge, ach ar chuma éigin ba léiriú oiriúnach an cartún ar an alt a ghabh leis.

Dhein tráchtairí éagsúla eile ón *Sunday Independent* a gcion féin sa chogadh i gcoinne na teilifíse Gaeilge, agus i measc na saighdiúirí ab fhíochmhaire i mbun catha, bhí an colúnaí conspóideach Eamon Dunphy.

> Teilifís na Gaeilge *is a sick, expensive folly. Set up in the Galway Gaeltacht, staffed by Irish speaking 'nutters', to feed fantasies about cultural purity to a constituency that won't register on the TAMs, this monument to political conceit will cost £20m* a year. *Until it closes ... Meanwhile the nurses must strike for justice. And so they should. Heroin addicts wait painfully for places in detoxification units. There is no money for recreation on the bleak estates. We move disturbingly towards a two-tier society: on level one, those switching on* Teilifís na Gaeilge *to reassure themselves that Irish is alive and thriving ... On level two, the rest of us out here struggling with the vicissitudes of an ordinary life.* (1996)

Tuile gan trá a bhí ann agus má bhí scríbhneoirí an *Sunday Independent* ar a ndícheall ag iarraidh iad féin a chruthú ar láthair an chatha, ní foláir nó gur bronnadh bonn calmachta speisialta ar Declan Lynch as a mhaíomh nach raibh a leithéid de rud ann dáiríre agus 'comhrá' i nGaeilge. '*I have often seen Gaeilgeoirí talking to one another without actually having a conversation in any meaningful sense. They are not conveying ideas or feelings, they are just talking in Irish. They are just bullshitting.*' (1994)

Bhí an *Sunday Tribune* diúltach a dhóthain faoi Theilifís na Gaeilge chomh maith agus thug an colúnaí Diarmuid Doyle 'Teilifís na *Gravy Train*' ar an tseirbhís nua:

> *They've been given their gravy train to play with. And nobody is going to take it away, no matter how often it threatens to go off the rails ... wasting millions of pounds of taxpayers' money propping it up in the face of very specific information that it will be a failure.* (1996).

Ba ar an *Tribune* chomh maith, a d'fhiafraigh Frank Fitzgibbon dá léitheoirí cad a tharlódh dá gcuirfeadh bunú Theilifís na Gaeilge £25 nó

£30 le táille an cheadúnas teilifíse. *'What would we all feel about that?'* arsa Fitzgibbon (1993).

Ach in ainneoin fuadar chun cogaidh an *Sunday Independent* agus an *Sunday Tribune,* ba é Kevin Myers, colúnaí *The Irish Times* ar thuill a mhóiréis impiriúil an leasainm 'Colonel Myers' dó, ba mhó a chráigh lucht na Gaeilge sna blianta roimh theacht Theilifís na Gaeilge. Thug Myers 'Teilifís de Lorean' ar 'Teilifís na Gaeilge' i gcuimhne na hiarrachta gan rath a deineadh sna 1970idí ar ghnó déantúsaíochta carr a bhunú le hairgead poiblí in Iarthar Bhéal Feirste. Dar le Myers, chaithfeadh an Stát £1,000 in aghaidh na bliana i leith gach duine a bheadh ag féachaint ar Theilifís na Gaeilge. Thar thréimhse cúig bliana chosnódh an stáisiún nua an oiread céanna le hospidéal Thamhlachta, a dúirt sé.

> *At this time of year, there are thousands of selfish parents looking for further education for their teenage offspring, and no doubt they might say that 20,000 viewers is poor return on such an investment, which is of course irrelevant. The important thing is to establish the Irish language as a national priority, and the best way one does that is to spend money on it, regardless of the size of the investment.*
> (Myers 1994)

Ar eagla nach dtuigfí a stíl íorónta Swifteach, scríobh Myers (1997) i gcolún eile gur *'witless tokenism'* agus *'bloated and swaggering arrogance'* a bhí i mbunú TnaG agus i gcolún eile fós d'fhógair sé go raibh an teanga marbh: *'I wish Irish well. But it is doomed. Teilifís de Lorean is set to add to the hundreds of millions of pounds already squandered on a life-support system for the dead.'* (Myers 1995)

Ar an iomlán, áfach, bhí *The Irish Times* báúil le Teilifís na Gaeilge, mar a bhí *The Sunday Business Post,* a thug *'enemies of the Irish language'* ar lucht cáinte na seirbhíse nua, agus an *Irish Press* a bhí ar thaobh theilifís na Gaeilge ó thús. Foilsíodh eagarfhocal ar an *Irish Press* inar tugadh tacaíocht láidir do chinneadh rialtais an 23 Samhain 1993. Cháin an nuachtán *'the perennial begrudger who seems to know the price of everything and the value of nothing*' agus iad siúd a raibh dúil acu san *'ancient Irish game of "Let's nail it before it gets off the ground"'*. Dúradh sa nuachtán a d'imigh den saol é féin roimh theacht ann do TnaG:

> *At a time when awareness of the need for the conservation and protection of our heritage has never been stronger, it is surely appropriate that the Irish government should do for its native language community merely what Britain has done for Welsh speakers.* Go n-éirí go geal leis! (Irish Press 1993)

Chosain Declan Kiberd, a raibh colún aige ar an *Irish Press* ag an am, an cinneadh an stáisiún a bhunú. Dar le Kiberd, gníomh ar son chearta phobal na Gaeilge a bhí ann seachas beartas tarrthála don teanga. Thabharfadh an stáisiún nua deis do phobal na teanga *'to talk vibrantly to themselves,'* a scríobh sé. Fuair Kiberd blas na fimíneachta ar argóintí líon áirithe de lucht cáinte an togra nua:

> *Curiously, this outcry has come mainly from those who have been to the fore in advancing the claims of Unionists to special consideration. What a pity they can't find a similar place for the Irish language in their hearts. Then Messrs Molyneaux and Smyth might find the appeals more convincing.'* (Kiberd 1993)

Bhí an t-iriseoir Matt Cooper ar dhuine eile den dornán beag tráchtairí ceannasacha sna meáin Bhéarla a thug tacaíocht don stáisiún nua. *'Humbug'* a thug sé ar an nós a bhí sa treis i mbólaí áirithe a bheith ag caitheamh anuas ar Theilifís na Gaeilge.

> *If these cynics and pessimists were to hold sway, the possibility of using the national airwaves for the public good, or of encouraging rural development, would be lost. The victory would be celebrated in Dublin 4 dinner parties and so called seats of educational learning.* (Cooper 1996)

Ar an mórgóir, cogadh gránna a fearadh sna meáin Bhéarla faoi bhunú Theilifís na Gaeilge. Agus ba ón gcampa frith-TnaG a tháinig na hionsaithe ba ghangaidí. Ní hionadh gurbh é costas na seirbhíse nua a chothaigh an choimhlint ba ghéire, agus thuig an FNT ó thús gurbh é sin an troid ba mhó a bheadh le déanamh acu. I lár na 1990idí, bhí an Tíogar Ceilteach fós á thiargáil féin chun léime, bhí airgead gann agus bhí ráta dífhostaíochta suas le 15 faoin gcéad ann. Cháin Cónaidhm Ghnólachtaí agus Fhostóirí na hÉireann (IBEC) an cinneadh rialtais toisc gur mheasadar nach raibh dóthain airgid sa tír leis an stáisiún nua a mhaoiniú.

Níorbh aon rud nua é ach an oiread go bhféachfaí ar an traidisiún Gaelach ar cheann de shuáilcí beaga an tsaoil nach raibh ceadaithe in aimsir an ghátair. Bhí an dearcadh seo riamh ann, mar a léiríonn alt a scríobh an drámadóir Seán O'Casey cúpla bliain tar éis bhunú an Stáit.

> Children who rickety in their legs are to be told of Cuchulainn's hero's leap over walls as high as Nelson's Pillar. Children who are fed on tea and margarine are to be told of the wine and venison feasts of the Fianna. (O'Casey 1924)

Ach bhí níos mó i gceist le hallagar na teilifíse ná ceist an airgid. Le linn na tréimhse roimh bhunú na seirbhíse, maslaíodh pobal na Gaeilge lá i ndiaidh lae sna meáin. Ar chláir agus ar nuachtáin éagsúla, tugadh 'fanatics', 'fantasists' 'militants' agus 'extremists' orthu. Tugadh 'freaks', 'bearded zealots' agus 'elitists' orthu. Ba 'nutters', 'lunatics' agus 'fundamentalists' iad. Ní fheadar cén áit ar cheap sé arbh as dó féin, ach thug tráchtaire amháin 'natives' ar phobal na Gaeilge mar dhíspeagadh. Dúradh gur 'monumental folly' a bhí sa tseirbhís a bhí á héileamh ag pobal na teanga agus go raibh an plean chun Teilifís na Gaeilge a bhunú 'moronic' 'immoral', 'bizarre', 'reckless', 'absurd', 'underhand', 'undemocratic', 'scandalous', 'criminal' agus 'monstrous'. Dúradh faoi Mhicheál D. Ó hUigínn go raibh sé 'mad' agus gur 'ego-maniac' a bhí ann. Cuireadh 'cute-hoorism' ina leith.

Níorbh iad lucht na teilifíse na fanaicigh, áfach, ach na tráchtairí a thug fanaicigh orthu. Gan amhras, mionlach tarcaisneach a bhí ann, ach bhíodar glórach. Bhíodh na daoine seo ag súil chomh maith le gach saghas aithise.

> *Irish speakers think they are superior to me. Irish speakers think I am less Irish than they are. Irish speakers think I am a philistine. Irish speakers think I am unpatriotic. I will probably be called unpatriotic for saying this ... I will probably be called a West Brit for even suggesting this ...*

Nó i gcás fhear bocht *The Connacht Sentinel*: '*I'll probably never be safe walking an Irish street again after writing this column.*' (Kelly 1996)

Tríd is tríd, is taobh le fíricí substaintiúla faoin stáisiún nua a bhí lucht na Gaeilge ina gcuid freagraí agus bhí blas na neamh-mheasarthachta ar argóintí lucht a gcáinte dá bharr. Nuair a glacadh an cinneadh rialtais ar son na teilifíse, d'éirigh an FNT as an stocaireacht pholaitiúil agus luíodar isteach ar mhonatóireacht a dhéanamh ar na meáin le cinntiú go dtabharfaí freagra cuí ar an gcáineadh a bhí á dhéanamh ar an togra nua.

Dhein an FNT gach dícheall daoine a spreagadh chun labhairt go tomhaiste agus chun scríobh go cáiréiseach faoin stáisiún nua agus go háirithe faoin gcostas a bhainfeadh leis. Cheartaigh Cathal Goan agus Pádhraic Ó Ciardha chomh maith cuid de na míthuiscintí ba mhó a scaiptí faoi theacht na teilifíse, ach dála an FNT, ba é an rud deireanach a theastaigh uathu ná a bheith sáite i ndíospóireacht faoi 'anam' na tíre. Ní raibh fonn orthu ach an oiread cogadh idé-eolaíochta na 1960idí agus na 1970idí faoin nGaeilge 'éigeantach' agus polasaí teanga 'frith-dhaonlathach' an Stáit a throid an athuair. Faraor, ba é sin go díreach an díospóireacht a theastaigh ó dhaoine áirithe sa champa eile.

Ach cad chuige an rabharta tarcaisne seo faoi bhunú Theilifís na Gaeilge?

Bhain sé, is dócha, leis an gcaidreamh achrannach casta atá ag pobal na hÉireann, agus ag aon phobal iarchoilíneach eile, leis an teanga ar tugadh cúl léi ar mhaithe le teanga an mháistir. *'My attitude to Irish is haunted and ambivalent,'* a dúirt an file John Montague (1989), agus is mó púca a dúisíodh le linn allagar na teilifíse Gaeilge.

B'fhéidir nach bhfuil teoiric an iarchoilíneachais chomh faiseanta is a bhíodh, ach is inti atá an míniú is fearr atá againn ar naimhdeas scaollmhar thráchtairí áirithe do Theilifís na Gaeilge.

Mar a scríobh an sochtheangeolaí Jim McCloskey sa leabhar *Why Irish?*:

> *Cynicism, anger, negativity, and a barely buried guilt pervade almost all talk of the language, of its situation, and of the various efforts that have been made to change its situation. And it seems obvious that, whatever other sources such feelings have, their principal breeding ground has been within the long, long post-colonial shadow.* (Ó Conchubhair 2008)

Scríobh an t-údar Céiniach Ngũgĩ wa Thiong'o faoin 'buama cultúrtha' a phléasctar i measc an phobail choilínithe, buama a scriosann *'a people's belief in their names, in their languages, in their environment, in their heritage of struggle, in their unity, in their capacities and ultimately in themselves.'* (Thiong'o 1986). I ndiaidh an phléasctha, féachann cuid den phobal coilínithe ar an *'past as one wasteland of non-achievement'* agus bíonn fonn orthu éalú ón *'wasteland'* sin.

Tagann Micheál D. Ó hUigínn leis an tuairim go raibh an Ghaeilge thíos leis an meon seo a shamhlaigh í leis an mbochtanas agus an easpa dul chun cinn.

> Bhíomar gonta ag an gcréacht chultúrtha seo. Bhí an Ghaeilge taobh le taobh leis an mBéarla ag deireadh an naoú haois déag ach, ar bhealach, bhí an bhraistint ann nár chuid den nua-

aimsearthacht í. Ní ghéillim dó sin agus bhí litríocht na Gaeilge, mar shampla, nua-aimseartha ina meon riamh. Níl aon amhras ann, áfach, faoin am gur tháinig mise go Gaillimh sna 1960idí gur samhlaíodh an Ghaeilge mar theanga an bhochtanais agus na himirce. Le Teilifís na Gaeilge an rud a bhí mé ag iarraidh a dhéanamh ná lóchrann na smaointeoireachta nua agus na haeráide eacnamaíochta nua a shoilsiú ar an teanga. Ní raibh lá aiféala orm riamh faoi sin. Is mise an naoú hUachtarán ar Éirinn agus bhí ocht gcinn de theangacha ar a thoil ag an gcéad Uachtarán, Dubhghlas de hÍde. Níor ghéill mé riamh don mhiotas seo gurb í an Ghaeilge an t-aon rud a bhí ag coinneáil daoine siar. Dearg-amaidí atá ansin. Rinneadh 'whipping boy' den Ghaeilge agus cuireadh an milleán uirthi faoi na rudaí ar theip orainn iad a bhaint amach i réimsí éagsúla agus ar chúiseanna éagsúla. (Ó hUigínn 2014)

Níl amhras ná gur imigh an Saorstát thar fóir ag iarraidh an Ghaeilge a chur chun tosaigh mar scáthán ar anam an náisiúin agus go raibh ualach róthrom le hiompar ag an teanga dá bharr, ualach ar cuireadh leis le haiséirí an phoblachtánachais mhíleata ó thuaidh. Ach faoi lár na 1990idí, is ar éigean gur chreid fiú an díograiseoir teanga is seachmallaí amuigh go mbainfí amach idéal an náisiúin Ghaelaigh. Faoin tráth seo, mar a scríobh an criticeoir agus an t-údar, Seamus Deane, 'the inflated rhetoric of authenticity and origin had given way to a fake state with its deflated rhetoric of bureaucratic dinginess' (1997). Bhí an 'bureaucratic dinginess' seo ar an dris chosáin ba mhó roimh bhláthú Theilifís na Gaeilge.

Mar sin, bhí na tráchtairí frith-Theilifís na Gaeilge ag argóint faoi éileamh a bhí caite i dtraipisí le fada an lá. Go deimhin, faoi am bunaithe Theilifís na Gaeilge, bhí deireadh ar fad nach mór le reitric shéidte na hathbheochana agus ba ag éileamh cearta teanga do mhionlach anois a bhí gluaiseacht na Gaeilge. Ba i lár na 1980idí, faoi stiúir Íte Ní Chionnaith, a thosaigh Conradh na Gaeilge ag cur béime ina gcuid stocaireachta ar chearta mionlaigh seachas ar an náisiúnachas cultúrtha. Mheas Micheál D. Ó hUigínn riamh gur cheist faoi chearta ba ea ceist na teilifíse:

> Ba é an bunphointe a bhí agamsa ó thús ná go raibh an ceart ag daoine a bheith rannpháirteach sna meáin chumarsáide nua. Ceart cumarsáide a bhí ann. Bhí rogha dheacair le déanamh. Thuig mé an-luath go n-éireodh liom leis an múnla go mbeadh an stáisiún lonnaithe sa Ghaeltacht ach chomh maith leis sin, a bhuíochas leis an nuatheicneolaíocht, bhí an deis ann an pobal ar fad a aimsiú. D'fhéadfá an dá thrá a fhreastal. Mar a dúirt mé go minic, 'baineann sí [an Ghaeilge] linn féin'. Bhí drogall orm féachaint air mar chuid d'athbheochan na teanga amháin, cé gur aithin mé gur áis iontach a bheadh ann don phobal trí chéile. Sin an chúis gur úsáid mé go minic an frása, 'Tabhair an dara seans don teanga'. Go bunúsach, bhí mé ag teacht ó pheirspictíocht na gceart. Cinnte, uirlis luachmhar a bheadh ann úsáid na Gaeilge a chur chun cinn, ach cearta teanga a bhí mar spreagadh agam, cearta teanga agus meas ar na cearta sin. (Ó hUigínn 2014)

Ba ar chearta an tsaoránaigh a labhair Ó hUigínn chomh maith nuair a mhínigh sé d'Iarfhlaith Watson an spreagadh a bhí aige do bhunú na teilifíse.

> *I always stressed that I was taking a decision from the principle of broadcasting diversity and citizenship rights rather than a revivalist strategy. Yes, it would help of course, the use of Irish and whatever, but that wasn't the primary purpose; my purpose was very much in relation to the form of indigenous culture, of establishing certain kinds of principles of sovereignty in relation to culture, but also more importantly it was contributing to diversity.* (Watson 2003)

Ach díospóireacht eile ar fad a bhí ar bun ag tráchtairí áirithe. Dream ba ea iad, faoi mar a scríobh Gearóid Denvir, a chreid gur mar a chéile

'Gaeilgeoirí na tíre agus conraitheoirí stáitse thús na haoise a tholg galar an Ghaelachais, nó sliocht fheirmeoirí beaga iargúlta ó ré na gcloch aniar ag damhsa go geanmnaí ar chrosbhóithre soineanta de Valera.' (Denvir 1997). Níor dhein tráchtairí áirithe idirdhealú idir lucht labhartha na Gaeilge agus na Gaeilgeoirí a chuir olc ar Myles na gCopaleen, na '*boors*' ar shamhlaigh an t-aorthóir leo '*nuns' faces*', '*bicycle clips*', 'ceist na teangan' agus '[*an*] *undue confidence in Irish dancing as a general national prophylactic*'. (Ó Conaire 1986)

Priacal teanga a spreag tuismitheoirí óga Gaelacha chun an feachtas náisiúnta ar son Theilifís na Gaeilge a bhunú agus ní mór is fiú ná seanbhlas ar aon dream ar leith, in ainneoin rámhaillí leithéid an eagarfhocail sa *City Tribune* a mhaígh: '*… that the Irish language often assumed … a very expensive "Ark of the Covenant" being carried through a cultural wilderness by a vociferous and self-proclaimed group of near-martyrs.*' (1993)

Ba chuid de mhionlach beag faoi léigear iad lucht an fheachtais a raibh imní orthu go bhfaigheadh an Ghaeilge bás de cheal tacaíochta. Ba mhó seans gur aontaigh ná gur easaontaigh lucht na teilifíse leis an gceannlíne a foilsíodh ar cholún le O'Regan ar an *Kerryman*: '*Irish will never be restored as the national language of this country*' (1996a). Ach fós féin, bhí tráchtairí ann a chaith le lucht an fheachtais amhail is gur ghrúpa sotalach tíoránta a bhí iontu nach sásódh aon ní iad ach an Ghaeilge a bhrú ar gach duine eile. Amhail is go bhféadfaí an Ghaeilge a bhrú ar éinne in aois an zaipire teilifíse.

'*Special Irish this and special Irish that, as if the people who speak Irish are different to the majority who are not proficient at* [sic] *that language,*' mar a dúradh in eagarfhocal sa *Longford Leader* (1993).

Bhí Eddie Holt ar dhuine de na chéad tráchtairí ar na nuachtáin Bhéarla a dhein iarracht snátha scéal casta dhíospóireacht na teilifíse a réiteach. I gcolún a scríobh sé go gairid i ndiaidh chinneadh an rialtais, dúirt Holt:

Like the North, the Irish language conflict has reached a critical stage. The bitterness it has unleashed in the letters pages of newspapers and across the airwaves is not to be underestimated. But it will be ironic indeed if television, the medium which almost killed Irish, becomes the medium which saves it. It just might … because it is a two-faced beast and English-language programming no longer has the sheen of modernity and promise it had a generation ago. (Holt 1993)

Ba bheag bá a bhí ag Holt leis na tráchtairí frith-Theilifís na Gaeilge a dhein iarracht díospóireacht eacnamaíochta a dhéanamh de dhíospóireacht na teilifíse.

Any number of causes less worthy than people's health could be cited as immoral and wasteful. How for instance do you compare a Beef Tribunal with a cancer patient? Or a new road with a hip operation? There are serious financial debates regarding Teilifís na Gaeilge. *But perspective insists that fairness on the issue lies somewhere between the 'pricelessness of culture' lobby and the emotive pseudo-pragmatism of the health service argument.* (Holt 1993)

B'fhadradharcach breithiúnas Holt faoina raibh i ndán don stáisiún nua: '*The truth is that* Teilifís na Gaeilge *itself will only survive if it is good*'. Ba thrua le lucht na teilifíse nach raibh a thuilleadh tráchtairí ann a raibh an tuiscint chéanna acu.

'An dearcadh a bhí againne ná, "fan agus féach ar an ábhar agus mura dtaitníonn sé leat cáin é", ach ná bí á cháineadh mar gur bhuail Bráthair Críostaí do sheanathair. B'in é an cur chuige agus d'éirigh réasúnta maith leis,' a deir Pádhraic Ó Ciardha (2014).

Ach b'fhéidir gurbh fhánach ag lucht na teilifíse a bheith ag súil go mbuafaí an cath áirithe seo. Mar a dúirt Cathal Goan:

This was not a service which would be judged on its own terms, it would be judged in a media market mostly by people who are not either conversant with what we wanted to do or the language in which we were trying to do it. (Hourigan 2003)

Ní thabharfaí chun caidirne go deo cuid acu siúd a bhí i mbun an *'emotive pseudo-pragmatism of the health service argument'* agus ó thaobh na gangaide agus na míréasúntachta, ní comhscór ach slad a bhí ann idir na *'pseudo-pragmatists'* agus *'the "pricelessness of culture" lobby'*. Conas a gheobhadh duine, mar shampla, an ceann is fearr ar údar an ailt a foilsíodh sa *Kerryman* i Meán Fómhair 1995 inar maíodh go gcuirfeadh Teilifís na Gaeilge le fulaingt an uile dhuine a bhí ar liostaí feithimh na n-ospidéal?

The millions of taxpayers money which will be wasted initially on Teilifís na Gaeilge ... will lengthen the sufferings of many, especially those waiting for urgent medical care. The time people must wait for essential medical treatment will lengthen each day while Teilifís na Gaeilge burns up the money ... Those wasted millions would, in my opinion, be far better spent on relieving the sufferings of people who are constantly in pain, while awaiting surgery for such as a hip replacement. These sufferers will get little relief or consolation from the introduction of another TV Station nor would they have the heart, under such circumstances, to watch Teilifís na Gaeilge even if they understood it. (O'Reilly 1995)

Dhein lucht na teilifíse go maith guaim a choimeád orthu féin agus iad ag tabhairt freagra ar thuairimíocht mar seo, ach ní ghéilleann Pádhraic Ó Ciardha don tuairim nár cheart an chuid ba mhíchuibheasaí de na tráchtairí a fhreagairt in aon chor.

Bhí muid goilliúnach agus b'fhéidir gur thugamar níos mó airde ar na daoine a bhí diúltach seachas na daoine a bhí dearfach, ach ní rabhamar ag iarraidh go mbeadh an rud damnaithe ag iriseoirí diúltacha sular thosaigh sé. Ghoill sé orainn ach ní dóigh liom gur chaitheamar an iomarca ama ag scríobh litreacha. Choinníomar súil ar na cinn a bhí fíordhiúltach agus chinntigh muid go raibh dóthain cairde againn féin chun freagra a thabhairt orthu. Cuimhnigh go raibh tacaíocht traspháirtí sa Dáil againn, bhí an rud seo chun tarlú ba chuma cad a dúradh fúinn. Cinnte, an beart ba stuama a bhí ann i gcás tráchtairí áirithe ná gan aon rud a dhéanamh mar go bhfuil cumhacht na gcolúnaithe i bhfad níos lú ná mar a cheaptar. (2014)

Nuair a casadh ar Ó Ciardha duine a bhíodh ag tabhairt aithise do lucht na teilifíse, níor lig sé air gur ghoill an cáineadh air.

Is cuimhin liom a bheith ag díospóireacht i UCD le Kevin Myers agus d'iarr sé orm ag deireadh na díospóireachta ar ghoill a chuid tráchtaireachta orm, agus mheas mé go raibh sé cineál dáiríre. Dúirt mé leis nár ghoill agus gurbh fhearr liom dá leanfadh sé leis mar chuile uair a scríobh sé colún diúltach eile fúinn thug an rialtas milliún eile dúinn. Bhí mé ag áiféis, dár ndóigh, ach bhí fírinne áirithe ann freisin. (2014)

Dhein Micheál D. Ó hUigínn go maith, leis, srian a chur lena theanga agus a chlú á mhaslú ag tráchtairí éagsúla. Mhaígh hUigínn nár ghoill an síorcháineadh go pearsanta air ach go raibh sé buartha go bhfágfadh an feachtas i gcoinne na teilifíse a rian ar a chomhghleacaithe ag Bord an Rialtais. 'I was very vulnerable several times in Cabinet because the Independent campaign nearly succeeded. It wasn't affecting me, it was dislodging some of my cabinet colleagues,' a dúirt sé ina agallamh le Watson (2003).

Trátha an ama seo bhí cruinniú ag Ó hUigínn le hoifigeach ó Bhord na Gaeilge a thoiligh glaoch ar na heagraíochtaí teanga ar fad le tathant orthu an taobh eile den scéal a insint sna meáin.

Ach ba léir ó chaint Uí Uigínn san agallamh céanna le Watson gur ghoill na hionsaithe fíochmhara go pearsanta ar an Aire. '*The Independent mocked every time I tried to offer a concept like the "communicative space" – it was horrific,*' a dúirt sé.

Is údar iontais fós do Ó hUigínn a líonmhaire is a bhí na hionsaithe air agus é ag iarraidh an dá mhórsprioc a leag sé amach dó féin a bhaint amach – Teilifís na Gaeilge a bhunú agus deireadh a chur le hAlt 31 den Acht Craoltóireachta a chuir cosc ar RTÉ agallaimh a dhéanamh le hurlabhraithe ó Shinn Féin agus an IRA.

> Bhí sé dochreidte. Bhí baint agam le dhá mhórscéal agus bhí Domhnach amháin ann agus i nuachtán amháin bhí cúig alt do m'ionsaí faoi cheann acu agus trí cinn eile d'ailt do m'ionsaí faoin gceann eile. Agus an rud seo… go raibh mé á dhéanamh mar go mbeadh sé i mo dháilcheantar féin, bhí sé dochreidte. Bhí sé bunaithe ar chinneadh a bhí déanta romham go mbeadh sé sa cheantar Gaeltachta is mó. (Ó hUigínn 2014)

Síleann Ó hUigínn go raibh cuid de na hargóintí faoin gcostas a bhainfeadh le bunú na na teilifíse 'mímhacánta agus neafaiseach'.

Is cuimhin le státseirbhísigh a d'oibrigh faoi gur ghoill na hionsaithe go mór air. Aire ab ea é a raibh spréach ann agus teanga bhiorach aige nuair a bhí sé imeartha a dhóthain ag lucht a cháinte. 'Níor mhaith leat go mbeadh sé romhat maidin Dé Luain tar éis don *Sunday Independent* a bheith ag sciolladh air ag an deireadh seachtaine,' a deir státseirbhíseach amháin.

Le linn na díospóireachta faoin teilifís, níor scaoil Ó hUigínn aon racht feirge uaidh go poiblí ar feadh i bhfad, ach chlis ar a fhoighne uair nó dhó sa deireadh. I mí Eanáir 1996, chuir sé síos ar na tráchtairí a bhí i gcoinne bhunú Theilifís na Gaeilge mar '*Lazy, cynical, biased, bankrupt, negative journalists.*' (Sunday Independent 1996). An mhí chéanna, ar an gclár *Nuachtiris* ar RTÉ, thug sé 'Cruisers beaga' (Kenny 1996) ar iriseoirí an *Sunday Independent,* tagairt do Conor Cruise O'Brien, an t-iriseoir agus an tráchtaire conspóideach a thug feidhm ar dtús d'Alt 31 nuair a bhí sé ina aire rialtais sna 1970idí.

Ach ba os comhair choiste Oireachtais i mí Iúil 1995 a thug Ó hUigínn a bhreith lom ar lucht cáinte aisling na teilifíse Gaeilge: '*Criticism of the proposed Teilifís na Gaeilge is not really about the market or finance, but comes from those who culturally hate themselves. They are the culturally collapsed.*' (Sunday Independent 1995)

Luath nó mall, chaithfeadh duine éigin é a rá.

4. Tá ceol ar an ngaoth ...

Shiúlas i bhfad is do shamhail ní fhaca
Ba mhór é mo bhrón is ba mhinic mé faoi néal
Éist, a stór, tá ceol ar an ngaoth
Is casfar le chéile sinn roimh dhul faoi don ghrian

('Éist, a stór')

FÓGRA: *October 31, Connemara. To Michael D. and MGQ.*
At home, after a long and difficult confinement — a baby girl,
Tina G. Delivered by Dad after a nine-year wait and four years of
protracted contractions. Buíochas le Dia.

(Miriam Lord, *Irish Independent*, 1 Samhain 1996)

Cuirim mo dhóchas ar snámh
i mbáidín teangan
faoi mar a leagfá naíonán
i gcliabhán ...

('Ceist na Teangan' in *Pharaoh's Daughter* le Nuala Ní
Dhomhnaill, 1993)

❂

Bhí Cathal Goan ag baint súp as imeachtaí Fhéile Willie Clancy nuair a
fuair sé scéal ón gcomhlacht Deloitte and Touche go mba mhian leis an
gcoiste a bhí bunaithe chun ceannasaí a aimsiú do Theilifís na Gaeilge go

gcuirfeadh sé iarratas faoina mbráid le go bhféadfaí é a chur faoi agallamh. An tseachtain dár gcionn agus é ar a laethanta saoire sa Fhrainc scríobh sé a iarratas de láimh agus sheol ar fhaics go dtí Baile Átha Cliath é. Nuair a d'fhill sé ar Éirinn cuireadh faoi agallamh é agus i lár mhí Lúnasa fuair sé an scéal gurbh é a bheadh mar cheannasaí ar an stáisiún nua Gaeilge a bhí le bunú i nGaeltacht Chonamara.

Ceannáras an stáisiúin i mBaile na hAbhann i nGaeltacht Chois Fharraige

Nuair a d'inis sé an scéal do chuid dá chomhghleacaithe in RTÉ cheapadar gur ag fonóid fúthu a bhí sé, agus is ag gáire a bhíodar nó gur chuir sé in iúl dóibh nach ag magadh a bhí sé. Ní thógfá ar éinne a bhí ag obair le Goan gur chuir an scéal iontas orthu. Ní raibh aon cheilt riamh aige ar a thuairimí faoi cheist na teilifíse Gaeilge – agus ní ar son stáisiún nua a bhunú a bhí Ceannasaí na gClár Gaeilge in RTÉ.

'Dá mbeadh gach rud mar a d'iarrfainn é ní bheadh TnaG ann, mar bhí mé ar son breis cl2ár4acha Gaeilge ar RTÉ 2 – ní raibh mé taobh istigh ná ní raibh baint agam leis an gcinneadh, ach b'in an tuairim a bhí agam. Ach cibé ar bith ba é an dearcadh a tháinig chun cinn ná gur stáisiún nua a bhí ag teastáil,' a deir Goan (2014).

Bhí a chuid tuairimí curtha ar phár ag Goan chomh maith. 'D'iarr Riobard Mac Góráin orm píosa a scríobh le cur i láthair na bpolaiteoirí faoi na suáilcí agus na buntáistí a bhainfeadh le cur chuige RTÉ 2 seachas stáisiún nua a bhunú agus rinne mé sin,' a deir sé.

Arbh amhlaidh mar sin gur cuireadh brú ar Goan cur isteach ar phost nach raibh uaidh, gur 'cheannasaí drogallach' a bhí ann?

> Ní hé gur cuireadh brú orm ach tugadh le fios dom gur cheart dom cur isteach air. Ba chuireadh é. Faoi lár mhí Lúnasa nuair a fuair mé an tairiscint, bhí an cinneadh tógtha agam, dúirt mé liom féin 'éirigh aniar ó do thóin agus ná bí ag caint faoi seo, déan rud éigin faoi'. (Goan 2014)

Ba é tuairim na coitiantachta ag an am gurbh é Pádhraic Ó Ciardha a cheapfaí mar cheannasaí agus deir Goan go 'raibh sé nádúrtha go mbeifí ag súil go gceapfaí' a sheanchara a raibh taithí chraoltóireachta aige agus tréimhse caite faoin tráth sin aige mar chomhairleoir ag an mbeirt Aire Cumarsáide ba mhó a bhí luaite le bunú Theilifís na Gaeilge.

Ach cé go raibh lucht an fheachtais agus daoine eile ar chás leo ceist na teilifíse ag súil go gceapfaí Ó Ciardha, níorbh údar díomá dóibh ach a mhalairt ceapachán Goan. Cuireadh fáilte roimh an bhfógra mar chomhartha go raibh RTÉ dáiríre faoi bhunú an stáisiúin nua. Bhí taithí fhada ag an bhFeirsteach mar léiritheoir agus déantóir clár. Bhí ardmheas air taobh istigh de RTÉ agus measadh go raibh a thuilleadh gaiscí móra i ndán dó. Bhí meas air chomh maith i measc phobal na Gaeilge toisc slacht a bheith curtha aige ar sholáthar Gaeilge an chraoltóra phoiblí. Ba faoina stiúir mar cheannasaí na gClár Gaeilge a tosaíodh ar an tsraith rathúil *Cúrsaí* a chraoltaí cúig lá in aghaidh na seachtaine, agus bhí sé lárnach chomh maith i gcraoladh píolótach *Ros na Rún* ar RTÉ agus i bhforbairt *ECU! ECU!*, sraith cheannródaíoch don aos óg.

Thar aon rud eile bhí cáil ar Goan mar fhear teilifíse go smior, duine a raibh cruthaitheacht agus samhlaíocht ag baint lena shaothar.

Bhí bua sin na samhlaíochta uaidh ag tús an fhómhair 1994 nuair a d'fhill sé ar a oifig dara urláir in RTÉ chun tús a chur lena shaol nua. Shuigh an t-aon fhostaí a bhí ag an stáisiún a bhí le tógáil as an nua thiar i nGaeltacht Chonamara ag a dheasc i nDomhnach Broc agus thosaigh sé ag samhlú conas mar a bheadh Teilifís na Gaeilge.

Mar fhear teilifíse bhí sé diongbháilte faoi rud amháin. Ba chóir go ndéanfaí an stáisiún nua a mheas bunaithe ar chaighdeán na gclár a chraolfaí air seachas an costas a bhainfeadh leis. Níor bheag an gaisce é gur éirigh leis sa deireadh tabhairt ar na naimhde ba bhinbí féin ag Teilifís na Gaeilge géilleadh dá rialacha comhraic.

Idir an dá linn, bhí dul chun cinn á dhéanamh ag an Aire Micheál D. Ó hUigínn leis an obair fhadálach a bhain le bunú Theilifís na Gaeilge. Bhí treoir tugtha aige do RTÉ tús a chur leis an obair thógála ar ghréasán tarchuradóireachta nua agus bhí sé fógartha aige gur i gceantar Bhaile na hAbhann i nGaeltacht na Gaillimhe agus i nDomhnach Broc a bheadh an stáisiún nua lonnaithe.

I dtús na bliana 1994 fógraíodh go raibh soláthar £3m i meastacháin na Roinne Ealaíon, Cultúir agus Gaeltachta le haghaidh costais riaracháin Theilifís na Gaeilge. Bhí £6m eile le soláthar don stáisiún mar airgead caipitil ón bhfarasbarr ar chaidhp fógraíochta RTÉ. I mí an Mhárta bunaíodh Comhairle Theilifís na Gaeilge in áit an Choiste Bhunaithe. Comhairle shealadach a bhí ann faoi chathaoirleacht Phríomhfheidhmeannach Ghael Linn, Brian Mac Aonghusa.

Ba é Ciarán Ó Feinneadha ionadaí an FNT ar an gComhairle. Ba bheag conspóid a bhí ann faoi leagan amach na Comhairle seachas gearán ó Dhonncha Ó hÉallaithe nach raibh éinne a raibh baint acu le craoladh bradach Ros Muc in 1987 ceaptha uirthi. Bhí neamhaird á tabhairt i gcónaí ar an sos cogaidh idir eite na Gaeltachta agus eite na cathrach den fheachtas teilifíse.

Cothrom an ama chéanna, foilsíodh alt in *The Irish Times* inar chuir an t-iriseoir Michael Finlan an cheist '*Has Dublin 4 hijacked Irish TV Station?*'. Mhaígh Finlan go ráineodh gur '*political landmine*' a bhí i dTeilifís na Gaeilge '*that one day could blow up in the Government's face*', ach dhírigh an colúnaí den chuid is mó ar an easaontas mar gheall ar an 'G' sin in TnaG.

> *Perhaps the activists in Connemara who initiated the whole process in 1987 by establishing a pirate TV service for the Gaeltacht over a weekend have been right all along ... With understandable resentment the Connemara lobby claims that Dublin gaeilgeoirí have hijacked their original concept and, at a much greater cost, will foist a service onto the nation that is not needed. One senses that in this brouhaha, the familiar social and political phantom of Dublin 4 is once again exerting its influence.* (Finlan 1994)

Níor léir dáiríre gurbh ann d'aon '*lobby*' a bhí fós ar son theilifís na Gaeltachta nó a chreid go raibh 'Gaeilgeoirí' ó 'Dublin 4' i ndiaidh seilbh a thógáil ar aisling na teilifíse Gaeilge. Bhí Tomás Mac Síomóin ón FNT go mór in amhras faoin '*lobby*' seo.

> *Yet of the twelve members appointed to* Comhairle Theilifís na Gaeilge, *the body appointed to the task of bringing TnaG into being, eight have lived full-time in the Gaeltacht, one was imprisoned for campaigning on the issue while two were described by* The Irish Times *after the inception of* An Chomhairle *as being 'anti-establishment figures'. A traditional Dublin 4 profile?* (Mac Síomóin 1994)

Cheistigh Mac Síomóin chomh maith áitiú Finlan gurbh iad craoltóirí bradacha Ros Muc a chuir tús le haistear na teilifíse Gaeilge agus mheabhraigh sé do léitheoirí leathanach na litreacha *The Irish Times* gur ritheadh rún ag tacú le bunú stáisiúin neamhspleách Gaeilge ag Ard-Fheis Chonradh na Gaeilge in 1980 féin. Cé nach raibh Teilifís na Gaeilge fiú bunaithe fós, bhí coimhlint ar bun cheana faoina fréamhacha stairiúla.

I mí an Mhárta foilsíodh torthaí suirbhé náisiúnta a reáchtáil Institiúid Teangeolaíochta Éireann, torthaí a thug spreagadh do Chomhairle nua na teilifíse. Fuarthas amach sa suirbhé go mbíodh 40 faoin gcéad den phobal ag féachaint ar chláir Ghaeilge go rialta nó go neamhrialta. De réir an taighde, bhí borradh faoin dea-thoil don teanga i measc an phobail cé nach raibh aon mhéadú tagtha ar líon na ndaoine a bhain úsáid aisti.

In eagarfhocal dar teideal 'Ón bpobal aníos' in *The Irish Times* tagraíodh don *'cant and hypocrisy associated with the few words of Irish'* agus ar an ngá le tógáil ar an dea-thoil a léiríodh sa suirbhé. B'fhacthas d'údar an eagarfhocail go mbeadh an tseirbhís teilifíse ríthábhachtach san obair fhuascailte seo.

> *The challenge now is to turn positive attitudes, and latent under-used competency into ways of making Irish a significant part of daily life for enough people to ensure its survival.* D'fhéadfadh Raidió na Gaeltachta agus Teilifís na Gaeilge nuair a thagann sí ról ceannasaíochta a ghlacadh chuige féin san obair, dá mbeadh an toil cheart ann. Caithfear an teanga a fhuascailt ón mbosca ina bhfuil sí faoi láthair ar dtús. (The Irish Times 1994)

Bhí bonn á chur anois faoin tsamhail don tseirbhís nua mar chraoltóir-do-chách a n-éireodh leis fuascailt a dhéanamh ar an ngrá ceilte a bhí ag muintir na hÉireann dá dteanga. I mí Iúil, ag comhdháil faoin gcraoltóireacht i dteangacha mionlaigh, dúirt Brian Mac Aonghusa gur craoltóir náisiúnta a bheadh i dTeilifís na Gaeilge. Ní seirbhís do mhuintir na Gaeltachta ná do lucht labhartha na Gaeilge amháin a bheadh inti, ach seirbhís d'éinne a raibh suim sa teanga acu.

> *The coming of TnaG is great news for Ireland, not only for the Irish language, but also for highly skilled and creative Irish speakers from the Gaeltacht and elsewhere who can look forward to over 250 jobs on a continuing basis to service TnaG. I believe that TnaG will have as profound an impact on the fortunes of the Irish language*

as the coming of television had on society in Ireland in general
during the 1960s. TnaG will open the eyes of many people and
bring them into contact with new ideas through the Irish language,
creating a fresh and invigorating experience for them. We should
not underestimate the considerable potential impact of the service
… (Diskin 1994)

De réir daonáireamh 1991, bhí os cionn milliún duine a mhaígh go raibh eolas éigin ar an dteanga acu agus mhaígh 142,000 duine ó thuaidh go raibh labhairt na Gaeilge acu. Dhéanfaí freastal ar na daoine sin ar fad agus ar éinne eile a thiocfadh ar cuairt go dtí an stáisiún le barr fiosrachta, a gheall Mac Aonghusa.

Bheadh Teilifís na Gaeilge i mbun craolta ar feadh trí huaire in aghaidh an lae, ag áireamh uair an chloig d'ábhar a thiocfadh ó RTÉ, uair an chloig ón earnáil neamhspleách agus uair an chloig a cheannófaí ón iasacht.

Bhí an leagan amach a bheadh ar an tseirbhís nua ag teacht chun tosaigh, cé gur bhain conspóid áirithe i gcónaí le cuid de na cinntí a bhí fós le déanamh.

I mí Dheireadh Fómhair, tuairiscíodh nach raibh an Rialtas sásta aon chaiteachas caipitil a cheadú chun stiúideonna a thógáil do Theilifís na Gaeilge sna mórcheantair Ghaeltachta. Dúradh leis go raibh Comhairle Theilifís na Gaeilge i mbun idirbheartaíochta faoi cheannáras nuachta na heagraíochta a lonnú i gcathair na Gaillimhe seachas i mBaile na hAbhann. Timpeall an ama chéanna, luaigh Cathal Goan go mb'fhéidir gur ó Bhaile Átha Cliath a bheadh an stáisiún nua ag feidhmiú cuid mhaith agus go mbainfí leas as na hacmhainní a bheadh ansin chun craoladh seachtrach a dhéanamh ar fud na tíre.

Chreid Cathal Goan chomh maith gurbh fhearrde don stáisiún a aonad nuachta a bheith lonnaithe i gCathair na dTreabh ach 'chaill sé an argóint sin' agus deir sé anois go raibh 'dul amú air' (Goan 2014).

Ag Oireachtas na Samhna 1994 i nDún Garbhán bhí an Ceannasaí nua ar a chosaint. Ní raibh, a dúirt sé, aon 'chomhcheilg' ar bun chun Teilifís na Gaeilge 'a tharraingt aniar' ón gceanncheathrú a bhí beartaithe dó i mBaile na hAbhann (Mac Dubhghaill 1994b). Bheadh an fhoireann lonnaithe i mBaile na hAbhann agus bheadh sé féin lonnaithe i mBaile na hAbhann, a dúirt sé.

Maidir leis na tuairiscí a thug a mhalairt le fios, mhaígh Goan go raibh dualgas air roghanna éagsúla a chur faoi bhráid na Comhairle. Ghéill sé gur dhóichí go ndéanfaí infheistíocht in áiseanna 'soghluaiste' seachas i dtógáil stiúideonna agus dúirt sé go raibh plé fós le déanamh ar cé acu an mbeadh nó nach mbeadh cláir á ndéanamh ag Teilifís na Gaeilge féin.

Cúpla seachtain roimhe sin, in agallamh le *Adhmhaidin* ar RnaG, dúirt Brian Mac Aonghusa nach mbeadh stiúideonna dá chuid féin ag Teilifís na Gaeilge ach go mbeadh 'codanna' den stáisiún i mBaile Átha Cliath agus in áiteanna eile (Mac Dubhghaill 1994a).

Bhí ráite ag Micheál D. Ó hUigínn cheana go mbeadh cláir chúrsaí reatha á ndéanamh ag an stáisiún nua, ach seachas sin is cur chuige 'Foilsitheoir/Craoltóir' a ghlacfadh sé chuige féin. Dála S4C sa Bhreatain Bheag, rachadh Teilifís na Gaeilge i mbun coimisiúnaithe agus ceannacháin d'ábhar na gclár.

Ní raibh an leagan amach seo ag teacht go hiomlán le fís Údarás na Gaeltachta don chraoltóir nua agus lucht an Údaráis ag súil go dtógfaí stiúideonna don stáisiún i gceantair Ghaeltachta. Shéan urlabhraí an Údaráis, Pádraig Ó hAoláin, go raibh aighneas idir an eagraíocht agus Comhairle Theilifís na Gaeilge, ach mar is dual don fhear caidrimh phoiblí cliste thug sé a mhalairt le fios ag an am céanna.

B'ionann an cuspóir ag Údarás na Gaeltachta agus Comhairle Theilifís na Gaeilge, ach níor ghá gurbh ionann an léirmhíniú a bhí ag an gComhairle agus an léirmhíniú bhí ag údarás RTÉ 'ar an gcineál seirbhíse atá i gceist' (Mac Dubhghaill 1994b).

An mhias satailíte á cur i bhfearas ar an gcrann tarchuir teilifíse i mBaile na Abhann le linn an ullmhúcháin in 1996

'Tá mé ag ceapadh gurb é sin an áit a bhfuil an fhadhb ann,' arsa Ó hAoláin. Agus níorbh é Ó hAoláin amháin a mhothaigh go raibh aisling na teilifíse Gaeilge anois i gcrúba RTÉ.

'Bhí sé le bheith neamhspleách ar dtús ach dealraíonn sé go bhfuil sé go hiomlán faoi chois ag RTÉ,' a dúirt Feargal Mac Amhlaoibh (Mac Dubhghaill 1994b).

Ach más fíor gurbh é RTÉ an máistir i gcónaí, b'fhíor chomh maith, dar le Pádhraic Ó Ciardha, nach gcuirfí chun farraige in aon chor long na teilifíse gan an craoltóir poiblí a bheith ar an stiúir.

> Ní raibh aon eagras eile sa tír ag an am seachas RTÉ a d'fhéadfadh é seo a dhéanamh sa scála ama a tugadh dúinn ná leis an réimse saineolais agus an meascán scileanna a bhí ag teastáil. An dúshlán mór a bhí romhainn ná leas a bhaint as na scileanna ar bhealach a chinnteodh ár neamhspleáchas féin agus an múnla a rabhamar suite de – Foilsitheoir/Craoltóir a bheadh mar stáisiún náisiúnta eile. (Ó Ciardha 2014)

Pádhraic Ó Ciardha, Jim Fahy (*Nuacht RTÉ*), agus Micheál Ó Meallaigh i mbun comhrá roimh sheoladh Theilifís na Gaeilge

Ag deireadh na bliana 1994, bhí ráflaí á scaipeadh go tiubh faoin gcur chuige a bheadh ag Teilifís na Gaeilge agus cé go raibh múnlaí an 'Foilsitheoir/Craoltóir' agus 'an craoltóir-do-chách' á nochtadh féin de réir a chéile, ba í fírinne an scéil ná go raibh an leagan amach a bheadh ar an stáisiún fós á cheapadh de mhaoil a mainge ag lucht na teilifíse.

Idir an dá linn, d'fhág an cur is cúiteamh ar fad maidir leis an áit ar cheart seo nó siúd a bheith lonnaithe go raibh an díospóireacht faoin gcur chuige ab fhearr a d'oirfeadh don ghearrcach craoltóireachta scaipthe go maith.

Thuill Íte Ní Chionnaith bualadh bos ag Oireachtas na Samhna nuair a thug sí aghaidh ar an gcontúirt a bhain le bheith ag iarraidh freastal ar an uile dhuine, fiú iadsan a bhí ar bheagán Gaeilge. Bhí an baol ann, a dúirt Ní Chionnaith, go dtabharfadh Teilifís na Gaeilge 'bóthar an dátheangachais, bóthar an Liam Ó Murchúchais' air féin in áit riar a cháis a sholáthar don té a bhí líofa sa teanga (Mac Dubhghaill 1994b).

Bhí ualach ceisteanna tábhachtacha eile le réiteach fós maidir leis an stáisiún nua agus Cathal Goan ag tiomáint leis chomh maith agus ab fhéidir, é ina cheann feadhna ar bheagán buíne agus gan aige go fóill mar bhuiséad ach pinginí pitseála.

Bhí £3m geallta do Theilifís na Gaeilge sna meastacháin ar glacadh leo sa Dáil i mí an Mheithimh, ach ní raibh ach £1m san iomlán curtha ar fáil dó go dtí sin. An lá céanna a raibh na meastacháin os comhair na Dála thug Micheál D. Ó hUigínn le fios gur i dtús 1996 seachas in 1995 a thiocfadh an tseirbhís nua ar an saol, ach bhí an chuma ar an scéal gur thuar ró-uaillmhianach a bhí ansin leis.

Más dearcadh ciniciúil go maith a bhí ag Pádraig Ó hAoláin i bhfómhar na bliana 1994 faoin easpa dul chun cinn a bhí á dhéanamh, bhí cuma na fírinne chomh maith ar an méid a bhí le rá aige.

> Chabhródh sé go mór le cúrsaí oiliúna agus léiriúcháin dá mbeadh Comhairle Theilifís na Gaeilge in ann seoladh aitheanta agus uimhir theileafóin eagarthóra coimisiúnaithe a chur ar fáil gur féidir le daoine dul i dteagmháil leis nó léi. (Burns 1994)

Mar bharr ar an donas, corrach go maith a bhí an caidreamh idir páirtithe an chomhrialtais, Fianna Fáil agus an Lucht Oibre, ag deireadh na bliana 1994. Scéal casta faoi chinneadh an Taoisigh, Albert Reynolds, an tArd-Aighne Harry Whelehan a cheapadh ina Uachtarán ar an gCúirt Uachtarach ba chúis leis an eascairdeas comhrialtais an turas seo.

Nuair a tháinig sé chun solais nach go róshlachtmhar a dhein oifig an Ard-Aighne ionramháil ar chás eiseachadta an tsagairt phéidifiligh Brendan Smyth, d'fhógair Dick Spring go mbeadh an Lucht Oibre ag éirí as an Rialtas.

Bhí drochmheanma arís ar lucht an fheachtais a bhí buartha go gcuirfeadh suaitheadh toghcháin na polaiteoirí dá mbuille. Ach má bhí doicheall fós ar dhornán beag polaiteoirí roimh aisling na teilifíse ba léir faoin tráth seo gurbh iad ceannairí neamhthofa na Roinne Airgeadais ba mhó a bhí ag tarraingt na gcos.

Agus an tír ar thairseach olltoghcháin, d'éiligh an FNT go gcuirfí ar fáil láithreach an t-airgead caipitil a raibh gá leis chun cosa a chur faoin tseirbhís nua agus iarradh ar na páirtithe ar fad a dtacaíocht do Theilifís na Gaeilge a athdhearbhú. Agus cúrsaí polaitíochta ag éirí suaite, ba ar an Roinn Airgeadais a dhírigh Conradh na Gaeilge chomh maith.

'Ní mór don Roinn Airgeadais deireadh a chur leis an bpolasaí moilleadóireachta, na laincisí do chaiteachas ar Theilifís na Gaeilge a scaoileadh agus ligean do cheannasaí agus do Chomhairle Theilifís na Gaeilge a ngnó tábhachtach a chur i gcrích le go mbeidh an stáisiún ar an aer i 1996,' a dúirt Seán Mac Mathúna (Mac Dubhghaill 1994c).

Tugann Micheál D. Ó hUigínn suntas chomh maith don easpa bráithreachais a léirigh an Roinn Airgeadais le linn na tréimhse seo.

Ba léir dom go raibh an-chur in aghaidh an phlean sa Roinn Airgeadais agus i measc lucht an mhaorlathais agus gan amhras ba í an ghné ba shuimiúla den obair ná na seifteanna a raibh orm iad a cheapadh chun teacht timpeall air sin. Níl mo chuid cuimhní cinn ar an dtréimhse breactha fós agam ach bhí mé sáinnithe idir dhá thine Bhealtaine. Cá bhfaighidh tú an t-airgead dó? An bhfuil tú chun airgead caipitil nó airgead reatha a úsáid? Ní fhéadfainn mo chártaí a chur ar an mbord mar bhí mé i mbun cainteanna achrannacha i rith an ama le daoine sinsearacha sa Roinn Airgeadais. Tá leid ann sna cáipéisí rialtais, na geallúintí rialtais. Cuimhnigh go raibh mé páirteach in dhá Rialtas. I 1993 tugadh geallúint go mbunófaí TnaG, ach i 1994 rinne mé athscríobh ar an mír sin agus ní dúirt mé go sonrach cé acu an mbeinn ag tarraingt ar airgead caipitil nó reatha. Cuimhnigh freisin go bhfuilimid ag trácht anseo ar chosc Ray Burke agus an t-airgead a bhí ar fáil ón gcaidhp fógraíochta. Ba í an cheist ná an bhféadfaí an t-airgead sin a chaitheamh mar airgead caipitil nó reatha. Chuir mé foclaíocht nua leis an ngeallúint faoi TnaG i 1994, rud a chuir an ghoimh ar fad ar dhaoine áirithe ag leibhéal sinsearach sa Roinn Airgeadais. Ba é a léamh siúd ar an scéal ná mura mbeadh dóthain airgid reatha ann ó bhliain go bliain go gcaithfí an rud a dhúnadh síos. (Ó hUigínn 2014)

Creideann Ó hUigínn go raibh an Roinn Airgeadais 'hostile to the setting up of TnaG from the very beginning and remained so until the very end' agus gur bhain lucht na roinne sin leas as an éiginnteacht faoin gcaidhp fógraíochta 'to block the establishment of TnaG' (Higgins 2006).

Nuair a thit an Rialtas bhí cath fíochmhar ann faoi chúrsaí buiséid agus bhí achrann idir an Lucht Oibre agus Fianna Fáil ar feadh roinnt seachtainí, go háirithe faoi phleananna caiteachais Pháirtí an Lucht Oibre. Bhí an leibhéal caiteachais a dhéanfaí ar Theilifís na Gaeilge i measc na n-ábhar aighnis ba mhó idir an dá pháirtí.

Ba chríoch ghangaideach é le cleamhnas nár mhair i bhfad, ach bhí comhrialtas nua ar na bacáin idir Fine Gael, an Lucht Oibre agus an Daonlathas Clé. Ba ghearr gur ceapadh Micheál D. Ó hUigínn ina Aire Ealaíon, Cultúir agus Gaeltachta an athuair sa 'Chomhrialtas Bogha Ceatha' mar a tugadh air.

Bhí comhluadar sa deireadh chomh maith ag Cathal Goan. Faoi Nollaig bhí meitheal bheag ag obair i dteannta cheannasaí an stáisiúin nach raibh ceannáras fós aige. Bhí Niamh Ní Bhaoill, iníon Bhrian Uí Bhaoill, mar PA ag Goan, ceapadh Siún Ní Raghallaigh, iarcheannasaí airgeadais an *Sunday Tribune* mar Stiúrthóir Airgeadais agus fógraíodh go mbeadh Anne McCabe, léiritheoir teilifíse ó Bhaile Átha Cliath, agus Micheál Ó Meallaigh, as Leitir Mhic an Bhaird, mar na chéad eagarthóirí coimisiúnaithe ag Teilifís na Gaeilge.

Ceapadh Pádhraic Ó Ciardha mar Cheannasaí Forbartha agus Faisnéise, an dara post is sinsearaí san eagraíocht nua. Deir Cathal Goan go raibh sé buíoch dá sheanchara gur ghlac sé leis an tairiscint.

'Thóg sé croí agus anam glacadh leis, ní dhéanfainn beag is fiú go deo den chinneadh sin a rinne Pádhraic,' a deir sé.

Ba róchuma le Ó Ciardha gurbh é an duais thánaisteach a bhí faighte aige.

Bhí an bheirt againn tar éis cur isteach ar an jab. Níor thóg sé ach tríocha soicind é sin a réiteach. Cairde ba ea mé féin agus Cathal ó bhíomar ocht déag. Bhíomar óg. Cuimhnigh dá ndéarfaí leatsa 'tá tú féin agus ceann de na cairde is fearr atá agat ar an saol ag dul ag tógáil cainéal teilifíse nua ... Cad déarfása?' (2014)

❦

Is i seomra leapa in Óstán na Páirce i nDún Garbhán i dtús na bliana 1995 a chéadchaoch 'Súil Eile' le Pádhraic Ó Ciardha. Bhí lá fada tugtha ag Ceannasaí Forbartha agus Faisnéise Theilifís na Gaeilge agus a chomhghleacaithe ag babhtáil tuairimí agus smaointe faoin leagan amach a bheadh ar an stáisiún nua. Bhí Euryn Ogwen Williams, léiritheoir teilifíse aitheanta ón mBreatain Bheag, tagtha i measc na nGael chomh maith chun comhairle a leasa a chur orthu.

Bhí meitheal bheag na teilifíse an-bhuíoch as a chomhairle stuama, ach thuigeadar go rímhaith, a deir Ó Ciardha, go mbeadh orthu seifteanna nua a ghabháil chucu féin chomh maith.

Saghas *guru* a bhí in Euryn Ogwen Williams, pleanálaí straitéise den scoth ba ea é agus fear spreagúil. Ba go fial a roinn ár gcairde in S4C a gcomhairle linn ach thuigeamar ag an am céanna gur cur amú ama a bhí ann a bheith ag déanamh an iomarca comparáide idir S4C agus muid féin. Bhí na figiúirí iomlán éagsúil. Bhí, agus tá, i bhfad Éireann níos mó airgid agus acmhainní acu siúd. (2014)

Tagann Cathal Goan leis an méid sin.

Bhí deich n-oiread acusan is a bhí againne, ábhar misnigh dúinn ba ea an tacaíocht, ach ag an am céanna thuigeamar nach raibh aon chiall ann sinn féin a chur i gcomparáid leo mar bhí 'Rolls Royce' acu sin agus ní raibh againne ach 'Mini'. (Goan 2014)

In Ostán na Páirce i nDún Garbhán bhíothas fós ag iarraidh tuiscint cheart a fháil ar rialacha an bhóthair. Cinneadh sos beag a thógáil ón obair chun deis a thabhairt do dhaoine anáil a tharraingt.

Gearóidín Ní Ghionnáin, Niamh Ní Bhaoill agus Úna Ní Churraoin agus an dlaoi mhullaigh á cur ar na socruithe do sheoladh Theilifís na Gaeilge, Oíche Shamhna 1996

Ar feadh tamaill roimhe sin, bhí cur agus cúiteamh ann faoin scáthmhana a bheadh ag Teilifís na Gaeilge ach cás gan fuascailt a bhí ann i gcónaí. 'Fág fúmsa é,' a dúirt Ó Ciardha. Luigh sé siar ar a leaba dó féin agus roithleán ina cheann aige ag an seisiún fada ransaithe smaointe. Bhí dul chun cinn áirithe á dhéanamh ó mhaidin. Ba léir anois, mar shampla, go dtógfadh Teilifís na Gaeilge 'a mhúnla ar iasacht go hiomlán ó S4C', mar a deir Ó

Ciardha féin. Eagras neamhspleách a bheadh ann agus é ag brath den chuid is mó ar sholáthar reachtúil clár ón gcraoltóir náisiúnta agus ar an earnáil neamhspleách. I bhfocail eile – Foilsitheoir-Craoltóir ar chuma S4C.

Thairis an méid sin, ba mhó an tuiscint a bhí ag foireann na teilifíse ar cad é nár theastaigh uathu. Cad a bheadh ann? B'fhurasta go fóill á rá cad é nach mbeadh ann. 'Ní leagan Gaeilge de RTÉ a bhí uainn, ná ní leagan teilifíse de Raidió na Gaeltachta a bhí uainn,' a deir Ó Ciardha. Thabharfadh Teilifís na Gaeilge léargas eile ar an saol comhaimseartha agus chuige sin bheadh orthu dul i bhfeidhm ar phobal a bhí, ar a laghad ar bith, 'neodrach' faoin nGaeilge. Ach conas a d'fhéadfaí breith ar an méid sin i gcúpla focal? Conas a dhéanfaí achoimre ar an gcaint theibí ar fad a bhí déanta thíos staighre san óstán acu?

Íomhá friseáilte. Samhail nua. Léargas difriúil. Seirbhís a bheadh neamhchosúil le RTÉ. Seirbhís a bheadh neamhchosúil le RnaG. Seirbhís a bhain leis an bhfreacnairc. Seirbhís a bheadh á cur ar fáil ag foireann óg fhuinniúil. Bealach úr le féachaint ar an saol agus ar an nGaeilge. Rud éigin a bhainfeadh an brach de na súile acu siúd a bhí neodrach nó naimhdeach. Éagsúil. Difriúil. Nua. Úr. Eile.

Síos staighre arís le Pádhraic Ó Ciardha, mar a raibh meitheal na teilifíse Gaeilge ag bualadh le chéile an athuair.

'Tá sé agam,' a dúirt sé. 'Súil Eile'.

Samhain na bliana 1989 a bhí ann. Bhí Micheál Ó Meallaigh agus seisear nó seachtar eile bailithe isteach i seomra beag i gceannáras Údarás na Gaeltachta sna Forbacha i gConamara. Bhíodar ag fanacht le tús an chéad chúrsa teilifíse riamh ag Údarás na Gaeltachta. 'An Braon Anuas' a bhí tugtha acu ar an seomra ina raibh an chéad rang le bheith ann an mhaidin

117

sin toisc go raibh an díon ag ligean tríd. 'Samhail de thodhchaí na teilifíse Gaeilge, is dócha!" a deir Micheál Ó Meallaigh anois de gháire.

Thiar in 1989 ba dheacair ag éinne Teilifís na Gaeilge a shamhlú, gan trácht ar thionscal teilifíse Gaeltachta.

Na bunaitheoirí: Siún Ní Raghallaigh, Micheál Ó Meallaigh, Anne McCabe, Cathal Goan agus Pádhraic Ó Ciardha

Ar ámharaí an tsaoil, ní raibh aon easpa samhlaíochta ar Ruán Ó Bric, Pádraig Ó hAoláin nó roinnt daoine eile a bhí ag obair in Údarás na Gaeltachta. Ag tráth ar bhain coincheap na teilifíse Gaeilge le réimse na reitrice amháin, rug lucht an Údaráis tur te ar an aisling agus chuadar i mbun gnímh. Shocraigh an eagraíocht fiontraíochta airgead mór a infheistiú i dtógáil tionscal closamhairc sa Ghaeltacht. Athrú cúrsa iomlán a bhí ann don Údarás arbh é a ról ón uair a bunaíodh é ná tionscail sa chiall thraidisiúnta a mhealladh chun na Gaeltachta.

D'éirigh leo breis maoinithe a fháil ón Aontas Eorpach agus faoi dheireadh na bliana 1989 bhí an tÚdarás réidh chun oiliúint a chur ar dhaoine i scileanna teilifíse. Bhí an chéad chúrsa ar tí tosú agus Micheál Ó Meallaigh agus a chomhfhoghlaimeoirí ag fanacht sa 'Braon Anuas' agus gan fios acu cad a bhí i ndán dóibh. Thángadar ó chúlraí éagsúla – ag obair ó thuaidh i dtionscal na n-óstán a bhí Micheál Ó Meallaigh nuair a chas Fionnbarra Ó Muirí agus Bríd Ní Shírín ón Údarás air agus iad lán cainte faoin gcúrsa nua a d'oirfeadh do thionscal nárbh ann dó fós.

D'oscail an doras go tobann sa 'Braon Anuas'. Isteach le hEoghan Harris, duine de na léiritheoirí teilifíse agus na tráchtairí ba mhó aithne sa tír. *'What time is it?'* a d'fhiafraigh sé den rang agus bhailigh leis amach arís sula raibh deis ag éinne freagra a thabhairt air. Bhí Micheál Ó Meallaigh agus a chomrádaithe fós ag féachaint ar a chéile agus mearbhall orthu nuair a tháinig Harris an doras isteach chucu arís. *'What time is it?'* a d'fhiafraigh sé arís agus gach aon gheáitse an uair seo aige. Rug sé greim ar chiseán a bhí ar an urlár, leag ar an mbord é agus amach leis arís. Thuig lucht an ranga gur dúléim an daill a bhí i gceist nuair a chláraíodar leis an gcúrsa ach bhíodar ag éirí buartha i gceart anois. Chas Micheál Ó Meallaigh leis an té a bhí in aice leis agus dúirt: 'Cén t-am atá i gceist aige? Londain? Baile Átha Cliath? Nua-Eabhrac? Tokyo?'

'N'fheadar an bhfuil sé ag teacht ar ais in aon chor?' a dúirt duine eile. Mar a bheadh nod sa cheist dó, tháinig Harris ina láthair arís agus cuma an-suaite anois air. *'What time is it?'*, a bhéic sé, leag sé an ciseán den bhord le teann feirge agus d'imigh sé den tríú huair agus fuadar faoi. ''Íosa Chríost na bhflaitheas. Tá mo dhuine as a mheabhair,' a dúirt duine éigin. Stop an gáire nuair a nocht Harris sa doras arís. Isteach leis. *'The first time was realism, the second time was melodrama, the third time was … television!'*

Tús spleodrach a bhí ann leis an gcéad chúrsa teilifíse ag Údarás na Gaeltachta. 'Bhí Harris iontach. Bhí sé tharr barr ó thaobh insint scéil de agus dúirt sé linn go gcaithfí an scéal a insint fiú dá ruaigfí as an gceantar dá bharr tú,' a deir Micheál Ó Meallaigh. (2014)

Níor éirigh leis an léiritheoir teilifíse a lucht féachana ar fad a thabhairt leis an lá sin, áfach. Ar dhuine de na daoine a bhí sa rang aige an mhaidin áirithe sin, bhí Donncha Ó hÉallaithe. Bhí Ó hÉallaithe míshásta gur Bhéarla a bhí á labhairt ag Harris le linn chúrsa teilifíse i gceartlár na Gaeltachta. Sheas an feachtasóir agus chuir sé an méid sin in iúl go neamhbhalbh dá raibh i láthair. D'imigh sé an doras amach agus níor fhill sé arís. Bhí scéal faoin eachtra sna meáin agus bhí lucht an Údaráis buartha go dtarraingeodh an chonspóid droch-cháil ar an obair.

Faoin am ar chríochnaigh an chéad chúrsa bhí an chuma fós ar an scéal gur chaisleán óir an plean do thionscal teilifíse Gaeltachta agus bhí daolbhrat an amhrais fós anuas ar aisling na teilifíse Gaeilge nuair a thug Cathal Goan cuairt ar rannpháirtithe an chúrsa i Márta 1990. Dar le Micheál Ó Meallaigh, bhí an teachtaireacht a bhí ag fear RTÉ duairc go maith. 'Dúirt Cathal Goan linn: "Níl dea-scéal agam daoibh, níl aon chaint dáiríre faoi Theilifís na Gaeilge agus níl aon obair in RTÉ. Má tá obair eile agaibh, tóg é." Bhí sé macánta faoi.'

D'éirigh go maith, áfach, le fiontar nua an Údaráis, agus ina measc siúd a d'fhreastail ar an gcéad chúrsa sin bhí Niall Mac Eachmharcaigh, duine de na daoine a chruthaigh *CU Burn* ina dhiaidh sin, agus Aodh Ó Coileáin, duine de na chéad eagarthóirí ar *Nuacht TnaG* agus fear a bhfuil roinnt clár faisnéise den scoth déanta don stáisiún aige.

Idir 1989 agus 1996 chuir Údarás na Gaeltachta cúrsaí dá leithéid ar bun gach aon bhliain agus faoin am ar luíodar isteach ar bhunú an stáisiúin níl aon amhras ach go raibh lucht na teilifíse buíoch as saothar fadradharcach na heagraíochta fiontraíochta. 'Bail ó Dhia ar Ruán Ó Bric agus Pádraig Ó hAoláin, sin an méid a déarfaidh mé,' a deir Pádhraic Ó Ciardha.

I dtús na bliana 1995 bhí gach aon chabhair eile a bhí ar fáil ag teastáil ó mheitheal na teilifíse agus iad faoi choimirce an tsí gaoithe. Ag spaisteoireacht dó i nDomhnach Broc ag an am, is cuimhin le Micheál Ó Meallaigh stopadh cois abhann chun féachaint ar lacha á bhí ag streachailt léi san uisce, í á scuabadh chun siúil ag an sruth. Agus an t-eagarthóir coimisiúnaithe nuacheaptha ag déanamh a shlí ar ais go dtí 'ceannáras' nua Theilifís na Gaeilge ag 4 Cearnóg Earra Ghaidheal, ní fhéadfadh sé íomhá na lachan a chur as a cheann. 'B'in muide?' a d'fhiafraigh sé de féin.

Is cuimhin le Cathal Goan go maith an crá croí a bhain leis na laethanta tosaigh sin ar Chearnóg Earra Ghaidheal. Ag samhlú clár teilifíse a bhídís den chuid is mó. É sin nó ag samhlú an bhuiséid lena ndéanfaí na cláir a bhí á samhlú acu. 'Bhí muid ag plé le hÚdarás na Gaeltachta agus ag caint san aer cuid mhaith mar nach raibh aon airgead againn,' a deir Goan. (2014)

Ag deireadh mhí Eanáir, tosaíodh ar an tsreang a bhaint den mhála, fiú más go mall mífhonnmhar é.

Ar an 26 Eanáir tugadh cead do RTÉ tús a chur leis an obair chaipitiúil. Bhí £16m san iomlán curtha ar leataobh do bhunú an stáisiúin agus bhí £10m de le caitheamh in 1995. Fógraíodh chomh maith gur £10m in aghaidh na bliana a bheadh ag Teilifís na Gaeilge mar bhuiséad reatha. Is cosúil gur £16m in aghaidh na bliana a bhí geallta i bprionsabal ag an rialtas deireanach, ach gur mheas an tAire Airgeadais nua, Ruairí Quinn, go raibh an méid sin iomarcach. £2.5m a bheadh le caitheamh ag Teilifís na Gaeilge ar chostais reatha in 1995. Ní haon iontas go raibh meitheal na teilifíse buíoch as an gciste infheistíochta a bhí curtha ar bun ag an Údarás.

Faoi mhí Feabhra 1995 bhí fiche éigin comhlacht léiriúcháin i mbun oibre sa Ghaeltacht agus iad ar fad ag súil lena sciar féin de phota airgid na teilifíse. Ba léir anois nár phlean baoth an iarracht tionscal closamhairc a thógáil sa Ghaeltacht agus b'iomaí fear agus bean Ghaeltachta a bhí á dtabhairt féin suas le fonn do bhrionglóidí na teilifíse. Sula i bhfad ba thúisce a chloisfeá i dtigh tábhairne ar an Spidéal comhrá faoi choincheap do chlár teilifíse ná comhrá faoi chuótaí iascaireachta nó baint móna. Ba i mí an Mhárta a chuir Teilifís na Gaeilge tús lena gcéad bhabhta coimisiúnaithe, an mhí chéanna a fuarthas amach go raibh 'Teilifís na Gaeilge' cláraithe cheana mar ainm trádála. Ba é Donncha Ó hÉallaithe a chláraigh an t-ainm. Le teann rógaireachta, dúirt an fear a bhí i measc bhunaitheoirí Mheitheal Teilifíse na Gaeltachta, gur mheas sé nach raibh 'Teilifís na Gaeilge' oiriúnach mar ainm ar stáisiún teilifíse. In agallamh fáidhiúil leis an *Connacht Tribune,* dúirt sé go mb'fhearrde don stáisiún nua dá mbeadh an uimhir '4' ina theideal (Mulqueen 1995). Baineann sé gáire go fóill as an scéal.

> Ní raibh na cearta eisiacha agam ná tada mar sin, ach baineadh geit as Cathal Goan nuair a d'inis mé an scéal dó i bpub ar an Spidéal. B'fhéidir go bhfuil na cearta agam trádáil mar Theilifís na Gaeilge i gcónaí! Caithfidh mé é sin a sheiceáil! (Ó hÉallaithe 2013)

I mí Aibreáin d'fhoilsigh Micheál D. Ó hUigínn a Pháipéar Glas ar chúrsaí craolacháin, *Active or Passive? Broadcasting in the Future Tense* (Department of Arts, Culture and the Gaeltacht 1995). Dúirt an t-iriseoir Uinsionn Mac Dubhghaill faoin gcáipéis go raibh sé breac le *'remarkable statements about culture and identity, and reads at times more like a Green Paper on the Irish language'* (1995a). Cáipéis ab ea í inar deineadh adhradh ar luachanna traidisiúnta na craoltóireachta poiblí agus inar seasadh an fód i gcoinne an domhandaithe agus ar son na héagsúlachta cultúrtha. Dúradh ann go mba léir go raibh borradh faoi thacaíocht an phobail don teanga agus gurbh ar an tonn tuile dea-thola sin a thabharfaí isteach Teilifís na Gaeilge. Ba léir, a dúradh, go raibh deireadh ag teacht leis an meon gur teanga mharbh í an Ghaeilge a bhain leis an gcianársaíocht.

Bíodh is go raibh sé pas beag rótheibí in áiteanna ba mhaith ann an Páipéar Glas chun cás na teilifíse Gaeilge a fhí le díospóireacht níos leithne faoin gcraoltóireacht aonchineálach a bhí ag bagairt ar an bhféiniúlacht chultúrtha.

Fuarthas dea-scéal níos coincréití i mí na Bealtaine nuair a tugadh cead pleanála chun ceannáras Theilifís na Gaeilge a thógáil i mBaile na hAbhann i gConamara ar shuíomh a chosain £70,000. Foirgneamh íseal a bhí i gceist le fuinneoga móra agus aghaidh chloiche air. Bheadh seomra nuachta ann a bheadh níos airde ná an chuid eile agus crann craolta taobh leis. Taobh istigh chomh maith bheadh seomra grafaicí, trí sheomra fuaime, leabharlann, seomra cruinnithe, seomra fáiltithe, seomra smididh, deich gcinn d'oifigí, ceaintín, seomraí stórais agus leithris.

◉

Soir an bóthar sa tseanmhonarcha fíodóireachta a bhí athchóirithe mar stiúideo agus ionad traenála ag Údarás na Gaeltachta, bhí oiliúint á cur ar aos óg na Gaeltachta don tionscal nua a thógfaí timpeall ar cheannáras Bhaile na hAbhann. Ba anseo ar an Sián, gar don Spidéal a cuireadh tús ag deireadh na Bealtaine leis na chéad chláir phíolótacha do Theilifís na Gaeilge. Quizchlár do scoileanna curtha i láthair ag Gráinne Ní Dhomhnaill, bean óg as an gCeathrú Rua, ab ea an chéad chlár píolótach a deineadh sa stiúideo nua ar chaith an tÚdarás £145,000 á fheistiú. Bhí Ní Dhomhnaill ar dhuine den sé dhuine óg is fiche ó gach cearn den tír a raibh dianchúrsa oiliúna ceithre seachtaine sa léiriúchán teilifíse déanta acu. Ba é Údarás na Gaeltachta agus FÁS a chuir an cúrsa ar bun agus ba í Máire Ní Thuathail ón gcomhlacht Eo Teilifís a bhí mar stiúrthóir air.

An tseachtain roimh thús an chúrsa shínigh an tÚdarás conradh leis an meirleach cáiliúil ó Hollywood Roger Corman, cíoná na scannán B agus fear atá sa Táin in Tinseltown mar stiúrthóir sprionlaithe bisiúil saothar éaganta ar nós *The Saga of the Viking Women and their Voyage to the Waters of the Great Sea Serpent, Stripped to Kill* agus *Attack of the 50ft Cheerleader.*

Dhein an tÚdarás tuairim is milliún euro a infheistiú in Concorde Anois, stiúideo nua Corman a bhí i bhfoisceacht míle de láthair cheannáras Theilifís na Gaeilge. Níorbh é an chéad uair ag Corman in Éirinn mar a mhínigh sé don iris *Film West.*

> *One of the reasons we're here is that both my wife and I have shot pictures in Ireland before. Between us, we're fairly established Irish producers. I think we've done at least four, maybe five pictures in Ireland, which is one of the reasons that brought us here, plus Michael D. Higgins' offer of help, and the people in Údarás.* (Fennell 1995)

Pádraic Ó Gaora (*Nuacht RTÉ*), Gráinne Seoige agus Gillian Ní Cheallaigh ag ullmhú don chéad eagrán de *Nuacht TnaG*

De réir an leabhair *Crab Monsters, Teenage Cavemen, and Candy Stripe Nurses: Roger Corman – King of the B Movie* timpeall 450 seoid ar fad atá bronnta ag Corman orainn, ina measc fiche scannán, ar nós *Spacejacked* agus *Criminal Affairs*, a deineadh thiar ar an Tulach. (Nashawaty 2013)

Más fíor ba é Corman chomh maith a thug cos isteach in Hollywood d'aisteoirí ar nós Robert De Niro agus Jack Nicholson agus do stiúrthóirí ar nós James Cameron agus Francis Ford Coppola.

Ní geal, áfach, na cuimhní a bheidh ag muintir Chonamara ar na scuainí tráchta a bhíodh ar bhóthar Chois Fharraige le linn réimeas Rí na Scannán 'B' agus ba mhinic iad sáinnithe laistiar de chab buí, seancharr de chuid an NYPD nó bus dearg as Londain a bhí ag déanamh a mbealach siar go dtí 'Tullywood'.

Beidh cuimhne go deo chomh maith acu siúd a d'fhreastail ar 'Scoil Scannánaíochta Corman' ar an obair uiríseal ar airgead suarach a bhain leis an sclábhaíocht in ainm Rí na Scannán B. Ó thráth go chéile chodlaíodh cuid den chriú céanna ar an seit, ar bhuncanna i leoraithe.

Ba é an chéad scannán a léirigh Corman i nGaillimh ná *Trained for Action*, an t-ochtú gála i sraith aicsin dar teideal *Bloodfist*, ach le teann fonóide thug cuid den chriú óg 'Trained for Peanuts' air.

Bhí Hollywood anois ag baile ag muintir Chonamara, carranna ag pléascadh ar thaobh an bhóthair i gCois Fharraige, iar-Playboy Bunnies ag ól i bpubanna an Spidéil, Josh Brolin os a gcomhair amach sa scuaine i Siopa an Phobail agus *paparazzi* na Gaeltachta amuigh leis an lionsa teileafónach chun seat doiléir a fháil don nuachtán *Foinse* de réalta ar nós Barbara Streisand agus Patsy Kensit.

Tréimhse ba ea í chomh maith ina raibh 'an seat cíche riachtanach i gConamara', mar a dúirt an léirmheastóir Breandán M. Mac Gearailt (2014), agus chothaigh cuid de shaothar Corman roinnt conspóide. Nuair a bhí sé i mbun *Criminal Affairs*, a raibh níos mó ná eachtraí coiriúlachta amháin ann, tuairiscíodh go raibh airgead poiblí á chaitheamh ag an Údarás ar scannán pornagrafaíochta a dhéanamh sa Ghaeltacht.

Ach in ainneoin na dtuarastal íseal agus an imní a bhí ar dhaoine áirithe faoi scannáin Bhéarla a bheith á ndéanamh sa Ghaeltacht, dhein Corman, a bhfuil 'réalta' ar Bhúlbhard Hollywood agus Oscar oinigh aige, leas na teilifíse Gaeilge ar a shlí féin. Cé nár tháinig sé ar mhacasamhail Nicholson nó De Niro i gConamara, is iomaí duine atá fós ag obair i dtionscal na teilifíse Gaeilge ar cuireadh oideachas ar dtús orthu i 'Scoil Scannánaíochta Corman'.

Ní raibh aon radharc ar aon *50ft Cheerleader* thoir ar an Sián ar an Spidéal ach bheadh Roger féin mórtasach as bisiúlacht agus seiftiúlacht lucht an chúrsa traenála a bhí ag déanamh cláir phíolótacha ar dalladh ann, cuid acu go maith agus a thuilleadh acu nach raibh chomh maith céanna.

Dar le Ó Meallaigh gur thug an teacht le chéile i nDún Garbhán 'fócas áirithe' do mheitheal na teilifíse ach go rabhadar fós ag brath na slí rompu.

Cuid de na cláir d'oibrigh siad amach agus cuid eile, níor oibrigh. Ní raibh aon chinnteacht faoi aon rud fós agus thriaileamar gach saghas formáide. Is cuimhin liom ceann amháin, clár staire ach é curtha i láthair mar chlár cúrsaí reatha agus an láithreoir agus na tuairisceoirí ag ligean orthu féin gur thiar i 1798 a bhí siad agus na Francaigh ag teacht i dtír. Bhí gach duine gléasta i bhfeisteas na linne. Níor tharla an ceann sin. (2014)

Fad is a bhí na pleananna seo á gceapadh, bhí lucht na Teilifíse ar camchuairt timpeall na tíre agus cruinnithe poiblí á n-eagrú acu féachaint le cur lena dtuiscint ar mhianta an phobail. Ba mhaith ann na cruinnithe seo, a deir Ó Meallaigh, ach ba bheag fiúntas a bhain le cuid de na tuairimí a cuireadh faoina mbráid. Ag cruinniú amháin, moladh go ndéarfaí paidir roimh thús gach cláir agus i mBéal Feirste mhol duine éigin nár chóir go mbeadh oiread is focal Béarla amháin le cloisteáil nó le léamh ar an tseirbhís nua.

Léirigh pobalbhreitheanna neamhfhoilsithe a dhein Suirbhéanna Margaíochta na hÉireann do Bhord na Gaeilge go raibh ardú tagtha ar líon na ndaoine a thacaigh le bunú an stáisiúin. Bhí 45 faoin gcéad ar son Theilifís na Gaeilge i Nollaig 2004 le hais 40 faoin gcéad in 1993. Thit líon na ndaoine a bhí i gcoinne bhunú na seirbhíse ó 46 faoin gcéad in 1993 go 26 faoin gcéad agus tháinig méadú, ó 15 faoin gcéad go 29 faoin gcéad, ar líon na ndaoine a thug le fios nach raibh aon tuairim acu faoin scéal (Mac Dubhghaill 1995b).

Dá thábhachtaí tuairimí an phobail, bhí breis agus a ndóthain le déanamh ag meitheal na teilifíse agus iad ag iomrascáil le heaspa clár. Bhí nach mór bliain caite anois ó deineadh 'Páras' de Ghaillimh do thaifeadadh an chéad chláir a deineadh do Theilifís na Gaeilge *Une Histoire d'Amour*, gearrscannán dátheangach le Diarmuid de Faoite a d'inis scéal grá faoi iriseoir Éireannach agus ateangaire Francach ar casadh ar a chéile iad i bpríomhchathair na Fraince.

Pádraic Ó Gaora, Cathal Goan, Pádhraic Ó Ciardha agus Michael Lally i mbun cainte agus an fhoireann sa seomra nuachta ag prapáil do sheoladh an stáisiúin nua

Faoi thús an fhómhair 1995 bhí an dara babhta coimisiúnaithe faoi lánseol ag Teilifís na Gaeilge agus bhí tairiscintí á lorg ón earnáil neamhspleách do shobaldráma. Conradh seo trí bliana a bhí á thairiscint, an coimisiún teilifíse ba mhó riamh sa tír. Dúirt Cathal Goan ag comhdháil i mBéal Feirste:

> Is é an sobaldráma is mó a tharraingíonn aird an phobail ar fud an domhain. Má dhéantar go héifeachtach é agus má tá baint aige le saol na ndaoine tarraingeoidh sé lucht féachana agus caithfidh muidne lucht féachana a tharraingt chun gurbh fhiú muid a bheith ann. (Mac Dubhghaill 1995c)

Mar thoradh ar an gcéad bhabhta coimisiúnaithe bhí comhlacht is fiche ar fud na tíre anois i mbun cláir a dhéanamh do Theilifís na Gaeilge. Comhlacht amháin sa Tuaisceart – Flying Fox – a fuair coimisiún.

Luach tríocha uair an chloig de chláir a fuair Teilifís na Gaeilge as an mbabhta coimisiúnaithe seo agus bhí daichead uair eile ceannaithe acu ón iasacht. Cláir athghuthaithe do pháistí faoi bhun 13 bliana a bhí i bhformhór na gclár a ceannaíodh isteach agus dírithe ar pháistí a bheadh aon trian den sceideal. Bheadh Teilifís na Gaeilge ar an aer idir 5 agus 6 p.m. agus idir 8 agus 10 p.m.

I mBéal Feirste chuir Goan comhairle ar chomhlachtaí léiriúcháin fadbhunaithe Béarla daoine a raibh Gaeilge acu a fhostú.

'Fiú agus gach duine ag obair, agus abair go raibh muid sásta le caighdeán na n-iarratas – agus níl mé ag rá go bhfuil go huile is go hiomlán, tá muid sásta le roinnt mhaith acu – ní líonfadh muid an sceideal,' a dúirt sé (Mac Dubhghaill 1995c).

Gan amhras bhí na léiritheoirí, cuid acu nach raibh mórán taithí acu ná caighdeán ró-ard bainte amach fós acu, sásta go rabhthas tosaithe faoi dheireadh ar chláir a charnadh, ach ní bhíonn an sonas gan an donas ina orlaí tríd. Cheana féin bhí aighneas áirithe idir RÉALT, scáthghrúpa earnáil neamhspleách na Gaeltachta, agus Teilifís na Gaeilge. Cúrsaí airgid den chuid is mó a bhí ag cur as do léiritheoirí na Gaeltachta agus is fíor go raibh buiséid na teilifíse Gaeilge suarach go maith i gcomórtas leis an méid a bheadh le fáil ó RTÉ, mar shampla. An té a thug seal i 'Scoil Scannánaíochta Corman' sheasfadh a thaithí ar bhuiséid shuaracha an uair úd leis.

Ar an taobh eile den scéal, ní raibh caighdeán saothair cuid de léiritheoirí na Gaeltacha thar mholadh beirte ach an oiread, rud nárbh iontas ar bith, is dócha, i bhfianaise a n-easpa taithí. Bhí roinnt léiritheoirí Gaeltachta míshuaimhneach chomh maith faoin gcuireadh chun cleamhnais a bhí tugtha ag Teilifís na Gaeilge do léiritheoirí an Bhéarla. Níl aon cheist, áfach, ach gur chun leas na hearnála a bhí teacht na teilifíse; coimisiúnaíodh a thrí oiread clár ó léiritheoirí neamhspleácha in 1996 ná mar a coimisiúnaíodh in 1995.

I Meitheamh 1996, bliain tar éis thaifeadadh an chéad chláir phíolótaigh do Theilifís na Gaeilge, bhí cuma an-bhrabúsach ar earnáil neamhspleách na Gaeltachta. An lá céanna ar thug Uinsionn Mac Dubhghaill ó *The Irish Times* cuairt ar stiúideo an Spidéil, bhí bronnadh á dhéanamh ar 37 nduine, a bhformhór sna fichidí, a raibh cúrsaí traenála déanta acu i ngach gné d'obair na teilifíse (1996c).

Ní gach éinne acu a bhí i láthair don ócáid bhronnta agus nuair a glaodh amach ainmneacha na ndaoine nár éirigh leo teacht i láthair, d'inis freagra a gcomhghleacaithe a scéal féin.

'Ag obair,' a dúradar.

Trí mhí ina dhiaidh sin nuair a scríobh Mac Dubhghaill a chéad ghné-alt eile ar bhláthú thionscal na teilifíse Gaeilge bhí os cionn 120 uair an chloig de chláir coimisiúnaithe ag Teilifís na Gaeilge ó chúig chomhlacht teilifíse is tríocha ar fud na tíre agus bhí seit á thógáil ar an Spidéal don sobaldráma *Ros na Rún*, comhfhiontar idir Eo Teilifís agus Tyrone Productions, a chuirfeadh fostaíocht ar fáil do dhaichead duine ar feadh daichead seachtain gach bliain. (1996d)

Faoi oíche Shamhna bheadh 240 uair an chloig de chláir coimisiúnaithe ag Teilifís na Gaeilge.

Ba mhór, áfach, idir fuadar fómhair 1996 agus geimhreadh gruama 1995, tráth a raibh maoiniú RTÉ do Theilifís na Gaeilge ag cothú aighnis ag bord an Rialtais. I Nollaig 1995 bhí tuairiscí ann gur bhagair Micheál D. Ó hUigínn éirí as a aireacht, tuairiscí a shéan sé féin. Dúirt duine dá chomh-Airí leis an *Sunday Independent* nach raibh ann ach focal mór agus droch-chur leis. Bhagair sé éirí as ceithre nó cúig huaire, ach níor tógadh mórán ceann de, a dúirt an tAire nár ainmníodh i bpríomhscéal nuachtáin Domhnaigh ar an 17 Nollaig. (Godson 1995)

An geimhreadh céanna, thiar i mBaile na hAbhann bhí meitheal na teilifíse fós faoi choimirce an tsí gaoithe. Bhí seoladh Theilifís na Gaeilge curtha siar go dtí Samhain 1996 agus ba ghéar mar a theastaigh an t-am breise uathu. Toisc an obair thógála a bheith tosaithe ar láthair an cheannárais aistríodh Micheál Ó Meallaigh go dtí oifig shealadach trasna an bhóthair. Ní róthógtha a bhí an t-eagarthóir coimisiúnaithe leis an oifig nua.

Áit bhrocach bhí ann. Nuair a chuamar isteach ann ar dtús chonaic mé dhá ghiorria ag bualadh craicinn lena chéile sa gharraí taobh amuigh agus shíl mé gur tuar dóchais a bhí ansin! Ach bhí an áit lofa, bruscar caite ar fud na háite agus seanphéire fobhríste caite sa chúinne. Thug mé féin agus Máiréad Ní Oistín an chéad lá ann á ghlanadh. (2014)

Tamall de laethanta ina dhiaidh sin leaindeáil leoraí lán le hearraí don cheannáras ag doras cúil na hoifige sealadaí. An mhaidin dár gcionn nuair a d'fhill Ó Meallaigh ar an obair bhí an doras cúil briste agus gach ar tháinig sa leoraí imithe.

I measc na n-earraí sin bhí teilifís.

'Bhí an t-aon teilifís amháin a bhí ag Teilifís na Gaeilge goidte!' a deir Ó Meallaigh de gháire.

Pé acu ar bhagair Micheál D. Ó hUigínn éirí as mar gheall ar cheist an mhaoinithe a chuirfí ar fáil do Theilifís na Gaeilge nó nár dhein, is cinnte gur fáilte an doichill a chuir an craoltóir poiblí roimh theacht an stáisiúin nua.

Deir Pádhraic Ó Ciardha go raibh 'naimhdeas a raibh folach ar éigean air,' i nDomhnach Broc do Theilifís na Gaeilge.

Bhí siad glan i gcoinne TnaG ar dtús. Bhreathnaigh go leor de mhaorlathas RTÉ air seo mar RnaG eile, 'sé sin le rá go raibh treoir faighte acu ón Rialtas seirbhís nach raibh uathu a bhunú, agus ní hamháin í a bhunú ach í a rith agus a mhaoiniú. Bhí sé níos measa fós i gcás TnaG mar go ndúradh le RTÉ 'tiocfaidh an lá nach mbeidh an tseirbhís seo a chaithfidh sibh a bhunú faoi bhur scáth a thuilleadh'. (2014)

Dar le Ó Ciardha gur fhéach a iarfhostóir ar an stáisiún nua mar 'leanbh tabhartha' a cuireadh faoina gcúram 'in aghaidh a dtola' agus a bheadh anois 'ag diúl acmhainní gach lá uathu'.

Is cinnte gur ghlac RTÉ col leis 'an leanbh tabhartha' seo agus bhí tuairiscí ann in 1996 go raibh sé i gceist ag cuid de bhainistíocht an chraoltóra náisiúnta ligean don stáisiún nua a bheith ag abláil leis ar feadh bliana agus ansin an cnaipe a mhúchadh air mura gcuirfí tuilleadh maoinithe ar fáil chun díol as.

Shéan Micheál D. Ó hUigínn na tuairiscí seo sa Dáil.

> *There was not a suggestion that RTÉ would pull the plug on Teilifís na Gaeilge before the end of the first year… The engineering preparations are very well advanced and great credit is due to Radio Teilifís Éireann's engineering staff. There is general enthusiasm and a great sense of expectation for the new station, which I expect will be a success.* (Díospóireachtaí Dála, 8 Deireadh Fómhair 1996)

Ní raibh aon rian den *'general enthusiasm'* ná an *'great sense of expectation'* sin ar dhearcadh RTÉ, ná ní raibh cleas Montrose chomh dóchasach céanna go mbeadh rath ar Theilifís na Gaeilge.

Ceist eile, ar ndóigh, an raibh RTÉ dáiríre ag iarraidh go mbeadh rath ar an tseirbhís nua, agus níl i léamh Farrel Corcoran, Cathaoirleach Údarás RTÉ, ar an scéal ach freagra amháin ar an gceist sin.

> The fear was that RTÉ would have to provide low quality material to TnaG, perhaps drawing heavily on its archives, and that this would be the kiss of death for the new channel. (2004)

Ba é an rud ba mhó a chuir cantal ar lucht RTÉ faoin gcainéal nua ná an 360 uair an chloig in aghaidh na bliana a bheadh orthu a sholáthar dó. Níor thaitin sé ach oiread leo go raibh bonn á bhaint óna monaplacht teilifíse ná go raibh sé i gceist go mbronnfaí neamhspleáchas ar Theilifís na Gaeilge lá níos faide anonn, ach ba í ceist an airgid an t-údar gearáin is mó acu.

Sinéad Ní Ghuidhir ar an scáileán, ag cur fáilte roimh an lucht féachana
Oíche Shamhna 1996

Ní raibh RTÉ go maith as ag an am agus bhí caitheamh agus cáineadh acu ar Theilifís na Gaeilge ón uair a d'fhógair Ó hUigínn ag deireadh 1995 go mbeadh RTÉ ag soláthar clár don stáisiún nua. An rud ba mhó a chuir lucht RTÉ le craobhacha faoin soláthar do Theilifís na Gaeilge ná nár léir go mbeadh aon phingin bhreise acu chuige. Go deimhin, thug Ó hUigínn a mhalairt le fios agus é an-chúramach i gcónaí nach ndéanfaí aon cheangal idir an ceadúnas teilifíse agus maoiniú Theilifís na Gaeilge. Ina theannta sin, ba mhór idir an luach airgid a chuir an tAire agus Teilifís na Gaeilge ar sholáthar RTÉ agus na figiúirí a bhí á scaipeadh ag an bpríomhstáisiún féin.

I dtuarascáil bhliantúil RTÉ, a foilsíodh in 1994, dúirt John Sorohan, réamhtheachtaí Corcoran mar chathaoirleach ar Bhord RTÉ, go gcosnódh an soláthar a bhí molta do TG4 £8.7m in aghaidh na bliana, figiúr a bhí i bhfad níos airde ná an £5m a bhí á lua ag an Aire.

I mí na Nollag 1995 bhí cruinniú ag Ó hUigínn le hÚdarás RTÉ ag ar pléadh ceist an cheadúnais agus maoiniú TG4. Bhí an cruinniú lán le teannas agus mhothaigh Farrel Corcoran go raibh brú ar an Aire a bhí faoi ionsaí ó gach taobh.

> *In December 1995, the Minister came to Montrose and had a meeting with the entire Authority. It was a tense meeting. It was clear that the Minister was encountering a lot of opposition to Teilifís na Gaeilge from several quarters, both inside and outside Cabinet. The Department of Finance, under Ruairí Quinn, regarded RTÉ as 'cash rich' and had its eye on RTÉ's reserves, which were then in a healthy sate.* (Corcoran 2004)

Thug Ó hUigínn le fios don Údarás go raibh ardú sa cheadúnas teilifíse ar na bacáin ach nár cheart aon cheangal a dhéanamh idir an t-ardú sin agus bunú an stáisiúin nua ar eagla go dtabharfaí tuilleadh spreagtha do lucht basctha Theilifís na Gaeilge. *'I agreed fully with this analysis, as did my colleagues. It was better to build a house now, even if we didn't yet have in Michael D.'s words, the money for carpets and curtains,'* a scríobh Corcoran.

Tar éis an chruinnithe chuir Corcoran litir chuig Comhairle Theilifís na Gaeilge *'to point out on the one hand the gloomy financial situation and the lack of any Government commitment to fund what RTÉ would contribute to it, but also to underline the genuine enthusiasm in RTÉ for doing its very best to prepare for a successful launch'.* (2004)

Chuir an pictiúr duairc a nochtadh i litir Corcoran fearg ar bhaill na Comhairle a raibh amhras mór orthu cheana féin faoi thiomantas RTÉ do Theilifís na Gaeilge agus b'éigean cruinniú a eagrú chun an ghoimh a bhaint as an scéal.

I láthair thar ceann RTÉ ag an gcruinniú bhí Corcoran, Bob Collins agus

Joe Barry, ceannasaí an stáisiúin, agus ar thaobh Theilifís na Gaeilge, bhí Cathal Goan agus Brian Mac Aonghusa.

Thug Corcoran le fios dá raibh i láthair nárbh aon sólás in aon chor an méid a bhí ráite ag an Aire leis an Údarás faoi mhaoiniú na seirbhíse nua. Ba léir, áfach, go raibh a dtuairiscí féin faoin gcruinniú faighte ag Goan agus Mac Aonghusa.

D'fhiafraíodar beirt faoin ardú ar an gceadúnas a bhí geallta ag an Aire. Baineadh siar as Corcoran agus ghéill sé go bhfaighfí ardú b'fhéidir, ach gur ar mhaithe le feabhas a chur ar chláir RTÉ i gcoitinne a bheadh an t-ardú sin dá dtiocfadh sé.

D'éirigh leis an gcruinniú an plána mín a chur ar chúrsaí, ach mhothaigh Corcoran go raibh fórsaí nach raibh aon smacht aige orthu ag tarraingt achrainn.

> ...I was left with the peculiar suspicion that there was mischief-making in operation, in parts of the Dublin media environment, and this could destroy the atmosphere of trust that was needed to see TnaG successfully launched. (Corcoran 2004)

Níorbh iad iriseoirí Bhaile Átha Cliath amháin a bhí i mbun áibhirseoireachta, áfach. Thuig Micheál D. Ó hUigínn féin go maith go raibh cuid de lucht RTÉ féin ag ardú leis an achrann. Fuair Corcoran glaoch uaidh cúpla lá i ndiaidh an chruinnithe agus an tAire ar deargbhuile le baill foirne in RTÉ, a bhí dar leis, ag sceitheadh scéalta leis na meáin agus ag tabhairt le fios go raibh sé ag cur isteach ar obair an Údaráis.

> He let me know in no uncertain terms that if RTÉ didn't have the will to reverse its shameful historical pattern of neglect of the Irish language he would find some other means to channel the proceeds of an increase in the licence fee to TnaG. (Corcoran 2004)

Seoladh an stáisiúin

Nuair a tháinig an scéal amach sa deireadh go raibh ardú sa cheadúnas le tabhairt do RTÉ deineadh láithreach an 'nasc' le Teilifís na Gaeilge a bhí ag déanamh scime don Aire Ó hUigínn. Dúirt an T.D. Síle de Valera, Fianna Fáil:

> *I believe the issue of RTE's licence fee increase and funding for TnaG should not be linked. It is reckless of Minister Higgins to proceed on the current course without a proper financial structure, independent of RTE, in place for TnaG* (The Irish Times 1996a)

Ar an 12 Eanáir 1996, agus an fód á chasadh aige ar shuíomh cheannáras nua Theilifís na Gaeilge i mBaile na hAbhann, b'éigean don Aire a shéanadh go gcuirfeadh an t-easaontas idir Comhairle Theilifís na Gaeilge agus RTÉ faoi chostais na gclár moill eile ar bhunú an stáisiúin. Dúirt sé nach raibh aon ghlacadh aige leis an bhfigiúr £7m a bhí á lua ag RTÉ faoin am sin leis an soláthar 365 uair an chloig, agus gur £5m a chosnódh sé.

Bhí údar conspóide eile sa litir a sheol Corcoran chuig Comhairle Theilifís na Gaeilge ag tabhairt rabhaidh dóibh go raibh baol ann nach mbeadh ar chumas RTÉ cláir ar ardchaighdeán a chur ar fáil don stáisiún nua. Sa litir chéanna, dúirt Corcoran gur ó Montrose a thiocfadh seirbhís nuachta

Theilifís na Gaeilge, a bheadh mar chuid den soláthar 365 uair an chloig.

Bhí imní cheana ar dhaoine go mbeadh smacht eagarthóireachta ag RTÉ ar sheirbhís nuachta Theilifís na Gaeilge agus ba mhó anois an t-amhras a bhí orthu. Conas a chaithfí 'Súil Eile' ar chúrsaí an tsaoil ó Montrose? Conas a bheadh a leithéid de sheirbhís neamhspleách agus conas a dhéanfadh sé freastal ceart ar na réigiúin agus ar an nGaeltacht, mar a bhí geallta ag Comhairle Theilifís na Gaeilge?

Má bhí paranóia orthu siúd a bhí buartha go mbrúfaí dearcadh saoil RTÉ ar Theilifís na Gaeilge, níor gan fáth é. Sheas Comhairle na Teilifíse an fód, áfach, agus dhein Údarás RTÉ cinneadh i mí Feabhra go gcuirfeadh iriseoirí Dhomhnach Broc roinnt scéalta náisiúnta agus idirnáisiúnta ar fáil don tseirbhís nua ach gur sa cheannáras i mBaile na hAbhann a bheadh *Nuacht TnaG* lonnaithe.

Faraor, níor chabhraigh an scéal faoi chinneadh Údarás RTÉ le hathmhuinteas a dhéanamh. Sula raibh gach rud faoi réir don fhógra, scaip an Roinn Ealaíon, Cultúir agus Gaeltachta preasráiteas thar ceann an Aire trí thimpiste agus bhí conspóid eile anois ann in áit an dea-scéala. Tarraingíodh siar an ráiteas ag cur fáilte roimh dhílárú sheirbhís nuachta RTÉ go Baile na hAbhann agus ghabh lucht na Roinne leithscéal. Dúirt Leas-Ardstiúrthóir RTÉ, Bob Collins, nach raibh sé i gceist riamh go n-aistreofaí seirbhís nuachta RTÉ go Baile na hAbhann agus gheall sé go mbeadh *Nuacht TG4* neamhspleách ar *Nuacht RTÉ*, cé go mbeadh comhoibriú eatarthu.

Ach bhí an dochar déanta agus ní mó ná sásta a bhí iriseoirí RTÉ a d'eagraigh cruinniú éigeandála chun an scéal a phlé. Ba léir ón ráiteas a d'eisigh an NUJ thar a gceann gur bhain an fógra míchruinn go raibh siad le dílárú go Conamara geit as lucht na nuachta in Montrose.

They seemed [An tAire agus Údarás RTÉ] *to indicate an appalling lack of communication and an absolute disregard for the professional standing of each and every journalist in the* nuacht *service, most of whom have many years' experience in television radio news the statement said. Subsequent clarifications have done little to allay the fears of* nuacht *journalists.* (Mac Dubhghaill 1996a)

Idir an dá linn, bhí Cathal Goan ar a dhícheall ag iarraidh a chur ina luí ar dhaoine go mbeadh smacht ag Teilifís na Gaeilge ar a seirbhís nuachta.

It's a new operation being undertaken by RTÉ on behalf of Teilifís na Gaeilge *which will afford us the editorial distance from RTÉ and which will allow us to operate from a very flexible basis in order to take best advantage of new technologies. In the sense that TnaG are the publishers of the material which will be broadcast, then obviously we're the people who are responsible for the editorial content of it and it would be foolish if we didn't have that editorial control.* (1996a)

Ba thobar aighnis gan trá a bhí sa tseirbhís nuachta an uair sin agus go ceann i bhfad ina dhiaidh sin. I mí Lúnasa 1996, dhá mhí roimh sheoladh Theilifís na Gaeilge, tuairiscíodh go raibh gníomhaíocht thionsclaíoch á beartú faoi choinníollacha oibre agus faoi luach saothair na n-ocht n-óganách déag a raibh oiliúint á cur orthu mar iriseoirí físe. (M. Foley 1996) Ní raibh an NUJ sásta go raibh cúraimí breise eagarthóireachta agus ceamradóireachta á gcur ar iriseoirí Theilifís na Gaeilge ná go raibh an tuarastal a bheadh acu – £17,000 in aghaidh na bliana – i bhfad níos ísle ná mar a bhí á fháil ag a leathbhádóirí in RTÉ. Dhiúltaigh RTÉ d'éilimh na n-oibrithe agus mheas lucht an cheardchumainn go raibh an craoltóir ag iarraidh fad a chur idir iad féin agus an tseirbhís nua nuachta mar gur tuigeadh dóibh gur fasach contúirteach a bheadh ann dá ngéillfidís.

Tagann an léamh sin ar an scéal an-chóngarach don tuiscint atá ag daoine éagsúla ar an dearcadh a bhí ag an gcraoltóir poiblí i leith seirbhíse nua Gaeilge go ginearálta. De réir na tuisceana seo, d'fhéach RTÉ ar sheomra nuachta Theilifís na Gaeilge mar shaotharlann leathscoite ón bpríomhstáisiún ina bhféadfaí modhanna oibre agus teicneolaíocht nua a thástáil gan a bheith róbhuartha faoin toradh.

A mhalairt de scéal atá ag Farrel Corcoran a mhaíonn gur thacaigh RTÉ gan cheist leis an stáisiún nua a luaithe is a tuigeadh dóibh go raibh uair na cinniúna tagtha do Theilifís na Gaeilge: *RTÉ swung in behind the project with tremendous zeal, as the realisation sank in that the time had come for TnaG, and RTÉ's reputation would be on the line. Organisational pride began to build solidly behind this huge challenge.* (2004)

Is fíor go raibh RTÉ ag cabhrú le scata comhlachtaí léiriúcháin a bhí ag obair do Theilifís na Gaeilge, agus go raibh baint mhór acu leis na cúrsaí traenála, ach déarfadh duine eile nach raibh an dara rogha acu. Fiú le linn túslaethanta an stáisiún nuair a bhí fadhbanna teicniúla ag cur as go mór dó, bhraith cuid den fhoireann nach raibh lántacaíocht acu ón bpríomhstáisiún.

Mhothaigh duine amháin a bhí ag obair ar chlár áirithe, a chraoltaí beo ó RTÉ mar chuid den soláthar 365 lá, nár luigh cleas Dhomhnach Broc amach orthu féin ag iarraidh fadhbanna teicniúla a réiteach nuair a bhí a leithéid sa treis. Deir duine eile gurbh é 'nach ndúirt mé leat é?' an dearcadh a bhí ag cuid mhaith d'fhoireann RTÉ faoi phianta fáis Theilifís na Gaeilge.

Dar le Cathal Goan go raibh an scéal níos casta ná sin.

> Ní féidir labhairt ar RTÉ *qua* RTÉ riamh, tá tú ag caint ar dhaoine agus tá tú ag caint ar thuas seal thíos seal. Bhí Bob Collins ina cheannasaí clár ag an am, mar shampla, fear a bhí riamh fabhrach don Ghaeilge. Chuir sé struchtúr tacaíochta maith in áit do chláracha Gaeilge agus b'in an chúis go raibh mise ar son breis cláracha ar RTÉ 2. Ach chaithfeá a admháil nach raibh aon bharántas ann dá dtiocfadh athrú ar na pearsana in RTÉ … (Goan 2014)

Bhí meon liom leat ag RTÉ riamh faoin nGaeilge, áfach. I dtuarascáil Cillian Fennell faoi sholáthar Gaeilge RTÉ, a foilsíodh in 2012, tugadh le fios gurbh ionann an dearcadh a bhí ag cuid d'ardbhainistíocht RTÉ i leith na Gaeilge agus an dearcadh a bheadh ag duine i leith 'cod liver oil' – ní thaitníonn an blas leo ach slogtar é mar go bhfuil sé in ainm is maitheas éigin a dhéanamh dóibh.

Ba é Teilifís na Gaeilge an 'dose' is mó a tugadh do RTÉ riamh.

❂

Faoi lár 1996 bhí deireadh tagtha cuid mhaith leis an nguagacht agus leis an éiginnteacht a bhain le scéal TnaG ó thosach. Bhí an sceideal ag teacht chun snua agus an bhainistíocht ag dul i ndánacht.

Cúpla mí roimh an seoladh labhair Cathal Goan faoin teicneolaíocht nua a chuirfeadh Teilifís na Gaeilge ar thús cadhnaíochta shaol na craoltóireachta agus faoin seomra nuachta nua-aimseartha a dhéanfadh athruithe bunúsacha ar chúrsaí iriseoireachta (Mac Dubhghaill 1996e).

Bheadh talamh úr á briseadh ag an stáisiún nua a bheadh fuinniúil agus neamhspleách ina mheon agus a dhéanfadh 'existing preconceptions' a stolladh as a chéile. 'It's a great time to be starting a television station,' arsa an ceannasaí i mí Lúnasa. Thuig lucht bainistíochta an stáisiúin go rímhaith leis, áfach, gur dúléim na guaise a bhí á tabhairt acu. 'In one regard we are taking a risk on new writers and new directors because the whole area has to be developed. It's all virgin territory,' a dúirt Anne McCabe (C. Foley 1996).

D'aithin Goan chomh maith an chontúirt a bhaineann le bheith mar cheannródaí ar earnáil anabaí. 'Clearly there will be programmes from time to time which will show the joins,' a dúirt sé. Mar sin féin, bhí na poill sa sceideal á líonadh de réir a chéile le barr glicis agus samhlaíochta. Líonfaí uair an chloig gach lá idir 7 p.m. agus 8 p.m. ó Luan go hAoine le *Euronews*, feasachán nuachta Béarla a dhéantaí i Lyon na Fraince. Chraolfaí beo chomh maith imeachtaí ó Thithe an Oireachtais idir 2.30 p.m. agus 4 p.m., ach tugadh droim láimhe d'iarratas ó Unitas 2000, craoltóir Caitliceach a raibh fonn air craoladh ar an stáisiún nua. Measadh go raibh an baol ann dá nglacfaí leis an iarratas áirithe sin go bhféachfaí air mar ghníomh seicteach nó go mbeifí ag séideadh an athuair faoi na steiréitíopaí a raibh Goan agus a chomrádaithe meáite ar iad a scriosadh.

Ar an 18 Meán Fómhair agus an chuid is measa 'den chogadh in aghaidh na Gaeilge' curtha de aige, labhair Micheál D. Ó hUigínn go neamheaglach faoin bhfís a bhí aige féin do Theilifís na Gaeilge agus é ag súil go mór leis an 'Súil eile'. Dúirt an tAire go bhfeidhmeodh an tseirbhís nua mar *an important cultural antidote to the soulless commercial exploitation of audiences,* agus go léireodh an craoltóir Gaeilge *the continuing value of the concept of public service broadcasting, not only in Ireland but elsewhere in Europe*. (Mac Dubhghaill 1996g)

Ag labhairt dó ag seimineár eile faoi chúrsaí craolacháin a d'eagraigh Conradh na Gaeilge an mhí dár gcionn, bhuail an tAire straiméad de bhata a reitrice ar na cúnna iriseoireachta a bhí ag scamhadh na bhfiacla chuige ón uair a ceapadh ina Aire é.

> Maidir le stair, tá daoine inár measc a mholann an díchuimhne. Tharlódh nach dteastaíonn uathu labhairt ar an am atá caite ar eagla go mbainfeadh sé den ghradam atá bainte amach acu. Thuigfeá dóibhsean ach is measa an dream nach ligeann duit labhairt faoin stair ná focal áirithe ar nós 'coilíneacht' ná 'coilíniú' a úsáid. (Ó hUigínn 1996)

Bhí an tAire buartha go ndéanfaí 'coilíniú ar an tsamhlaíocht' agus tomhaltóir den saoránach d'uireasa seirbhísí ar nós Theilifís na Gaeilge. Níorbh tráth na moille é do chraoltóireacht na Gaeilge, a dúirt Ó hUigínn, mar mura ndéanfaí beart de réir briathar anois ba é '… an mhuc is airde gnúsacht a dhéanfaidh an rogha dúinn'.

Bhain an plé faoi Theilifís na Gaeilge leis an díospóireacht mhór dhomhanda faoi fhéinmheas náisiúnta. Ba í an cheist bhunúsach ná an rabhthas le spás ar bith a thabhairt don Ghaeilge sa timpeallacht úr seo ina bhfuil comhdhlúthú ag tarlú maidir le teicneolaíocht agus úinéireacht. Níorbh fhéidir é a chur ar an méar fhada. Chaithfí an cheist a fhreagairt. Dá ndéarfaimis nach raibh spás le tabhairt don Ghaeilge sa timpeallacht úr b'in cinneadh ar dhoiligh dul siar air amach anseo … (1996)

Bhí freagra tugtha anois ar 'cheist bhunúsach' Uí Uigínn, freagra, dar leis, a bhí fréamhaithe i bprionsabail an daonlathais agus 'na gceart cultúir'. 'Caithfear an teicneolaíocht a chur chun leas na saoránachta. Sin é atá déanta i gcás TnaG,' a dúirt an tAire.

Bhí an t-ádh le lucht na teilifíse go bhfuaireadar fear a ndiongbhála san Aire ach thiar sa cheannáras i mBaile na hAbhann ba mhór an rud é ag daoine faoin tráth seo dá bhféadfaí an teicneolaíocht a chur chun leas na teicneolaíochta gan trácht ar leas na saoránachta. Aon duine a thabharfadh cuairt ar an gceannáras ag tús mhí Dheireadh Fómhair 1996, ba dheacair dó a shamhlú gur ansin sa tranglam sreang a sheolfaí faoi cheann cúpla seachtain eile an chéad seirbhís teilifíse nua sa tír ó tháinig RTÉ 2 ar an bhfód in 1979. Ach má bhí ábhairín anbhá sa cheannáras d'éirigh le bainistíocht an stáisiúin cuma an mhisnigh a chur orthu féin do sheoladh sceideal Theilifís na Gaeilge in óstán galánta an Clarence i mBaile Átha Cliath.

D'éirigh go seoigh leis an seoladh agus tuairiscíodh gur baineadh 'stangadh' as daoine nuair a fógraíodh go mbeadh Teilifís na Gaeilge i mbun craoltóireachta ar feadh cúig huaire an chloig in aghaidh an lae (Foinse 1996a). Thiocfadh an stáisiún ar an aer ag 12.30 p.m. le 30 nóiméad de chláir do leanaí agus rachfaí i mbun craolta arís idir 5 p.m. agus 10.30 p.m. le briseadh idir 7 p.m. agus 8 p.m. do *Euronews*. Cláir do dhéagóirí a chraolfaí ag 5 p.m. agus líonfaí an bhearna idir 6 p.m. agus 7 p.m. le hathchraoltaí. I gcroílár an sceidil bheadh *Ros na Rún*, a chraolfaí ceithre oíche in aghaidh na seachtaine ag 8 p.m., agus *Nuacht TnaG* a chraolfaí ag 10 p.m. Chuirfeadh an ceoltóir Donal Lunny an clár seachtainiúil *Sult* i láthair, léiriúchán de chuid Philip King, ar a gcloisfí leithéid Elvis Costello, Van Morrison agus Christy Moore. Bheadh teacht ag lucht leanta sacair ar bhuaicphointí na seachtaine ó La Liga sa Spáinn ar *Olé Olé*, agus clár grinn, a choimisiúnaigh Micheál Ó Meallaigh, a bhí in *CU Burn*. Chaithfeadh *John Huston – An tÉireannach* súil ar an tréimhse fiche bliain a thug an scannánóir i nGaillimh, agus dhéanfadh an tsraith *Éire Neodrach* scagadh ar stair na hÉireann le linn an Dara Cogadh Domhanda. Fógraíodh ag an seoladh chomh maith go mbeadh fáil ar an gcóras teilitéacs ar fhotheidil Bhéarla do gach clár réamhthaifeadta.

Radharc as *CU Burn*, an tsraith ghrinn ó Thír Chonaill, a craoladh ar dtús i 1996

Chuaigh seoladh an sceidil i bhfeidhm go mór ar na meáin a thug suntas d'éagsúlacht agus úire an rogha clár. Dar le hUinsionn Mac Dubhghaill, áfach, go raibh rud éigin aisteach faoin ócáid in '*trendy Temple Bar*' (1996h). '*It was a curious occasion, stage-managed for the most favourable media coverage*,' a scríobh sé, gearán ait le déanamh, shílfeá, faoi ócáid bholscaireachta a raibh sé mar aidhm aige dea-phoiblíocht a fháil don stáisiún sna meáin. Thuairiscigh Eagarthóir Gaeilge *The Irish Times* go raibh an Clarence lán le léiritheoirí teilifíse neamhspleácha a bheadh ag brath go mór ar Theilifís na Gaeilge agus a ghlac go fonnmhar dá réir le gach deis a bronnadh orthu bualadh bos croíúil a dhéanamh. Chruthaigh sé seo 'a strong positive vibe that rubbed off on journalists'.

Dar le fear The Irish Times sceitheadh súl a bhí san ócáid ar an gcur chuige a bheadh ag lucht Theilifís na Gaeilge agus aghaidh á tabhairt acu ar an dúshlán a bhainfeadh le haicmí éagsúla den phobal a mhealladh chucu. Ba shoiléir, a dúirt sé, an teachtaireacht a bhí á craobhscaoileadh ag an seoladh: 'TnaG is young, vibrant and trendy – nothing to do with out-worn images of what a Gaeilgeoir is'.

Sa mhéid sin, ba léir go raibh an cúram a chuireadar rompu déanta go slachtmhar ag lucht na teilifíse.

Ba shuimiúla áitiú Mhic Dhubhghaill go ráineodh go rachfaí thar fóir le cur chun cinn na híomhá úire seo. Scríobh sé faoin ngrúpa Gaeilgeoirí san 'Ionad Buail Isteach' trasna an bhóthair ón Clarence a bhí ag ullmhú cóisire d'oíche oscailte Theilifís na Gaeilge, ach nach bhfuair aon chuireadh chuig seoladh an sceidil féin:

> Nobody from TnaG bothered to 'Buail Isteach' to them either or show them the sample video and ask them what they thought. At the launch, the focus was 'out there' on TnaG's ideal viewer ... Will TnaG fall into the trap that captures so many media organizations, and end up talking to itself? (Mac Dubhghaill 1996h)

Bhí léirmheas níos gonta ag Pádhraic Ó Ciardha ar an seoladh nuair a labhair sé le Foinse ina dhiaidh: 'Glacadh linn mar imreoir nua ar pháirc imeartha na meán cumarsáide,' a dúirt sé (Foinse, 1996b).

'Lasadh an tsolais' a bhí mar théama don oscailt oíche Shamhna, ceann de mhórfhéilte na bliana Ceiltí, deireadh an fhómhair agus tús an gheimhridh, an oíche a dtagann na púcaí inár measc. Ba ar oíche Shamhna a cuireadh tús le cuid de na heachtraí ba mhó i miotaseolaíocht na hÉireann, agus ní haon iontas é go mb'fhéidir go raibh an iomarca scleondair ar lucht bolscaireachta TnaG agus iad ag cur síos ar '*the stunningly visual and musical opening of Ireland's third national television station*' (Linehan 1996).

Hiúdaí, an troll beag a bhíodh le feiscint ar sheirbhísí óige an stáisiúin agus Sinéad Ní Ghuidhir, an chéad láithreoir a labhair ar Theilifís na Gaeilge, Oíche Shamhna 1996

Ar an gCéadaoin an 16 Deireadh Fómhair, ba é seal na bpolaiteoirí i dTithe an Oireachtais é agus is ann a bhailigh an Taoiseach John Bruton, ceannaire an fhreasúra Bertie Ahern agus scata eile Teachtaí Dála agus Seanadóirí le chéile sa Seomra Iodálach chun ceiliúradh a dhéanamh ar theacht Theilifís na Gaeilge.

Le linn an ama seo bhí cóisirí á n-ullmhú ag daoine i hallaí paróiste, in ollscoileanna, i dtithe tábhairne agus i gclubanna spóirt. Bhí socruithe speisialta á ndéanamh don oíche mhór ag na Gardaí sa Teampall Mór agus ag cimí poblachtácha i 'nGaeltacht na Fuiseoige', sciathán i bpríosún na Ceise Fada ina mbíodh Gaeilge á labhairt.

In óstán an Connemara Coast, nó Teach Furbo mar a thugtaí air tráth den saol, a bhí an chóisir oifigiúil. Ní fheadar an dall ar an íoróin nó lántuisceanach uirthi a bhí an té a roghnaigh an t-ionad do chóisir seo na bpiardaí móra mar ba ann a cuireadh dlús le bunú Ghluaiseacht Chearta Sibhialta na Gaeltachta nuair a chuir lucht agóide stop le taifeadadh an chláir *Quicksilver* mar agóid i gcoinne a laghad Gaeilge a bhí ar RTÉ. Ar an ócáid seo, os cionn cúig bliana is fiche ina dhiaidh sin, bhí a chainéal Gaeilge féin ag pobal na Gaeilge agus na Gaeltachta.

Bhí *Fawlty Towers*, an tsraith ghrinn iomráiteach faoi óstán mí-ámharach, i measc na gclár a chraol RTÉ ar an gcainéal nua a bhí curtha ar leataobh do Theilifís na Gaeilge. Cá bhfios ach gur ar son grinn a bhí pé feidhmeannach a roghnaigh scéalta Basil Fawlty, nó b'fhéidir gur le searbhas a deineadh an cinneadh eachtraí an óstóra liobarnaigh a chraoladh ar mhinicíocht TnaG.

Cé nach raibh an scaoll céanna faoi lucht na teilifíse i mBaile na hAbhann is a bhíodh go hiondúil faoi ainniseoirí *Fawlty Towers*, ní fhéadfaí a rá ach an oiread go raibh sé ina chalm téigle sa cheannáras nó go raibh gach rud ina áit féin ann. Bhí na nuachtáin breac le scéalta faoi na deacrachtaí a bheadh ag cuid mhaith den phobal teacht ar Theilifís na Gaeilge agus bhí na céadta aeróg UHF ceannaithe ag Comharchumann seiftiúil Shailearna i gConamara agus iad á ndíol ar phraghas speisialta. Ba chosúil nach raibh aon údar ag Micheál D. Ó hUigínn a bheith ag maíomh cúpla mí roimhe sin go mbeadh an stáisiún ar fáil láithreach do os cionn 90 faoin gcéad de mhuintir na tíre.

Sna laethanta roimh oíche Shamhna bhí an stáisiún nua ina dhoirte dhairte. Dé Máirt féin, dhá lá roimh an oscailt, bhí na tógálaithe fós istigh ann agus an chuid dheireanach den chairpéad á leagan acu. Bhí leictreoirí ar theann a ndícheall ag obair ar an 110 míle de shreanga a bhí ag lúbadh siar agus aniar sa tsíleáil agus san urlár.

Sa seomra nuachta bhí iriseoirí óga i mbun bréag-agallamh agus gan aon taithí ag a bhformhór ar fhíor-agallaimh a dhéanamh. Bhí baill foirne Theilifís na Gaeilge 24 bliana d'aois ar an meán. Le foireann chomh hóg sin agus teicneolaíocht chomh nua sin in úsáid acu, ba í fírinne an scéil ná nach raibh a fhios ag aon duine dáiríre conas mar a d'éireodh leis an seoladh. Bhí €9m caite cheana féin ar chláir a choimisiúnú ó dhaichead comhlacht léiriúcháin, cuid mhaith acu arbh é seo an chéad uair acu clár a léiriú.

Bhí Cathal Goan agus a chriú gafa trí mhórán cruatain le dhá bhliain roimhe sin ach is anois a chuirfí tástáil cheart orthu. An oíche roimh an seoladh bhí an chéad taispeántas tinte ealaíne ann do theacht Theilifís na Gaeilge agus tháinig slua daltaí scoile Gaeltachta go Baile na hAbhann chun rince timpeall ar thine chnámh agus héileacaptar ag faoileáil os a gcionn. Mar chuid den taispeántas chuaigh lógó mór 'TnaG' ar scoite lasrach agus d'eitil an héileacaptar tríd an ndeatach.

Ní fhéadfaí a rá nár chathair mar a tuairisc í téama na hoscailte – 'lasadh an tsolais'. Aon bhliain déag roimhe sin lasadh tinte chnámh sa dúiche chéanna nuair a scaoileadh Brian Ó Baoill saor ó phríosún, mar ar chaith sé roinnt laethanta i ndiaidh dó diúltú a cheadúnas teilifíse a íoc. Bhí naoi mbliana déag ann ó ghabhadh Íte Ní Chionnaith, an chéad duine de chúig dhuine dhéag ar cuireadh príosún orthu faoi agóid na gceadúnas teilifíse. Bhí fiche bliain ann ó chuaigh Ciarán Ó Finneadha in airde ar aeróg RTÉ i nDomhnach Broc agus bhí naoi mbliana caite ó cuireadh seirbhís teilifíse Gaeilge ar an aer go mídhleathach le linn féile Oireachtas na nGael i Ros Muc.

Bhí uair na cinniúna tagtha, trí bliana ó fógraíodh, ar an 23 Samhain 1993, go raibh Teilifís na Gaeilge le bunú. Ar an 31 Deireadh Fómhair agus foireann óg Bhaile na hAbhann ar a mine ghéire ag fáil faoi réir don oíche mhór, leaindeáil na hiriseoirí agus na haíonna speisialta i gConamara don seoladh. Thuairiscigh Sky News Shasana go raibh muintir na hÉireann ag fáil an tríú stáisiún teilifíse agus gan acu cheana ach dhá stáisiún pháirtaimseartha.

Ní fheadar ar chuala feidhmeannaigh RTÉ an méid sin, ach pé rud mar gheall ar an doicheall roimh theacht na teilifíse Gaeilge a bhí ag cuid mhaith d'fhoireann an chraoltóra phoiblí ó thús bhí an chomrádaíocht á léiriú go tréan acu ar an lá mór. Ba bheag duine de bhainisteoirí sinsearacha

RTÉ nach raibh in Óstán an Connemara Coast mar a mbeadh cúig chéad duine i láthair don chóisir oifigiúil. Craoladh *News at One* RTÉ Raidió a hAon beo ó Bhaile na hAbhann agus bhí cruinniú ag Údarás RTÉ ann.

Is ar Phádhraic Ó Ciardha a thit sé féachaint go raibh an uile shórt ag seoladh ar aghaidh ag an gcóisir mhór agus mura raibh dóthain le déanamh aige, cúpla uair an chloig roimh an oscailt fuair sé glaoch ag tathant air páirt a ghlacadh i ndíospóireacht ar stáisiún raidió. Inniu, thar aon lá eile, ba é an rud deireanach a theastaigh uaidh ná dul sáite i ndíospóireacht chaolchúiseach faoi chúrsaí teanga ach bhraith sé dualgas air féin gan ligean d'aon seargánach an chóisir a loit.

B'eo leis isteach sa bhearna bhaoil uair amháin eile agus fear a mheas nár cheart aon Bhéarla a bheith ar an stáisiún nua mar chéile comhraic aige an turas seo.

> Bhí an chaint teasaí go maith agus istigh ina lár dúirt mé leis gurb aisteach an rud go raibh sé i mbun díospóireachta liom i mBéarla agus nárbh fholáir gur thuig sé dá bharr go raibh gá uaireanta le teanga eile chun dul i bhfeidhm ar phobal níos leithne. (Ó Ciardha 2014)

Agus a dhualgas déanta aige d'fhill Ó Ciardha ar an Aran Suite sa Connemara Coast agus an slua ag bailiú isteach agus an seaimpéin á chaitheamh siar.

Faoin tráth seo bhí leathshúil ag gach duine ar bharr an tseomra agus an scáileán gorm a raibh 'Tosóidh Clársceideal TnaG …' scríofa air agus clog ann ag comhaireamh na nóiméad agus na soicindí go dtí saolú Theilifís na Gaeilge. 'Tá mo chroí ag bualadh do na daoine istigh,' a dúirt Mairéad Ní Nuadháin, léiritheoir na sraithe *Léargas* ar RTÉ.

Thiar i mBaile na hAbhann, d'fhéach Cathal Goan leis 'na daoine istigh' a ghríosú le hóráid bheag phaiseanta a mheabhraigh dá fhoireann óg an fhreagracht a bheadh orthu ach a lasfaí an solas dearg a d'fhógródh go raibh Teilifís na Gaeilge beo ar an aer.

Bhí cearthaí ag teacht anois chomh maith ar lucht páirte na Gaeilge ar fud na tíre. Bhí a ndóchas curtha acu in aisling na teilifíse Gaeilge agus ní bheadh aon suaimhneas ceart acu nó go bhfíorófaí an aisling ar scáileán na teilifíse féin.

Thoir sna Forbacha agus soicind na cinniúna ag teannadh leo go crua san Aran Suite, bhí imní ag teacht ar dhaoine toisc an tAire Ó hUigínn a bheith fós i mbun a óráide. Agus an clog ag comhaireamh, tháinig luas faoina chuid cainte agus ligeadh cúpla scread mar rabhadh dó nuair a thaispeáin an scáileán gorm nach raibh fágtha ach deich soicind. 'Tá sé againn!' a bhéic an tAire agus a chúram déanta díreach in am aige. Léim sé den stáitse agus rug barróg ar Joe Barry, Ard-Stiúrthóir RTÉ.

Ansin ag 8 p.m. ar an 31 Deireadh Fómhair 1996, tháinig dath gorm ar an scáileán agus tháinig ann ina áit lógó Theilifís na Gaeilge, an manna 'Súil Eile' agus radhairc de na Blascaodaí, de Chorcaigh, de Bhaile Átha Cliath agus de Bhéal Feirste. Go tobann, i seomraí suí ar fud na tíre, bhí an solas anois ag scairteadh sa dorchadas.

Mhair an beochan tosaigh nóiméad agus fiche soicind agus faoin am ar tháinig an t-amhránaí Brian Kennedy ar an scáileán chun 'Éist a Stór' a chanadh ó Ardeaglais Phádraig i mBaile Átha Cliath, is ar éigean a bhí lucht an cheiliúrtha stadta den bhualadh bos agus na liúnna áthais.

In Amharclann Uí Fhlatharta i gColáiste na hOllscoile Gaillimh rug mic léinn óga na Gaeilge barróga ar a chéile, mar a dhein maithe agus móruaisle an Aran Suite sa Connemara Coast.

Lá sna naoi n-airde ab ea é agus mar a bhí i gcás mórán eile bhí na deora le Micheál D. Ó hUigínn agus é ag cogaint ar thodóg agus ceisteanna na n-iriseoirí á bhfreagairt aige.

I felt an emotional moment for something that has been an idea, nursed along and now arrived in the world … I feel a sense of exhilaration after a journey that began years ago and travelled through two governments and oceans of debates and now has landed. (Lord 1996)

'Dá mba rud é nach mbeadh TnaG ar an aer anocht, bheadh sé ródhéanach,' a dúirt Ó hUigínn (Ní Chatháin 1996).

Bhí an t-aisteoir Diarmuid de Faoite ag gol chomh maith agus é ag éisteacht leis an oscailt ar Raidió na Gaeltachta fad a bhí sé ag tiomáint siar go Tigh Chualáin i gCois Fharraige mar a raibh cóisir neamhoifigiúil eagraithe do mhuintir na háite. Sa Connemara Coast bhí Ciarán Ó Feinneadha ag cuimhneamh ar a iníon féin a d'fhás aníos agus gan aon chartún Gaeilge ar fáil di agus chuimhnigh Joe Steve Ó Neachtain ar an oíche ar chuir sé féin agus a chomrádaithe stop le taifeadadh *Quicksilver*.

An oíche chéanna ar chliathán cnoic in aice le Cill Chiaráin, lasadh tine chnámh bheag i gcuimhne ar chraoladh bradach 1987. Ba é Eamonn Andrews, agus a chinneadh éirí as RTÉ tríocha bliain roimhe sin in 1966, a tháinig chun cuimhne ag Cathaoirleach Údarás RTÉ, Farrel Corcoran.

Ar chéadléiriú Riverdance ag an gcomórtas Eoraifíse a smaoiníonn Pádhraic Ó Ciardha nuair a cheistítear é faoin oíche oscailte.

> Ní tharlaíonn rud mar seo ach uair i do shaol. Bhí sé – agus ní maith liom an chomparáid a dhéanamh mar is droch-chomparáid atá ann – cosúil le leagan níos faide den rud a tharla nuair a stop an ceol i ndiaidh Riverdance an chéad oíche. Ní hé an ceol féin a bhí tábhachtach ach an bealach a ndeachaigh sé i bhfeidhm ar an slua. An oíche sin, bhí mise i láthair an phobail a chreid sa togra, nó b'fhéidir gur chreid cuid acu ann ach gur cheap siad nach dtarlódh sé go brách. B'fhéidir go raibh daoine eile ann a raibh imní orthu faoin gcineál linbh a bhí á thabhairt

ar an saol againn, ach bhí mé ag féachaint anuas ar an slua agus bhí bród orthu agus bhí fuinneamh dochreidte sa seomra sin. (2014)

Ach an oiread le Riverdance ní raibh oíche oscailte Theilifís na Gaeilge saor ar fad ón tsiúcrúlacht Cheilteach, ach bhí an ócáid chomh spleodrach mothálach sin gur mhaith fiú na tráchtairí ab fhuarchúisí a dteaspach do lucht na teilifíse.

Ba í an tUachtarán Mary Robinson, bean a thacaigh leis an bhFeachtas Náisiúnta Teilifíse, an chéad duine a tháinig ar an scáileán i ndiaidh Brian Kennedy. Suite cois tine i mbun scéalaíochta a bhí an tUachtarán, páistí óga ag féachaint uirthi agus iad faoi gheasa aici, nó an chuma sin orthu ar a laghad. Labhair Robinson ar a haistear foghlama teanga féin agus dúirt sí go gcabhródh TnaG le scéal fada na Gaeilge a insint. I ndiaidh scéal Robinson, cuireadh tús leis an taispeántas mórthaibhseach tinte cnámh ó Bhaile na hAbhann le rince ón gcomhlacht taibhléiriúchán sráide Macnas agus ceol ón Afro-Celt Sound System.

I ndiaidh an tormáin agus na maidhme solais, chonacthas an chéad bheirt d'fhoireann óg TnaG ar an scáileán – Sinéad Ní Ghuidhir agus Ailbhe Ó Monacháin a bhí seasta lasmuigh de phríomhdhoras an cheannárais ag tús imeachtaí.

Ba í Ní Ghuidhir an chéad duine a labhair beo ar an stáisiún nua. Chuir sí fáilte roimh chách agus ghabh sí buíochas le Brian Kennedy agus leis an Uachtarán.

> Is mise Sinéad Ní Ghuidhir. Tá mé i mo sheasamh anseo ag ceannáras TnaG, imeall na tíre ar imeall na hEorpa i gcroílár Ghaeltacht Chonamara. Anocht Oíche Shamhna, oíche dhraíochta. Anocht tosaíonn an bhliain úr Cheilteach agus anocht tosaíonn seirbhís teilifíse sa tír seo, mar anocht oíche oscailte TnaG.

D'iarr an láithreoir ansin ar a comhghleacaí Ó Monacháin insint don lucht féachana faoin stáisiún nua.

Bhuel, tá súil ag gach duine in Éirinn ar TnaG anseo anocht, ó Chorcaigh na gcuan go dtí Málainn Mhór na gaoithe, ó Bhinn Éadair go hInis Bó Finne, ó Bhéal Feirste cois cuain go dtí cnoic agus gleanntáin Chill Mhantáin, tá aird na tíre uile orainn anocht, tá mé ag rá libh.

Leis sin, thug Ó Monacháin cuireadh isteach go dtí an ceannáras don lucht féachana. 'Tagaigí liom isteach go bhfeice muid TnaG,' ar sé agus b'eo leis ar thuras timpeall an stáisiúin ag cur ar a súile don phobal an 'teicneolaíocht den chaighdeán is airde ar domhan' agus é ag trácht ar mar a chabhródh na giuirléidí nua-aimseartha le lucht an stáisiúin 'na scéalta sin ar fad ar thagair an tUachtarán dóibh' a insint.

Ba ó cheantar dúchais Uí Mhonacháin féin a tháinig an chéad cheann de na scéalta sin, tuairisc bheo ó Oireachtas na Gaeilge i nGaoth Dobhair le Deirbhile Ní Churraighín a thug blaiseadh don lucht féachana den fhéile a raibh 'baicle fiáin' ann as 'achan chontae sa tír'.

Ina dhiaidh sin craoladh teachtaireacht dea-mhéine ón snámhaí Michelle Smith, a bhí ar na daoine ba mhó cáil sa tír ó thug sí léi trí bhonn óir ag na Cluichí Oilimpeacha an samhradh sin, ach a tharraing náire uirthi féin cúpla bliain ina dhiaidh sin nuair a chlis uirthi i dtástáil drugaí.

Thiar i mBaile na hAbhann leanadh den turas treoraithe le Ó Monacháin a chuir na láithreoirí nuachta Gráinne Seoige agus Gillian Ní Cheallaigh in aithne don saol mór. Bhí ceol ann ó na Casaidigh ansin sula cromadh ar na deasghnátha eile a chomhlíonadh. Craoladh teachtaireachtaí dea-mhéine ó S4C, BBC Alba agus BBC Thuaisceart Éireann.

Ina theachtaireacht siúd thar ceann RTÉ, dúirt Farrel Corcoran go dtreiseodh TnaG 'ár bhféiniúlacht mar Éireannaigh trí léargas eile ar an saol a sholáthar dúinn inár dteanga féin agus trí labhairt le muintir uile na tíre bídís líofa sa teanga nó ná bíodh'.

Ba é an chéad duine nach raibh líofa sa teanga a labhair ar TnaG ná an Taoiseach John Bruton, agus ba é leis an chéad duine a labhair Béarla ar an stáisiún nua. Sa dá theanga a chuir Bruton fáilte roimh TnaG.

I nGaeilge a thosaigh sé, agus dúirt gur 'le gach duine againn an Ghaeilge' agus gur 'seoid náisiúnta í'. Is i scoil náisiúnta Choill Chluana i gcontae na Mí a taifeadadh an mhír le Bruton agus ráineodh nár le seans a cuireadh i seomra ranga é.

> *For many of us, our first contact with the Irish language took place in the classroom. For some, that first contact was also the last. Many of us will have good memories of learning Irish and some will not. This new service is a service for all our people. Obviously, the wide community of Irish speakers in the Gaeltacht and throughout the country will welcome it, but Teilifís na Gaeilge will also serve as a second chance for people to reacquaint themselves with the language and be entertained and informed at the same time.*

Ba léir faoin tráth seo d'éinne a thug cluas le héisteacht do lucht na teilifíse agus iad i mbun pleanála le cúpla bliain roimhe sin go raibh snáitheanna éagsúla a bhfealsúnachta á bhfí le chéile acu ar an oíche oscailte. Seirbhís do chách a bheadh in TnaG a dhéanfadh fuarbholadh an tseomra ranga a ghlanadh den Ghaeilge agus a chuirfeadh an teanga i láthair an phobail mar mheán beo. Ó thús deireadh na hócáide cuireadh béim ar an óige agus ar a úire is a uileghabhálaí is a bheadh an tseirbhís nua.

Ba é Micheál D. Ó hUigínn an t-aon duine a thagair don fheachtas pobail as ar eascair an stáisiún nua.

> D'fhás an tseirbhís seo as éileamh dlisteanach go mbeadh bealach teilifíse Gaeilge ann le freastal ar lucht labhartha na

Gaeilge ar fud na tíre, idir Ghaeltacht agus Ghalltacht. Ceart a bhí agus atá i gceist le deis a thabhairt do phobal uile na Gaeilge a gcuid scéalta féin a insint ina dteanga féin agus iad ag teacht i dtír ar an meán cumarsáide is cumhachtaí dá bhfuil againn. Anois, anseo in iarthar na hÉireann, is féidir linn dúshlán na n-ollchomhlachtaí sna meáin chumarsáide a thabhairt. Táimid ag tabhairt guth nua do cheann de na teangacha is ársa san Eoraip agus á cur ag obair leis an teicneolaíocht is úire i dteannta fís agus fuinneamh na ndaoine óga seo.

Tríd is tríd, ba theist iontach céad oíche TnaG ar fhís agus ar fhuinneamh na ndaoine óga sin agus faoin am ar chríochnaigh an chéad chlár, an scannán *Draíocht* ina raibh an t-aisteoir mór le rá Gabriel Byrne le feiscint ann, bhí a gcleasa draíochta féin imeartha ag TnaG ar a lucht féachana. Bhí na tráchtairí ar fad ar aon fhocal gur dea-chomhartha a bhí sa seoladh ar a raibh i ndán don chraoltóir Gaeilge.

Is cinnte go ndéanfar cur síos ar imeachtaí an 31 Deireadh Fómhair 1996 aon uair a bhreacfar stair na Gaeilge amach anseo, ach maidir lena bheith ag tabhairt 'dúshlán na n-ollchomhlachtaí sna meáin chumarsáide' bheadh ar lucht TnaG ionramháil a dhéanamh ar dtús ar fhadhbanna i bhfad níos práinní.

Le linn an turais úd timpeall ar cheannáras Bhaile na hAbhann chuir Ailbhe Ó Monacháin an seomra nuachta agus a raibh d'iontais teicneolaíochta ann i gcomparáid leis an spásárthach Apollo 13, ar tháinig scannán faoi amach an bhliain roimhe. Ar ndóigh, i ndiaidh a sheolta in 1970, bhain an oiread sin fadhbanna le Apollo 13 go raibh ar a chriú éirí as a n-aistear chun na gealaí. Ba ar éigean a thángadar abhaile slán.

5. An t-arrachtach binn

I keep seeing programmes listed on TnaG that I might actually want to view. Increasingly, it looks like money well wasted.

(Declan Lynch, *Sunday Independent*, 4 Eanáir 1998)

Den chéad uair ó Theitheadh na nIarlaí, b'fhéidir, bhí dream i saol na Gaeilge a bhféadfá *royalty* a thabhairt orthu – agus is i mBaile na hAbhann a bhí a gCúirt.

(Alex Hijmans, 2014)

Ara muise, mallacht Dé air, níl fear ar bith as an áit air. Féach an bitch de television sin, is níl pictiúr ná frig all air …

('Teilifís na Gaeltachta agus an OK Corral' le Ciarán Ó Fátharta agus Máirtín Jaimsie, 2008)

I dtús mhí na Samhna 1998 bhí cruinniú ag ardbhainistíocht TnaG i mBaile na hAbhann, cruinniú den saghas céanna a bhíodh acu gach aon Luan chun mórcheisteanna na seachtaine agus dul chun cinn na seirbhíse a phlé. Bhíodh argóintí ag na cruinnithe seo ó am go chéile, go háirithe agus an stáisiún ag iarraidh dul i ngleic le figiúirí féachana ísle agus fadhbanna tarchuradóireachta.

Nochtaí tuairimí éagsúla faoi chúis na ndeacrachtaí seo agus dhéantaí caint bhríomhar go minic ag na cruinnithe seachtainiúla. Ba mhinic, mar shampla, Alan Esslemont, Bainisteoir Ábhair an stáisiúin, agus Michael Lally, Príomh-Eagarthóir *Nuacht TnaG*, ar mhalairt tuairime maidir leis an gcur chuige ba cheart a bheith ag an stáisiún chun lucht féachana breise a mhealladh.

Ach ní raibh éinne ag súil leis an racht feirge a scaoil Esslemont uaidh ag cruinniú úd mhí na Samhna 1998, agus chuir a ghéire is a bhí a léirmheas ar dhrochbhail TnaG iontas ar a raibh i láthair. Agus é anois den tuairim go raibh deacrachtaí eile ag an stáisiún seachas na deacrachtaí a bhí pléite go poiblí ag an mbainistíocht, bhí a fhuinneamh agus a dhóchas caite ag Esslemont. Ar nós go leor eile d'fhoireann bheag Bhaile na hAbhann, 'beo ar aidréanailín' a bhí sé le dhá bhliain roimhe sin ach bhí a mhisneach ag trá.

Bhí tost míchompordach sa seomra fad is a chuir Esslemont a racht dá chroí. Ní raibh sceideal TnaG ag freastal mar ba chóir ar an lucht féachana agus ní raibh faic á dhéanamh ag an mbainistíocht chun an scéal a chur ina cheart. Bhí an polasaí coimisiúnaithe lochtach go smior. Bhí an fhoireann in ísle brí agus cuid acu ag obair uaireanta i bhfad rófhada. Ní raibh sa *Nuacht* ach lagaithris ar *Nuacht RTÉ*. Ní raibh na rannóga éagsúla sa stáisiún ag tarraingt le chéile. Ní raibh an stáisiún ag freastal ar ghnáthmhuintir na hÉireann agus ba bheag suim a bhí ag pobal na Gaeilge agus na Gaeltachta ann ach an oiread. Lean Esslemont air go dtí go raibh an t-urchar deireanach scaoilte aige.

'Níl aon dul chun cinn á dhéanamh againn. Níl ag éirí linn agus táim ag éirí as.'

Shiúil sé amach as an seomra cruinnithe agus ar ais go dtí a oifig. Bhí sé ag ullmhú le dul abhaile nuair a d'iarr Cathal Goan cruinniú príobháideach air.

Chuir Esslemont na gearáin a bhí aige in iúl go mothálach arís don cheannasaí agus dúirt sé nach raibh aon dul siar ar a chinneadh. D'athródh

Esslemont a intinn, ach ba mhór idir an t-atmaisféar sa stáisiún an lá sin agus an gliondar a bhí le brath ann dhá bhliain roimhe sin.

Cathal Goan, Ceannasaí TG4, 1994–2000

An chéad lá de Shamhain 1996. Maidin chiúin gheimhridh i gConamara a bhí ann agus na piardaí móra ar fad bailithe leo, a mbeannacht tugtha acu don stáisiún beag teilifíse a bhí tar éis teacht ar an saol le splanc an oíche roimhe sin nuair a lasadh an spéir le tinte ealaíne.

An faoiseamh a bhí ann i ndiaidh na hoíche oscailte, níorbh fhada go mbeadh sé cloíte ag fadhbanna teicniúla agus figiúirí féachana ísle, ach mhairfeadh an teas ó thinte cnámh oíche Shamhna tamall eile chun an dé a choimeád i bhfoireann óg Theilifís na Gaeilge.

Tuigeadh go raibh gaisce déanta acu. Faoi stiúir Chathail Goan, bhí meitheal bheag de thríocha duine tar éis stáisiún teilifíse a sheoladh i ngort beag i gConamara. Bhí aisling na teilifíse Gaeilge, ar sháraigh daoine an dlí agus a ndeachaigh daoine chun príosúin ar a son, beo ar an aer.

Ach má bhí, ba ar éigean é. Deir Cathal Goan nach dtuigeann éinne cé chomh gar do 'meltdown' a chuadar an oíche sin.

Níor cuireadh an córas isteach go dtí an tseachtain roimhe sin agus níor triaileadh riamh i gceart é. Ba chóir go mbeadh córas mar sin á thriail ar feadh cúpla mí roimh ré. Míorúilt a bhí ann gur oibrigh sé. Smaoinigh ar a mbeadh ráite ag daoine mura n-éireodh linn. (2014)

Ach d'éirigh leo agus le teacht na gcéad léirmheasanna bhí cúis cheiliúrtha eile ag Goan agus a fhoireann óg. Scríobh léirmheastóir teilifíse *The Irish Times*, Eddie Holt:

> *Lumbering* Teilifís na Gaeilge *with the messianic role of saving the Irish language would be a load too heavy to bear. Many of the brutalised victims of the Peig generations are already lost. But, if the freshness of opening night can be maintained, there may yet be light at the end of the tunnel for Irish.* (Holt 1996a)

Ach má bhí léirmheas Holt báúil, bhí sé fáidhiúil leis.

> *The symbolism of defiant and celebratory beacons was appropriate: the Irish language has been a long time waiting for its own television station. So, opening night was, not surprisingly, all sweetness and light (mostly light). But the celebratory atmosphere won't last forever. Securing a niche in the media market will be a grind for TnaG.*

Bhí John Boland, léirmheastóir an *Irish Independent*, an-tógtha leis an gcéad oíche chomh maith.

> *… there was an energy and exuberance about the presentation that held the attention throughout, and the various young presenters had a nice blend of professionalism and ease that was in marked contrast to some of those on the other RTÉ channels and that augurs well for the future … having considered TnaG's schedule for the next few months and having come across much that seems intriguing in drama, documentary and music …* (Boland 1996)

Roimh an seoladh, thug Goan caint spreagúil don fhoireann inar chuir sé in iúl dóibh an fhreagracht a bhí orthu. Aon teachtaireacht lom amháin a bhí aige, a deir sé: 'Nuair a lasfaidh an solas dearg sin den chéad uair, is é ár gcúram feasta é a choinneáil sa tsiúl.'

Bhí an solas dearg lasta anois, agus má bhí amhras fós ar éinne in TnaG faoi a thromchúisí is a bhí an fhreagracht orthu, mheabhraigh eagarfhocal *Foinse* an deireadh seachtaine sin dóibh a thábhachtaí is a bhí an obair a bhí fós le déanamh acu:

> Ba é seoladh Theilifís na Gaeilge Déardaoin an cor ba thábhachtaí i gcinniúint na Gaeilge ó aimsir an Ghorta anall. Buaicphointe blianta fada agóide agus feachtais atá ann agus ábhar lúcháire agus bróid do dhuine ar bith a bhfuil grá aige don dteanga agus don chultúr Gaelach. (Foinse 1996b)

Ba é an dála céanna é ag an gcraoltóir Muiris Mac Conghail, a leag a mhéar ar chuisle phobal na Gaeilge agus an gealadhram a bhí orthu i ndiaidh theacht na teilifíse.

> Gheofá tarraingt as ciseán mór na seanfhocal le cur síos ar theacht TnaG ar an bhfód, ar an ríméad a chuireann a bhreith orainn, agus ar an misneach a ghintear ionainn lena saolú. Ar bhealach tá deireadh lena theacht le ré na seanfhocal agus iarsmaí an tseansaoil … Is geall le tonnbhriseadh ar an tseanghnáthamh atá geallta aige [Cathal Goan] dúinn ach sinn go léir a bheith ar aon chonair thar mám … Beatha teanga í a bheith ar an scáileán. (Mac Conghail 1996)

An tseachtain dár gcionn in *The Irish Times* bhí ardmholadh ag Uinsionn Mac Dubhghaill don stáisiún nua a bhí *'settling down to substantial fare'* i ndiaidh a *'pyrotechnical launch'* (Mac Dubhghaill 1996j).

Dá bhféadfadh lucht TG4 cloí leis an gcaighdeán a bhí leagtha síos aige, a dúirt Mac Dubhghaill, '*it will soon raise a few blushes in Montrose*'. Níorbh é an duine deireanach é a dhéanfadh comparáid fhabhrach idir an stáisiún óg bríomhar agus RTÉ. Cúpla seachtain ina dhiaidh sin féin, mhaígh Emmanuel Kehoe, léirmheastóir teilifíse an *Sunday Business Post*, gur fhág fuinneamh TnaG go raibh an chuma ar RTÉ go raibh sé '*auditioning for a part on the label of Olde Time Irish Marmalade*' (McGarry 1996).

Ba léir sna laethanta tosaigh seo go raibh íomhá óg an stáisiúin ag dul i bhfeidhm go mór ar dhaoine, agus bhí toradh céadach ar fhuinneamh na hóige. Ach níorbh í an chodarsnacht le RTÉ amháin a spreag daoine chun óige TnaG a mholadh. Ba lánait le daoine eile gurbh ann in aon chor do dhaoine óga a raibh Gaeilge acu, agus bhí daoine eile fós, ar nós Declan Lynch ón *Sunday Independent*, ar tuigeadh dóibh roimh theacht TnaG go raibh baint idir fad an scíorta a chaithfeadh bean óg agus an teanga a labhair sí.

'*Young women in short skirts, speaking Irish. Did we ever think we'd see the day?*' a scríobh Lynch in alt leis faoin oíche oscailte. (1996a)

Bhí Nuala O'Faolain, scríbhneoir agus iriseoir, meallta chomh maith ag foireann óg an stáisiúin nó '*those cool TnaG young ones who look as if they hang out in the Clarence Tea Rooms*'. Seachas '*a baffling sequence about water buffaloes*', ba bheag locht a fuair O'Faolain ar an oíche a thug sí ag féachaint ar TnaG agus, fearacht daoine eile, leag sise béim ar leith ar an óige ina léirmheas in *The Irish Times*: '*Interim report: Youthful feel. Lovely ads. Lots of ideas. Wakes up one's Irish.*' (1996)

Go deimhin féin, bhraith an scríbhneoir uaithi an dream óg nuair nach rabhadar le feiscint ar an scáileán.

'*Then we had the weather forecast. This – disappointingly – is just a graphic. Why can't we see one of the TnaG young ones?*'

Roimh i bhfad bheadh na '*TnaG young ones*' le feiscint ag tuar na haimsire go rialta agus iad molta go cranna na gréine as a áille is bhíodar le hais na seanchailleacha mantacha a shamhlaigh tráchtairí áirithe leis an teanga. Ní hamháin Gaelach ach óg chomh maith!

Bhí an oiread sin cáile ina dhiaidh sin ar chailíní agus ar bhuachaillí aimsire TnaG gur foilsíodh, in ar 'Ar Son na Cúise', leathanach scigmhagaidh *Foinse*, bréagscéal nuachta faoi mhonarcha rúnda i gConamara a bheith ag soláthar '*babe*-anna' gan stad don chraoltóir Gaeilge.

Ré nua don Ghaeilge a bhí anseo gan aon agó.

In alt díspeagúil faoin stáisiún nua sa *Sunday Independent* ar an 3 Samhain chum Jonathan Philbin Bowman an téarma '*Barna Babes*' chun cur síos a dhéanamh ar láithreoirí óga TnaG agus bhí fiú scríbhneoirí staidéartha *The Irish Times* chomh corraithe sinn ag na '*gorgeous, Irish-speaking female presenters*' gur fógraíodh sa pháipéar sin tús le '*the era of the "Gael babe".*' (Bourke 1999)

Ba iad Gráinne Seoige agus Gillian Ní Cheallaigh, beirt láithreoirí nuachta óga cumasacha, is mó a tharraing aird na meán sa tréimhse seo agus tar éis tamaill ba mhinic láithreoirí óga an stáisiúin nua le feiscint ar leathanaigh stíl mhaireachtála na nuachtán náisiúnta agus in áiteanna eile nár tugadh mórán airde ar Ghaeilgeoirí roimhe sin.

Tar éis di TnaG a fhágáil labhair Gráinne Seoige faoi conas mar a bhain an stáisiún an bonn glan den tuiscint bhaoth a bhí ag daoine ar an teanga agus lucht a labhartha.

> Bhí dearcadh áirid ag daoine sa nGalltacht faoin nGaeilge agus faoi na daoine a labhair í. Geansaíochaí Árainneacha agus féasóga a bhí ar chuile dhuine, agus iad ag caitheamh píopa. Chuir sé sin olc orm. Cheap daoine áirithe nach raibh daoine óga ag labhairt Gaeilge agus d'athraigh TnaG an meon sin. Bhí an-áthas orm go raibh mé páirteach ansin. (Mac Con Iomaire 1999b)

Bhí lucht na Gaeilge riamh buartha faoin íomhá a bhí ag an nGaeilge mar theanga sheanfhaiseanta chalctha, mar neach cúlráideach a bhain leis an tuath nó leis an gcóras oideachais amháin. Os cionn céad bliain roimh theacht na teilifíse Gaeilge, mhol Pádraig Mac Piarais féin go raibh sé in am do na Gaeil bogadh amach 'ón gcarn aoiligh, ón gcruaich mhóna ...'. Breis is leathchéad bliain ina dhiaidh sin, agus teacht RTÉ á plé sa Seanad in 1966, bhí 'íomhá' na Gaeilge ag déanamh tinnis don Seanadóir John Benignus O'Quigley:

> ... *the first thing we must do in this country, in order to secure any kind of advance in the love and learning of Irish, is to get rid of a whole lot of misconceptions in relation to it; to quiet a great number of fears which exist and to eliminate, as far as possible, a number of the existing prejudices against it. You will not do that by putting on a programme like* 'Labhair Gaeilge Linn'. *That does not begin to scratch the surface of the problem.* (Díospóireachtaí Seanaid 1966)

Ó am go chéile, dhein RTÉ iarracht an Ghaeilge a chur i dtiúin leis an *Zeitgeist* agus í a chur i láthair mar theanga bheo chomhaimseartha, ach ba bheag rath a bhí ar na hiarrachtaí sin. Thiar in 1964, dúirt Liam Ó Murchú faoin gclár d'fhoghlaimeoirí *Labhair Gaeilge Linn*, ar thagair O'Quigley dó sa Seanad, go raibh sé mar aidhm aige '*to unfreeze the knowledge of Irish learned in schools*'. (The Irish Times 1964).

Agus é ag míniú cur chuige *Labhair Gaeilge Linn*, dúirt Ó Murchú – le teann mórtais nach mbeadh mórán glacadh leis inniu, b'fhéidir – '*We will be using some very attractive actresses*'.

Ach ba é an clár cúrsaí reatha *Féach* ba mhó a chuir an Ghaeilge i lár an aonaigh ar RTÉ mar theanga bheo. Ní aisteoirí áille ach iriseoirí agus craoltóirí cumasacha amhail Breandán Ó hEithir, Eoghan Harris, Seán Ó Mórdha, Póilín Ní Chiaráin, Proinsias Mac Aonghusa agus Éamonn Ó Muirí a chinntigh gur bhain *Féach* amach 'stádas barr an ranga ... i gcanóin iriseoireachta na Gaeilge'. (Delap 2012)

Ag dul i léig, áfach, a bhí na cláir tharraingteacha Gaeilge ar RTÉ sna 1980idí cé gur tháinig feabhas áirithe ar an scéal sna blianta roimh theacht TnaG nuair a bhí tóir ar shraitheanna mar *Cúrsaí* a bhíodh ar siúl cúig oíche in aghaidh na seachtaine. Faoi thús na 1990idí, bhí foireann cheithre dhuine is fiche ag obair ar *Cúrsaí*. Ba sa tréimhse seo chomh maith, faoi stiúir Chathail Goan, a cuireadh tús ar RTÉ leis an sobaldráma *Ros na Rún*.

Má bhí aon 'réalta teilifíse' ag an nGaeilge le linn na mblianta gortacha sin ba é an sárchraoltóir Seán Bán Breathnach é, fear ar tugadh a chéad chlár raidió dó in 1969. Roimh thús an chláir sin, chuir Terry Wogan in aithne do phobal éisteachta RTÉ é mar 'an *groovy* bábóg ón Spidéal, Seán Breathanach'. D'éirigh go maith le cláir mar *SBB ina Shuí* agus *Scaoil amach an Bobailín*, ach ba léir go raibh gá le '*groovy* bábóg' nó dhó eile.

Nuair a bhí an díospóireacht faoi bhunú na teilifíse Gaeilge in airde láin, bhí mórán gach éinne a bhí ag éileamh na seirbhíse nua ar aon intinn gur deis stairiúil a bhí ann an teanga a scaradh óna híomhá sheanaimseartha, bíodh an íomhá sin cruinn nó ná bíodh. Scríobh Seosamh Ó Cuaig ar *Comhar* in 1988, mar shampla, gur deis a bheadh ann 'éalú ar bhealach éigin ó scamaill an bhéaloidis atá go plúchtach os ár gcionn … ó bheith ag freagairt don tsamhail atá ag daoine eile dínn … gur dream simplí, seanaimseartha, naofa, nó sin leath-réamhstairiúil muid.' (Ó Cuaig 1988)

D'éirigh le TnaG ó thús, agus ar bhealach nár tharla riamh roimhe sin, suaitheadh a bhaint as íomhá sheanaimseartha seo na Gaeilge, cé gur chum Ó Cuaig féin ina dhiaidh sin an focal '*babe*-achas' mar chaitheamh anuas ar chur chuige TG4 a chuaigh thar fóir, dar leis, ina iarracht éalú ó 'scamaill an bhéaloidis'.

Bhí an scríbhneoir agus colúnaí nuachtáin Liam Ó Muirthile ar dhuine eile acu siúd nach raibh faoi gheasa ar fad ag an mbéim a chuir TnaG go mínáireach ar an óige.

Is sórt cuilt páistí atá i TG4. Nuair a bunaíodh é is léir go raibh sórt náire ar an bhfoireann go raibh siad ag tabhairt faoi stáisiún Gaelach. Bhí siad ag iarraidh lucht an chaféchultúir a mhealladh agus bhí na cláracha dírithe ar an gcultúr sin. Ní raibh siad dílis don chultúr Gaelach ar dtús … (Ó Muirthile 2001)

Le teacht TnaG bhí 'diospansáid nua mhursanta i réim', dar le Ó Muirthile.

Nuair a bunaíodh TnaG, dúradh de chogar íseal agus ard nár theastaigh ó bhainistíocht na seirbhíse nua go mbeadh aon rian de 'lámh mharbh Nuacht RTÉ' ar nuacht TnaG. Bheadh an tseirbhís nua 'úr' agus 'gnéasach'. Earcaíodh iriseoirí agus láithreoirí óga. Cuireadh oiliúint áirithe theoranta orthu … Éinne a thug foláireamh faoi na heaspaí follasacha, faoin gcur chuige éaganta seo brandáladh é mar 'bhunchreidmheach féasógach' nó 'Taliban'. (Ó Muirthile 1998)

Is fíor gurbh ann don 'diospansáid nua mhursanta' ar thagair Ó Muirthile di, agus gurb ann di i gcónaí, ach níl aon cheist faoi ach gur chuir TnaG íomhá na Gaeilge ó aithne agus gur chuir sí preab agus anam arís sa teanga. Mar eachtrannach a tháinig chun cónaithe i nGaillimh in 1995 agus a d'oibrigh don stáisiún ina dhiaidh sin, tá léargas ar leith ag an iriseoir agus údar Ísiltíreach Alex Hijmans ar an athrú mór seo.

Fiú an bhliain sin a chaith mé in Éirinn sular thosaigh TnaG ag craoladh, bhí fuadar faoi shaol na Gaeilge. Bhí craoltóirí na todhchaí á dtraenáil agus bhí bús san aer. Maidir le bunú TnaG agus íomhá na Gaeilge i gcoitinne, is dóigh liom, den chéad uair riamh, gur éirigh an teanga *cool*. B'fhacthas fiú dóibh siúd nár labhair an teanga go raibh stádas ag baint léi anois – agus is dóigh liom go raibh feiceálacht na réaltaí óga teilifíse i saol sóisialta Chathair na Gaillimhe agus Conamara Theas ('Conamara a Ceathair', mar a thugtaí air) chomh tábhachtach céanna leis na cláracha a chuir siad i láthair. Bhí clár do pháistí ar TnaG ag an am, *Cúla Búla*, agus ar feadh tréimhse, bhí an nath cainte 'Cúlabúla!' an-fhaiseanta i nGaillimh – i measc cainteoirí Béarla ach go háirithe. Is dóigh liom nach bhfuil focal níos fearr a léiríonn bús na laethanta tosaigh sin: bhí an Ghaeilge 'cúla búla' – fiú murar labhair tú í. (2014)

Dar le Hijmans gur ag sodar i ndiaidh lucht na teanga a bhí na Béarlóirí agus iad ag triall ar áiteanna nach raibh an Ghaeilge ar fónamh iontu roimhe sin.

Bhí tréimhse ann nuair a bhí lucht na Gaeilge chomh *cool* sin gur lean an slua iad, Béarlóirí agus daoine thar tír isteach a raibh cónaí orthu i nGaillimh san áireamh. Rachfá chuig an chlub oíche ag Cian Ó Cíobháin ag 110th Street thuas staighre in Amharclann na Cathrach, agus chuig an Boogaloo sa Dubhlann a tháinig i gcomharbacht air, toisc go mbeadh réaltaí TnaG/ TG4 ann. Seans go gcasfaí fear nó bean na haimsire ort, mar shampla, nó aisteoir nó beirt as *Ros na Rún*. Seans go labhróidís leat fiú amháin! ... Gach seans go bhfuilim ag dul rud beag thar fóir, ach déarfaidh mé é, pé scéal é: den chéad uair ó Theitheadh na nIarlaí, b'fhéidir, bhí dream i saol na Gaeilge a bhféadfá *royalty* a thabhairt orthu – agus is i mBaile na hAbhann a bhí a gCúirt.

Glacann Hijmans leis nach mbeadh an tuiscint chéanna ag daoine nár chónaigh i nGaillimh ar laethanta Ailcín TnaG agus na daoine áille a labhair an teanga 'cúla búla', ach sa tréimhse i ndiaidh bhunú TnaG, b'fhocail ar nós *edgy, vibrant* agus *cool* is minice a chuirtí ag obair chun cur síos ar an stáisiún nua.

Bhí a léamh sainiúil féin ag Declan Lynch ar theaspach an stáisiúin '*edgy*' in alt leis a foilsíodh sa *Sunday Independent* go gairid i ndiaidh bhunú TnaG:

In the space of half an hour there were two gay men on TnaG and a man with two Mickeys. The gay men were on Ros na Rún, *which began positively with ample concessions to the English-speaking world and plenty of production values … The man with two Mickeys was a team captain on the mad quiz* Ard Rí. *He introduced a Mickey on his right, and then 'mo dara Mhicí' or 'my second Mickey' on his left. Happy as a dog with same.* (1996b)

Bhí a léamh féin chomh maith ag Lynch – ar léir nár chuala sé trácht riamh ar an úrscéal *Mo Dhá Mhicí* le Séamas Mac Annaidh – ar an díospóireacht faoi chostas TnaG agus fiúntas na seirbhíse nua: '*I keep seeing programmes listed on TnaG that I might actually want to view. Increasingly, it looks like money well wasted.*' (1998)

Ba leasc le leithéid Lynch géilleadh go raibh cuma na maitheasa ar an tseirbhís nua agus ní raibh deireadh fós leis na hargóintí eacnamaíochta agus idé-eolaíochta ina coinne. Ní raibh an stáisiún seachtain féin ar an aer, nuair a dhein an t-iriseoir Vincent Browne nasc idir an caiteachas a bhí á dhéanamh ar TnaG agus an fhaillí a bhí á déanamh ag an Stát i bhfadhb na ndrugaí. Ba é an seanscéal céanna arís é:

Just think of what the £16 million capital expended on Teilifís na Gaeilge *and the millions it will cost annually could do for these areas – that alone would provide the treatment centres urgently required to deal with the drugs problem.* (Browne 1996)

Ní raibh, mar sin, an mionlach glórach a bhí i gcoinne TnaG ina dtost ar fad cé gur ciúnaíodh ar feadh tamaill iad. Faoin 15 Samhain 1996, bhí Micheál D. Ó hUigínn sásta go raibh an argóint áirithe seo faoi fhiúntas TnaG buaite:

Now that the new service is established, the sense that the right thing has been done is palpable. There is a sense that it was important not to lose that last opportunity – and that was the last opportunity. The sense is one of quiet relief too, of having come down on the cultural side of the argument. Then also the youth of the staff – average age twenty-four – seems to affirm a combination of an important component of identity, national self-respect, with the new technology. (Ó hUigínn 2006)

Faraor, ní raibh ann ach cneasú thar goimh. Bhain an dua a ghabh leis an *'new technology'* sin a thabhairt chun foirfeachta, chomh maith leis an dúshlán lucht féachana a mhealladh, an ghaoth de sheolta TnaG nach mór láithreach. Faoi dheireadh 1996, b'annamh 'TG4' luaite sna meáin gan focail ar nós *struggling, crisis-hit* agus *beleaguered* a bheith roimhe.

👁

An fhadhb ba mhó a bhí ag an tseirbhís nua i dtús aimsire ná nach raibh daoine ábalta teacht uirthi, agus léirigh mír eolais a foilsíodh in *The Irish Times* lá na hoscailte a chasta is a bhí sé TnaG a thiúnadh.

TnaG has a nationwide UHF transmission system and is available to viewers with UHF aerials who tune their television sets to the relevant channel number for their area. It is also available on cable as part of the basic service from Cablelink (the channel number varies according to area). In the Dublin area, viewers who receive their television signals from the air should tune their television sets to Channel 5, while viewers in south Leinster should tune to channel 23. For Munster, the relevant channel number is 31, while channel 68 covers most of Galway and south Mayo and channel 63 covers north Connacht. Viewers in Donegal, Derry and Tyrone should tune to channel 33, while Louth and east Ulster is covered by channel 68. Transmission from Cairn Hill, which cover the midlands, is on channel 50. People who receive their broadcasts from one of the 51 local transmitters around the country will need to tune to the channel designated for their area. (Mac Dubhghaill 1996i)

I Nollaig na bliana 1996 thug RTÉ le fios nach raibh teacht ag duine as gach ceathrar ar an gcainéal nua. Má bhí fonn ar na daoine sin féachaint ar TnaG, chaithfidís aeróg speisialta a cheannach ar shuim idir £20 agus £40. Ar na háiteanna ar theastaigh an aeróg seo, bhí iarthar Bhaile Átha Cliath, cuid de lár agus iarthar na tíre, cuid de chathair Chorcaí agus stráicí de chontaetha Chill Mhantáin, Chorcaí agus Chiarraí.

Bhí na fadhbanna tarchuradóireachta seo olc a ndóthain, ach ba mheasa an cás don chraoltóir Gaeilge nuair a d'fhoilsigh Nielsen, an comhlacht a dhéanann lucht féachana teilifíse a thomhas, figiúirí féachana don chéad mhí de chraoladh TnaG. Léirigh figiúirí Nielsen nach raibh, ar an meán, ach 0.5 faoin gcéad den lucht féachana, nó 13,000 duine, ag an stáisiún. Bhí na figiúirí seo bunaithe ar shampla 600 duine, agus d'áitigh TnaG go ráineodh go mbeadh an scéal míchruinn sa chás nach raibh cuid de rannpháirtithe an tsuirbhé ábalta teacht ar an gcainéal. Go gairid ina dhiaidh sin, d'fhógair bainistíocht TnaG go raibh taighde neamhspleách á choimisiúnú acu féin chun teacht ar léargas níos cruinne ar a lucht féachana agus ar líon na ndaoine a raibh deacrachtaí acu teacht ar an tseirbhís. Cuireadh tús chomh maith le feachtas feasachta poiblí agus scaipeadh bileoga eolais ar fud na tíre a mhínigh conas an cainéal a thiúnadh.

Ba léir, áfach, nach raibh an oiread sin dóchais ag bainistíocht TnaG go mbeadh an scéal mórán níos fearr ná mar a léirigh Nielsen. '*We'd like to think that they underestimate it, but that could be wishful thinking,*' a dúirt Cathal Goan ar an 2 Nollaig (The Irish Times 1996b).

Bhí fadhbanna móra chomh maith ag TnaG leis na comhlachtaí cábla nach raibh aon fhonn rómhór orthu fóirithint ar an stáisiún nua. I mBaile Átha Cliath, chraol an comhlacht Cablelink TnaG ar an gcainéal céanna a d'úsáid sé chun mósáic a thaispeáint de na cainéil ar fad a bhí á soláthar acu, agus níor tugadh aon leid do dhaoine gur ar an gcainéal seo a thiocfadh duine ar TnaG le linn uaireanta a chraolta. Sa chás go raibh deacrachtaí ag daoine teacht ar TnaG, a dúirt urlabhraí ó Cablelink '*they can phone up and we'll tell them where it is*' (Mac Dubhghaill 1996k).

Ba mheasa fós an scéal i gCorcaigh, áit ar dhein an comhlacht Irish Multichannel cinneadh go gcraolfaí TnaG ar an gcainéal céanna leis an stáisiún Gearmánach Sat One a thaispeáin scannáin do 'dhaoine fásta' déanach san oíche. Bhí tuismitheoirí Gaelacha cois Laoi buartha go dtiocfadh a bpáistí ar na scannáin seo trí thimpiste, ach gheall an comhlacht go gcuirfí gléas speisialta ar fáil lena bhféadfaí 'cosc' a chur ar Sat One agus anamacha leochaileacha Ghaeil Chorcaí a chosaint ó ghraostacht na nGearmánach. '*We get more complaints about other channels showing soft porn than we do about Sat One*,' a dúirt urlabhraí ó Irish Multichannel (Mac Dubhghaill 1996k).

Bhí na nuachtáin Bhéarla chomh fuarchúiseach céanna faoi chás TnaG is a bhí na comhlachtaí cábla agus thug siad an t-eiteach glan ar feadh i bhfad d'éileamh na bainistíochta go ndéanfaí sceideal TnaG a áireamh i measc sceideal na gcainéal dúchasach eile ar a leathanaigh teilifíse. Fiú ar iris mhór-ráchairte RTÉ féin, an *RTÉ Guide*, bhí sceideal TnaG brúite isteach i gcúinne ar feadh tamaill ann.

Bhí an 't-arrachtach binn', mar a thug an file Michael Davitt (1998) ar an stáisiún nua i ndán leis den teideal céanna, báite i lár na mara móire. Ghríosaigh na scéalta seo chun pinn arís Kevin Myers agus naimhde eile lucht bunaithe TnaG a chreid go raibh sé i ndán ó thús do Theilifís na Gaeilge go dteipfeadh uirthi. Anois, ba ar éigean go raibh cuid acu ábalta a ríméad a cheilt. I gcolún uaidh ag tús mhí na Nollag 1996, thagair Myers don abar morálta ina raibh TnaG fágtha i gCorcaigh:

> *One possible key for the survival of the station comes from Cork where Irish Multichannel transmits it on the same wavelength as soft porn but at a different time. No doubt it's viewing figures are higher there. And perhaps it is even known as TnaGee.* (Myers 1996)

Sa cholún céanna, dúirt Myers go mbeadh sé míchóir 'marbhna' TnaG a scríobh agus gan ach mí curtha de ag an stáisiún, ach sa deireadh dhein an colúnaí neamhní dá scrupaill:

> It is of course in the utmost bad taste to pronounce so early on in the life of TnaG. It has barely begun and to pronounce its obsequies now would be grotesque. But is it so wrong to repeat questions that this column has asked before about Teilifís de Lorean? ... My own preference is that the Irish language, such as it is, should be preserved. This does not mean we should engage in the meaningless pieties which so often pass for opinion in Irish life. The truth is that the Irish language has a place in our communal heart barely farther away from its virtuous centre than black babies. Nobody would ever dare say let black babies die, though we do let them die all the time. (Myers 1996)

Faoi thús 1997, ní raibh fágtha de loinnir oíche Shamhna na bliana roimhe ach meathsholas a bhí ag dul in éag agus chuir tromfháisceadh TnaG an fhuil ag coipeadh arís i lucht a cháinte. An seamsán céanna a bhí i gcónaí acu, ach armlón nua tugtha dóibh. Ba é an polasaí a bhí ag TnaG ná cosaint thar na bearta a dhéanamh ar na hionsaithe seo, ba chuma cé chomh gangaideach míréasúnta is a bhíodar. Botún ab ea é seo, dar le tráchtairí áirithe.

Dar le hUinsionn Mac Dubhghaill, Eagarthóir Gaeilge *The Irish Times* ag an am, gur lig an ceannasaí 'do lucht a cháinte an iomarca tionchair a imirt air' agus go raibh 'deiseanna ann nár ghlac sé leo agus súil róghéar aige ar na figiúirí féachana agus ar na gearrthóga nuachtáin.'

Bhí ródhúil ag TnaG i dtuairimí chumann formheasta na dtráchtairí:

> Ar nós an choileáinín bhig a scaoiltear isteach ón bhfuacht, rith TG4 timpeall na cisteanaí, a eireaballín á chroitheadh ar luas mire aige, ag rá, 'féach orm, tá mé go maith, is fiú breathnú

orm, is fiú an cúpla punt mé'. (Mac Dubhghaill 2001)

Níl aon ghéilleadh ag Cathal Goan don chaint go raibh TnaG ró-iarratach nó róghoilliúnach.

> Is furasta é a rá anois. Sa chás go raibh muid goilliúnach faoi, smaoinigh ar an gcraiceann tiubh a theastódh le nach gcuirfeadh rudaí mar sin isteach orainn. Agus mura ngoillfeadh na rudaí sin ort, arbh fhiú a bheith leat? Ní bheadh do chroí san obair mura ngoillfeadh a leithéid ort. (2014)

Ag deireadh 1996, foilsíodh torthaí an taighde a bhí déanta ag Lansdowne Research don stáisiún. Mhaígh an bhainistíocht go raibh ar an meán 180,000 duine ag féachaint ar TnaG in aghaidh an lae. Dúradh chomh maith go raibh leath den phobal tar éis féachaint ar an gcainéal nua sa chéad dá mhí aige ar an aer. Ach ní raibh teacht ar an tseirbhís nua ach ag 45 faoin gcéad den phobal i gceantair tuaithe agus 70 faoin gcéad den phobal i gceantair uirbeacha. I gcúige Mumhan, áit a raibh a thrí oiread den lucht féachana ag cláir Ghaeilge ná mar a bhí san ardchathair, ní raibh teacht ach ag 40 faoin gcéad den phobal ar TnaG. Thug an stáisiún le fios go raibh 7 faoin gcéad den phobal ag féachaint ar TnaG ar a laghad uair sa tseachtain.

Chuaigh Eddie Holt go hoighear an scéil in alt uaidh in *The Irish Times* a chaith súil siar ar chúrsaí teilifíse in 1996:

> *The most notable birth of the year was that of* Teilifís na Gaeilge, *a Halloween baby, which, in spite of a lively and fresh approach, is battling for survival. A couple of months on, adequate notification of how to tune in to TnaG has still not been made available.* (1996b)

Mar sin, cé gur thuill roinnt mhaith de chláir TnaG ardmholadh – go háirithe an tsraith ghrinn *CU Burn* agus cuid dá chláir faisnéise – is beag duine a bhí ag féachaint ar an gcainéal nua. Faoi thús 1997, bhí an stáisiún ag imeacht go barrthuisleach ó ghéarchéim amháin go géarchéim eile agus gan dóthain airgid ná acmhainní aige lena chosa a thabhairt leis. I mí Feabhra, thug figiúirí Nielsen le fios nach raibh ar an meán ach 6,000 duine ag féachaint ar TnaG ag an bpríomh-am craolta. Cé gur easaontaigh bainistíocht TnaG leis na figiúirí seo arís agus gur tharraing siad chucu figiúirí eile faoi líon na ndaoine a bhí á 'aimsiú' acu, ní raibh aon éalú ón bhfírinne le lúbaireacht. Ba bheag an glacadh a bhí leis an gcaint seo faoi 'aimsiú' na sluaite, fiú i measc fhoireann an stáisiúin. Ba é an easpa lucht féachana sna blianta sin is mó a d'fhan i gcuimhne Chathail Mhic Choille nuair a d'fhéach sé siar, in 2001, ar an tréimhse a thug sé mar chéad chomhfhreagraí polaitíochta ag *Nuacht TnaG.*

An cheist chéanna a chuirtí orm i dtosach, agus ar feadh cúpla bliain: an bhfuil duine ar bith ag breathnú air? Ba chuma cén freagra a thug mé. Cuireadh an cheist mar réamhrá. Thagadh tuairim i gcónaí ina dhiaidh, nár chóir airgead a chur amú ar áiféis dá leithéid, nó gur theastaigh sé go géar agus go raibh an té a chuir caidéis orm ina fhabhar ó thús. Ní mar gheall ar an amhras forleathan a cuireadh na comhráití seo lagmhisneach orm. Ba léir ó thús nach múchfadh bunú an stáisiúin an chonspóid a spreag an feachtas ar a shon roimh ré. Ach ba léir gur ar éigean gur bhreathnaigh duine ar bith ar na cláir, agus go mba chuma dáiríre cén sort ábhair a chuirfí ar an aer. Bheadh an lucht tacaíochta dílis, agus bheadh an freasúra inár gcoinne go deo. Ach d'athraigh an léargas. D'éirigh an dá dream as síorphlé bhunú an stáisiúin, *pro* agus *con.* (2001)

Bhí léamh suimiúil ach duairc ag Holt ar an gcruachás ina raibh an stáisiún le linn na tréimhse seo agus ba go mífhonnmhar a mhol sé fuascailt na faidhbe.

But competence – even excellence – is no guarantee for TnaG's success at this stage. Many of its programmes are at least the equal of those offered by its competitors. But, competence will not get enough people to zap to an Irish-language station. It's sad to say, but what TnaG needs now is a sustained PR campaign. Celebrity, even notoriety, not quality, is becoming the currency of too much successful media today. (1997)

Tharraing TnaG go leor poiblíochta air féin i mí Eanáir 1997 nuair a chraol an sobalchlár *Ros na Rún* an chéad phóg homaighnéasach i stair na teilifíse in Éirinn. Chuir na nuachtáin thablóideacha agus na nuachtáin mhórbhileoige araon suim sa scéal ach, tríd is tríd, ní raibh ag éirí go rómhaith le TnaG margaíocht a dhéanamh air féin, laige nach raibh Cathal Goan dall air.

'Rinne muid jab maith agus sinn ag seoladh na seirbhíse ach bhí muid chomh gnóthach ansin ag coinneáil gach rud le chéile go ndearna muid dearmad aird a tharraingt orainn féin.' (Delap 1997)

Luaigh Goan cúrsaí margaíochta an athuair in 1998 nuair a cuireadh ceist in agallamh leis an iris *Cuisle* faoin méid a bhí foghlamtha aige ó tháinig an stáisiún ar an bhfód.

Déarfainn go raibh mé soineanta dhá bhliain ó shin. I mo chroí istigh, mheas mise nach raibh i gceist ach na cláracha a bheith go maith, ach is de réir a chéile a tháinig an tuiscint chugam, agus is admháil mhillteanach é seo do dhuine atá i gceannas ar rud ar bith, ach níor thuig mé tábhacht na margaíochta. (Johnson 1998c)

Níor mhór na póga a bhí á séideadh chuig TnaG in Earrach 1997. I mí Feabhra ba é seal na bpolaiteoirí, dream ar minic iad ag leá le béalghrá don chraoltóir Gaeilge, chun dianscrúdú a chur ar TnaG.

Ar an 21 Feabhra, chuaigh bainistíocht TnaG os comhair Choiste Oireachtais na Gaeilge agus thug na polaiteoirí sciúradh maith dóibh.

Dúradh gur beag téagar ná 'conspóid' a bhain leis an stáisiún nua agus cáineadh chomh maith an easpa scéalta áitiúla agus praiseach na bhfadhbanna tarchuradóireachta. Dúirt an Teachta Dála Éamon Ó Cuív ó Fhianna Fáil go raibh géarghá le seó cainte beo ar chuma *The Late Late Show*. Mhol Micheál D. Ó hUigínn dá chomhghleacaithe i dTithe an Oireachtais seans a thabhairt don stáisiún é féin a chruthú.

An mhí dár gcionn, i Márta 1997, bhí TnaG ina cheap magaidh ar an gclár aoire iomráiteach *Scrap Saturday* ar RTÉ Radio 1 (Browne 1997). Bhain Dermot Morgan agus a chairde greann as sceitse inár cuireadh agallamh ar '*the* Teilifís na Gaeilge *viewer*'. José ab ainm dó agus ba as Galicia na Spáinne ó thús dó. An t-aon chúis go mbíodh José ag féachaint ar TnaG ná chun an fhoireann ab ansa lena chroí, Deportivo La Coruña, a fheiscint ar an gclár *Olé Olé*. '*Since I am coming in Hireland, I am watching TnaG*,' a dúirt José.

Seans gur bhain scigmhagadh *Scrap Saturday* gáire beag dóite fiú as lucht TnaG féin, ach is beag fonn gáire a bhí ar lucht labhartha na Gaeilge faoi alt le Brendan O'Connor a d'fhoilsigh an *Sunday Independent* i mí Feabhra. Ag tagairt d'imeachtaí *Ros na Rún*, scríobh O'Connor go bhféadfadh gur léargas fírinneach a bhí ann ar '*the kind of bullshit that might go on in small inbred communities in the Gaeltacht*' (1997). Dúirt Liam Ó Cuinneagáin, stiúrthóir Oideas Gael i nGleann Cholm Cille, agus duine de bhunaitheoirí an fheachtais náisiúnta teilifíse, go raibh an t-alt ar nós rud a d'fhoilseodh an iris *Punch* sa naoú haois déag agus gur léirigh dearcadh O'Connor an gá a bhí le reachtaíocht chun gach mionlach a chosaint 'is cuma más mionlach teanga nó cultúir ar bith iad.' (Delap 1997a)

Mhol an polaiteoir Ciarraíoch Breandán Mac Gearailt gan aon aird a thabhairt ar na 'neamhdhaoine' a bhí i mbun pinn don *Sunday Independent*. Dúirt O'Connor féin nár chuir sé aon iontas air gur dhein lucht na Gaeilge scéal mór de 'mhionphointe' ina alt agus nár bhacadar lena phríomhphointe go raibh 'calaois ollmhór' i gceist le TnaG.

'Tá níos mó homaighnéasach sa tír ná mar atá Gaeilgeoirí líofa. Seans go bhfuil sé in am againn TnaGay a bhunú,' a dúirt fear an *Sunday Independent* sa ráiteas neamhleithscéalach faoin gconspóid a chuir sé ar fáil do *Foinse* (Delap 1997a).

Idir an dá linn, bhí súil níos géire agus níos íogaire á caitheamh ag na meáin Ghaeilge ar an stáisiún nua. B'fhollasach ó thús nach rachadh tráchtairí na Gaeilge bog ar TnaG. Ina léirmheas in *Foinse* ar chláir na hoíche oscailte, ní raibh Róisín Ní Mhianáin chomh bíogtha céanna ag an scannán *Draíocht* is a bhí cuid de léirmheastóirí an Bhéarla arbh leor dóibh go raibh Gabriel Byrne ann agus é ag Gaeilgeoireacht.

'Draíocht ar bith a bhí ag baint leis an scannán seo, bhain sí le hócáid a chraolta, bunú TnaG. Ní raibh an aisteoireacht ach go measartha, chuaigh an scéal féin chun leadráin agus ní draíocht ach mearbhall a cuireadh orainn,' a scríobh Ní Mhianáin (1996).

Is cóir a rá, áfach, nach bhfuil léirmheastóireacht dhúisitheach ghéarchúiseach déanta go leanúnach ag na meáin Ghaeilge ar fhiúntas chláir TnaG/TG4. Fág as an áireamh eisceachtaí áirithe in *Foinse, Comhar, Lá* agus *Tuairisc.ie*, agus tá bearna mhór chritice ann i dtaobh na teilifíse.

I dtús aimsire, bhí díomá ar chuid de phobal na Gaeilge mar gheall ar an oiread Béarla a bhí ar TnaG agus ar *Ros na Rún* go háirithe agus níor thaitin caighdeán na Gaeilge a bhíodh á labhairt ar an tseirbhís nua le cuid acu ach an oiread. Chuir daoine a míshástacht in iúl go minic ar Raidió na Gaeltachta agus ar leathanaigh litreacha na bhfoilseachán Gaeilge.

Is léir, mar shampla, ón díospóireacht ar leathanach na litreacha in *Foinse* ag an am go raibh roinnt daoine míshásta le caighdeán na Gaeilge ag cuid de láithreoirí, aisteoirí agus iriseoirí óga TnaG. Ar an 20 Aibreán 1997, bhronn *Foinse* 'litir na seachtaine' ar litir ó Shéamas de Barra inar mhaígh sé gur 'ar dhéagóirí thar a bheith aerach' a bhí an stáisiún dírithe agus gur beag a bhí ar TnaG, taobh amuigh de *CU Burn*, a 'gcuirfeadh an duine lánfhásta mórán spéise ann' (de Barra 1997a).

Cháin de Barra drochfhoghraíocht agus míchruinneas teanga na seirbhíse nuachta agus na bhfógraí. 'Is beag oíche nach ndéantar tuaiplis éigin,' a scríobh sé agus é buartha faoin nós a bhí ag craoltóirí áirithe aiceann a chur ar na haidiachtaí simplí sealbhacha, rud nach ndéanfadh duine stuama 'i dteanga Cheilteach ar bith.'

Dúirt sé nach raibh na craoltóirí a raibh Gaeilge ó dhúchas acu mórán níos fearr ná a gcomhghleacaithe, go 'mbraithfeá ar chuid acu nár fhoghlaim siad léamh na Gaeilge riamh' agus gur eolas 'an-chúng' a bhí acu ar an teanga. B'údar díomá go háirithe dó an léitheoir nuachta a dúirt oíche amháin go mbeadh scéal éigin ann 'ar bhall beag' seachas 'ar ball beag'.

Spreag litir de Barra díospóireacht bheoga in *Foinse* sna seachtainí ina dhiaidh sin faoi chaighdeán na Gaeilge ar an gcainéal nua. D'easaontaigh roinnt daoine le de Barra, ach thacaigh daoine eile lena sheasamh diongbháilte i gcoinne an aicinn ar na haidiachtaí simplí sealbhacha.

Ní gach éinne a raibh an griothal céanna orthu faoi chaighdeán Gaeilge an stáisiúin nua, áfach. Ar an 4 Bealtaine 1997, bhronn *Foinse* 'litir na seachtaine' ar Aindrias Ó Murchú a bhí seanbhlastúil go maith faoi de Barra:

> Ní bheidh aon duine in TnaG róshuaite faoi 'léirmheas' Shéamais de Barra ar a gcuid fógraíochta agus foghraíochta. Cúis cheiliúrtha chucu gan de locht a bheith aige ar an stáisiún nua ach béim neamhCheilteach i bhfógraí bainc, guta neamhaiceanta á rá go héagórach ar Aoine an Chéasta (gur measa é ná lionn dubh a ól ar an lá céanna), agus focal a shéimhiú go místairiúil tráth nuachta. Sna meánaoiseanna nuair a d'iompaigh Muimhnigh ar bhéim a chur ar an tarna siolla, is dócha go raibh gúmadóir ceartbhriatharach éigin ar a shúgán léannta i Rath Fearnáin, agus cáineadh sollúnta sean-

chríonna á dhéanamh aige orthu. Rud nádúrtha is ea é athrú a theacht ar theangain: más Gaeilge thacair atá ó Shéamas léadh sé téacsleabhar scoile éigin ón Roinn Oideachais. (Ó Murchú 1997)

D'áitigh Ó Murchú gur locht níos mó ar an tseirbhís nua 'an t-athchraoladh tuirsiúil ar chláracha ó sheachtain go chéile … agus seachadadh na bpopfhíseán ag príomh-am craolta' agus mhol sé do de Barra dul ag spaisteoireacht dó féin ar shléibhte Bhaile Átha Cliath agus suaimhneas éigin a thabhairt dá 'chluaisín Ceilteach'.

Is cosúil gur spreag an moladh magúil seo de Barra chun dul i mbun na bleachtaireachta, mar d'ardaigh sé a shoc an tseachtain ina dhiaidh sin arís agus ba chuma nó Réics Carló na ceartGhaeilge an geábh seo é. Foilsíodh toradh a fhiosrúcháin in *Foinse* faoin gceannlíne 'Cé hé Aindrias Ó Murchú?':

Ach cé hé an Scaramouche seo Aindrias Ó Murchú, agus cá bhfuil Teach 158 ar Bhóthar Thomáis Uí Mhórdha? 155 an uimhir is mó ar Bhóthar Thomáis Uí Mhórdha nó ar 'Bhóthar Tomás Ó Mórdha' mar a thugtar air ar an gcuid is mó de na plátaí eolais. Eolaí Telefóin na hÉireann 01 areas 1997/1998, ní liostáileann sé Aindrias Ó Murchú. (de Barra 1997b)

Má bhí an díospóireacht seo faoi chaighdeán na Gaeilge ábhairín beag osréalach uaireanta, ní hé sin le rá nach raibh amhras i measc phobal na Gaeilge faoi pholasaí teanga TnaG ná faoi ghnéithe eile den tseirbhís nua. Deir Cathal Goan gur ghoill cuid den cháineadh seo ar bhainistíocht na teilifíse, go háirithe cuid den tráchtaireacht a bhí ar bun ar Raidió na Gaeltachta agus ag daoine a bhí fostaithe ag Raidió na Gaeltachta.

Bhí ár gcomhghleacaithe rud beag níos faide siar an bóthar go mór in amhras. Bhí siad in amhras faoi theilifís, faoin íomhá seo a bhí á chur chun cinn faoin óige agus thar aon rud eile bhí

siad in amhras faoi chumas Gaeilge cuid de na hiriseoirí. Ní
gan chúis a bhí sin ann i gcónaí, ach ghoill sé go mór orainn.
Ba rud nua é agus bíonn daoine i gcónaí in amhras faoi rudaí
nua, agus na daoine seo a bhí in amhras faoi TG4, b'iadsan fiche
bliain roimhe sin, na *new kids on the block*, b'iadsan na *enfants
terribles* a bhí chun an diabhal a dhéanamh mar bhí stáisiún nua
á chur ar bun acu. Anois fiche bliain ina dhiaidh sin, bhí na
rudaí céanna á rá faoi dhream éigin eile. (2014)

Máirín Ní Ghadhra agus Áine Ní Chiaráin, láithreoirí *Cead Cainte*. Nuair a craoladh *Cead
Cainte* ar dtús in 1999 ba í an chéad uair ar chuir beirt bhan clár cúrsaí reatha teilifíse i
láthair in Éirinn

D'fhéach cuid d'fhostaithe an raidió ar theacht na teilifíse mar bhagairt,
rud a bhí intuigthe ó tharla go raibh, geall leis, monaplacht acu i saol
na craoltóireachta Gaeilge agus Gaeltachta roimhe sin. Níorbh aon
chomhtharlúint gur choimisiúnaigh RnaG sraith pobalbhreitheanna
le craoladh aimsir sheoladh TnaG. Meabhrú a bhí ann gurbh ann do
chraoltóir Gaeilge eile agus nach raibh sé chun géilleadh go bog don sotaire
teilifíse soir an bóthar uaidh.

Cé gur craoladh RnaG ar chainéal TnaG sna blianta tosaigh agus gur mhinic fostaithe RnaG ag cur clár i láthair ar an teilifís, bhí scata daoine sa dá stáisiún a bhí in amhras faoina chéile. Mheas cuid d'fhoireann RnaG go raibh a seirbhís féin níos dúchasaí agus níos údarásaí ná an tseirbhís nua agus bhíodh Gaeilge bhacach 'ghaigí' na teilifíse mar ábhar fonóide agus fuarchaoineacháin sa cheaintín i gCasla.

Cúpla míle soir an bóthar i mBaile na hAbhann, d'fhéach daoine áirithe in TnaG ar RnaG mar raidió na seandaoine agus mar sheirbhís sheanfhaiseanta a raibh a seal caite aici agus a cnaipe déanta. Go deimhin, ba é ceann de na mianta ba mhó a bhí ag cuid de bhunaitheoirí TnaG ná go mbeadh sé go hiomlán éagsúil le RnaG.

Cruthú ab ea an díospóireacht theasaí a bhí ar siúl in RnaG ag an am faoi cheadú amhrán ina raibh lioricí Béarla ar an stáisiún ar an mbearna mhór idir éiteas teanga Chasla agus Bhaile na hAbhann. Nuair a d'fhág an craoltóir Máirín Ní Ghadhra RnaG chun dul ag obair ar *Cead Cainte*, clár cúrsaí reatha a sholáthraíodh RTÉ do TnaG, thug sí suntas don chur chuige éagsúil teanga sa dá eagraíocht. Agus í ag ullmhú scripte don chlár teilifíse d'athraigh sí an téarma 'dris chosáin' go 'deacracht' cé gur 'dris chosáin' a beadh aici dá mbeadh sí fós leis an raidió. Bhí sí cúramach, a dúirt sí le *Foinse* gan an iomarca 'leaganacha áitiúla' a tharraingt chuici féin ar TnaG mar go raibh sí 'ag déileáil le *ethos* difriúil leis an dteilifís' (Mac Con Iomaire 1999a).

B'fhacthas do Sheosamh Ó Cuaig, áfach, go raibh níos mó i gceist leis an deighilt seo ná cúrsaí teanga amháin.

Tá TnaG ar an gcaoi sin mar gheall gur ón taobh amuigh atá an rud ag tíocht. 'Gabhfaidh muid siar agus slánóidh muid na Sioux Indians,' sin é an meon atá ann. Ní fhéadfá Sioux Indian a chur i gceannas ar na Sioux Indians. Níl sé sin ann le Raidió na Gaeltachta fós. Is é Raidió na Gaeltachta an t-aon institiúid Gaeltachta dá raibh againn … Nuair a bhí siad ag cur na teilifíse ar bun, dúirt siad, 'B'fhéidir go bhfuil muintir na Gaeltachta i gceannas ar an Raidió, ach ní bheidh siad i gceannas ar an teilifís seo.' Ach is cuma céard a cheapfas muid faoin teilifís, tá sí ann. (Johnson 1998b)

Bhain comhghleacaithe Uí Chuaig in RnaG greann as an mbraistint seo nach mbeadh mórán cártaí Nollag á seoladh ó Chasla soir nó ó Bhaile na hAbhann siar. I mír scigaithrise ar an gclár grinn *Meascán Mearaí* i Samhain 1997, samhlaíodh cluiche caide lán de ghearradh idir foirne an dá stáisiún agus Micheál Ó Muircheartaigh, mar dhea, ag cur síos ar 'Seosamh Ó Cuaig ag éirí sna spéartha agus Pádhraic Ó Ciardha ag éirí ar a dhroim' (Ó hÉallaithe 1997).

Ní mar mhagadh ar fad a bhí an t-eascairdeas seo, áfach, agus is cuimhin le duine amháin a bhí ag obair i seomra nuachta TnaG le linn na tréimhse seo eachtra a léiríonn go paiteanta an easpa measa a bhí uaireanta ag lucht an dá stáisiún ar a chéile. Lá amháin, bhí an duine seo i seomra na nuachta ag fógairt ar a chomhghleacaithe éisteacht le mír ar RnaG. Nuair a d'ardaigh sé an fhuaim chun go gcloisfeadh daoine eile a raibh á rá, dúradh go borb leis 'an stáisiún "mickey mouse" sin' a chasadh as.

Alan Esslemont, Ard-Stiúrthóir TG4, a bhí ina Bhainisteoir Ábhair nuair a bunaíodh an stáisiún i 1996 agus ina Stiúrthóir Teilifíse ó 2000–2007. D'fhill sé ar an stáisiún mar cheannasaí in 2016.

Ní hé nach raibh meas ag daoine sa dá stáisiún ar a chéile, ach bhí an caidreamh idir TnaG agus RnaG ar a laghad chomh casta céanna leis an gcaidreamh idir TnaG agus RTÉ. In áit an dá stáisiún Gaeilge, a bhí faoi scáth RTÉ, a bheith ag obair as lámha a chéile, ba chosúla go minic iad le dhá phoblacht neamhspleácha nach raibh ach cúpla míle de bhóthar eatarthu. Is iomaí cúis a bhí leis an eascairdeas seo, ach dar le duine amháin a bhí ag obair in RnaG i gCasla nuair a tháinig TnaG ar an aer, bhí míniú níos simplí ar an scéal ná mar a mheastar. Deir an duine seo go mbíodh lucht na teilifíse go síoraí 'ag tógáil scéalta nuachta' ón raidió gan aon aitheantas a thabhairt i dtaca le foinse an ábhair. Ní hamháin sin ach 'chuaigh siad as a mbealach le foinse an scéil a cheilt. Ní raibh náire ar bith orthu,' a deir sé.

Pé cúis a bhí leis an drochamhras, ba mhór an trua nach raibh an dá stáisiún ag déanamh comhair le chéile ó thús, dar le Alan Esslemont.

> Bhí deiseanna iontacha ann ó thaobh na comhpháirtíochta de, go háirithe i réimse na nuachta. Bhí tú ag caint ar dhá sheomra nuachta faoi cheannas RTÉ a bhí sa cheantar céanna nach raibh ag labhairt le chéile. Is mór an trua go raibh an teannas sin idir TnaG agus RnaG mar bhí go leor féidearthachtaí ann dá mbeadh nasc eatarthu. *No-brainer* a bhí agus atá i gcónascadh a dhéanamh idir na seirbhísí nuachta. (2014)

Deir Cathal Goan gur 'seafóid' é nach bhfuil cónascadh ceart déanta idir an dá seomra nuachta, ach bíodh sé ina 'dheacracht' nó ina 'dhris chosáin', níorbh é a chaidreamh le RnaG an fhadhb is mó a bhí ag *Nuacht TnaG* an uair ghéibheannach úd.

B'fhíor go raibh an teicneolaíocht is úire ar domhan in úsáid sa seomra nuachta, agus níor leasc leis an stáisiún a bheith ag déanamh mórtais as a cheannródaíocht san iriseoireacht físe, ach ba mhinic leis gur theip ar an gcóras a raibh an oiread sin den bhús agus fothragadh faoi. Thug Nuala O'Faolain suntas do na fadhbanna seo ina léirmheas ar an stáisiún nua in *The Irish Times*:

Then there was an outbreak of gremlinia. The news did not arrive
for a while, apart from a mute shot of the young lady news presenter
brushing her hair. (1996)

Uaireanta eile ní bhíodh an méid sin féin le feiscint ar *Nuacht TnaG* agus
ba mhinic a théadh an scáileán dorcha ar fad le linn na nuachta. Dar le
Bob Quinn, dhein na fadhbanna teicniúla seo dochar nach beag do TnaG
agus gan an cainéal ach curtha sa siúl.

It [Nuacht TnaG/TG4] *has been used as a laboratory to*
experiment with more efficient news-gathering practices, lack of
familiarity with which in the first six months caused a series of
appalling blunders, and damaged the early reputation of the baby
TV service. (Quinn 2001)

Ní raibh aon réiteach draíochta ar na deacrachtaí seo ar fad a bhí ag cur
bac ar fhorbairt TnaG, ach tharla cúpla rud tábhachtach in 1997 a thug
deis don bhainistíocht sceimheal a dhéanamh dá sciatha ina dtimpeall agus
plean fuascailte a cheapadh.

I bhFeabhra 1997, d'fhógair TnaG go raibh sé ag cur tús le sraith nua, *All*
Ireland Gold, mar a gcraolfaí scoth na gcluichí Gaelacha ó chartlann RTÉ.
Chuirfeadh an tráchtaire Micheál Ó Muircheartaigh na cluichí i láthair
i nGaeilge ach bhí an bhuntráchtaireacht féin i mBéarla. Bhí an socrú
le RTÉ maidir le craoladh na seanchluichí déanta ag Cathal Goan sular
tháinig TnaG ar an aer agus bhí sé in am anois an plean a chur i ngníomh.
Thosaigh *All Ireland Gold* ar an 4 Márta 1997 le craoladh chluiche ceannais
iománaíochta 1974 idir Luimneach agus Cill Chainnigh. Dhá chluiche a
taispeánadh in aghaidh na seachtaine, Máirt agus Déardaoin, agus d'fhág
an tsraith a rian láithreach ar an lucht féachana.

I Meitheamh 1997, thug figiúirí Nielsen le fios go raibh méadú tagtha ar
líon na ndaoine a bhí ag féachaint ar TnaG agus bhí an lucht féachana
dúbailte ó mhí Feabhra. Bhí baint nach beag ag cinneadh Goan dul ag

taiscéaladh óir i gcartlann RTÉ leis an athrú chun feabhais. Faoin am ar chríochnaigh an chéad sraith de *All Ireland Gold* ar an 19 Meitheamh leis an gcluiche ceannais peile ó 1989, bhí na cluichí ón gcartlann ag mealladh an líon céanna daoine le cuid de chláir Network 2. Cuireadh tús ina dhiaidh sin le craoladh cluichí sacair ón gcartlann sa tsraith *World Cup Gold* agus seanchluichí sa pheil chomhrialacha idir Éire agus an Astráil sa tsraith *Up Here and Down Under.*

Cloch mhíle thábhachtach eile ar chosán cnapánach na teilifíse Gaeilge ab ea an clúdach a dhein an stáisiún ar olltoghchán 1997. Tugadh ardmholadh do chláir thoghcháin TnaG. Ar an bpainéal ar na cláir speisialta thoghcháin seo ar an 7 agus an 8 Meitheamh, bhí beirt iar-airí rialtais, Paddy O'Toole agus Máire Geoghegan-Quinn, ach ba iad na tuairiscí slachtmhara ó fhoireann óg iriseoirí an stáisiúin ba mhó a thuill meas an phobail. Níos tábhachtaí ná sin, chuir na cláir seo le féinmhuinín na foirne.

> I 1997 rinneamar clúdach cuimsitheach ar gach dáilcheantar sa tír agus rinneamar sin ó Bhaile na hAbhann. Rinne mé féin stiúradh air sin agus bhíomar caithréimeach ina dhiaidh. An dearcadh a bhí againn ná, 'Tá ráiteas déanta againn anseo – táimid ábalta é seo a dhéanamh.' (Goan 2014)

Ba chinniúnach an toghchán é do TnaG ar chúis eile chomh maith. Nuair a bhí na vótaí caite, ba léir gur pholaiteoir ó Fhianna Fáil a bheadh ag teacht i gcomharbacht ar Mhicheál D. Ó hUigínn mar Aire Gaeltachta. Bhí caint ann ar feadh tamaill gurbh é an fear Gaeltachta Éamon Ó Cuív, garmhac le hÉamon de Valera, a gheobhadh an post, ach leagadh cúram na Gaeltachta air mar aire sóisearach agus ba í a chol ceathrar Síle de Valera, bean nach raibh an Ghaeilge ar a toil aici, a ceapadh ina haire sinsearach.

Faoi Mheitheamh 1997, mhaígh RTÉ go raibh 68 faoin gcéad den phobal ábalta teacht ar TnaG, méadú beag ón uair a tháinig sé ar an aer, agus bhí fáil ag 30 faoin gcéad de phobal na sé contae ar an tseirbhís. Bhí deacrachtaí ag daoine teacht ar an gcainéal i gceantair éagsúla, ceantair Ghaeltachta ina measc, go ceann roinnt blianta eile, ach ar a laghad ba i bhfeabhas a bhí an scéal ag dul.

Bhí feabhas beag tagtha chomh maith ar na figiúirí féachana den chéad uair ó sheoladh na seirbhíse. Faraor, ní raibh dóthain dul chun cinn déanta a chuirfeadh stad le tuile na ndrochscéalta.

❧

I mí Lúnasa 1997, bhí an bhainistíocht i mbun na cúlchosanta arís, na geatairí á gcaitheamh leo agus na sciatha ardaithe an athuair. Ag seoladh sceideal an fhómhair ar an Spidéal, dúirt Cathal Goan go raibh lucht féachana níos mó ag TnaG ná mar a bhí ag stáisiúin sainspéise eile ar nós Eurosport, MTV agus Sky News. Mhaígh sé go raibh 7 faoin gcéad den phobal, nó 220,000 duine, á n-aimsiú ag an gcraoltóir Gaeilge in aghaidh an lae agus go raibh sciar 1.1 faoin gcéad den lucht féachana aige ag an bpríomham féachana. Dhein Goan cosaint chomh maith ar chinneadh an stáisiúin cláir Bhéarla ar nós *All Ireland Gold* agus *Candid Camera* a chraoladh. Cúpla mí roimhe sin a thosaigh TnaG ag craoladh ábhair ón gcainéal siopadóireachta QVC déanach san oíche, comhartha eile go raibh an stáisiún Gaeilge tar éis díol amach, dar le lucht a bhasctha. Craoladh na cláir seo lasmuigh de chroísceideal Gaeilge TnaG, agus ba nós coitianta é ag stáisiúin i dteangacha mionlaigh cláir a chraoladh i dteangacha eile, a dúirt Goan. (Mac Dubhghaill 1997)

D'fhógair an ceannasaí chomh maith go gcuirfí tús le seirbhís nua do dhaoine óga, a bheadh á cur i láthair ag Hiúdaí, an troll beag a bhí ar cheann de na chéad 'réalta' ag TnaG. Tugadh le fios chomh maith go raibh an sobaldráma *Ros na Rún* le craoladh feasta ar feadh leathuair an chloig dhá lá in aghaidh na seachtaine.

Roimhe sin, bhíodh *Ros na Rún* á chraoladh ceithre huaire gach seachtain ar feadh ceathrú uaire. Bhí tús lag ag *Ros na Rún* agus é cáinte ag daoine áirithe mar gheall ar an méid Béarla a bhí air agus mar gheall ar dhrochGhaeilge chuid de na haisteoirí. Nuair a pléadh Béarla agus Béarlachas *Ros na Rún* ar *Do Bharúil* ar RnaG i Nollaig 1996, caitheadh i measc na gcos é gur léiriú cruinn ar 'chaint na ndaoine' sa Ghaeltacht a bhí ann. Ba bheag géilleadh a bhí ag duine amháin a scríobh litir chuig *Foinse* don argóint sin agus b'ait leis gur labhair seachtar ó cheithre chúige na hÉireann ar *Do Bharúil* agus nach raibh béarlagair *Ros na Rún* ar bhéal oiread agus duine amháin acu. Ach ghéill sé go bhféadfadh dul amú a bheith air agus go mba chóir fógra báis na teanga a léamh ar RnaG: 'Tá sorry orainn ach dieáil an last Gaeilgeoir líofa in Éirinn today and the speakers of Caint na nDaoine will bury him go groíúil.' (Ó Donnchú 1996)

Ba bheag duine, mar sin, a bhí tógtha le *Ros na Rún* nuair a thosaigh sé agus níor chúrsaí teanga amháin faoi deara nár éirigh leis an sobaldráma. Mheas Dónall Ó Maolfabhail, mar shampla, nach raibh an oiread preibe i scéalta ná i stiúradh *Ros na Rún* is a mbeifeá ag súil leis ó chlár dá leithéid.

> Ach chomh fada agus a bhaineann liom féin, ní dóigh liom gurb é seo an locht is mó [ceist na teanga] ar *Ros na Rún* ach laige an scéil. Is ar éigean a bhfuil scéal ar bith ar fiú trácht air i *Ros na Rún*. Ach an drochscéal féin, is féidir é a dhéanamh spéisiúil má tá tuiscint ag an léiritheoir ar conas teannas a chothú … Ach is cosúil go gceapann léiritheoirí *Ros na Rún* sinn uilig bheith buartha faoi chinniúint an chait Gigsy. Ag an bpointe seo déarfainn go bhfuil go leor daoine timpeall na tíre ar mo dhála féin ar chuma leo dá meilfí faoi rotha leoraí an Gigsy céanna. (1997).

Pé rud faoi Gigsy bocht, níor chríonna an cat ná an coimhéadaí agus chuaigh léiritheoirí *Ros na Rún* i ngleic le cuid de na laigí ba mhó a bhí sa chlár. Bhí tamall ann sular aimsigh an sobaldráma a bhuille ach faoin am ar chaith an t-iriseoir Breandán Delap a shúil ghéar ar an sobalchlár i mBealtaine 1997 bhí comharthaí dóchais ann gur i bhfeabhas a bhí cúrsaí ag dul.

Radharc as *Ros na Rún* le Bernie (Fionnuala Ní Fhlatharta), Liam (Darach Ó Tuairisg) agus Micheál (Josie Ó Cualáin)

Cuireadh ina leith gur mó Béarla ná Gaeilge a bhí ann agus go raibh an beagán féin lochtach go smior. Anois, áfach, agus clabhsúr tagtha ar an tsraith reatha, ní mór a áiteamh go gcronófar é i rith oícheanta fada, brothallacha an tsamhraidh. (Delap 1997b)

Bhí Delap meallta go mór ag 'cath scalladóireachta síceolaí Gaeltachta' idir Jack (Diarmuid de Faoite) agus 'Dirty Den na Gaeltachta' Tadhg (Macdara Ó Fátharta), mír 'fíordhrámatúil' a bhí 'ar maos le teannas agus binb.' Mhol sé 'léamh cumasach na n-aisteoirí ar script chaolchúiseach' agus mar ar éirigh leis an stiúrthóir 'slisíní conspóideacha de shaol na linne seo, a shá isteach in achar gairid, agus lasta trom a iompar in árthach beag.'

Thug sé faoi deara leis go rabhthas ag baint níos mó leasa as na pearsana is cumasaí ó thaobh na haisteoireachta agus na Gaeilge de agus ag tabhairt ról níos imeallaí do na haisteoirí eile, rud a bhí inmholta nó go gcuirfeadh an chuid eile den chliar 'sméar mullaigh ar a gcuid oiliúna agus snas ar a gcuid Gaeilge.' Bhí rithim an scéil 'rud beag róghasta' i gcónaí ach bhí béim á leagan go stuama anois ar radhairc le beirt nó triúr seachas ar na 'vignettes gairide lán d'aicsean ach gan mórán téagair' a bhí ann roimhe sin. Bhí an coimisiún ba mhó riamh i stair na teilifíse in Éirinn (£2.5m) ar an mbóthar ceart.

Ag féachaint siar dó ar laethanta tosaigh TnaG, deir Cathal Goan nár tugadh a cheart do *Ros na Rún* sa sceideal ag an tús. 'Is uaimse a tháinig an cinneadh sin go mbeadh sé ar siúl ceithre lá sa tseachtain, agus ba bhotún é. Ní fhéadfaí rithim scéil a fháil i gceart i gceathrú uair an chloig.' (2014)

Maidir le rithim scéil TnaG féin, ba bheag athrú a bhí ag teacht air. Ionsaí agus cosaint, ionsaí agus cosaint. Ní foláir nó bhí laethanta ann nuair a bhraith lucht an stáisiúin nach raibh faic eile i ndán dóibh.

I Samhain 1997, chaith Muiris Mac Conghail súil siar ar an gcéad bhliain ag TnaG agus mhol sé 'fuinneamh agus úireacht' na seirbhíse nua 'i mbliain a bhí lag go maith ag RTÉ'. Ach bhí Mac Conghail den tuairim riamh anall nach bhféadfaí ceist dhul chun cinn an chraoltóra a scaradh ó cheist a mhaoinithe.

> Tá an fhadhb chéanna mhaoinithe ag TnaG a bhí acu nuair a chuireadar bárc i bhfarraige. Snámhann sí, ach le sceideal chomh teoranta aici i gcomhthéacs a bhfuil ar siúl ina timpeall, conas is féidir dul san iomaíocht leis an rogha teilifíse atá le teacht leis an gcóras digiteach … Cúis imní dom an fhadhb seo; ní sheasóidh TnaG an cúrsa gan cur lena huaireanta …Tá an-tallann ina stiúir ar an tseirbhís. Is féidir le TnaG an fhís a fhíorú; an gníomh a chur le focal ach an Stát a bheith toilteanach … (Mac Conghail 1997b)

In ainneoin na hoibre éachtaí a bhí déanta ag an bhfoireann bheag ardaidhmeannach sceideal teoranta ach bíogúil a sholáthar, bhí an stáisiún fós faoi léigear. Mar bharr ar an donas, ní raibh dóthain acmhainní aige a cheadódh dó cath cothrom a thabhairt. Níor tugadh dóthain airgid do TnaG riamh agus de cheal airgid ba bhreallach an gnó a bheith ag súil go dtabharfaí faoi deara an stáisiún Gaeilge. Faoi dheireadh na bliana 1997, b'fhada gur ghá d'éinne fírinne an mhéid sin a chur ar a shúile do Chathal Goan.

'Mura dtugtar cothú don leanbh óg seo agus mura dtugtar airgead dúinn chun níos mó cláracha a dhéanamh rachaidh an rud i léig,' a dúirt an ceannasaí in agallamh a foilsíodh in *Foinse* (Delap 1997c).

6. Teacht aniar

*In a recent court case in the Galway courts, a defendant was being
ticked off by the judge for his paranoid behaviour which led him
there in the first place. 'You're a bit like TnaG,' said the Judge, 'you
think everybody is looking at you!'*

(Litir chuig an Eagarthóir, *Connacht Sentinel,* 5 Lúnasa 1997)

Last Saturday night I was hoping to watch Match of the Day *and
I had to switch channels very quickly because it was not* Match of
the Day *that was on TG4 …*

(Michael Ring, Dáil Éireann, 10 Samhain 1999)

Ag tús 1998 cuireadh cor cinniúnach i scéal TnaG nuair a seoladh
feachtas margaíochta faoi stiúir Shiúin Uí Raghallaigh. Fearacht chuid
eile d'fheachtais fógraíochta an stáisiúin ó shin, bhí an feachtas nua seo ar
maos le cruthaitheacht.

Chun go ndéanfaí TnaG a dhealú ó stáisiúin eile, baineadh earraíocht as
íomhánna ar shainghnéithe de chultúr na hÉireann iad. Bhí, mar shampla,
an deoch 'líomanáid dhearg' lárnach san fheachtas agus úsáideadh an mana
'*The land where lemons are red*' chun aird a tharraingt ar shainiúlacht an
chainéil Gaeilge mar sheirbhís dhúchasach Éireannach.

Cé go raibh an mana 'Súil Eile' ag TnaG ó thús, ba le linn an fheachtais fógraíochta seo a tugadh ómós cuí dó agus a cuireadh deireadh leis na manaí eile a bhí in úsáid mar uas-cheannlínte go dtí sin, manaí amhail 'Bealach Úr Teilifíse' agus 'Briseann an Dúchas'.

Le linn na tréimhse céanna seo, bhí bainistíocht TnaG ar a dícheall i mbun stocaireachta chun tuilleadh airgid a fháil. I Meitheamh 1998 thug Cathal Goan aghaidh go poiblí ar an deacracht ba mhó a bhí ag coimeád TnaG siar: easpa maoinithe.

Agus é os comhair coiste Oireachtais dúirt sé nach bhféadfadh sé fiú geallúint a thabhairt go leanfaí leis an leibhéal seirbhíse a bhí á chur ar fáil ag an stáisiún mura gcuirfí £3m breise in aghaidh na bliana ar fáil do TnaG ón státchiste.

Faoin am seo, bhíothas go mór in amhras faoi thiomantas chomharba Mhichíl D. Uí Uigínn, an tAire Síle de Valera, do TnaG. Níor léir do lucht na teilifíse go raibh aon fhís aici d'fhorbairt TnaG seachas na bearnaí ar an gcainéal a líonadh le seirbhísí eile, ag áireamh imeachtaí Dála, cláir oideachais agus cláir i dteangacha iasachta.

Ní raibh an FNT ag iarraidh go dtabharfaí 'iomlán an airgid' do TnaG i dtús aimsire mar gur tuigeadh dóibh go raibh baol ann nach mbunófaí an stáisiún in aon chor dá mbeadh costas rómhór luaite leis.

Ach ba léir nár cuireadh san áireamh sa straitéis sin go dtiocfadh an lá a mbeadh Aire Cumarsáide ann a bhí ar nós cuma liom faoi aisling na teilifíse Gaeilge.

'Níor shamhlaíomar ag an am sin, go mbeadh Aire Gaeltachta ina dhiaidh sin nach mbeadh Gaeilge aici, agus níos measa fós nach mbeadh tuiscint ná comhbhá aici leis an stáisiún agus a dhéanfadh faillí iomlán in airgeadú an stáisiúin,' a dúirt Ciarán Ó Feinneadha. (2001)

Ní raibh na pianta breithe eile a bhí ag gabháil don stáisiún curtha de aige ach an oiread agus gan aon teacht fós ag daoine i gceantair éagsúla air. Ní raibh fáil ar TnaG, mar shampla, i gceantar Iorrais ná i gCeathrú Thaidhg i nGaeltacht Mhaigh Eo. Ba as Ceathrú Thaidhg do Chaitlín Ní Sheighin, ball de Chomhairle TnaG agus bean nach raibh dall ar íoróin an scéil. 'Níl mórán gnaithe agamsa ar Chomhairle nuair nach dtig liom rudaí a fheiceáil,' a dúirt Ní Sheighin le *Foinse* i mí Feabhra 1998 (Delap 1988a).

I mí Bealtaine, nuair a tuairiscíodh go raibh cúig dhuine dhéag le scor i Telegael agus go raibh ciorruithe le déanamh ar bhuiséad *Ros na Rún*, cuireadh an cheist in *Foinse*, 'An bhfuil ré na haislinge amuigh agus ré an réalachais istigh maidir le cúrsaí teilifíse trí Ghaeilge?' (Foinse 1998a).

Ba é freagra na ceiste ná go mbeadh an aisling i gcónaí ina giobail fad is a bhí an saol ag fáscadh ar TnaG. Agus na hiarrachtaí seo ar bun teacht ar a thuilleadh maoinithe agus cur leis an lucht féachana, bhí cuid de na meáin a d'fháiltigh roimh TnaG in 1996 ag iompú i gcoinne an stáisiúin.

Foilsíodh eagarfhocal in *The Irish Times* ar an 24 Iúil 1998 a léirigh go raibh tobar na dea-thola sa nuachtán sin ag trá. Dúradh sa *Times* go raibh TnaG 'prohibitively expensive' agus nach raibh ag éirí leis dóthain den lucht féachana a mhealladh 'except, occasionally, for its non-Irish output which is hardly its purpose' (The Irish Times 1998).

An tseachtain ina dhiaidh sin, foilsíodh litir fhada ar an nuachtán céanna ó Chathal Goan inar dhein sé cás láidir ar son TnaG mar chraoltóir seirbhíse poiblí a thug cúiteamh mar ba chóir don Stát as an infheistíocht phoiblí a bhí déanta ann.

> *TnaG has a core staff of 30 people and uses the most advanced TV technology in the world. The station has created jobs for up to 300 people in the independent television production sector throughout the country. New, young talent has been identified and trained ... The programming has been greeted with critical acclaim in all Irish media*

and has received international awards. This service has been achieved by operating as the most cost-efficient public service broadcaster in Europe, at a fraction of the funding available to other services. Does 'prohibitively expensive' in this case actually mean that anything spent on Irish language television is too much? (Goan 1998a)

Chuir Goan cuma an mhisnigh air féin agus é ag dul sa ghleo arís ar son na teilifíse Gaeilge.

We are confident that the excellence and originality of our Irish-language programming will win through with the audience and, as we projected from the very start, this will take time … I am reminded of an observation in this regard: 'The cultural argument for TnaG is simply enough put: without a television station of its own, the Irish language is unlikely to survive in a world increasingly dominated by the media – especially television.' What has changed in the world of broadcasting or the editorial view of The Irish Times *since those words appeared in your Editorial of October 31st, 1996?* (Goan 1998a)

Ceist mhaith a bhí inti gan aon agó, ach an deacracht a bhí ag TnaG ná go bhféadfaí freagra giorraisc a thabhairt uirthi. Bhí an saol athraithe ó bhonn ó oíche Shamhna 1996.

I bhfianaise na bhfadhbanna a bhí ag TnaG ó thús, ní raibh daoine chomh mór faoi gheasa ag an stáisiún is a bhí dhá bhliain roimhe sin, rud a d'aithin Máire Geoghegan-Quinn in alt tuairimíochta léi in *The Irish Times* i mí Lúnasa.

The problem I have is that TnaG is suffering from a bad dose of assumptions. It has developed a bunch of phrases starting with the words 'Sure everyone knows that . . .' that get trotted out every time the station is mentioned. Some examples. Sure everyone knows that TnaG costs a fortune to run. Sure everyone knows that only 10 per cent of the population speak Irish at all. Sure everyone knows that no one watches the station anyway. And, of course, these assumptions are wrong. (1998)

Bíodh na réamhthuairimí sin cruinn nó míchruinn, bhíodar go láidir sa treis in 1998. San alt céanna, dúirt an polaiteoir a thóg an chéad chinneadh ar son bhunú na teilifíse, go raibh TnaG *'designed for the next generation.'* Má bhí, níorbh aon sólás é don ghlúin a bhí ag sracadh leis na deacrachtaí a bhain le seirbhís teilifíse i dteanga mhionlaigh a thógáil as an nua. Saol anróiteach ar bheagán fáltais a bhí ag TnaG in 1998. An bhochtaineacht agus an bheaginmhe.

Níor chuir an greadadh síoraí Cathal Goan dá dhóchas ach i mí Dheireadh Fómhair 1998, deineadh luíochán ar an stáisiún a ghoill go mór ar an gceannasaí agus a dhein tuilleadh dochair. Bhí Goan ag obair san Airgintín ar chlár faisnéise leis an iriseoir Orla Ní Dhomhnaill – turas a thug sé chun sos a fháil ón *'cabin fever'* ag an mbaile – nuair a fuair sé glaoch ag insint dó go raibh Donncha Ó hÉallaithe imithe ar cheann de na 'ruathair aonair' a n-admhaíonn sé féin dúil a bheith aige iontu.

Bhí Ó hÉallaithe ina bhall de Chomhairle TnaG ó ceapadh é in Aibreán na bliana roimhe sin, ach in ainneoin é a bheith ar an taobh eile den chlaí anois, ní raibh fís na teilifíse Gaeltachta curtha as a cheann ar fad aige. Go deimhin, nuair a fógraíodh a cheapachán ní raibh sé sásta a rá cé acu an mbeadh nó nach mbeadh a éileamh ar Theilifís Gaeltachta á chur chun cinn aige ar an gComhairle.

Scaoil Ó hÉallaithe lena rún nuair a nocht sé a thuairimí go poiblí agus dúirt gur *'monumental mistake'* a bhí in TnaG, agus gur chóir í a bhunú an athuair mar sheirbhís don Ghaeltacht amháin nó mar sheirbhís choimisiúnaithe do RTÉ. Is beag fáilte a cuireadh roimh a mholadh agus dúirt Irial Mac Murchú, stiúrthóir Nemeton, go ndéanfaí 'an tionscal teilifíse Gaeltachta a scrios' dá nglacfaí lena mholadh (Hijmans 1998b).

Bhain an t-ionsaí siar as bainistíocht TnaG agus as Cathaoirleach Údarás RTÉ, Farrel Corcoran, chomh maith. Mheabhraigh Corcoran do Ó hÉallaithe a dhualgais mar bhall den Chomhairle agus thug sé le fios dó *'that such an airing of reservations in public by a board member must be hugely demoralizing for the young staff working so hard for the success of the channel'*.

> *I reminded him that the primary rationale for establishing TG4 was based on minority linguistic rights and that using an argument about low audience share was to adopt the very posture of those East-coast critics whose enmity towards the channel was anchored inside a market ideology that respected only audience size.*
> (Corcoran 2004)

Idir an dá linn, má bhí díomá ar Phádraic Ó Ciardha go raibh Ó hÉallaithe tar éis a náire a ligean leis na comharsana, ní raibh sé ag ligean air. 'Pléifear na moltaí seo ag cruinniú Chomhairle Theilifís na Gaeilge agus ní bheidh cruinniú den chomhairle ann go luath,' a dúirt sé le *Foinse*. (Hijmans 1998b)

Ba í fírinne an scéil, áfach, gur ghoill sé go mór ar lucht TnaG go raibh a amhras curtha os ard ag Ó hÉallaithe. 'Ba dhóbair gur bhris sé mo chroí. Shíl mé gur tréas a bhí ann agus is dóigh liom gur chuir mé an méid sin in iúl do Dhonncha,' a deir Goan faoi éirí amach an fheachtasóra. (2014)

Mhaígh Ó hÉallaithe go poiblí gur ar éigean a bhain aon chlár Gaeilge ar TnaG lucht féachana níos mó ná 10,000 duine amach, ach go raibh lucht féachana suas le 150,000 duine ag na hathchraoltaí den chlár *Éire Neodrach* ar RTÉ. Mhaígh sé chomh maith go raibh deich n-oiread daoine ag féachaint ar fheasachán nuachta Gaeilge RTÉ ag 5.20 p.m. ná mar a bhí ag féachaint ar *Nuacht TnaG* ag a deich a chlog san oíche. Má bhí na céadta míle duine ag féachaint ar an stáisiún, is ag féachaint ar chláir Bhéarla ar nós *Euronews* agus *All Ireland Gold* a bhíodar, dar le Ó hÉallaithe.

D'áitigh an feachtasóir go raibh iarracht leanúnach déanta ag TnaG *'to avoid a Gaeltacht focus in the programmes it commissions'* cé go mba léir ó fhianaise na bhfigiúirí féachana *'that the east-coasters are not particularly interested'*.

Ba é réiteach na faidhbe seo dar le Ó hÉallaithe ná an réiteach céanna a mhol sé os cionn deich mbliana roimhe sin:

> *Instead of trying to do what RTÉ was doing well but not enough of, TnaG should reinvent itself as Teilifís na Gaeltachta and attempt to satisfy the demand in the Gaeltacht for community TV in Irish.*

Ghlac sé leis nach nglacfaí lena mholadh maidir le Teilifís na Gaeltachta mar go mbeadh sé *'ideologically impossible in the prevailing economic climate'* a bhí lán le daoine a raibh fonn orthu *'ethnic cleansing'* a dhéanamh ar *'the few remaining Gaeltacht communities from the linguistic landscape'*.

Ní raibh de rogha fágtha mar sin ach aghaidh a thabhairt ar *'the reality that there is little national demand for Irish-language programmes on a separate TV channel'*.

Ba chóir, a d'áitigh Ó hÉallaithe, go dtabharfaí cainéal TnaG ar láimh do RTÉ chun cainéal spóirt a chraoladh air mar gur ar mhaithe le himeachtaí spóirt amháin a bhí formhór na ndaoine ag féachaint ar an stáisiún Gaeilge. Ní nárbh ionadh, ghnóthaigh an t-alt an-chuid poiblíochta sna meáin ina dhiaidh sin.

I mí Dheireadh Fómhair agus é ina aoichainteoir ag an bhFéile Idirnáisiúnta Scannán i gCorcaigh, thug Cathal Goan tomhas dá mbuille féin do lucht cáinte TnaG. 'Scéal i mbarr bata agus caint gan chiall' a bhí sna tuairiscí diúltacha ar fad faoi dhul chun cinn an stáisiúin. Níor thagair Goan go sonrach d'alt Uí Éallaithe ach tuairiscíodh gur 'sonc cliathánach' dó ab ea tagairt an cheannasaí don obair a bhí ar siúl ag Pádhraic Ó Ciardha mar bhall de mheitheal oibre a bhí i mbun iniúchta ar thionscal na scannán don Aire Cumarsáide. Mhol an ceannasaí Ó Ciardha as a 'thostacht' agus a 'dhílseacht' go háirithe. Shéan sé go raibh TnaG siléigeach ina chúram i leith na Gaeltachta. 'A mhalairt ar fad' a bhí fíor, a dúirt sé, agus bhain sé leas as staitisticí éagsúla mar thaca lena argóint. Má bhí figiúirí ag an namhaid bhí figiúirí ar dalladh ag Goan féin (Delap 1998c).

Léirigh taighde a deineadh faoin stáisiún i dtús na bliana go raibh 75 faoin gcéad de phobal na Gaeltachta 'sásta' nó 'an-sásta' le TnaG agus go raibh an líon céanna daoine sásta le *Nuacht TnaG*. Bhí aon trian de phobal na Gaeltachta ag féachaint ar TnaG ar feadh ar a laghad naoi n-uaire an chloig in aghaidh na seachtaine. Ní raibh teacht ag 18 faoin gcéad de phobal na Gaeltachta ar TnaG fós. TnaG a mhaoinigh 64 faoin gcéad den fhostaíocht a bhí ar fáil san earnáil léiriúcháin neamhspleách agus bhí sé ag tacú le 1,419 post. D'fhéach os cionn 20,000 duine ar an 14 chlár ba rathúla a bhí ag TnaG sa choicís roimhe sin, an choicís ba mhó iomaíocht riamh i stair na teilifíse Éireannaí agus an ceathrú cainéal dúchasach, an stáisiún trádála TV3 tagtha ar an bhfód (Delap 1998c).

In alt uaidh in *The Irish Times* dhein Goan forbairt ar chuid de na hargóintí a bhí aige i gCorcaigh agus mhaígh go raibh figiúirí féachana TnaG inchurtha leis na figiúirí a bhí á mbaint amach ag cláir dhúchasacha Béarla TV3. Bhí méadú 59 faoin gcéad ar líon na ndaoine a bhí ag féachaint ar feadh leathuair an chloig in aghaidh na seachtaine ar TnaG i gcomparáid le fómhar 1997, agus d'fhéach suas le 25,000 duine ar chláir Ghaeilge ar nós *Ros na Rún* agus an dráma le Eugene McCabe, *Scéalta ó Theach na mBocht*. Bhí 20,000 duine ag féachaint ar *Nuacht TnaG* a bhí bogtha faoin tráth seo ó 10 pm go 9 pm.

Bhí faghairt agus fuinneamh arís i gcosaint Goan:

> *The headline hunters who bandied around claims that most TnaG*
> *programmes do not command an audience of more 10,000 have*
> *either never bothered to ask, and most certainly never bothered*
> *to check. It is a matter of the greatest satisfaction to TnaG that*

*over a two-week period when the station came under pressure on a
variety of fronts, it was drawing its best viewing figures ... TnaG is
making Irish-language television a part of everyday happenings in
the culture of modern Ireland. For all the people of Ireland, and not
a minority or elite grouping.* (Goan 1998b)

Dúirt Goan go raibh an stáisiún i mbun craolta ar feadh naoi n-uaire an
chloig in aghaidh an lae in ainneoin nach raibh ach dóthain airgid ón
státchiste aige chun a bheith ag craoladh ar feadh trí huaire an chloig, a
bhuíochas sin le '*astute stretching of budgets, deal-making flair in our bargains
with independent programme-makers, and a mission-driven sense of teamwork*'.

Fiú má bhí an stáisiún faoi léigear, bhí cuma an mhisnigh i gcónaí ar an
gceannasaí.

> *... I think we can look our critics, from whatever quarter, straight
> in the eye and say that we are fulfilling our remit and growing our
> audience.*

Ba chuma cén cló a chuirfí ar na figiúirí, áfach, bhí an saol iompaithe i
gcoinne TnaG agus ní raibh an spiorad céanna i bhfoireann óg an stáisiúin
is a bhí go nuige sin.

Ba go crosta agus go míthráthúil a tháinig ionsaí Uí Éallaithe sna sála ar
bhuille trom eile a buaileadh ar an stáisiún. Bhí TnaG, agus an seomra
nuachta go háirithe, thíos go mór le teacht an chainéil nua, TV3. Ba é an
buille ba mheasa ná gur thréig go leor d'fhoireann na nuachta an nead chun
dul ag obair don stáisiún nua, ina measc an bheirt ancairí nuachta Gráinne
Seoige agus Gillian Ní Cheallaigh agus an t-iriseoir Maura Derrane.

B'fhurasta a thuiscint cad ina thaobh go mbeadh fonn ar na hiriseoirí óga
uaillmhianacha bóthar nua a thabhairt orthu féin toisc íocaíocht níos fearr
a bheith ar fáil in áiteanna eile agus lucht féachana TnaG a bheith chomh
híseal sin (Hijmans 1998b).

Timpeall an ama chéanna ar fógraíodh go raibh Seoige, Ní Cheallaigh agus Derrane le dul go TV3 tháinig sé chun solais go raibh triúr iriseoirí eile – Rónán Mac Con Iomaire, John Walsh agus Sorcha Ní Riada – ag fágáil an tseomra nuachta chun tabhairt faoi obair eile.

Tuairiscíodh in *Foinse* go raibh an 'seomra nuachta ina chíor thuathail' agus 'lagmhisneach' ar dhaoine go raibh níos mó ná an ceathrú cuid den fhoireann ag bailiú leo. D'admhaigh Michael Lally go raibh baol ann go gcuirfí síos do TnaG nach raibh ann ach 'ionad traenála do dhaoine óga' ach ina choinne sin dúirt sé gur tugadh isteach daoine óga chun oiliúint a chur orthu agus go raibh an oiread tóra anois orthu mar go rabhadar 'ag barr na gcairteacha'. (Hijmans 1998a)

I mí na Samhna foilsíodh fógraí sna nuachtáin a thug le fios go neamhbhalbh nach ag fuarchásamh teitheadh na spéirbhan go dtí stáisiún an Bhéarla a bhí TnaG. Ar cheann de na fógraí seo, faoin gceannlíne 'Nuacht a bhfuil blas air' bhí pictiúr mór d'Ailbhe Ó Monacháin a bhí á cheapadh ar dhuine d'ancairí nua *Nuacht TnaG*.

Ba é seo an 'nuacht a raibh teacht aniar inti' agus an nuacht nach raibh 'blas an Ghalldachais' uirthi de réir an fhógra. Tugadh aiseog beatha eile don seomra nuachta nuair a ceapadh ceathrar iriseoirí nua, Rónán Ó Domhnaill, Tomás Ó Síocháin, Maolra Mac Donncha agus Gretta O'Connor.

Glacann Pádhraic Ó Ciardha leis gurb é deireadh na bliana 1998, an tréimhse ba 'chorraithí' go dtí sin ag TnaG ach bhí taithí mhaith acu ar bheith ag cruachan in aghaidh na hanachaine.

> Bhí an oiread cathanna troidte againn agus an oiread freasúra caite dínn againn go raibh taithí againn ar a leithéid. Níl moladh níos fearr ná moladh do cheirde féin agus sin a bhí i gceist le TV3. B'fhéidir nach ndúramar os ard é ach thuigeamar riamh go mbeadh TnaG mar ionad oiliúna ag pobal na Gaeilge agus

ag daoine óga go háirithe. D'fhostaíomar daoine óga gairmiúla, cumasacha, mealltacha agus thuigeamar go raibh seans ann go bhfágfaidís. (2014)

Bhain éirí amach Uí Éallaithe stangadh as, áfach.

Tháinig an t-ionsaí sin ón áit dheireanach go mbeifeá ag súil leis agus ghoill sé an t-uafás orainn. Is dóigh liom gur ag smaoineamh lena chroí seachas a chloigeann a bhí Donncha. Bhí sé ag argóint mar fhear a bhí ag breathnú ar an teilifís seachas mar fhear déanta teilifíse. Bíonn daoine paiseanta agus fuinniúil is iad ag iarraidh rud a bhunú ach caithfidh tú é a fhágáil ansin faoi dhaoine oilte an rud a riar go stuama nuair atá sé bunaithe. Polasaí aonair a bhí ann ó dhuine ar fhóram poiblí gan aon ghlacadh ag na daoine eile ar an bhfóram leis. Tá sé mí-ionraic a bheith mar bhall de bhord ar bith agus do bhallraíocht a úsáid chun aird a tharraingt ar thuairim phearsanta nach bhfuil glactha ag éinne eile ar an mbord leis. Ní ghoilleann sé anois orm, ach ghoill sé an t-uafás orm.

Ní shilfeadh aon duine in TnaG deoir agus an bhliain 1998 caite, ach ní raibh spiorad na foirne smiogtha ar fad. Mhair an t-idéalachas i mBaile na hAbhann i gcónaí, a deir Ó Ciardha. 'Ní raibh an oiread sin airgid ná acmhainní againn, ach an rud a bhí againn ná foireann a chreid sa rud, ó thaobh na teanga agus an chultúir de, agus b'fhéidir gurb é sin a thug slán sinn,' a deir sé.

An áit a mbíonn an dólás bíonn an sólás ina aice, agus chabhraigh TV3 le TnaG ar cúpla bealach. Mar gur ar UHF amháin a bhí an cainéal nua ar fáil, ba chun leas an stáisiúin Gaeilge a bhí mórfheachtas bolscaireachta TV3 maidir le conas é a thiúnadh. Anuas air sin, chuir a éadroime agus a neamhdhúchasaí is a bhí sceideal an stáisiúin thrádála nua cuma níos téagartha agus níos dúchasaí fós ar sceideal TnaG.

Ní raibh deireadh ráite, áfach, faoin díospóireacht a bhí múscailte ag Ó hÉallaithe agus ag tús mhí na Samhna thug Eagarthóir Gaeilge *The Irish Times*, Pól Ó Muirí, suntas do ghné ar leith d'allagar na teilifíse Gaeilge:

> *The recent furore over Donncha Ó hÉallaithe's article in English about whether or not Teilifís na Gaeilge is worth the candle highlighted once again that curious phenomenon regarding Irish-language matters and the English-speaking public: nothing happens until it happens in English.* (1998)

Bhí Ó Muirí den tuairim go raibh neamhaird tugtha ag bainistíocht TnaG ar an '*vigorous and forceful discussion among Irish speakers on the merits and demerits of TnaG since it began broadcasting two years ago*', agus mhaígh an Muiríoch gur deineadh beag is fiú d'Ó hÉallaithe nuair a dhein sé na hargóintí céanna in *Foinse* agus RnaG roimhe sin.

Dar le Ó Muirí gur patuaire a léirigh an bhainistíocht nuair a tharraing an t-iriseoir Muiris Mac Conghail agus an scríbhneoir Liam Ó Muirthile ceisteanna anuas i nGaeilge faoi chur chuige TnaG. Thagair an tEagarthóir Gaeilge chomh maith do dhá ócáid ar dhiúltaigh TnaG urlabhraí a chur ar fáil do RnaG.

> *If, as TnaG's head, Cathal Goan, has stated, the station need make no apology for its use of English to bolster its viewing figures then, similarly, Mr Ó hÉallaithe need make no excuse for using English to question the station ...*

Ré úrnua na Gaeilge 'cúlabúla' a bhí ann agus ba mhairg don té nach raibh sásta é féin a umhlú go talamh roimpi lena bhuíochas a chur in iúl.

> *Since its inception, TnaG has promoted itself as brash, flash, new, exciting and modern. Therefore, runs the argument, those who are critical of it must be of the Fáinne-wearing, pipe-smoking, Aran-jumper-attired brigade. There's no need to pay much attention to*

such people. If only this were true, TnaG would have few troubles. In my experience, however, the people least enamoured with TnaG are exactly the people one might expect to want it most. They are passionate about the language while not falling into the category of head cases. But rather than responding to their misgivings about TnaG, the station has chosen to ignore their views – until they start expressing them in English, that is. (Ó Muirí 1998b)

Maidir leo siúd a cheistigh dílseacht Uí Éallaithe, bhí Pól Ó Muirí, a tháinig i gcomharbacht ar Uinsionn Mac Dubhghaill mar Eagarthóir Gaeilge *The Times*, sásta an cúisí a shaoradh.

Ah, yes, loyalty. The language as a linguistic Masonic handshake whereby every Irish speaker unconsciously agrees to join the nod-and-wink school of thought, the we're-all-in-this-together movement. So, the moral of the story is: if you're going to bark, bark as Béarla. I am Pol Ó Muirí, ace iriseoir, hear me howl.

Ní fhéadfadh éinne a rá faoi Ó Muirí féin go mbíodh sé ag cuimilt bhoise le maithe agus móruaisle na teanga. Níos luaithe an bhliain sin, chuir Ard-Rúnaí Chonradh na Gaeilge Seán Mac Mathúna ina leith 'go raibh sé ag baint leas as a cholún chun forais Ghaeilge a ionsaí de shíor' (Ní Chinnéide 1998). Thug Mac Mathúna suntas dó nach raibh an sloinne 'Ó Muirí' neamhchosúil le 'Myers' agus dúirt fear an Chonartha gur minice an tEagarthóir Gaeilge ag caitheamh anuas ar TnaG ná Kevin Myers féin. Thagair sé do dhá alt ó pheann Uí Mhuirí, 'Teilifís na Gaeilge, an fiú an tairbhe an trioblóid?' (1997) agus 'Nuacht Theilifís na Gaeilge – Zzzzzzzzzzzzzzzzzz' (1998a).

Níl aon amhras ach go raibh Ó Muirí géar ina chuid anailíse ar an stáisiún nua. Nuair a mhaígh TnaG go raibh 310,000 duine in aghaidh an lae ag féachaint ar an gcainéal ó thús deireadh craolta, scríobh Ó Muirí go mba chruinne a rá go raibh 310,000 duine 'ag innilt' ar an gcainéal gach lá agus nárbh ábhar mórtais é bheith ag brath ar thráchtaireacht Bhéarla *All*

Ireland Gold chun borradh a chur faoin lucht féachana. Níorbh é easpa airgid amháin ba chúis le deacrachtaí TnaG ach 'easpa treorach agus éagothroime coimisiúnaithe', dar le Ó Muirí. D'áitigh Eagarthóir Gaeilge *The Irish Times* leis go raibh ag teip go 'tubaisteach' ar an stáisiún freastal ar mhuintir na Gaeltachta agus nach raibh polasaí drámaíochta arbh fhiú trácht air ag an stáisiún nua. Bhí béim chomh mór sin sa sceideal ar an óige go raibh dearmad déanta ar aoisghrúpaí eile agus 'bhraithfeá in amanna agus tú ag amharc ar TnaG gur peaca é a bheith os cionn tríocha bliain d'aois: gur peaca é suim a chur i saíocht na Gaeilge agus i dtraidisiún léinn na teanga'. Ba ghéire fós breith Uí Mhuirí ag deireadh a ailt:

Is minic é ráite gur den bhomaite an teilifís. Is léir go gcreideann TnaG sin. Tá an stáisiún ar theann a dhíchill ag soláthar leagan leamh athchaite de MTV. Faoi láthair, is í TnaG an gléas is marfaí i 'mbómánú' phobal na Gaeilge. (1997)

'Ní chuireann a leithéid le dóchas na ndaoine,' arsa Seán Mac Mathúna. 'An *fatwa* é seo? Ar cheart dom mo mhálaí a phacáil agus mo phas a athnuachan?' a dúirt Ó Muirí leis an iriseoir Máiréad Ní Chinnéide (1998).

Ní ghéilleann Cathal Goan beag ná mór gur dhein TnaG neamhní de na meáin Ghaeilge ná de thuairimí phobal na Gaeilge agus na Gaeltachta.

Bhíomar ag éisteacht ach ní raibh ar RnaG, mar shampla, ach an dornán beag céanna daoine ag rá na rudaí céanna i gcónaí. Níor léir dúinne gurbh urlabhraithe iad ar son éinne ach amháin iad féin. (2014)

◉

Pé acu an raibh an ceart ag Pól Ó Muirí nó nach raibh, bhí duine amháin ar a laghad i mBaile na hAbhann a bhí ag éisteacht go cúramach leis na gearáin faoin stáisiún nua. Cé go raibh sé ag teacht ar an tuairim le fada go raibh TnaG imithe ar bóiléagar, faoi Shamhain 1998, chreid Alan Esslemont go diongbháilte nach raibh an bhainistíocht feasach ar bhunchúis na ndeacrachtaí a bhí ag an stáisiún.

Bhí seoladh réasúnta maith againn i 1996 agus sprioc againn 3 faoin gcéad den lucht féachana a bhaint amach, ach faoi Feabhra 1997 bhí an lucht féachana ar fad nach mór caillte againn. Thuig mé ó mo chomharsana i gCamas nach raibh suim acu sa rud, go raibh díomá orthu leis an rud. Shíl siad nach raibh ann ach RTÉ 1 i nGaeilge agus cén mhaith é sin? Bhí RTÉ 1 ann cheana. Ní raibh aon rud difriúil ann don phobal Gaeltachta. Sa Ghaeltacht, ní raibh ag éirí linn agus ag breathnú ar na figiúirí go náisiúnta, ní raibh ag éirí linn ach an oiread. Tháinig mise ar an tuairim gur cheart sceideal a bheith ann a dhéanfadh freastal ar phobal na Gaeilge ach go mbeadh *national resonance* aige chomh maith. Ní raibh aon straitéis ann chun é sin a bhaint amach. (2014)

Ba é an léiriú ab fhearr ar an teip seo, dar le Esslemont, ná *Nuacht TnaG*, agus más fíor nár réitigh Esslemont go rómhaith le Ceannasaí na Nuachta, Michael Lally, ba bheag meas a bhí ag an Albanach ach an oiread ar pholasaí eagarthóireachta na nuachta.

Táim ag ceapadh nach raibh an nuacht ag freastal ar an nGaeltacht, aistríodh an meon céanna a bhí ag RTÉ News go Baile na hAbhann. Bhí difríocht an-mhór idir nuacht RnaG agus nuacht TnaG, difríocht rómhór. Cuid de na hiriseoirí, bhí siad an-mhaith agus bhí *glitz* ann, ach an polasaí eagarthóireachta a bhí ann, is polasaí ar iasacht ó RTÉ News a bhí ann.

Bhí Gráinne Seoige ar aon intinn le Esslemont faoi *Nuacht TnaG* a bheith rómhór faoi smacht ag RTÉ agus meon RTÉ.

Cheap mé go raibh an nuacht rómhór faoi stiúir RTÉ uaireanta, agus uaireanta eile bhíothas ag dul rófhada uaidh, b'fhéidir ar son a bheith difriúil le RTÉ. Ceapaim go raibh an seomra nuachta ag faire ar chóras bailithe nuachta RTÉ, Newstar, an iomarca, rud a d'fhág cuma leisciúil ar *Nuacht TnaG* uaireanta. Bhíodh siad ag faire ar Nuacht a Sé ar RTÉ chun an scéal céanna a dhéanamh ar bhealach difriúil. Ceapaim gur chóir chuile dhuine a bheith ag faire ar a chéile, ach ní dóigh liom gur chóir dóibh a bheith ag aithris ar a chéile. (Mac Con Iomaire 1999b)

D'inis duine amháin atá ag obair don stáisiún Gaeilge scéal beag mar léargas ar a mhéad a bhí daoine áirithe sa seomra nuachta imithe le brothall ag iarraidh a máistrí i nDomhnach Broc a shásamh. Is cuimhin leis an duine seo scúp mór amháin a ghabh an treo go seansúil go dtí Baile na hAbhann ach ar tugadh do RTÉ é chun an scéal a chraoladh ar dtús ag a naoi a chlog seachas é a choimeád do *Nuacht TnaG*.

Dúirt Cathal Goan go minic sna blianta tosaigh sin go raibh an tseirbhís nuachta ar an rud ba mhisniúla agus ba cheannródaí a bhí bainte amach ag TnaG agus gurbh í *Nuacht TnaG* an chúis bhróid ba mhó aige. Ach d'fhág a óige is a bhí an fhoireann go raibh easpa údaráis ag baint leis an tseirbhís i dtús ama. Dar le Rónán Mac Con Iomaire, bhí easpa taithí tiomána ag cur isteach freisin ar fhoireann na nuachta. Is cosúil go mbíodh miontimpistí bóthair go minic ag na hiriseoirí óga a fuair an ceadúnas tiomána faoi dheifir nuair a fostaíodh iad. 'Scrios bean amháin ceithre charr ag taisteal idir Gaillimh agus Baile na hAbhann sa chéad bhliain sin ar an aer,' a dúirt Mac Con Iomaire (2014).

Chreid Muiris Mac Conghail go raibh iarracht déanta 'an tsúil eile a chur ina rosc ar ghnéithe comhaimseartha na tíre' ach gur 'minic gan an fócas a bheith géar a dhóthain leis an radharc eile a iomlánú' (1997b). Níor léir dó go raibh an saol á thabhairt faoi deara 'ó áit éigin eile seachas bruacha Abhainn na Dothra i mBaile Átha Cliath' mar a bhí geallta, agus níor thuig sé conas nach raibh ar chumas na n-iriseoirí teacht ar shaineolaithe a raibh 'smut maith den teanga acu' chun agallamh a dhéanamh leo.

> Nílim ag rá nach bhfuil sí taitneamhach, tá a cuma thablóideach
> féin aici, agus go deimhin is geall le heachtra ón *Field* le John
> B. Keane an insint nuair a bhíonn dúnmharú á thuairisc …
> Údarás an focal a shantaím mar easnamh ar *Nuacht TnaG* tríd is
> tríd agus tá san cuid mhór in easnamh …

Bhí roinnt iriseoirí sa seomra nuachta a raibh a ndintiúir cruthaithe
go maith acu, ina measc Tomás Ó Ceallaigh, Barry Mescal, Timlín Ó
Cearnaigh agus, gan amhras, Michael Lally féin. Ba mhór an mhaise ar an
tseirbhís úr chomh maith géarchúis, slacht, agus údarás thuairiscí Chathail
Mhic Choille ó Theach Laighean.

Ach tríd is tríd, bhí easpa féiniúlachta agus údaráis ag baint le *Nuacht
TnaG* sna blianta tosaigh sin.

Bhí Donncha Ó hÉallaithe agus Ciarán Ó Feinneadha beirt amhrasach
faoi dhearcadh eagarthóireachta *Nuacht TnaG* i leith scéalta a bhain leis an
nGaeltacht agus leis an nGaeilge. Bhí an easpa béime ar nuacht na Gaeilge
agus na Gaeltachta ar cheann de mhórlaigí an stáisiúin sna blianta tosaigh sin,
dar le Ó Feinneadha, agus nuair nach raibh aon iriseoir ón seomra nuachta i
láthair ag comhdháil mhór faoin teanga a eagraíodh i Maigh Eo i mí Feabhra
1998, d'áitigh Ó hÉallaithe i litir chuig *Foinse* gur léiriú ab ea neamhshuim
Nuacht TnaG sa scéal go raibh an tseirbhís ar iomrall slí óna dhúchas.

> Súil eile an mana atá ag *Nuacht TnaG*, ach tá faitíos orm gur ar
> leathshúil atá sí agus go bhfuil an tsúil sin dall ar mhórimeachtaí
> Gaeltachta. Ní iontas ar bith é go bhfuil daoine a chuir Teilifís
> na Gaeltachta ar an aer i 1987 ag ceistiú a chéile, 'arbh fhiú an
> tairbhe an trioblóid?' (Ó hÉallaithe 1998)

Dúirt sé go raibh éacht déanta ag TnaG ar bheagán airgid ach cé gur
mhol sé ardchaighdeán saothar fhoireann óg na nuachta b'údar imní dó

go raibh 'fealsúnacht na nuachta ar strae' agus an nuacht á stiúradh ag 'meon a shocraíonn nár cheart nó nár chóir ach scéalta uafáis agus grinn a dhéanamh sa Ghaeltacht, gur chóir scéalta Gaeilge a sheachaint agus nach nuacht é gur tháinig ionadaithe na n-eagraíochtaí pobail le chéile chun scrúdú oscailte macánta a dhéanamh ar thodhchaí na teanga'.

Go gairid ina dhiaidh sin, d'fhógair Michael Lally go raibh athruithe le déanamh ar chur chuige na nuachta. Bheadh seit nua ann agus is ina seasamh a bheadh na hancairí nuachta agus iad i mbun léitheoireachta feasta. Chraolfaí scéalta a bheadh géar agus gonta sa chéad leath den chlár agus thabharfaí tús áite do scéalta 'ag cur síos ar ghnéithe den saol' sa dara leath. Bheadh an chuid seo den chlár níos 'réchúisí' agus na scéalta ann níos cosúla le tuairiscí *Nationwide* ar RTÉ.

'San oíche sa phub, is faoin aighneas áitiúil a bhíonn an chaint: cúrsaí séarachais, an dump áitiúil, an ESAT *mast*,' a dúirt Lally le *Foinse* ar an 22 Feabhra 1998.

D'admhaigh an ceannasaí nuachta nach raibh fealsúnacht na 'Súile Eile' tagtha chun foirfeachta fós mar nach raibh deis ann í a 'chur chun cinn'. Bhí sé 'an-bhródúil' as a raibh bainte amach ag a fhoireann óg nach raibh aon taithí ag a bhformhór ar bheith os comhair ceamara nó gur thosaigh siad ag obair sa 'seomra nuachta is nua-aoisí ar domhan'. D'fhéadfadh sé go mbeadh dhá bhliain eile ann sula mbeadh an tseirbhís tagtha chun coinlíochta, a dúirt sé, agus ghlac sé leis go raibh droch-chaighdeán na Gaeilge ag cuid de na hiriseoirí óga mar smál ar an tseirbhís nuair a cuireadh ar bun í, ach chuir sé an locht ar an gcóras oideachais.

> Cuireann an córas ollscoile déistin orm. Ní cóir go mbeadh fadhbanna ag daoine a bhfuil céim acu. Cuid de na daoine a bhí ag clamhsán faoin nGaeilge, is lucht ollscoile a bhí iontu, ach ba léir dúinne nár cuireadh teagasc maith ar dhaoine le linn dóibh a bheith ag dul don chéim. (Johnson 1998a)

Deir Pádhraic Ó Ciardha gur cheart cuimhneamh ar a uaillmhianaí agus a bhí an tseirbhís nua agus breithiúnas á thabhairt ar *Nuacht TnaG*.

Caithfear a bheith cothrom anseo. Go dtí sin, ní raibh aon tseirbhís nuachta teilifíse dhúchasach mar seo bunaithe ag aon dream ó bhunaigh RTÉ a seirbhís féin i dteanga an mhóraimh sé bliana is fiche roimhe sin. Cuir san áireamh chomh maith an fhoireann óg a bhí ann agus an teicneolaíocht nua agus is léir gur dhúshlán ollmhór a bhí ann. I bhfianaise na ndeacrachtaí a bhí ag TV3 News ina dhiaidh sin, d'fhéadfá a rá, dá lochtaí ó thaobh acmhainní is a bhí an tseirbhís s'againne, bhí *Nuacht TnaG* go maith. (2014)

Cé gur cháin roinnt daoine *Nuacht TnaG* as an easpa 'Súil Eile' a bhain leis, tá Ó Ciardha den tuairim gurbh í an 'tSúil Eile' féin nach raibh chun a sástachta.

Na léirmheastóirí seo, cuid acu ní raibh acu mar eiseamláir ach *RTÉ News*. Anois ba iad seo na daoine ba neamhspleáiche amuigh dar leo féin, ach b'fhéidir go raibh siad *brainwashed* ag RTÉ nach raibh ach bealach amháin leis an nuacht a thuairisciú, is é sin go mbeadh an tuairisceoir seasta os comhair na Dála nó os comhair na cúirte oibre nó os comhair choláiste Mhaigh Nuad nuair a bhí na heaspaig ann. Ach le *Nuacht TnaG* – agus bhain cuid de seo le 'Súil Eile' cuid de le heaspa foirne agus cuid de le neamhspleáchas – nuair a bhí scéal oideachais againne b'iondúil gur labhraíomar le múinteoir nó le dalta nó le tuismitheoir seachas le ceannaire ceardchumainn ón INTO. B'fhéidir go raibh daoine áirithe ag súil leis an gceannaire ceardchumainn ag pápaireacht leis. (2014)

Ní ghéilleann Ó Ciardha ach an oiread go raibh díomá ar phobal na Gaeilge leis an tseirbhís nuachta.

Cé hiad pobal na Gaeilge? Seachas corr-alt nó óráid, ní raibh mo bhosca litreach lán le hiascairí ó Chloich Chionnaola ná ó mhuintir an Daingin ag rá nach raibh an nuacht ag freastal orthu. Tá sé an-éasca ag ceannaire ar eagras Gaeilge nó ceannaire féincheaptha a dtuairimí a nochtadh thar ceann phobal na Gaeilge, ach cén uair dheiridh a labhair siad le fear trálaeir as Inis Mór faoi *Nuacht TnaG*? Nílim ag rá go raibh nó go bhfuil an nuacht foirfe, ach bhí sé éagsúil agus bhí daoine óga ina bun. B'fhéidir go raibh an polasaí eagarthóireachta easnamhach sna laethanta sin, nó b'fhéidir nár léirigh muid ár mian, nó go rabhamar róghafa le rudaí eile, ach ní chreidim go raibh an imní agus an míshásamh faoi *Nuacht TnaG* chomh forleathan sin. (2014)

Siún Ní Raghallaigh, Cathaoirleach Bhord TG4, a bhí ina Stiúrthóir Airgeadais ar an stáisiún ó 1995–2001

Bhí imní, áfach, ar dhaoine áirithe faoina raibh i ndán don stáisiún. Nuair nár éirigh le feachtas cliste margaíochta 1998 tuilleadh den lucht féachana a mhealladh, dhaingnigh ar amhras Alan Esslemont gur easpa físe agus straitéise ba chúis leis an mírath a bhí ar iarrachtaí TnaG cur lena lucht féachana.

Bhí muid soineanta agus bhí muid sona ag an tús, gach duine a bhí páirteach sa rud bhí a gcroí sa rud. Thaitin an fhís a bhí ag Cathal don stáisiún linn, ach ní dóigh liom gur thuig muid a raibh i gceist. Bhí fís ann leis an rud a bhunú ach ní raibh fís ann faoi cén sórt *niche* a chaithfimis a bhaint amach. Bhí mé ag ceapadh go raibh muid ag déanamh dul chun cinn leis an straitéis mhargaíochta a bhí ag Siún Ní Raghallaigh a bhí dírithe ar éagsúlacht na seirbhíse. Bhí an mhargaíocht tosaithe ach ní raibh an lucht féachana ann. (2014)

Bhí Esslemont ar aon tuairim le Ní Raghallaigh gur ghá béim a leagan ar éagsúlacht TnaG chun lucht féachana a mhealladh, ach bhí fadhb níos mó le réiteach, dar leis.

Ní raibh an locht ar an margaíocht nár éirigh léi ó thaobh *bums on seats*. Bhí dhá fhadhb ann – ní raibh an t-ábhar a bhí againn chomh héagsúil sin agus ba léir domsa ón ábhar a bhí againn nár thuigeamar i gceart go raibh pobal na Gaeilge agus na Gaeltachta agus an pobal go náisiúnta ag súil le dhá rud an-éagsúil ó TnaG. Bhí an sceideal a bhí againne bunaithe ar an dtuiscint *one-size fits all*. Faoin am seo bhí Siún ar aon tuairim liom. Mar a dúirt sí féin, bhíomar 'ag obair gan chompás'. (2014)

Ní fíor go raibh an ardbhainistíocht dall ar fad ar na ceisteanna seo agus chomh fada siar le 1997, d'aithin Cathal Goan féin go bhféadfadh go raibh cur chuige TnaG i leith na Gaeltachta lochtach.

Caithfidh muid teacht ar bhealach chun é seo a dhéanamh níos éifeachtaí ná mar atá déanta againn go dtí seo. B'fhéidir gur locht a bhí ann ach chonacthas dúinne go raibh muintir na Gaeltachta ag gobadh fríd na cláracha uilig agus nár ghá cláracha faoi leith a dhéanamh ar an dóigh sin. Ach ag an am céanna, aithnímid go bhfuil leithcheal de shórt éigin anseo … (Delap 1997c)

Ach cé go raibh an fhadhb tugtha faoi deara ag an mbainistíocht, níor léir d'Alan Esslemont go raibh aon iarracht chóir déanta acu an scéal a leigheas.

Fear ciúin staidéarach é Alan Esslemont agus cé go n-admhaíonn sé féin gur féidir leis a bheith 'cantalach' ag an obair, ba léir nach le haon dímheas a d'ídigh sé a chuid cantail ar a chomhghleacaithe ag an gcruinniú bainistíochta úd i Samhain 1998 ag ar fhógair sé go raibh sé ag éirí as TnaG. Má eascraíonn tarcaisne ón bhfírinne, is fearr uaireanta an tarcaisne a nochtadh seachas an fhírinne a cheilt, agus b'fhéidir go raibh TnaG róghafa sna blianta tosaigh sin leis an tarcaisne a sheachaint.

Ní raibh Esslemont sásta an fhírinne, mar ab fhacthas dósan í, a cheilt níos mó. 'Easpa straitéise an rud is mó a ghoill orm ach an fhadhb is mó ná nach raibh ag éirí linn; féadfaidh tú a bheith gan fócas agus straitéis agus is cuma má tá ag éirí leat, ach ní raibh ag éirí linn,' a deir sé.

Cúpla lá i ndiaidh an chruinnithe, thug Pádhraic Ó Ciardha cuairt ar Esslemont ag baile agus bhí comhrá macánta oscailte acu faoi fhadhbanna na seirbhíse agus faoi chur chuige na bainistíochta. D'iarr Ó Ciardha air filleadh ar an obair agus leithscéal a ghabháil leis an gceannasaí.

> Ní raibh mé ag iarraidh go rachadh sé síos ar a ghlúine ag lorg pardúin nó tada mar sin, ach bhí sé tar éis rudaí a rá agus é ag imeacht nach bhféadfadh aon phríomhfheidhmeannach glacadh leo. Dúirt mé leis go raibh an oiread sin curtha isteach aige sa rud agus go raibh an oiread sin nach raibh bainte amach againn fós gur mhór an feall é dá n-imeodh sé. Nílim ag rá go raibh sé mícheart, bhíomar óg, rinneamar botúin agus mar a deireadh Páidí Ó Sé 'an fear nach ndearna botúin, ní dhearna sé faic.' (2014)

Géilleann Ó Ciardha chomh maith go raibh teannas áirithe i mBaile na hAbhann.

Is cinnte go raibh teannas leanúnach ann ó thús faoi an raibh ardbhainistíocht an stáisiún i bpóca RTÉ nó nach raibh. Mar go raibh an bheirt is sinsearaí san eagraíocht fostaithe ag RTÉ go dtí dhá bhliain roimhe sin, thuigfeá go mbeadh amhras ar dhaoine. Bhí sé sin ag cur isteach ar Alan chomh maith. Ach uaireanta má tá tuairim láidir agat deimhníonn chuile rud sa saol go bhfuil tú ceart agus má tá malairt tuairime ag duine deimhníonn chuile rud sa saol go bhfuil sé mícheart. (2014)

Ghabh Esslemont leithscéal le Cathal Goan agus d'aontaigh sé leis an gceannasaí gurbh é leas TnaG é go bhfanfadh an bhainistíocht le chéile. Chuaigh sé ar ais ag obair.

Go gairid ina dhiaidh sin, bhí dhá chruinniú ag Goan, Ó Ciardha, Ní Raghallaigh, Esslemont agus Neil Keaveney, an Bainisteoir Teicneolaíochta, in Óstán na Páirce ar an Spidéal chun straitéis nua do TnaG a leagan amach. Ba é an dá phríomhrud a aontaíodh ag na cruinnithe seo ná go gcaithfí tuilleadh maoinithe a fháil agus chuige sin go gcaithfí caidreamh níos dlúithe le RTÉ a lorg.

Maidir leis an éileamh ar chaidreamh níos dlúithe le RTÉ thabharfaí an t-eiteach dó ag cruinniú a bhí ag Goan, Ó Ciardha agus Ní Raghallaigh le Bob Collins, Liam Miller agus Joe Mulholland ó RTÉ. Má bhí tuilleadh maoinithe ó TnaG chaithfeadh an stáisiún an cath sin a throid é féin.

Agus dhá bhliain slánaithe aige, bhí an tréimhse ba shuaite agus ab anróití fós curtha de ag an stáisiún ach fágadh lorg ar an stáisiún ag na hionsaithe, dúshlán na bhfigiúirí féachana agus an crá croí a bhain le teacht TV3 ar an bhfód.

Mar a dúradh in eagarfhocal *Foinse* i Samhain 1998, bhí 'mí na meala' thart.

Cé nár tugadh tréimhse mhí na meala, a mhair lá agus bliain de réir na seanscéalta Gaelacha, don stáisiún úr, ní raibh an pobal millteanach crua ina gcuid breithiúnais don bhliain thosaigh … Ar an iomlán, bliain ropánta go leor a bhí sa dhá mhí dhéag deireanach don stáisiún teilifíse ach thig le TnaG a cloigeann a ardú go mórtasach as a bhfuil curtha isteach aici … Cinnte chuirfeadh an tsuim shuarach airgid atá ag teacht a bealach ón státchiste beaguchtach ár dhuine ar bith agus tá ár gcreidiúint ag dul do TnaG as a n-iomaire féin a threabhadh go dícheallach nuair ab fhusa acu a bheith faoi gheasa an lagmhisnigh. (Foinse 1998b)

Maidir le *Nuacht TnaG*, dúradh in *Foinse* go raibh a 'gcuid iriseoirí óga ag teacht i méadaíocht go gasta' agus nach raibh 'an méid céanna d'earráidí teicniúla á gcrá'. Bhí 'rian láidir den chultúr dúchais' ar chroísceideal TnaG a bhí 'ag cur go mór le cultúr na tíre' agus bhí 'doimhneas agus téagar ann le hais TV3.'

Bhí ceisteanna fós á gcur, áfach, faoi fhorbairt TnaG agus faoi cén tslat tomhais ba cheart a úsáid chun dul chun cinn an stáisiúin a mheas. Bhí rogha mhaith de shlata tomhais riamh ann, mar a d'aithin an t-iriseoir Póilín Ní Chiaráin:

Seoid náisiúnta, turgnamh costasach, nó leanbh leice is ea TnaG. Tá na tuairimí sin agus tuilleadh le clos le linn plé faoin tseirbhís atá dhá bhliain ar an aer. Ní bocht an teist ar TnaG é gur beag duine atá patuar faoin gceist. Ach cén tslat tomhais ba chóir a úsáid chun TnaG a mheas – caighdeán na gclár, líon agus sástacht an lucht féachana, féiniúlacht na seirbhíse nó luach an chaiteachais phoiblí? (1998)

☉

Ba in Eanáir 1999 a chéadcheap Alan Esslemont agus Siún Ní Raghallaigh an plean go dtugann Pádhraic Ó Ciardha air 'an cinneadh is tábhachtaí agus is fearr a rinneamar i stair TnaG'. Ní i mBaile na hAbhann a deineadh an plean cinniúnach seo a fhorbairt ach i gcathair New Orleans i Meiriceá. Bhí Esslemont agus Ní Raghallaigh ag freastal ar chomhdháil d'fheidhmeannaigh teilifíse a bhí ar siúl sa chathair a dtugtar 'The Big Easy' uirthi, agus thapaíodar an deis plé níos doimhne a dhéanamh ar na deacrachtaí a bhí sa bhaile acu.

Bhí an bheirt ar aon intinn gur theastaigh athbhrandáil radacach ó Theilifís na Gaeilge. Bhraith Esslemont gur mhíbhuntáiste mór a bhí san ainm 'TnaG' agus go gcaithfí é a athrú má bhí an stáisiún dáiríre faoi chur lena lucht féachana.

> Bhí TnaG ró-*niche* mar theachtaireacht agus fógra a bhí ann nár bhain muid leis an gcraoltóireacht trastíre ach le cainéil shainspéise na satailíte. Bhí ainm ag teastáil uainn a bhí i dtiúin leis an straitéis a theastaigh uainn, ainm a thabharfadh le fios go rabhamar ag freastal dáiríre ar phobal na Gaeilge agus na Gaeltachta agus ag an am céanna gur stáisiún a bhí ann a raibh an *national resonance* sin aige. Cé nár thaitin TnaG riamh liom mar ainm is nuair a thuig mé i gceart na dúshláin dhépholacha a bhain lenár sceideal a shocraigh mé gurb é TG4 an t-ainm is feiliúnaí dúinn. (2014)

Ba é an rud ar bhí ar intinn ag Esslemont ná go seasfadh an 'TG' do 'Theilifís Ghaeltachta +' agus go seasfadh an uimhir '4' don 'cheathrú stáisiún náisiúnta teilifíse'.

> Smaoineamh conspóideach a bhí anseo agus ní dóigh liom gur mhínigh mé go hiomlán riamh é ag an am! Fágadh faoi gach duine a bhrí féin a bhaint as. Bhí na boscaí timpeall ar an 'TG' agus an '4' ann le go suífeadh an lógó nua níos fearr ar an scáileán ná lógó TnaG, a bhí rómhantach ó thús. Bhí dhá bhosca ann mar go raibh an straitéis dhépholach sin i gceist – chaithfimis freastal ar an gcroí-lucht féachana agus chaithfimis a bheith úsáideach chomh maith don mhórphobal. (2014)

D'aontaigh Esslemont agus Ní Raghallaigh go bpléifeadh an Bainisteoir Airgeadais an smaoineamh le Cathal Goan mar go raibh cluas an cheannasaí aici. Bhí cuid mhaith amhrais ann faoin athrú mór a bhí á bheartú.

Arbh ionann TG4 a bhaisteadh ar an stáisiún agus a admháil go raibh teipthe ar TnaG? Agus mura n-éireodh leis an athbhrandáil an é buille maraithe na muice a bheadh ann do theilifís na Gaeilge? Bhí imní ann chomh maith gur chúl le cine a bhí i gceist agus go raibh an stáisiún ag tréigean a dhúchais.

Ba mhó an imní faoi seo ó tharla go raibh athrú mór eile i gceist leis an athbhrandáil seachas ainm an stáisiúin a athrú go TG4.

Bhí Esslemont meáite chomh maith ar 'bhloc' na gclár Gaeilge a bhriseadh agus cláir Bhéarla a chraoladh le linn an chroísceidil idir 8 p.m. agus 10 p.m. Bhí cláir Bhéarla ar TnaG ó thús agus thosaigh TnaG ag craoladh scannán Béarla in 1998, ina measc scannáin *western*, seánra a tharraing TnaG chuige féin le fonn ina dhiaidh sin. Bhí díomá ar dhaoine áirithe go raibh TnaG ag brath anois ar na scannáin Bhéarla seo seachas ar na scannáin i dteangacha eile a chuir le híomhá ilchultúrtha an stáisiúin nuair a tháinig sé ar an aer. Agus é ag moladh éagsúlacht na scannán ar TnaG in 1997, d'fhiafraigh an scríbhneoir Pádraig Ó Cíobháin, 'An bhfuil aon teora leis an gcolscaradh fábhrúil seo ón aonchineálachas teanga agus cultúir atá ina luí mar chuing orainn le fada an lá?' (1997)

Bhí freagra a cheiste anois ag an gCíobhánach. Ní raibh deireadh ar fad leis na scannáin ón Fhrainc, ón Spáinn, ón Íoslainn agus ón Iorua, ach as seo amach is saothair ó Hollywood is mó a bheadh sa treis ar TnaG agus deineadh margadh le Universal Pictures in 1998 le cearta craolacháin a fháil do chuid de scannáin an mhórchomhlachta Hollywood sin.

Má ba nós le TnaG a bheith ag craoladh i mBéarla ó thús, rud eile ar fad ab ea é cláir agus scannáin Bhéarla a chur amach ag an bpríomh-am craolta.

Bhí Esslemont lánsuite de, áfach, gurbh é an Béarla a thabharfadh an croísceideal Gaeilge slán. Ba é an rath a bhí ar *All Ireland Gold* a chéadghin an smaoineamh radacach seo.

> Ba é *All Ireland Gold* an chéad chlár suntasach Béarla a bhí againn agus cé gur craoladh lasmuigh den chroísceideal é ag an tús, chabhraigh sé le líon na ndaoine a bhí ag féachaint orainn a dhúbailt nach mór láithreach. Bhí mé ag aireachtáil scaití go raibh clár ag dul amach ag a naoi a chlog, clár maith Gaeilge, agus go raibh an iomarca iomaíochta ag an am sin. Mar a bhreathnaigh mise air, ní ag cur cláracha Béarla sa bhloc Gaeilge a bhíomar ach ag cur cláracha Gaeilge go dtí áiteacha a raibh lucht féachana ann dóibh. Fuaireamar amach go raibh ag éirí thar cionn ag leathuair tar éis a deich le clár nár éirigh ar chor ar bith leis ag a naoi. Fócas ar an lucht féachana a bhí ann. Roimhe sin fócas dogmach ar an teanga a bhí taobh thiar den sceideal. Is é an príomh-am craolta ná idir a hocht agus a deich agus sin an t-am le cláracha Gaeilge a chur amach, sin an meon a bhí ann. Ach caithfidh tú cuimhneamh go bhfuil lucht féachana ann, agus má tú ag plé le lucht féachana caithfidh tú béim a chur orthu agus a bhfuil ag teastáil uathu a oibriú amach. (Esslemont 2014)

Ní haon iontas é go raibh scata daoine amhrasach faoin léirmheas pragmatach fuarchúiseach seo ar chur chuige stáisiúin a fáisceadh as an idéalachas cultúrtha.

> Baineann sé leis an reitric sa tír seo faoin nGaeilge mar *sacred cow*, an bloc idir a hocht agus a deich, d'fhéach daoine air mar *sacred cow* agus má bhí tú ag cur isteach air sin bhí tú ag dul i gcoinne chuile rud ar throid Pádraig Mac Piarais ar a shon. Daoine a bhí ag obair in éindí liom, bhí siad go mór in amhras faoi. Ní raibh Cathal ná Pádhraic cinnte faoi ach an oiread, ach

d'éist siad liom agus ghlac siad leis nuair a thosaigh mé ag míniú nach athrú rómhór a bhí ann, go raibh muid ag cur cláracha Gaeilge go háiteacha go mbeadh daoine ag féachaint orthu. (Esslemont 2014)

Ach níorbh é an Béarla sa sceideal ach an Béarla ar an seit a bhí ag cothú conspóide don stáisiún i Márta 1999. Ag cruinniú boird d'Údarás na Gaeltachta léirigh an comhalta boird Pól Ó Foighil a imní faoin méid Béarla a bhí á labhairt ar sheit *Ros na Rún*, clár a raibh nócha duine ag obair air ar an Spidéal.

Níor ghlac Bord an Údaráis nó TnaG le tuairim Uí Fhoighil go raibh an sobaldráma ag cur le galldú na Gaeltachta, ach níorbh é an polaiteoir an t-aon duine a bhí buartha faoin oiread Béarla a bhí á labhairt sa tionscal nua closamhairc i gConamara. Dhiúltaigh Donncha Ó hÉallaithe ar feadh tamaill agallamh a thabhairt do *Nuacht TnaG* mar nach raibh sé sásta nuair a cuireadh fear ceamara gan aon Ghaeilge go dtí a thigh.

I mí an Mheithimh bhí scéal in *Foinse* faoi dhaoine a bhí fostaithe sa tionscal closamhairc nua sa Ghaeltacht a bhí 'ag teacht i dtír ar an teanga ar mhaithe le hairgead a thuilleamh agus gur beag an meas atá acu uirthi'. (Delap 1998b)

Chuir Coiste Pobail Ros an Mhíl a mhíshástacht in iúl do Chomhairle TnaG faoi litir bhuíochais i mBéarla a sheol *Ros na Rún* chuig Áras Pobail Chois Chua. Dúirt urlabhraí ón gcoiste le *Foinse* gur chuir a leithéid 'déistin' orthu:

Cheap muid go raibh treisiú is láidriú na Gaeilge mar theanga phobail ar cheann de na príomhchúiseanna gur bunaíodh Teilifís na Gaeilge, agus *Ros na Rún* leis, ach breathnaíonn sé gur a mhalairt ar fad atá ag tarlú … Is ar an nGaeilge atá sibh ag saothrú bhur dtuarastal. (Delap 1998b)

Bhí baill áirithe ar Chomhairle TnaG ar buile faoin scéal chomh maith agus bhí imní ar chuid acu gur léargas a bhí sa litir ar ghnáthnósmhaireacht oibre an tionscail. Thug léiritheoirí *Ros na Rún* le fios gur 'botún daonna a rinne cailín óg' ba chúis leis an litir Bhéarla agus go raibh 97 faoin gcéad d'fhoireann an chláir ábalta gnó a dhéanamh trí Ghaeilge.

Scéal thairis a bhí sa chonspóid faoi *Ros na Rún*, áfach, fad is a bhain sé le bainistíocht TnaG a bhí ag plé le ceist chigilteach na hathbhrandála. Bhí cúpla mí mhaith tugtha ag Pádhraic Ó Ciardha agus daoine eile ag ullmhú straitéis chaidrimh phoiblí chun dul i ngleic leo siúd a déarfadh cúl an chollaigh lena bhainbh féin a bhí ar bun ag TnaG.

Thug Goan ar Esslemont agus Ní Raghallaigh a bplean a chur i láthair na foirne agus bhí amhras ar dhaoine, fiú ina measc siúd a bhí ag obair faoi stiúir Esslemont féin, go raibh an stáisiún ar tí a bhunchuspóirí a chaitheamh i dtraipisí.

Dar le Donncha Ó hÉallaithe go raibh amhras ar Chomhairle TnaG faoin athrú chomh maith ach go raibh muinín acu as Esslemont agus gur thuigeadar 'gur ar mhaithe leis an nGaeilge a bhí sé i gcónaí'. (2013)

Faoi lár 1999, bhí an beartas athbhrandála réidh le seoladh agus thosaigh Siún Ní Raghallaigh, a bhí anois ina Stiúrthóir Margaíochta agus Forbartha, agus a comhghleacaí Pádraic Ó Raighne ag ullmhú don seoladh.

I dtús an tsamhraidh, tuairiscíodh go raibh Cillian Fennell ag aistriú ó RTÉ go TnaG mar 'Chomhairleoir Cláracha'. Fógraíodh an scéal go poiblí ar *The Late Late Show* deireanach ag Gay Byrne ar RTÉ ar an 21 Bealtaine nuair a ghuigh an láithreoir gach rath ar Fennell a bhí mar léiritheoir sraithe aige. Féachadh ar theacht Fennell mar *coup* mór do TnaG agus bheadh ról lárnach aige san athrú cúrsa a bhí beartaithe ag an stáisiún.

I mí Iúil thug Siún Ní Raghallaigh leid faoin athbhrandáil. Ba í an 'bhuncheist' a bhí le réiteach ag TnaG i gcónaí ná ceist an mhaoinithe, a dúirt sí, ach bhí athrú ar na bacáin chomh maith 'ó thaobh aghaidh an stáisiúin ar an mhargadh'. (Hijmans 1999a)

Agus an bhainistíocht ag luí amach orthu féin ag ullmhú don seoladh mór, is ar éigean ar tugadh mórán airde ar bhreithlá an stáisiúin ar an 27 Iúil. Bhí TnaG 1,000 lá ar an aer agus craoladh cúpla clár speisialta mar cheiliúradh. Ina léirmheas teilifíse in *The Irish Times*, thug Eddie Holt breithiúnas achomair ar an míle lá tosaigh.

> *It is surely an unpalatable truth for its supporters that its ratings do not do justice to its content. Given its resources, the channel has performed commendably but the broadcasting market is merciless. It's a tough one, but* An Lasair Cheilteach ... *and programmes like it, remain streets ahead of most of the mush that is recording high ratings. Anyway, even if the Ryanair/L'Oreal generation aren't watching, it still deserves support – because it's worth it!* (1999)

Idir an dá linn, i mBaile na hAbhann, bhí na díslí á gcroitheadh agus idir dhóchas agus imní ar an mbainistíocht faoin rath a bheadh ar an athbhrandáil a raibh faoi a chruthú don '*Ryanair/L'Oreal generation*' agus do phobal na teanga araon gurbh fhiú seans a thabhairt don stáisiún Gaeilge.

Tuairiscíodh ag tús mhí Lúnasa 1999 gur TG4 a ghlaofaí feasta ar Theilifís na Gaeilge. 'Ainm chomh Gaelach is a thig leis a bheith,' a dúirt an leascheannasaí Pádhraic Ó Ciardha le *Foinse* sa tuairisc a bhí ar an leathanach tosaigh den nuachtán sin ar an 8 Lúnasa. Mhínigh sé:

> Is í an aidhm atá leis an athrú ainm seo ná áit lárnach a chinntiú don tseirbhís sa chóras náisiúnta: RTÉ 1, Network 2, TV3 agus anois, TG4. Faraor bhí an t-ainm TV3 cláraithe ó 1988, agus bhí muid ag iarraidh 'a ceathair' sula mbeadh sé glactha ag duine eile. (Hijmans 1999b)

Chuir an leascheannasaí an athbhrandáil i láthair an phobail mar chuid den athnuachan níos leithne a bhí beartaithe don stáisiún agus trí bliana nach mór slánaithe aici. Bheadh méadú suntasach ar líon na n-uaireanta craolta agus ar líon na gclár Gaeilge nualéirithe. Bheadh bloc clár laethúil Gaeilge ann do pháistí réamhscoile i sceideal nua an fhómhair chomh maith le beochlúdach ar imeachtaí móra spóirt, cispheil ina measc. Thug Ó Ciardha le fios go mbeadh rogha níos fairsinge clár i dteangacha eile sa chlársceideal chomh maith agus thug sé aghaidh ar cheist na gclár Béarla ar an stáisiún Gaeilge.

> Is minic a bhítear ag rá gur rud eisceachtúil é go mbíonn cláracha Béarla nó i dteangacha eile ar an stáisiún náisiúnta Gaeilge, ach is gnáthrud é: bíonn cláracha Béarla ag S4C sa Bhreatain Bheag, ar an bpríomhsceideal fiú agus is gnáthrud é ar fud na hEorpa … Ó thaobh na stáisiún Ceilteach de, tá muid ag déanamh go maith. (Hijmans 1999b)

Glacadh den chuid is mó le míniú Uí Chiardha ar an athbhrandáil mar iarracht TnaG a thabhairt slán ó fhásach na mionstáisiún satailíte trí sheilbh a fháil ar an gceathrú háit ar na córais chábla. Ní hionann sin is a rá go raibh gach éinne sásta leis an athrú. Cuireadh i leith an stáisiúin go raibh TG4 tar éis a dhúchas a thréigeadh agus go raibh lagú déanta ar a bhunchuspóirí.

Bhí daoine eile ann a dúirt go raibh an tuar tagtha faoin tairngreacht agus go raibh fianaise ar fáil anois go raibh an ceart acu ó thús faoi phlean buile na teilifíse Gaeilge. Foilsíodh eagarfhocal san *Irish Independent* a mhaígh gur chruthaigh an athbhrandáil go raibh a chosa nite ag an 'eilifint bhán' agus cuireadh ar *The Irish Times* ceann de na ceisteanna a raibh súil ag Pádhraic Ó Ciardha léi: má bhí ag éirí chomh maith leis an stáisiún is a bhí á mhaíomh ag an mbainistíocht, cén fáth ar theastaigh an mórathrú? Bhí an nuachtán go mór in amhras faoin athrú agus faoi cé acu an raibh aon ní cóir i ndán do TG4 nó nach raibh.

Perhaps it could be said that TG4 is less the State's first Irish-language station, and more its first bilingual station. Maybe it is having an identity crisis, maybe it is meeting the needs of its viewers, but with the advent of digital TV just around the corner, its future remains to be seen. (The Irish Times 1999)

Níor thaitin an athbhrandáil le Micheál D. Ó hUigínn ach an oiread agus chuir sé a mhíshástacht faoin athrú teidil in iúl go neamhbhalbh sa Dáil, tuairim ar thacaigh Éamonn Ó Cuív ó Fhianna Fáil leis.

Deir Ó hUigínn anois go raibh dul amú air. 'Ní raibh bunús leis an imní a bhí orm. B'fhéidir go raibh mé faighte beagáinín róchoimeádach, rud nach gcuirtear i mo leith go rómhinic!' a deir sé. (2014)

Ar an mórgóir, áfach, saothar in aisce ab ea an straitéis chaidrimh phoiblí a bhí ullmhaithe don seoladh. Go deimhin, bhain an easpa cnáimhseála faoin athbhrandáil siar as Pádhraic Ó Ciardha, fear atá go maith ag léamh ar an bpobal agus na meáin.

> Is beag más tada an gearán a bhí ann, ní raibh éinne ag súil lena laghad sin freasúra. Thuig daoine nach raibh aon náire orainn faoin bhfocal Gaeilge. Bhí dianmhachnamh agus cur agus cúiteamh déanta againn agus beagáinín imní orainn, ach seans go raibh an teideal stáisiúin is faide ar domhan againn. Athrú mór suntasach a bhí ann, thuigeamar é sin, ach ghlac beagnach chuile dhuine leis an míniú. Bhí an *rationale* réasúnta soiléir. (2014)

Níor thit an spéir agus an talamh ar a chéile, mar sin, nuair a deineadh TG4 de TnaG agus dá n-éireodh leis an athbhrandáil tuilleadh den lucht féachana a mhealladh chabhródh sé go mór leis an stáisiún dul i ngleic le ceist a mhaoinithe, an bac is mó ar dhul chun cinn. Tháinig ceist sin an mhaoinithe aníos i dtithe an Oireachtais ag deireadh 1999 agus an Bille Craolacháin nua á phlé. Chuirfeadh an bille seo bonn reachtúil faoin neamhspleáchas ó RTÉ a bhí geallta do TG4 ó thús. B'fhacthas do Enda Kenny, urlabhraí cumarsáide Fhine Gael, go raibh ceist an neamhspleáchais agus ceist an mhaoinithe fite fuaite le chéile agus go scriosfaí an stáisiún mura ndéanfaí iarracht an dá cheist a réiteach in éineacht.

> ... *TG4 is not charged with a requirement to provide a comprehensive range of programmes in Irish and English, merely to provide news and current affairs programmes primarily in the Irish language. Why is this? Surely TG4 should be seen as the television broadcaster for the Irish language which was why it was set up. Does this mean it is to be turned into Channel 4 or some similar structure? Surely it means that TG4, for all the Government's pious intentions, is to be placed firmly in a desert of economic starvation – alive but being slowly strangled, visible but unable to deliver as it should. Given its remit and lack of financial structure, it is heading down the road to oblivion. Why does this Bill not set out a clear structure of independent funding for RTÉ and TG4?*
> (Díospóireachtaí Dála 1999a)

Le linn na díospóireachta faoin mBille, mhol idir Theachtaí Dála agus Sheanadóirí a raibh bainte amach ag TG4 agus d'admhaigh cuid acu go raibh dul amú orthu faoin stáisiún nuair a bunaíodh é. Ina measc siúd, bhí Paul Bradford ó Fhine Gael.

> *Many Deputies, myself included, expressed doubts about TnaG's long-term future and relevance when it was set up, but we have been proven wrong. The service is doing very well and is providing a real alternative, and I hope it continues to do so ... TG4 should concentrate on Irish culture ... Irish and Irishness must include the culture of the country and not just the language. TG4 can play a part in selling not just a language but Irish culture as a whole.*
> (Díospóireachtaí Dála 1999b)

Níor ghabh aon deis phoiblíochta an treo riamh nár thapaigh polaiteoir le fonn í, agus níorbh aon iontas gurbh é an rud ba mhó a chuaigh i bhfeidhm ar fhormhór na bpolaiteoirí ná an craoladh a bhí á dhéanamh ag TnaG ar imeachtaí na Dála, agus go háirithe an beochraoladh a bhí á dhéanamh ar fhiosrúchán an Choiste um Chuntais Phoiblí ar an scannal DIRT agus na bainc. Tá Cathal Goan den tuairim go raibh craoladh an fhiosrúcháin ar na beartais ba thábhachtaí ar fad a dhein TG4 sna blianta tosaigh, mar gur athraigh sé meon aicme áirithe daoine i leith an stáisiúin.

An dream a bhí á rá nach bhféachann siad ar TG4, thosaigh siad ag féachaint ar maidin ar an gcraoladh ón gCoiste um Chuntais Phoiblí agus sa domhan beag cúng sin ina maireann na daoine uaisle seo, má bhí siadsan ag féachaint ar TG4 caithfidh go raibh gach duine eile ag féachaint air. Go tobann bhí ceist an lucht féachana imithe ón gclár cainte. (2014)

Bhí fopholaiteoir i gcónaí ann, áfach, a bhí sásta snap a thabhairt ar TnaG agus aird a tharraingt ar cheisteanna dlisteanacha faoi chur chuige an stáisiúin. Agus an t-aos polaitiúil ag bualadh a mbos ar a chéile le háthas faoi chlúdach Oireachtais an chraoltóra Gaeilge, b'ait le hAire Stáit na Gaeltachta Éamon Ó Cuív an easpa plé ar an stáisiún faoi Bhille Údarás na Gaeltachta.

'Tá sé in am ag pobal na Gaeltachta greim a fháil ar TG4. Déarfaidh mé é seo: ba chóir go mbeadh dhá uair an chloig de chláir a bhaineann le pobal na Gaeilge á chraoladh gach lá,' a dúirt Ó Cuív leis an iriseoir Rónán Mac Con Iomaire (1999c).

Timpeall an ama chéanna, in alt in *Foinse* faoin scéim Oscailt a bhí á reáchtáil ag TG4 agus Bord Scannán na hÉireann ag an am, chuir Mac Con Iomaire féin ceist íogair faoi pholasaí teanga an stáisiúin, ceist atá fós ina chnámh spairne sa lá atá inniu ann. Cé go raibh ardmholadh ag Mac Con Iomaire do na scannáin a fuair maoiniú ón scéim – *Dillusc* agus *Deich gCoiscéim* – ba chúis imní dó gur cuireadh an síol do *Deich gCoiscéim* i ngort an Bhéarla.

Ba i mBéarla a bhí bunscríbhinn an scannáin le Pearse Lehane, a bhí ar an stiúir chomh maith. Mhol Mac Con Iomaire 'stiúradh éifeachtach agus gairmiúil' an scannáin bhleachtaireachta, ach mhaígh sé gur 'scannán Béarla i nGaeilge' a bhí ann agus go raibh sé ar nós 'breathnú ar *western* ach go mbeadh Gaeilge Cheathrú Thaidhg ag Clint Eastwood'.

> … ar chóir go mbeadh an Bord Scannán agus TG4 ag maoiniú scannáin nua faoi scéim a cuireadh ar bun chun scannáin nua Ghaeilge a dhéanamh, nuair is dócha gurb é an t-aon duine a bhfuil aon Ghaeilge aige ar an seit, ná an té a d'aistrigh an script ó Bhéarla? Má tá an tionscal chomh gann sin ar scripteanna i nGaeilge nár chóir an t-airgead a chaitheamh ar scripteanna, seachas ar leithéid *Deich gCoiscéim*? Ba mhó an tairbhe a bhainfí as a leithéid sa bhfadtéarma, ná as cabhrú le lucht déanta scannán Béarla ainm a dhéanamh dóibh féin as easpa na Gaeilge? (Mac Con Iomaire 1999d)

In ainneoin na gceisteanna seo, bhí an chuid is achrannaí dá aistear curtha de ag an stáisiún faoi dheireadh na bliana 1999 agus é cruthaithe chomh maith aige nach gcúbfadh sé roimh bhoirbeáil.

Agus an mhílaois nua ag teannadh linn, bhí TG4 ag éirí aniar as féin. Ní raibh dóthain airgid ná acmhainní fós ann, ach fuair an stáisiún ardú ón státchiste le linn 1999 a chiallaigh go raibh £14m aige seachas an £11.5m a bhí leagtha síos dó sa cháinaisnéis ag deireadh 1998. Níor leor é chun cur leis an sceideal, ach ar a laghad bhí TG4 ag teacht amach as an ainnise. Níos fearr fós bhí a rian á fhágáil ag an athbhrandáil agus ag loighic Esslemont ar na figiúirí féachana, mar a mhíníonn Pádhraic Ó Ciardha go beacht. 'Lena cheart a thabhairt do Alan, dúirt sé linn dá ndéanfaimis x tharlódh y, agus rinneamar x agus tharla y.' (2014)

Mar a bheadh draíocht ann, taobh istigh de chúpla mí bhí a dhá oiread daoine ag féachaint ar TG4 is a bhí sé mhí roimhe sin. Cuireadh plean forbartha i dtoll a chéile agus cuireadh faoi bhráid an Rialtais é. Bhí feabhas ag teacht ar an sceideal chomh maith.

Sna blianta tosaigh sin caitheadh an oiread sin dúthrachta le bearnaí a líonadh agus poill a chalcadh gur dheacair uaireanta aon phatrún a ríomh i sceideal an chraoltóra. Ní fhéadfaí easpa éagsúlachta ná friseáltachta a chur i leith TnaG, ach má bhí samhlaíocht thar an gcoitiantacht sa sceideal a tógadh ar bheagán acmhainní, bhí sé scaipthe go maith leis. Aon duine a d'fhoighnigh an bealach le TnaG go deireadh craolta na laethanta sin, chonaiceadar an-chuid rudaí aite agus iontacha, ó shraithdhrámaí ó Chríoch Lochlann go míreanna ó theilifís phobail chontae na Mí.

Ba le linn na mblianta sin chomh maith, áfach, a tógadh dúshraith dhaingean faoi na sóirt chlár a bheadh mar chrann taca ag sceideal an stáisiúin.

Gan amhras bhí a sholáthar spóirt ar na cleití is fearr ina sciathán ag TnaG agus é ag éirí san aer. Ba iad cláir ar nós *Olé Olé*, *All Ireland Gold*, *Ard san Aer* agus *Spórtiris* a chinntigh go samhlófaí i gcónaí leis an spórt é. Faoi chasadh na mílaoise bhí clúdach cuimsitheach déanta ag an stáisiún ar shacar, ar chluichí CLG, ar rugbaí scoile, ar rásaíocht chapall agus ar chispheil. Ní raibh ann, áfach, ach tús na himeartha agus is i dtreise a rachadh andúil TG4 sa spórt.

Bhí dúil chraosach chomh maith ag TnaG i gcláir thaistil, seánra eile nach bhfágfaí aon pholl ná póirse gan chuardach ann sna blianta a bhí le teacht. Ba tharraingteach agus ba thaitneamhach na cláir iad *An Bealach ó Dheas* agus *Cuairt na Cruinne* le Dermot Somers agus cláir thaistil Mhancháin Magan. Ach an oiread le *Olé Olé*, chruthaigh na cláir thaistil seo go raibh gach Gaeilgeoir agus a dhomhan féin aige.

Mar gheall ar easpa acmhainní, níor chóir TnaG a chur in aon chóngar le stáisiúin mhóra eile, ach tá de chreidiúint ag dul dó gur éirigh leis ó thús scannáin faisnéise a choimisiúnú agus a cheannach a bhí níos suimiúla, níos éagsúla agus níos dúchasaí ná cuid de shaothar RTÉ. Nuair a chuirtí TnaG ar siúl an uair sin, ní bhíodh tuairim riamh ag duine cad a bheadh roimhe, a bhuíochas leis an bpolasaí cláir a cheannach ón iasacht. Bhí a maitheasaí féin ag baint le cuid de na cláir seo faoi, cur i gcás, an ghéarleanúint ar Chríostaithe na Liotuáine le linn réimeas Cumannach an Aontais Shóivéadaigh nó an pobal Minang a mhaireann ar chnónna cócó, ach ba iad na cláir dhúchasacha ón earnáil neamhspleách ba mhó a chuir le haitheantas an stáisiúin.

I measc na gclár breá faisnéise a craoladh sna blianta tosaigh seo, bhí *Graceville,* clár faoi imircigh Éireannacha in Minnesota, *An Chéad Chath* a d'inis scéal chathlán lán-Ghaeilge arm na hÉireann, *I gCillín an Bháis,* stair bhéil faoi na stailceanna ocrais agus *Mad Dog Coll,* clár faoin *mobster* míchlúiteach Vincent 'Mad Dog' Coll a rugadh i nGaoth Dobhair. Thuill na cláir seo agus sraitheanna ar nós *Éire Neodrach,* a chaith súil ar Éirinn le linn an Dara Cogadh Domhanda, agus *An Lasair Cheilteach,* a scrúdaigh oidhreacht na gCeilteach sa traidisiún radacach, cáil do TnaG mar stáisiún a bhí cumasach ag reic na staire, cáil a chuaigh i dtreise le himeacht aimsire.

Ach ní i dtaobh leis an stair amháin a bhí TnaG, agus léirigh a chéad sraith de chláir faisnéise, *Cead Isteach,* éagsúlacht pholasaí coimisiúnaithe an stáisiúin. Craoladh sa tsraith seo clár faoi chumann caide Ghaeltacht Chorca Dhuibhne, clár faoi rinceoirí boilg i mBaile Átha Cliath, clár faoi mhac léinn a bhí ag gabháil do chúrsa san Aifric agus clár faoi Halla Seapoint i nGaillimh. Léiríodh chomh maith cláir spreagúla a phléigh le cúrsaí litríochta ar nós *Synge agus an Domhan Thiar* le Mac Dara Ó Curraidhín agus *Muince Dreoilín,* clár léargasach faoi shaol an fhile Michael Hartnett. I measc na mbuaicphointí eile ag TnaG i réimse na scannán faisnéise bhí *Chiapas* faoin saol a chaith clann Éireannach in Chiapas, ceantar reibiliúnach i Meicsiceo agus *Rotha Mór an tSaoil,* cuntas beoga ar shaol Mhicí Mhic Gabhann bunaithe ar a bheathaisnéis cháiliúil.

An láithreoir Páidí Ó Lionáird ar an gclár *Cleamhnas*, clár geandála sa teilifís réaltachta

I réimse na siamsaíochta, ní raibh aon leisce ar TG4 sna blianta tosaigh sin a bheith ag saothrú in iomairí a bhí treafa go maith cheana. Ar *Gaol Gairid*, bhí duaiseanna le buachan ag an lánúin ab fhearr a chruthaigh do Sheán Bán Breathnach go raibh aithne mhaith acu ar chéile agus ar *Thar an Tairseach* thug Bernie Ní Fhlatharta cuairt ar dhaoine aitheanta féachaint cad a bhí le foghlaim fúthu ó na tithe ina rabhadar ag maireachtáil. Ba leaganacha nua de mhúnlaí seanchaite iad cuid mhaith de na cláir seo. Leagan den *Antiques Roadshow* a bhí in *Thuas san Áiléar* agus bhain *Cleamhnas* casadh dúchasach as foirmle aitheanta *Blind Date*. Clár cócaireachta ab ea *Nua Gach Bia* agus cláir tráth na gceist ab ea iad *Ard Rí, Seo do Sheans* agus *Pub Quiz na hÉireann*.

Cláir éadrom neamhchasta a bhí sna seónna seo ar fad agus d'éirigh níos fearr le cuid acu ná a chéile suaitheadh a bhaint as seánraí smolchaite. Cé nach n-áireofaí aon cheann acu i measc bhuaicphointí stair TG4, d'oir siad go canta do TnaG mar nár chosain siad an oiread sin airgid agus mar gur

225

luigh siad leis an bhfís a bhí ag an stáisiún an Ghaeilge a léiriú mar theanga do chách.

Bhíodh aíonna suimiúla a raibh Gaeilge ar a dtoil acu ar na cláir iomadúla 'cloigne ag caint' a chraol TnaG ar nós *Sin Mar a Bhí*, *Comhluadar*, *Céad Chéadaoin* agus *Fir na hÉireann*, cé nár neamhchosúil cuid acu le cláir raidió ar an scáileán.

Máire Geoghegan-Quinn agus Alan Dukes, láithreoirí *Céad Chéadaoin*, clár cúrsaí reatha

Gan tathag a bhí cuid eile de na cláir seo, áfach. Dúirt léirmheastóir amháin faoi *Teen Tuirseach* go raibh sé ar an gclár ba mheasa a chonaic sí riamh (Nic Dhonncha 1999). Fuarthas locht go háirithe ar dhroch-Ghaeilge chuid de na daoine óga a roghnaíodh chun a dtuairimí a thabhairt ar cheisteanna éagsúla a bhí ag déanamh buartha do dhéagóirí, nó ar a laghad na ceisteanna a mheas na léiritheoirí teilifíse a bhí ag déanamh buartha dóibh.

Ach cá raibh na cainteoirí óga líofa Gaeilge? Is fíor faoin tráth seo gur beag duine sa tír a bhfuil smeadar éigin Gaeilge acu nár cuireadh agallamh air ar TnaG nó TG4, ach uaireanta eile bhraithfeá ar chláir éagsúla gur rud í an Ghaeilge gur féidir dul thar fóir léi agus go mbíonn gá leis an nglór Gaelach a mhaolú ó am go chéile ar eagla go gcuirfí an teitheadh ar na cuairteoirí aonteangacha.

Thug Marie Ní Chonchubhair an dearcadh seo faoi deara ina léirmheas ar an gclár *Tír gan Anam* a craoladh in 1999. Clár suimiúil a bhí ann faoin méid Béarla a bhí á labhairt i monarchana Gaeltachta a bhí maoinithe ag Údarás na Gaeltachta, an saghas cláir a raibh cuid mhaith de lucht an fheachtais ag súil leis ó TnaG. Aimsíodh aíonna suimiúla chomh maith chun an scéal a phlé, Gearóid Ó Tuathaigh, Peadar Mac an Iomaire agus Breandán Ó Buachalla ina measc, triúr léannta a raibh tuiscint mhaith ar an ábhar acu. Ach bhraith duine éigin ar chúis éigin go raibh gá chomh maith le tuairim a lorg ón eacnamaí ón eite dheis, Moore McDowell. Dúirt McDowell i mBéarla nach raibh sé cáilithe chun an cheist a cuireadh air a fhreagairt. Cén fáth nár cuireadh an cheist ar dhuine a bhí cáilithe chuige, mar sin, a d'fhiafraigh Ní Chonchubhair (1999) ina léirmheas. Sampla beag a bhí ann den chlaonadh a bhí sa stáisiún riamh an iomarca dua a chur air féin ag tóraíocht na measúlachta agus ag lorg beannacht shaol an Bhéarla.

Ba é an clár ceoil agus siamsaíochta *Síbín*, a bhí lonnaithe i dtigh tábhairne 'bréagach' i gConamara, an clár cainte ab fhearr, b'fhéidir, a bhí ar TnaG sna blianta tosaigh sin. Bhíodh aíonna maithe agus ceol breá ar *Síbín* agus bhí beocht nádúrtha ann a bhuíochas leis an bhfuinneamh sa léiriú, sa chur i láthair agus, ní foláir a rá, sna mic léinn ó Choláiste na hOllscoile Gaillimh ar mealladh siar iad le deochanna saor in aisce chun páirt a ghlacadh sa lucht féachana. '*Nighthawks* na Gaeilge' a thug léirmheastóir amháin ar *Síbín* agus bhí fírinne áirithe sa chomparáid le clár ceannródaíoch RTÉ a bhí lonnaithe i *diner*.

In ainneoin gur thuill leithéid *Síbín* cáil do TnaG mar stáisiún a raibh spréach na freacnairce ag baint leis agus gurbh iomann don óige a bhí i gcuid mhaith den sceideal, chuir an craoltóir Gaeilge cartlann RTÉ go mór chun fónaimh dó féin chomh maith.

Ar *Sin Mar a Bhí*, mar shampla, thaispeáin Seán Bán Breathnach ábhar cartlainne dá aíonna lena gcuimhní saoil a spreagadh. Bhí cláir ar nós *Pop TV* agus *Hollywood Anocht* dírithe go neamhleithscéalach ar an *yoof*, ach má bhí rogha le déanamh idir an saol inniu agus an saol inné ní hannamh a shocraigh TnaG seal a chaitheamh san am a bhí caite. Bhí costas íseal ag baint le cláir chartlainne ar nós *All Ireland Gold* agus *Sin Mar a Bhí*, agus thuig bainistíocht an stáisiúin chomh maith nach ndéanann babhta maoithneachais ó am go chéile aon dochar don réabhlóidí. Sna blianta ina dhiaidh sin b'ionann go minic an tsúil eile agus súil siar shiúcrúil ar Éirinn na gcártaí poist.

Níor dhein an stáisiún aon ghaisce rómhór in iomaire na drámaíochta sna blianta ba thúisce dá réim agus ní hionadh sin i bhfianaise an chostais aird a bhaineann leis an drámaíocht teilifíse. Mar sin féin, d'éirigh go maith le leithéid *Cosa Nite*, scéal dorcha daonna ó pheann Dharach Uí Scolaí faoi imeachtaí i dteach tábhairne i gConamara. Bhí plúr na n-aisteoirí le feiscint in *Cosa Nite*, Macdara Ó Fátharta, Diarmaid Mac an Adhstair, Mary Ryan agus Máire Ní Mháille ina measc. Cainteoirí dúchasacha nó cainteoirí líofa ab ea na haisteoirí seo ar fad agus b'amhlaidh an scéal i gcás chliar *Scéalta ó Theach na mBocht*, léiriú tuisceanach ar shaothar Eugene McCabe faoin nGorta Mór.

Ní fhéadfá an rud céanna a rá faoi chaighdeán na Gaeilge ag aisteoirí i ndrámaí eile a craoladh an uair úd agus ó shin, agus cé go bhfuil neart fianaise ann gurb iad na drámaí a mbíonn polasaí docht teanga acu na léirithe is slachtmhaire atá déanta ag an stáisiún, ní léir go bhfuil an ceacht áirithe sin foghlamtha i gceart fós ag an gcraoltóir Gaeilge.

Droch-Ghaeilge cheart a bhí ag cuid mhaith de chliar an ghearrscannáin *Lipservice* a craoladh in 1999 ach bhí an chaint stadach bhacach ar cheann de mhórbhuanna an dráma seo a bhain greann as mic léinn ag scrúdú béil na hArdteiste agus a dhein ionramháil ealaíonta ar an mbearna idir an t-ómós oifigiúil a thugann an Stát don Ghaeilge agus an stádas atá aici dáiríre. D'éirigh go seoigh le saothar Paul Mercier, maoinithe faoin scéim Oscailt, mar aoir agus mar dhráma.

In agallamh leis an iris *Film West*, mhínigh an stiúrthóir agus scríbhneoir an fhealsúnacht a bhí laistiar de *Lipservice* agus de phríomhcharachtar an chigire scoile.

> *I saw him as a person who has, for years, devoted himself to promoting a vision of how the world should be, or how the country should be culturally. He's representative. He comes into the office and he's part of the system. He's like the cultural police. He would be the very type of person who would say you're not really Irish if you don't speak the language. For years people were told that. It's bizarre.* (Hayden 1999)

Ní gá an iomarca dua a chur ar an tsamhlaíocht chun go gcloisfí sa chur síos sin macalla de cheann de mhóraidhmeanna bunaidh TnaG; an teanga a shaoradh ó chrúcaí na bpóilíní cultúrtha cúngaigeanta.

Cé gur dhein *Lipservice* ionramháil ghreannmhar ar cheist na teanga, ba bheag cúis gháire a thug cláir eile TnaG don lucht féachana sna 1990idí, ná go deimhin sa mhílaois seo. Ba chuma ach saothar grinn ab ea an clár ba mhó a thuill meas agus moladh don stáisiún nuair a tháinig sé ar an aer – *CU Burn*.

Scéal easurramach ó pheann Néill Mhic Eachmharcaigh ab ea *CU Burn* faoi bheirt adhlacóirí, Charlie agus Vince Burn, a raibh créamatóir acu a bhí rite ar mhóin. Scigdhráma fuinte, tíriúil agus dúchasach a bhí ann, déanta ag daoine a fuair a gcuid oiliúna i dtraidisiún na drámaíochta amaitéaraí i nGaeltacht Thír Chonaill. Ghnóthaigh *CU Burn* gradam 'Spiorad na Féile' ag Féile na Meán Ceilteach i Lios na Sí in 1997, an chéad ghradam dá leithéid a bhuaigh an stáisiún.

Níor éirigh chomh maith céanna leis an dara sraith ó fhoireann *CU Burn*. Suite i stáisiún Gardaí i nDún na nGall, dúirt léirmheastóir amháin 'gur meascán mearaí de na Riordans i ngleic leis na Keystone cops' a bhí in *Gleann Ceo* (Delap 1999). Ní raibh an meascán díreach chomh neamhbhlasta sin, ach bhí an iomarca de dhuáilcí na geamaireachta ag baint leis an tsraith.

Teist mhaith ar *CU Burn* é gur deineadh athchraoladh ar an tsraith Chonallach sé huaire ó chuaigh sé amach ar dtús in 1996, ach, ar an taobh eile den scéal, drochtheist é ar shaothar grinn an chraoltóra Gaeilge trí chéile nár thuill aon tsraith ghrinn eile uaidh ó shin an oiread céanna measa is a thuill *CU Burn*. Go deimhin, gach uair a dhéantar dí-adhlacadh ar Charlie agus Vince, meabhraítear dúinn, ach an oiread le RTÉ, nach é an greann an cíoná ag TG4.

Murab ionann agus réimse an ghrinn, bhí TnaG ar a chompord ó thús leis an gceol, agus leis an gceol traidisiúnta go háirithe. D'éirigh go seoigh le cláir ar nós *Sult*, *Geantraí* agus *Teach na Céibhe* agus ó bhuaigh Tommy Peoples gradam Cheoltóir na Bliana ag na chéad Ghradaim Cheoil TnaG in 1998, bhain an comórtas sin cáil ar leith amach ní hamháin don stáisiún ach don cheol traidisiúnta chomh maith. Is dócha go rabhthas ag súil go mbeadh béim ag TnaG ar cheol dúchasach na hÉireann, ach d'éirigh leis an stáisiún an rud céanna a dhéanamh ar son an cheoil sin is a dhein sé ar son na teanga féin – chuir sé i láthair é ar bhealach nua nach raibh coinne ag daoine leis.

Thar aon rud eile bhain éagsúlacht sceideal luath TnaG siar as daoine agus bhain sé preab go háirithe as lucht an amhrais. Bhain TnaG creathadh as daoine ar an iliomad cúiseanna, mar a léiríonn díospóireacht bheag i nDáil Éireann ag deireadh na mílaoise. Ba é Michael Ring, Teachta Dála tuaithe ó Mhaigh Eo, a thóg geit an turas seo:

> *I switched to TG4 last week and watched a film starring John Wayne, but he was not speaking Irish. Last Saturday night I was hoping to watch* Match of the Day *and I had to switch channels*

very quickly because it was not Match of the Day *that was on TG4* … (Díospóireachtaí Dála 1999b)

Thuig duine dá chomhghleacaithe láithreach an tsáinn ina raibh Michael Ring (fear a ceapadh ar ball mar urlabhraí Gaeltachta Fhine Gael in ainneoin go raibh mórán an méid céanna Gaeilge aige is a bhí ag John Wayne).

'It was *"match of the night"*,' a dúirt an Teachta Dála Louis Belton agus é ag baint súp as an scéal.

Is cosúil, ón taighde a deineadh ar sheansceidil TnaG don leabhar seo, gur tharla fear Mhaigh Eo bocht ar *Dona Flor et Seus Dois Maridos* (nó *Dona Flor and her Two Husbands* mar a craoladh ar TnaG é), scannán grinn earótach bunaithe ar úrscéal Brasaíleach.

Mhaígh Ring go dtiocfadh ardú gan mhoill ar lucht féachana TnaG. Bhí an ceart aige cé nárbh iad Dona ná ceachtar dá fir chéile amháin ba chúis leis an méadú. Ba dhream seiftiúil agus samhlaíoch iad an mheitheal teilifíse. Cé go raibh airgead agus taithí gann, bhí gaisce déanta ag lucht TnaG agus ag na comhlachtaí san earnáil neamhspleách teilifíse a raibh sé ag brath cuid mhór orthu, agus le himeacht aimsire chruthódh TG4 nach raibh tobar na seiftiúlachta agus na samhlaíochta sin dulta i ndísc fós.

Cé nach nglacann Pádhraic Ó Ciardha leis go raibh an oiread sin lagmhisnigh ar oibrithe TnaG sa tréimhse roimh an athrú go TG4 is a mhaíonn daoine eile, géilleann sé gur thug an athbhrandáil misneach don fhoireann.

> Spreagadh iontach ab ea an t-athrú go TG4 mar ní raibh aon cheist ina dhiaidh ach gur muide an ceathrú cainéal dúchasach. Thuig gach duine anois nach múchfaí an solas dearg. (2014)

Bhí ceist an mhaoinithe fós le réiteach ag TG4, ach ba é an chéad chéim eile ar a aistear chun coinlíochta ná scaradh ó RTÉ.

7. 'I'm gonna make you love me'

We needn't be surprised by this self-confidence: in the last few decades, imagology has gained a historic victory over ideology.

(Milan Kundera, *Immortality*)

Probably the best thing to have happened the Irish language in terms of image has been TG4. Young capable people are showing Irish as an everyday language. It beats me how anybody could argue that Irish is dead having seen TG4.

(Éamonn Ó Cuív, Dáil Éireann, an 19 Feabhra 2003)

And I'm gonna use every trick in the book/I'll try my best to get you hooked …
I'll sacrifice for you/I'll even do wrong for you …

('*I'm Gonna Make You Love Me*' Diana Ross & The Supremes agus The Temptations)

We switched 'round and 'round 'til half-past dawn,
There was fifty-seven channels and nothin' on

(Bruce Springsteen, '*57 Channels (and nothin' on)*')

👁

Thug Cathal Goan agallamh d'Eibhir Mulqueen ó *The Irish Times* ag tús na bliana 2000 agus dhealraigh sé é a bheith sásta lena chuid i mBaile na hAbhann. Bhí dúbailt tagtha ar líon na ndaoine a bhí ag féachaint ar TG4 agus a draíocht á himirt ag an athbhrandáil ar an bpobal. Bhí sciar timpeall 2 faoin gcéad anois den lucht féachana ag stáisiún Goan agus d'aithneofá gur thóg an scéala sin a mheanma agus a mhisneach. Bhí fiú iarracht den aiféala air agus é ag cuimhneamh ar umhlaíocht an stáisiúin ó thaobh na margaíochta.

> *We did not want to draw too much attention to ourselves in case we got our heads blown off by our detractors. But that will be less so in the future …* Mura bhfuil agat ach pocán gabhair, bí i lár an aonaigh …*That is what I am learning, and I am still learning it.* (Mulqueen 2000)

Ba léir an cion a bhí ag Goan ar a fhoireann óg agus gur gheal lena chroí a bheith ag obair leo.

> *They think in different ways …They are very flexible, very adaptable. They are sharp, they see things. They want to find out how it is done. They do not bring baggage to the table and it is just great to be around young people who are like that.*

Agus é ina shuí ina oifig ag faire amach ar an radharc breá a bhí aige ar thírdhreach Chonamara, d'fhiafraigh Mulqueen de faoin gcinneadh a dhein sé in 1996 a thigh i mBaile Átha Cliath a dhíol agus bogadh siar lena bhean agus a bheirt pháistí.

'*There is no comparison. Even on bad days, there is a light that comes off the sea,*' arsa Goan.

Sé seachtaine ina dhiaidh sin, bhí ceannasaí nua á lorg ag TG4. Bhí Goan agus Pádhraic Ó Ciardha ag ócáid sna Doirí Beaga nuair a tháinig an glaoch ó RTÉ. Bhí Goan ag teastáil mar Stiúrthóir na gClár i nDomhnach

Broc. Is maith is cuimhin le Ó Ciardha an glaoch céanna.

> Feicim fós é [Goan], tháinig dath geal ar a éadan agus bhí a
> fhios agam nuair a chuaigh sé soir nach dtiocfadh sé anoir arís.
> Níor chuir sé an oiread sin iontais orm. Dúirt mé go minic
> leis 'beidh tú anseo go dtí go mbeidh géarchéim in RTÉ agus
> cuirfear fios ort ansin'. Bhuel, tháinig an glaoch éigeandála. Bhí
> sé tar éis an stáisiún a bhunú ar bhealach a shásaigh na húdaráis
> agus ar bhealach a shásaigh an dream a bhí á iarraidh; i méid
> seachas i laghad a bhí a stádas ag dul in RTÉ. (2014)

I Samhain 1996, dúirt Cathal Goan le *Foinse* gurbh í an fhís a bhí aige do
Theilifís na Gaeilge ná go dtiocfadh an lá 'nach díol iontais' a bheadh ann
ar chor ar bith 'ach go bhféachfaí air mar chuid den saol agus den nádúr'.
(Ní Chatháin 1996.)

Dhein sé beart de réir a bhriathair. In ainneoin an naimhdis, na
bhfadhbanna teicniúla, easpa taithí na foirne, dearcadh liom leat RTÉ,
agus an ganntanas acmhainní, bhí TG4 anois 'mar chuid den saol'.

Ba chuid den saol anois ag aos óg na Gaeilge agus na Gaeltachta *Hiúdaí*
agus *Gearóid na Gaisce* agus na *Teletubbies* as Gaeilge. Ba chuid den saol
an sobalchlár Gaeltachta *Ros na Rún*, na cláir faisnéise den uile shórt agus
an tseirbhís nuachta a bhí á cur ar fáil ag dream óg a bhí ag úsáid cuid
den teicneolaíocht is nua-aimseartha ar domhan. Ba chuid den saol anois
é an stáisiún teilifíse i mBaile na hAbhann agus a raibh trí chéad duine san
earnáil léiriúcháin neamhspleách anois ag brath air.

Thug Goan le fios san agallamh le hEibhir Mulqueen in Eanáir na mílaoise
nua gurbh é a sprioc ná go ndearbhódh TG4 gur teanga bheo í an Ghaeilge
seachas teanga a bhí curtha i bpoll portaigh nó ábhar scoile nár múineadh i
gceart. '*That does not mean that I am trying to reinforce existing clichés. What
I am trying to show is that they were wrong in the first place,*' a dúirt sé.

Seans gurbh é sin an gaisce is mó a dhein Goan agus a chomhghleacaithe san blianta tosaigh sin – gur chuireadar suas síos agus tóin thar cheann gach clísé a bhí sa treis faoin nGaeilge.

Ba é an t-amhrán a roghnaíodh don chéad fhíseán bolscaireachta do Theilifís na Gaeilge ná '*I'm gonna make you love me*' le Diana Ross agus a banna.

Ba le teann rógaireachta a roghnaigh an léiritheoir agus ceoltóir Justin McCarthy an port don fhíseán a scaipeadh ar lucht fógraíochta, agus d'oir sé go canta don saothar a bhí curtha roimhe ag ceannasaí an stáisiúin.

Deir reacaire an amhráin '*And I'm gonna use every trick in the book/I'll try my best to get you hooked*' agus b'amhlaidh ag Goan agus a chomrádaithe é. Míorúilt ab ea é gur éirigh leo croíthe calctha a bhíogadh, míorúilt ar cuireadh a síol thiar in 1994 san oifig sin ar an dara hurlár in RTÉ ag tráth nach raibh fostaithe ag Teilifís na Gaeilge ach Cathal Goan féin.

Ghoill imeacht Goan go mór ar fhoireann TG4 a raibh meas agus cion mór acu air. 'Cineál *powerhouse* a bhí i Cathal, agus bhí díomá agus imní orainn ar fad nuair a chuala muid go raibh sé ag fágáil,' a deir Micheál Ó Meallaigh.

Deir Goan féin go mbeadh 'cúpla bliain eile déanta' i mBaile na hAbhann aige murach an glaoch a tháinig ó Bob Collins, ach nach raibh sé riamh i gceist aige 'fanacht go deo na ndeor' ann.

'Fuadar' an focal is mó a shamhlaíonn Goan anois lena thréimhse mar cheannasaí ar TG4. 'É sin agus cairdeas agus meas,' a deir sé.

Faoin am ar fhág an chéad cheannaire, bhraith Pádhraic Ó Ciardha go raibh an fhoireann tnáite ag an obair a bhain leis an stáisiún a bhunú.

> Bhí an t-uafás déanta aige [Goan] leis an rud a chur ar an aer agus a choinneáil ag imeacht. Ach bhíomar níos spíonta ná mar a thuig muid féin mar bhí an iarracht an rud a bhunú

faoi dheifir chomh mór sin. Bhíomar tugtha. Bhí fuinneamh agus fís agus fonn i gcónaí ann ach tar éis na gceithre bliana bhíomar ar fad beagáinín tuirseach. Bhí TG4 chomh folláin is a d'fhéadfadh sé a bheith, ag tabhairt san áireamh nach raibh, agus nach bhfuil fós, na hacmhainní ba ghá ar fáil, agus go rabhamar ag rith cainéal teilifíse lánaimseartha ar acmhainní do sheirbhís pháirtaimseartha. Agus bhí muid fós faoi scáth RTÉ … (2014)

Roimh dó éirí as a phost thug Goan dúshlán an Rialtais maidir le maoiniú TG4. In agallamh ar *Adhmhaidin* ar RnaG dúirt sé gur 'bás an-mhall agus an-phianmhar' a bhí i ndán don chraoltóir Gaeilge mura dtabharfaí aird ar an éileamh ar a thuilleadh acmhainní. (Mac Cormaic 2000)

Is ar an gceannasaí nua a thitfeadh sé an stáisiún a thabhairt amach ón scáth sin agus aghaidh a thabhairt ar cheist an mhaoinithe.

Mheas go leor gurbh é Ó Ciardha féin, an leascheannasaí, nó Siún Ní Raghallaigh, an Stiúrthóir Airgeadais, a cheapfaí in áit Goan. Bhíothas chomh cinnte gur cheapachán inmheánach a bheadh ann gur mar scéal thairis a luadh iarrthóirí seachtracha mar Phádraig Ó hAoláin, Ceannaire Eolais Údarás na Gaeltachta, agus Pól Ó Gallchóir, Ceannaire RTÉ Raidió na Gaeltachta.

Thug Alan Esslemont a chuid tacaíochta do Ní Raghallaigh, agus cé go raibh meas aige ar Ó Ciardha bhraith sé nár chun leas an leascheannasaí é go raibh sé lonnaithe i mBaile Átha Cliath agus é 'scoite amach' ó ghnó laethúil an stáisiúin dá bharr.

Bhí Esslemont deimhin de, áfach, gurbh í Ní Raghallaigh a gheobhadh an post mór. Níorbh é an t-aon duine é agus má bhí iontas agus díomá ar dhaoine i mBaile na hAbhann nuair a d'fhág Goan tháinig anbhá orthu nuair a fógraíodh a chomharba in Aibreán 2000.

Pól Ó Gallchóir, Ceannasaí TG4 2000–2016

Tuaisceartach eile, ceannasaí Raidió na Gaeltachta Pól Ó Gallchóir, ó Ghaoth Dobhair, a roghnaíodh mar cheannasaí nua ar TG4. Bhí a dhintiúir chraoltóireachta cruthaithe go maith ag Ó Gallchóir agus in ainneoin a ndúradh faoi ag an am bhí taithí teilifíse leis aige ón tréimhse seacht mbliana a thug sé i seomra nuachta RTÉ i mBaile Átha Cliath. Ina dhiaidh sin, thug sé seacht mbliana eile mar bhainisteoir réigiúnach le RnaG sula ceapadh ina cheannaire ar an stáisiún raidió é in 1994.

D'éirigh leis roinnt athruithe a dhéanamh sa raidió le linn a thréimhse mar cheannaire agus d'éirigh leis na hathruithe sin a thabhairt isteach in ainneoin nach raibh an fhoireann i gcónaí ar aon fhocal leis fúthu. Leag sé béim nua, mar shampla, ar an ngné náisiúnta den stáisiún Gaeltachta, beartas a bhí conspóideach go maith. Ba é ceann dá chúraimí deireanacha mar cheannaire ná seoladh oifigiúil a dhéanamh ar chraoladh idirlín 24-uair-an-chloig an stáisiúin.

Ach ceapachán gan choinne a bhí ann mar sin féin agus ní haon áibhéil a rá gur bhain an fógra siar as foireann TG4 agus as an mbainistíocht i mBaile na hAbhann go háirithe. Bhí deimhin déanta dá mbarúil ag cuid den bhainistíocht agus socruithe foirne agus eile déanta cheana acu. Lean go leor míshuaimhnis teacht Uí Ghallchóir.

Bhí Alan Esslemont go háirithe an-chráite mar gheall ar an scéal agus é den tuairim láidir gur 'ceapachán RTÉ' é a deineadh ar mhaithe le srian a choimeád ar stáisiún a raibh an smacht ag adhaint air.

> Níor thóg mé aon cheann de ag an am ach ní raibh TG4 luaite ar chor ar bith ar an bhfógra do phost Chathail. Branda RTÉ amháin a bhí air agus is dócha go raibh loighic ag baint leis an gcinneadh fad is a bhain sé le RTÉ. Bhí TG4 anois níos inmharthana agus níos luachmhaire ná mar a bhí, agus bhí Bob Collins, a thacaigh leis an stáisiún, i bhfeighil ar RTÉ. 'Outwards and upwards' – teachtaireacht Shiún – ní shin an teachtaireacht a theastaigh ó RTÉ a chloisteáil ó TG4 níos mó. (Esslemont 2014)

Ghlac Esslemont sos míosa ón obair nuair a fógraíodh an ceapachán. Cinneadh 'beagáinín míghairmiúil' a bhí ann a deir sé, ach cinneadh ar léargas maith é ar chomh suaite agus trína chéile a bhíothas gur duine ón 'taobh amuigh' a bhí roghnaithe le bheith mar cheannasaí.

Deir duine amháin ar cuireadh agallamh air don leabhar seo ach nár theastaigh uaidh go n-ainmneofaí é go raibh 'drochmhianach agus teannas' ann faoi cheapachán Uí Ghallchóir 'a mhair ar feadh i bhfad agus a bhfuil a rian fós ann'.

> Bhí daoine ann a chreid go raibh foireann iontach ann a chuir an rud seo ar an bhfód agus a chreid gur acusan amháin a bhí an tuiscint ar céard a theastaigh, agus gur acusan amháin a bhí an fhís. Ansin bhí dream amháin ann a thacaigh leosan agus a d'fhan dílis dóibh agus bhí dream eile ann a bhí sásta tacú leis an bhfear nuathofa. Ní raibh sé sláintiúil. Rinneadh iarracht ag

an tús Pól a bhrú ar an imeall agus tháinig baiclí beaga le chéile a choinnigh eolas óna chéile.

Bhí cur chuige bainistíochta ag Ó Gallchóir a bhí éagsúil le cur chuige Goan. Deir Pádhraic Ó Ciardha nár chreid an chéad cheannasaí in aon fhealsúnacht bhainistíochta ar leith. 'Torthaí a bhí uaidh agus nuair a bhí rud le déanamh chuirfeadh gach duine le chéile chun é a bhaint amach. Ba é sin, b'fhéidir, an sórt ceannaireachta a theastaigh chun an rud a bhunú,' a deir sé.

Níos mó de 'bhainisteoir' ba ea Ó Gallchóir a chreid go láidir i struchtúir a bhunú agus freagrachtaí soiléire a leagan ar dhaoine. 'Rinne Pól atheagar ar an gcóras bainistíochta. Roimhe sin má bhí obair PR le déanamh, mar shampla, bhí muid ar fad ag obair ar PR. Níorbh aon dochar dúinn na córais nua sin,' a deir Ó Ciardha. (2014)

Deir Ó Gallchóir féin go gcreideann sé go 'láidir' i gcóras bainistíochta 'díláraithe' ach fios a bheith ag an uile dhuine cad atá le déanamh acu.

> Tá sé tábhachtach má thugann tú jab do dhuine éigin le déanamh go leagann tú an cúram iomlán orthu le go mbeidh freagracht ag an té sin. Is féidir plean agus straitéis a cheapadh i gcomhar le daoine eile ach caithfidh tú dualgais éagsúla a leagan ar dhaoine éagsúla. (Ó Gallchóir 2014)

Deir Ó Gallchóir féin nach raibh sé ródheacair bogadh ón raidió go dtí an teilifís mar go raibh taithí aige ar an dá mheán. Maidir leis an teannas a lean a cheapachán, bheifeá ag súil lena leithéid, a deir sé.

> Tógann sé am aithne a chur ar dhaoine mar oibrithe agus mar chairde, agus tógann sé am aithne a chur ar an gcóras agus cén chaoi a oibríonn rudaí – an córas coimisiúnaithe, an córas ceannacháin, an córas tarchuradóireachta. Sea, bhí sé deacair ormsa teacht isteach agus bhí sé deacair ar na daoine a bhí taobh istigh, ach sílim go raibh *track record* réasúnta agam tar

éis seacht mbliana i gceannas ar an raidió. Seachas sin bhí mise breá sásta. Bhí comórtas oscailte ann, bhí cead ag daoine cur isteach air. Bhí agallaimh ann agus roghnaíodh mise. Ní raibh ach bealach amháin chun tosaigh agam ina dhiaidh sin – mo dhícheall a dhéanamh do TG4 ón gcéad lá. Agus sin an rud a rinne mé. (2014)

Tagann Ó Ciardha leis an tuairim nár rud chomh neamhghnách an míshuaimhneas a lean imeacht Goan agus teacht Uí Ghallchóir.

Is rud nádúrtha go mbeadh daoine ar an taobh istigh ag súil le ceapachán inmheánach. Agus ansin bíonn daoine ann nach bhfuil aon iontaoibh acu as a chéile. Is cuma céard a dhéanfaidh an duine eile aimseoidh tú cúis éicint gan é a thrust. Mura ndéanann sé an rud go bhfuil tú ag súil leis samhlaíonn tú cúis fholaithe a bheith leis agus má dhéanann sé an rud a bhfuil súil agat leis samhlaíonn tú cúis fholaithe éigin eile a bheith leis. Is cinnte gur mheas daoine gur chomhcheilg a bhí ann, gur fhear RTÉ a bhí i Pól mar gur le RTÉ a bhí a shaol oibre caite aige. Ach bhí dul amú orthu faoi sin ... (2014)

Má bhí Ó Gallchóir fós dílis do RTÉ dhein sé go maith gan rún a chroí a scaoileadh. I gceann dá chéad agallaimh mar cheannasaí leag sé amach go soiléir an dearcadh a bhí aige i leith an neamhspleáchais a bhí geallta ó thús do TG4. 'At the moment TG4 is like a boat on anchor in the bay as RTÉ have a hold on it. TG4 needs to be let loose into the open sea, into the real world,' ar sé le Harry Walsh ón *Donegal News* (2000).

Chuige sin theastódh maoiniú breise, a dúirt sé, ag tagairt don dúshlán mór eile roimh an gcraoltóir Gaeilge. Deir Ó Gallchóir go mbíonn claonadh ann 'athscríobh a dhéanamh ar an stair' i gcás neamhspleáchas TG4.

Ó mo thaobhsa, sna nóchaidí nuair a bunaíodh TnaG ar an dtuiscint go mbeadh sé mar eintiteas neamhspleách lá éigin, ghlac gach duine leis sin, an Roinn [Cumarsáide], TnaG, RTÉ agus an pobal trí chéile. D'oibrigh daoine sa treo sin. Bhí mise neodrach mar ní raibh aon bhaint agam le polaitíocht na teilifíse Gaeilge an uair sin, aimsir bhunú an stáisiúin. Ach nuair a thosaigh mé bhí sé soiléir dom tar éis cúpla mí go raibh an ceart ag na daoine a dúirt gur cheart go mbeadh TG4 neamhspleách. Ní raibh aon cheist faoi. Má tá tú i do phríomh-stiúrthóir ar chomhlacht, caithfidh tú gníomhú ar mhaithe leis an gcomhlacht. Is cuma cén áit as ar tháinig tú is don áit ina bhfuil tú ag obair atá do dhílseacht. Agus bhí sé an-soiléir domsa gurbh é an rogha is fearr do TG4 ná go mbeadh sé neamhspleách. (2014)

Faoin am a chuaigh an ceannasaí nua i mbun oibre i mBaile na hAbhann ní raibh ceist an neamhspleáchais ina cnámh spairne chomh mór sin. Ach bhí athrú ag teacht ar dhearcadh RTÉ faoin stáisiún.

Mar a deir Ó Ciardha d'fhéach RTÉ ar TG4 i dtús aimsire mar 'leanbh tabhartha a tugadh dóibh le tógáil in aghaidh a dtola', agus baineann sé síneadh as a mheafar chun cur síos ar athrú meoin lucht an phríomhstáisiúin.

Tar éis tamaill, bhreathnaigh siad air [TG4] mar leanbh altrama go raibh maitheas éigin ann ach iad fós ag súil leis an lá go n-imeodh sé uathu. Ansin, sílim gur thosaigh siad ag smaoineamh, 'b'fhéidir gur cheart é seo a choinneáil, b'fhéidir gur léiriú é ar an tseirbhís phoiblí'. Ag an am sin, bhí amhras á chaitheamh den chéad uair ar mheicníocht an cheadúnas teilifíse, agus b'fhacthas do roinnt de na bainisteoirí sinsearacha gurbh fhiú TG4 a choinneáil mar go raibh na comharthaí feicthe cheana féin acu go raibh níos mó brú ag teacht ar RTÉ, ag leibhéal náisiúnta agus idirnáisiúnta, a mhíniú cén *rationale* a bhí leis an gceadúnas teilifíse agus céard go díreach a bhí ar siúl acu leis. (2014)

Braitheann Ó Gallchóir gur athraigh RTÉ a phort faoi TG4 le linn an dara bliain aige ina phost nua.

> An t-aon rud a d'athraigh faoi cheist an neamhspleáchais le linn an ama sin, thart ar 2002 a tharla sé, ná gur tháinig malairt intinne ar RTÉ. Sílim gur tharla an mhalairt intinne sin mar gur cheap siad go mbeadh sé níos fearr do RTÉ dá mbeadh TG4 mar chainéal de chuid RTÉ. Bhí go leor ag tarlú in RTÉ agus bhí RTÉ ag déanamh an rud a cheap siad ab fhearr do RTÉ, ní do TG4. Cheap RTÉ go raibh siad níos saibhre agus níos láidre mar eagraíocht agus TG4 acu – sin an dearcadh a bhí ag RTÉ. Rinne mise mo dhícheall 100 faoin gcéad laistigh agus lasmuigh de TG4 chun an rud ab fhearr dúinne a bhrú chun cinn – neamhspleáchas. (2014)

Cad ba chúis le hathrú intinne lucht RTÉ faoin stáisiún beag nár chuir aon mhairg nó corrabhuais orthu roimhe sin? An amhlaidh go raibh an mhonaplacht, nach raibh freagrach d'éinne ach go teoiriciúil don Aire, á cosaint féin agus a húdarás mar ba dhual di? Ar gheal leo i gcónaí TG4 mar shaotharlann ina bhféadfaí tástáil a dhéanamh ar an nuatheicneolaíocht agus ar na modhanna iriseoireachta is déanaí? Ní chuireann Pádhraic Ó Ciardha na cúiseanna sin as an áireamh ar fad, ach áitíonn sé leis gur mar 'dhuilleog fige' a shantaigh RTÉ anois an caidreamh le TG4.

> Den chéad uair ina saol rith sé le daoine áirithe go mb'fhéidir gur mhaith an rud é go raibh TG4 agus RnaG acu, gurbh í seo an duilleog fige, gurb é seo an rud a chlúdaíonn ár náire, más maith leat. Bhí scitsifréine áirithe faoi TG4 ag an ardleibhéal in RTÉ. (2014)

Nó b'fhéidir nach raibh ann ach gur fhéach RTÉ ar TG4 agus gur ghabhadar formad leis agus iad ag léamh alt amhail an ceann a scríobh Declan Lynch sa *Sunday Independent* sa bhliain 2001:

For the care-worn Montrose chiefs, a look at TG4 might offer a few hints. They seem to be making genuine efforts at TG4 to forge an identity, rather than blathering about the cosmic implications of digital technology ... Something is definitely stirring at TG4, because I keep looking at their evening's offering, and raising an inquisitive eyebrow, Roger Moore-like. (2001)

Ag tráth a raibh geilleagar na hÉireann ag fás nach mór 6 faoin gcéad in aghaidh na bliana, d'éirigh le TG4, agus gan ag an stáisiún ach pinginí suaracha, é féin a cheangal leis an 'míorúilt eacnamaíochta' agus teanntás a dhéanamh ar an Tíogar Ceilteach. Ba chuid TG4 den 'Éire nua' nach raibh aon cheann síos ná easpa féinmhuiníne uirthi.

Radharc as *Ros na Rún*, le Tadhg (Macdara Ó Fátharta), Vanessa (Sorcha Fox) agus Séamas (Diarmuid Mac an Adhastair)

I mí na Nollaig 2000, d'éirigh le Hiúdaí an gradam IFTA do Láithreoir Teilifíse na bliana a fháil nuair a fuair sé an ceann is fearr ar Anne Doyle ó RTÉ, Amanda Byram ó TV3, Gerry Kelly ó UTV agus an fear grinn, Patrick Kielty. Tuairiscítear go rabhthas ag vótáil 'go moch agus go minic' i mBaile na hAbhann d'fhear beag na gcluas biorach ach, mar sin féin, ba chomhartha a bhua go raibh an pocán gabhair tagtha i lár an aonaigh.

Sna blianta beaga ina dhiaidh sin, ba chuma cén nuachtán a roghnófaí, bhíodh scéal ann faoin stáisiún bromúdarásach nua a bhí go rábach chun tosaigh ar RTÉ. Murar seoladh sa Sugar Club nó Renards é, ba thuairisc nuachta é faoi fhógra *risqué* do *Paisean Faisean*. Murar scéal faoi Hector Ó hEochagáin a bheith ag tuairisciú ó láthair urghabháil drugaí i Nua-Eabhrac é, ba cheannlíne é faoi '*LESBIAN KISS shocker in* Ros na Rún'.

Ba mhinic anois ceisteanna faoi láithreoirí TG4 ar pháipéir scrúdaithe an Stáit. '*Young, free and bilingual*' a dúirt ceannlíne ar scéal amháin faoi sheoladh sceidil ag a raibh an 'rí rá, craic agus ruaille buaille *unbridled*' (Foley 2000). '*Sun, sex and sangria*' a dúirt ceannlíne eile faoin gclár *Mí in Ibiza* a seoladh in Renards, ceann de na clubanna is faiseanta i mBaile Átha Cliath le linn bhlianta an Tíogair Cheiltigh. '*A thrilling climax to a sexy drama*', arsa an *Star* go sásta faoin gclár *Trí Scéal*.

'We only ever get to meet at launches!' a dúirt láithreoir amháin ó TG4 faoina cairdeas le láithreoir eile ó TG4 agus an bheirt acu faoi agallamh i nuachtán náisiúnta.

Dhein roinnt beag tráchtairí a ndícheall ciall a bhaint as feiniméan TG4. Ba chuid den '*general HiCo quest for authenticity*' iad Riverdance, sos comhraic an IRA agus '*the hip programming of* TG4' araon, dar leis an eacnamaí David McWilliams, ach níor bhac mórán eile le dul ag tochailt fiú chomh domhain sin sa scéal. (2012)

Níl aon dabht ach go raibh a gcuid á saothrú go maith ag lucht bolscaireachta agus margaíochta TG4, ach bhí léirmheastóirí á mealladh chomh maith le caighdeán oibre lucht déanta na gclár. Ina measc bhí John Boland ón *Irish Independent*.

A couple of years back I wondered what exactly TG4 was about, and I suppose I still wonder about it, but the difference is that this time around I'm positively glad it's there. The reason is simple. It shows more, and generally more interesting documentaries than RTÉ 1 does, whether home-produced or bought in, while the movies it screens are generally off-beat and first-rate. (2001)

Molly Bhreathnach ar an mbóthar le Hiúdaí don chlár *Hiúdaí TNT*

Ní raibh aon stad ar an adhradh a bhí á dhéanamh ag daoine ar TG4 agus bheadh lucht tréithiúil na margaíochta in TG4 féin mórtasach dá mba iad féin a chum cuid de na ceannlínte agus na léirmheasanna moltacha. '*Small budgets, big ideas*' ba theideal d'alt le Ian Kilroy in *The Irish Times* inar mhaígh sé go raibh cláir faisnéise TG4 '*stealing the limelight from RTÉ*'.

The secret lies in daring to be different … One of the great creative insights in modern Irish literature came when Patrick Kavanagh realised that to be local didn't necessarily mean the same thing as being parochial. In Epic, *he wrote of how Homer made the* Iliad *from 'a local row'. It's a lesson that TG4 has learned well. In recent years, the*

Connemara-based station has been consistently out-matching RTÉ in
the quality and imagination of its factual programming, mainly by
concentrating on local, personal stories. (2002)

'*From no hopers to giant killers, TG4 slays competition*' a dúirt ceannlíne
eile san *Irish Independent* (Moloney 2005). Bhí 'Bualadh Bos' tuillte ag
TG4 a mhaígh eagarfhocal sa nuachtán céanna in 2005 ina ndúradh go
raibh an stáisiún ina eiseamláir do '*much bigger and richer stations*' agus do
'*revivalists*' agus '*rival television stations*' araon.

Ba é an '*Lucozade phenomenon*' é, téarma a cheap Declan Lynch chun cur
síos a dhéanamh ar mhíorúilt TG4.

If TG4 has done one thing that is truly astonishing, it is this: it
has made itself trendy. It is the place to go if you are looking for
a nice pretentious French film, or just something with subtitles. It
has a restless energy. It is ambitious. It is cool … As a stroke of
pure marketing genius, this can best be compared to the Lucozade
phenomenon, whereby a product aimed almost exclusively at the
sick was utterly transformed by the simple expedient of aiming it
almost exclusively at the fit and well, the sporty type. Within five
years, TG4 has done a Lucozade on the Irish language. (2001)

Bhí smionagar á dhéanamh de na miotais agus na clíséanna gránna
leadránacha faoin teanga ar chuir lucht Theilifís na Gaeilge rompu iad a
scriosadh. Dar le leithéid Lynch, bhí an teanga a bhí '*synonymous with the*
naff and the generally wicked' anois '*widely perceived to be cutting edge*'.

Ba é an dála céanna é ag Emma Blain ar taibhsíodh di go raibh an
Ghaeilge faighte '*sexy*' go tobann '*as beauties like TG4's teletotty bring a*
curvaceous new dimension to the realm once populated by Peig Sayers and
Provos'. (2006)

Agus a 'leanbh altrama' á chuachadh suas mar seo cén t-iontas go mbeadh na 'care-worn Montrose chiefs' ag éirí amhrasach faoi na sreangáin naprúin a scaoileadh?

Mar a scríobh an t-iriseoir Pat Stacey san *Irish Independent*: '*The irksome minnow, the troublesome flea that no one wanted feeding off the back of the national broadcaster, has become the little channel that could.*' (2004)

◉

Cé go raibh fuadar agus fuirseadh anois faoin '*little channel that could*' bhí ceist a shaoirse fós gan réiteach. Bhí sé i ndán don stáisiún ó thús go mbronnfaí stádas neamhspleách air agus chuir Cuid VI den Acht Craolacháin 2001 (Broadcasting Act 2001) bunús reachtúil faoin ngeallúint sin. Ach ní hin le rá nach raibh ceisteanna dlisteanacha ann faoi dhá chraoltóir phoiblí a bheith ag tarraingt uisce ar a muilinn féin ón tobar stáit céanna.

D'éirigh an scéal níos casta fós i mí Iúil 2003 nuair a fógraíodh gurbh é Cathal Goan a thiocfadh i gcomharbacht ar Bob Collins mar Ard-Stiúrthóir RTÉ. Bhí amhras áirithe ag teacht ar dhaoine sa dá stáisiún faoin tráth seo, a deir Pádhraic Ó Ciardha.

> Nuair a tháinig an reachtaíocht isteach in 2001, sin an uair a tosaíodh ar an bpleanáil. Bunaíodh an struchtúr ó thús faoi Sheirbhísí Theilifís na Gaeilge le go bhféadfadh sé tarlú ach nuair a bhreathnaíomar go mion ar an rud, ní hé gur scanraigh sé muid ach thuigeamar go mbeadh sé níos casta ná mar a cheap muid. Cosúil le pósadh nó colscaradh ar bith éiríonn duine níos neirbhísí agus an lá mór ag teacht. Agus bhí Cathal bogtha ar ais go dtí RTÉ agus athrú intinne tagtha air féin. (2014)

Déanann foinse eile ón taobh istigh, nár theastaigh uaidh go n-ainmneofaí é, cur síos ar an gcaidreamh ait a bhí idir RTÉ agus TG4 roimh an gcolscaradh.

An neamhspleáchas – bhí sé cineál aisteach faoi mar a bhí an feachtas ag obair. Bhí an ceannasaí Pól [Ó Gallchóir] fós mar fhostaí ag RTÉ, bhí sé faoi stiúir RTÉ agus ag tuairisciú do bhord a raibh Cathal Goan, an t-iarcheannasaí, mar bhall de. An aidhm a bhí ag RTÉ ná TG4 a choimeád istigh agus bhí TG4 ag iarraidh dul amach leo féin – bhí cás amháin á dhéanamh ag Cathal Goan agus a mhalairt de chás ag Pól a bhí freagrach dó.

I ndiaidh dó TG4 a fhágáil thug Goan le fios in agallamh a cuireadh air faoina laghad clár Gaeilge ar RTÉ – ní raibh fágtha sa sceideal an uair sin ach *Léargas* – gurbh é 'neamhspleáchas' mian a chroí do TG4 i gcónaí.

Tá díomá ar dhaoine agus údar acu. Tá díomá orm féin [faoina laghad clár Gaeilge ar RTÉ]. Ní leor a rá go bhfuil TG4 ag freastal ar an bpobal. Le cúnamh Dé, is stáisiún neamhspleách a bheidh in TG4 sa todhchaí … (Mac Gearailt 2000)

Faoin am a bhfuair Goan an jab ceannais in RTÉ, áfach, bhí port nua ag an gcraoltóir náisiúnta faoi TG4. San aighneacht a chuireadar faoi bhráid Fhóram na Craoltóireachta in 2002 thug lucht Montrose le fios go neamhbhalbh go mb'fhearr leo greim a choimeád ar TG4. '*With so much uncertainty in the broadcasting economy for the foreseeable future, a change to the existing relationship between RTÉ and TG4 is undesirable now and likely to disadvantage* TG4,' a dúradh. (The Irish Times 2003) Léirigh miontuairiscí ó chruinniú an bhliain chéanna idir RTÉ agus oifigigh na Roinne Cumarsáide gur measadh go raibh TG4 '*no more certain of its institutional and financial future then when it started*'. (The Irish Times 2003)

€6m breise sa bhliain a theastódh ó TG4 ach a dtabharfadh sé conair an neamhspleáchais air féin, dar leis an Roinn Cumarsáide, Mara agus Acmhainní Nádúrtha. Bhí an Roinn ag éileamh mar chúiteamh ar a dtacaíocht chomh maith go gcuirfeadh lucht an stáisiúin feabhas ar a sceideal agus go ngearrfaí siar ar líon na n-athchraoltaí ann.

Cúpla mí sular ceapadh Goan ina Ard-Stiúrthóir tháinig sé chun solais go raibh aighneas ar bun chomh maith idir RTÉ agus dhá roinn rialtais faoi cheist TG4. Agus éiginnteacht i gcónaí ann faoi cén struchtúr a bhí i ndán don chraoltóir Gaeilge, tuairiscíodh go raibh caint ann go gcuirfí TG4 faoin Roinn Gnóthaí Pobail, Tuaithe agus Gaeltachta, Roinn Éamoin Uí Chuív. Bhí RTÉ glan i gcoinne an mholta a pléadh ag bord an Rialtais, go n-aistreofaí cúram TG4 ón Roinn Cumarsáide, Mara agus Acmhainní Nádúrtha.

I Meitheamh 2004 cuireadh an chéad mheamram faoi bhráid an Rialtais faoi cheist an neamhspleáchais, ach an mhí dár gcionn níor léir go raibh mórán dul chun cinn á dhéanamh ag an Aire Cumarsáide, Mara agus Acmhainní Nádúrtha Dermot Ahern agus é ag freagairt ceisteanna sa Dáil.

> *There has been a slow down on the decision to establish TG4 as a separate statutory entity due to the fairly dramatic decisions we have made on foot of the licence fee increase. We have now decided strategically to bring forward a Broadcasting Authority of Ireland Bill whereby RTÉ will be subject to the same regulation as independent operators. Funding into the future is also an issue for TG4. Additional costs which may be incurred when the station leaves the RTÉ umbrella organisation must be considered.* (Díospóireachtaí Dála 2004)

D'fhonn aghaidh a thabhairt ar na ceisteanna sin bhunaigh an Rialtas grúpa oibre i mí Dheireadh Fómhair 2004 chun cás an neamhspleáchais a chíoradh.

Ní raibh RTÉ díomhaoin fad is a bhí an Rialtas ag tarraingt na gcos agus cuireadh plécháipéis rúnda i dtoll a chéile inar moladh don Roinn go mbronnfaí féinriail seachas neamhspleáchas ar an gcainéal Gaeilge.

Thuairiscigh Pól Ó Muirí in *The Irish Times* gur cuireadh faoi bhráid na Roinne in earrach 2005 an phlécháipéis seo inar moladh go mbeadh ceannas dlí agus airgeadais mar aon le féinsmacht eagarthóireachta ag TG4, ach go bhfanfadh sé faoi scáth RTÉ. Mhol RTÉ go ndéanfaí an stáisiún a mhaoiniú ó tháillí ceadúnais tráchtála nua a bheadh le híoc ag áiteanna poiblí as úsáid teilifíseán (2005a).

Maíodh go mbeadh €15m breise sa teacht isteach seo agus, ag cur san áireamh na foinsí eile ioncaim ag TG4, go bhféadfadh go mbeadh €20m breise san iomlán aige anuas ar a dheontas bliantúil ón Rialtas.

Bheadh TG4 ina eagraíocht dhleathach faoi leith lena phríomhfheidhmeannach féin agus a bhord stiúrta féin a bheadh comhdhéanta de bhaill d'fhoireann bhainistíochta TG4 agus Údarás RTÉ. Dúradh sa phlécháipéis gur thacaigh RTÉ le gealltanas an Rialtais go mbeadh stádas neamhspleách ag TG4 ach go mbeadh 'an fhéinriail' níos saoire agus níos éifeachtaí ná aon mhúnla eile 'in an era of rationalisation and convergence'.

Dhein foinse anaithnid taobh istigh de TG4 ar labhair Pól Ó Muirí leis spior spear de mholadh RTÉ a d'fhágfadh 'TG4 sa riocht céanna le Robinson Crusoe ar a oileán tréigthe, is é sin, go mbeadh sé ina thiarna ar chách ach ina mháistir ar thada'. (2005a)

In ainneoin na n-argóintí caolchúiseacha a bhí á gcur suas acu, ní raibh á fháil faoin tráth seo ag RTÉ ón aos polaitiúil ach an chluas bhodhar. I mí Iúil cheap an Rialtas comhairleoirí chun plean a cheapadh a thabharfadh feidhm do neamhspleáchas TG4.

Agus gan acu anois ach greim an fhir bháite ar an stáisiún Gaeilge, dhein RTÉ iarracht amháin eile stop a chur le neamhspleáchas TG4. I mí Dheireadh Fómhair 2005, chuir lucht ardbhainistíochta Montrose sraith moltaí radacacha faoi bhráid Noel Dempsey a tháinig i gcomharbacht ar Dermot Ahern mar Aire Cumarsáide, Mara agus Acmhainní Nádúrtha.

Ní raibh aon rian sa cháipéis seo – *Irish Public Service Broadcasting: RTÉ and TG4* – den chaint mhilis faoin bhféinriail.

> *Provision for TG4 (Teilifís na Gaeilge) 'independence' is made in the Broadcasting Act 2001. TG4 independence is also part of the Programme for Government 2002. But RTÉ must question the wisdom of proceeding along this path without due cognisance of the potentially detrimental consequences for Ireland, for Irish public service broadcasting and for the provision of Irish language broadcasting services.* (Ó Muirí 2005b)

Moladh gur stáisiún saor ó fhógraí a bheadh in TG4 chun nach mbeadh sceideal an chainéil Ghaeilge spleách feasta ar éilimh an mhargaidh.

Léirigh RTÉ a dhímheas chomh maith ar sceideal measctha TG4, sceideal a bhí bunoscionn, dar leo, le héirim agus le brí aidhmeanna cultúrtha an stáisiúin. Bhí TG4 ag brath an iomarca ar chláir Bhéarla i gcroílár a sceidil agus an baol ann go dtabharfadh Coimisiún na hEorpa a ndúshlán dá bharr sin.

> *The Irish language schedule is over-dependent on repeat programming and is not presented as a coherent choice of sustained primetime output in Irish ... it must be recognised that TG4's reliance on English language acquisition has become disproportionate, is not in keeping with its core purpose, and is open to serious challenge at the European Commission ...* (Ó Muirí 2005b)

Moladh go dtabharfaí reachtaíocht isteach a leagfadh síos an t-íosmhéid clár Gaeilge a chaithfí a chraoladh ar TG4 agus tugadh geallúint go gcuirfí 10 faoin gcéad de bhuiséad coimisiúnaithe RTÉ ar leataobh do TG4 gach bliain. Bhí Pól Ó Muirí, ar sceitheadh an cháipéis leis, den tuairim nach sásódh na geallúintí seo bainistíocht TG4 agus go raibh an chontúirt ann go gcuirfeadh an socrú a bhí á mholadh ag RTÉ olc ar an bpobal a d'fhéachfadh ar TG4 'mar pholl mór dubh atá ag blí airgid ó chiste an cheadúnais teilifíse'. (2005b)

Cuid d'fhoireann *Nuacht TG4* in 2001: Áine Lally, Tomás Ó Síocháin, Ailbhe Ó Monacháin agus Sinéad Ní Neachtain

Maidir leis na hiarrachtaí seo stop a chur le neamhspleáchas TG4, ní ceart beag is fiú ar fad a dhéanamh díobh ná féachaint orthu mar léiriú eile ar nós RTÉ a bheith ag tochras ar a cheirtlín féin. Bhí pointí le dealramh ag lucht RTÉ faoi TG4 a bheith ag brath an iomarca ar an mBéarla sa sceideal agus ba léir gur chaith Cathal Goan agus ardbhainistíocht RTÉ cuid mhaith dua i mbun machnaimh ar struchtúir mhalartacha. Bíodh is go raibh sé dílis anois do RTÉ seachas TG4, ní fhéadfaí a rá ach an oiread faoi Ard-Stiúrthóir RTÉ nárbh ar leas na craoltóireachta Gaeilge a bhí sé.

Ach ar an taobh eile den scéal, ba ró-áiseach mar a tháinig imní ar RTÉ faoi ról na craoltóireachta Gaeilge sa tseirbhís phoiblí chun go dtabharfaí sochar an amhrais dóibh.

Pé ní ba chionsiocair le righneas RTÉ, ba shaothar in aisce dóibh an cath seo i gcoinne an neamhspleáchais agus ba mhó an baol do TG4 sa chás seo cinneadh ag an Aontas Eorpach maidir leis an leibhéal maoinithe a bhí ceadaithe do chraoltóirí poiblí. (Ní Mhárta agus Ó Gairbhí 2006).

I Meitheamh 2006 dúirt Noel Dempsey gur ar éigean a bheadh TG4 neamhspleách in am dá cheiliúradh 10 mbliana i mí na Samhna ach thug sé le fios go raibh scagadh déanta aige ar thuarascáil na gcomhairleoirí agus meamram rialtais dréachtaithe aige dá réir. Ar an 17 Lúnasa, d'fhógair Dempsey go mbeadh TG4, 'one of the great success stories of Irish broadcasting', neamhspleách ón 1 Aibreán 2007 agus go mbeadh breis airgid á lorg aige don stáisiún. Dúirt Cathal Goan gur 'cuí anois agus muid ag druidim le ceiliúradh deich mbliana ó chuaigh an tseirbhís ar an aer, go bhfuil cinneadh tógtha ag an Rialtas faoin bhealach atá amach roimpi' (Ó Muirí 2006). Ghuigh sé gach rath ar a chomhghleacaithe 'sa chéad chéim eile seo i bhforbairt na craoltóireachta teilifíse Gaeilge' agus dúirt sé go raibh béim nach beag leagtha ag RTÉ ar an tábhacht a bhain le cinneadh soiléir polasaí 'a dhaingneodh buaine agus maoiniú TG4'.

Ba mhaith a thuig sé go raibh bóthar achrannach roimh TG4. Ba ghá, a dúirt Goan, ceist an mhaoinithe a réiteach agus cosaint agus cothú a dhéanamh ar an sciar den lucht féachana a bhí ag an gcainéal Gaeilge. Theastódh tuilleadh clár Gaeilge chomh maith agus chaithfí a chinntiú go mbeadh teacht níos éasca ar an tseirbhís i dTuaisceart Éireann. (Ó Muirí 2006)

Bhraith daoine áirithe in TG4 go raibh feall déanta ag ceannasaí bunaithe an stáisiúin orthu ar an mbóthar fada chun na saoirse agus nuair a tháinig sé go Baile na hAbhann chun cur i láthair a dhéanamh faoin scéal shiúil cúpla ball den fhoireann amach as an seomra cruinnithe.

Deir Goan féin gur agnóisí ba ea é riamh fad is a bhain le neamhspleáchas.

> Cinneadh rialtais a bhí ann, níor bhrúigh mé an pointe sin riamh. Ag lorg soiléireachta a bhí mé i gcónaí, sin uile. I ndeireadh na dála tig agus imíonn struchtúir ach mura bhfuil na daoine cearta agat tá deireadh leat. (2014)

Ní thuigeann Pádhraic Ó Ciardha go dtí an lá inniu féin cén fáth gur chuir RTÉ 'an oiread sin ama amú' ag troid i gcoinne an neamhspleáchais.

Ag an leibhéal polaitiúil ní raibh aon amhras ach go dtarlódh sé agus sin rud nár thuig mé faoi dhearcadh RTÉ. Ní raibh siad ach ag cothú trioblóide agus achrainn dóibh féin. Ní thuigim cén fáth go raibh siad ina aghaidh nuair nach raibh aon dabht faoi ach go dtarlódh sé. (2014)

Is mar a chéile léamh Phóil Uí Ghallchóir ar an scéal.

Bhí meamraim rialtais ann, bhí Bille Craoltóireachta ann – as na rudaí sin a saolaíodh an leanbh nua. Bhí roinnt cruinnithe ann agus rinneamar roinnt stocaireachta ach ní raibh mé ag troid le RTÉ mar níor bhraith mé go raibh gá leis, cé go mb'fhéidir go raibh RTÉ ag iarraidh deireadh a chur leis an gcinneadh sin nó leasú éigin a dhéanamh air. (2014)

Níl aon amhras ar Ó Gallchóir ach gurbh é an cinneadh ceart é nead sheascair RTÉ a fhágáil.

An t-aon chúram atá orainne ná TG4, TG4 agus TG4 arís agus arís eile. Nílimid buartha faoi stáisiúin raidió ná stáisiúin eile teilifíse. Tá aidhmeanna soiléire againn – forbairt na teanga agus forbairt TG4. Sin an sprioc i gcónaí – cén rud is fearr do TG4? Is comhlacht atá i bhfad níos mó ná sinne RTÉ agus ní bheimis ar bharr an liosta go deo ag RTÉ. Bhí RTÉ go maith domsa ach tá an dílseacht tábhachtach i dteaghlaigh agus i gcomhlachtaí. Céard é an rud is fearr do TG4? Creidim go láidir i TG4 agus i bhfoireann TG4 agus creidim go bhfuilimid níos fearr as a bheith neamhspleách, agus is cúis bhróid dom gur oibrigh mé chuile lá le neamhspleáchas a bhaint amach. (2014)

Bhí míbhuntáistí ag baint chomh maith le neamhspleáchas TG4. Cailleadh an taithí fhada a bhí ag RTÉ i léiriú clár, i gcúrsaí innealtóireachta agus i réimse na fógraíochta. Chuir neamhspleáchas TG4 go mór le costais an stáisiúin mar go gcaithfí díol anois as ábhar cartlainne RTÉ, as na stiúideonna agus as an gcóras tarchuradóireachta. Bheadh sé níos deacra chomh maith láithreoirí RTÉ a fháil ar iasacht le tacú le TG4 cé nach raibh aon fhadhb riamh ná ó shin ag RnaG a láithreoirí a chur ar fáil don stáisiún teilifíse. In 2013, cinneadh S4C sa Bhreatain Bheag, an eiseamláir don mhúnla neamhspleáchais atá ag TG4, a chónascadh athuair leis an BBC, ach ní fheictear do Ó Ciardha go bhfuil aon dul siar anois don chraoltóir Gaeilge.

> Fiú fad is a bhí muid faoi RTÉ bhí muid leathscoite uathu agus tugadh saoirse dhochreidte dúinn a bheith ag póirseáil i bpasáistí na polaitíochta, ag gearán faoi na táillí tarchuradóireachta nó a bheith ag mealladh lucht déanta clár chugainn féin. Ar an gcaoi sin, ní dhearna neamhspleáchas an oiread sin athruithe ar ghnóthaí laethúla an stáisiúin agus tharla sé ar bhealach réasúnta réidh agus sibhialta sa deireadh. (2014)

Le bunú an stáisiúin mar eintiteas neamhspleách, ceapadh Bord nua ar TG4 a raibh Peter Quinn, Iar-Uachtarán de chuid CLG ina chathaoirleach air. Ina theannta ar an mbord nua bhí iar-iománaí na Gaillimhe Joe Connolly, iarchathaoirleach Raidió na Gaeltachta Pádraig Mac Donnacha agus an t-aisteoir aitheanta Bríd Ní Neachtain. Ba ó chúlra oideachais a tháinig an cúigear eile ar an mBord – Eilís Ní Chonnaola, Méabh Mhic Ghairbheith, Méadhbh Nic an Airchinnigh, Feargal Ó Sé agus Regina Uí Chollatáin.

Bhí athruithe tarlaithe chomh maith ar fhoireann TG4. Cé gur réitigh Siún Ní Raghallaigh go maith le Pól Ó Gallchóir ar feadh tamaill d'fhuaraigh an caidreamh eatarthu agus in 2001 d'fhág an bhean is mó a raibh baint aici le teacht i gcruth Theilifís na Gaeilge slán le Baile na hAbhann. D'fhill sí ar an stáisiún in 2012 nuair a ceapadh ina Cathaoirleach ar Bhord TG4 í. Bhí Anne McCabe, a mhúnlaigh polasaí coimisiúnaithe an stáisiúin in éineacht le Micheál Ó Meallaigh agus Cathal Goan, i measc na ndaoine eile ó fhoireann bhunaithe an stáisiúin a d'fhág le linn na mblianta seo.

Tar éis trí bliana ag obair don stáisiún d'fhág Cillian Fennell in 2002. Mar Cheannasaí na gClár, thug sé 'fócas úr' don stáisiún, dar le Micheál Ó Meallaigh, cé go bhfuil Alan Esslemont den tuairim gur mhéadaigh an bhearna idir rannóg na gclár agus rannóg an sceidil le linn ré Fennell. Deir duine eile ón taobh istigh go raibh Fennell pointeáilte go maith faoi chaighdeán na léiriúchán ón earnáil neamhspleách, go mbíodh sé dian go maith ar na comhlachtaí léiriúcháin agus gurbh é sin an bua is mó a bhí aige. Bhí cur chuige 'giorraisc' agus 'sách tobann' aige, agus bhíodh 'eagla' ar na léiritheoirí roimhe. 'Níl foras faire ceart ag lucht coimisiúnaithe TG4 ó d'imigh sé, dar liom,' a deir an fhoinse áirithe seo.

Nuair a bhain TG4 a neamhspleáchas amach, chinn an Roinn Cumarsáide, Mara agus Acmhainní Nádúrtha go mbeadh ar Phól Ó Gallchóir agus Pádhraic Ó Ciardha cur isteach ar a bpoist féin. Scríobh Esslemont cáipéis fhada faoin mbaol go n-imeodh an stáisiún ar seachrán ón straitéis sceidil a bhí forbartha aige féin i dteannta a leathbhádóirí Máire Aoibhinn Ní Ógáin agus Dave Moore. Chuir sé an cháipéis faoi bhráid na n-údarás agus chuir sé isteach ar phost Uí Ghallchóir, cinneadh a chuir iontas ar mhórán toisc nach raibh san fhógra folúntas dáiríre ach beart ar mhaithe le gnás.

> Chreid mé ar dtús go bhfillfeadh Pól ar RTÉ tar éis seacht mbliana a bheith déanta aige. Theastaigh an post uaim mar gur chreid mé nár chun leas lucht féachana TG4 a bheadh sé dá bhfanfadh cúrsaí mar a bhí, cé go mba léir nach raibh mé chun é [an post] a fháil. (Esslemont 2014)

An lá ar fhógair an ceannasaí athcheaptha, a raibh an teideal Príomhfheidhmeannach anois air, an struchtúr bainistíochta nua a bhí le tabhairt isteach aige, shocraigh Alan Esslemont Baile na hAbhann a fhágáil chun dul ag obair mar Cheannasaí Ábhar le Seirbhís Gàidhlig BBC Alba.

An lá a d'fhág sé eagraíodh ócáid fhoirmeálta chun slán a fhágáil leis agus d'éirigh le Esslemont an t-uaigneas a bhí air a cheilt ar an bhfoireann. Níor éirigh leis guaim a choimeád air féin, áfach, nuair a d'eagraigh an fhoireann níos déanaí sa lá ócáid eile in ómós dó nach raibh aon choinne aige léi.

'Bhris an gol orm agus bhí orm fágáil. Tá foireann TG4 lán le daoine ceanúla cruthaitheacha. Ba mhinic sinn ag gáirí le chéile agus ba mhór an gean a bhí agam orthu. Bhí eagla orm faoina raibh romham agus mé á bhfágáil,' a deir sé.

Cé go raibh amhras fós air faoi ghnéithe de chur chuige TG4, b'údar sásaimh d'Esslemont gur chainéal neamhspleách a bhí ann faoin am ar fhág sé.

Ba í an mhórcheist eile a bhí fós gan fuascailt ná maoiniú an stáisiúin. Mar a dúirt Micheál D. Ó hUigínn le *Foinse* ar an 20 Lúnasa 1996 agus an fógra faoi neamhspleáchas déanta: 'Caithfear a chinntiú go mbeidh dóthain acmhainní ag TG4 le bheith neamhspleách anois agus neamhspleách go deo.' (Bhreathnach agus Ó Gairbhí 2006)

❂

In 2001 bhí os cionn £90m ag S4C na Breataine Bige idir mhaoiniú ón státchiste agus ioncam tráchtála, agus chuir an BBC 550 uair an chloig de chláir ar fáil don stáisiún Breatnaise agus cead chomh maith acu a rogha clár a thógáil ó Channel 4 saor in aisce.

Agus an stáisiún ar tí a chúigiú breithlá a cheiliúradh in 2001 bhronn an tAire Ealaíon, Oidhreachta agus Gaeltachta Síle de Valera €2m bhreise air, rud a d'fhág go raibh €18m ag TG4, nó dúbailt an méid airgid a bhí aige nuair a tháinig ann dó in 1996. An t-aon fhadhb a bhain leis sin ná nach raibh leath a dhóthain airgid ag Teilifís na Gaeilge in 1996.

Nuair a chuirtear san áireamh ioncam fógraíochta agus an soláthar reachtúil clár de 365 uair an chloig ó RTÉ bhí teacht isteach timpeall €24m san iomlán ag TG4.

Dála Chathail Goan roimhe ba é ceann de na mórdhúshláin a bhí roimh Phól Ó Gallchóir ná maoiniú breise a fháil agus mar a dhein a réamhtheachtaí chuaigh an ceannasaí nua i mbun stocaireachta go poiblí agus ar chúla téarmaí chun aird a tharraingt ar chruachás TG4. Nuair a deineadh ciorrú ar bhuiséad an stáisiúin in 2002, an chéad uair ó bunaíodh é gur tháinig laghdú ar mhaoiniú, ní raibh aon rogha ag Ó Gallchóir ach a thromchúisí is a bhí an ghéarchéim a chur in iúl.

Ba é an toradh a bhí ar an gciorrú 11 faoin gcéad ná tuilleadh athchraoltaí, níos lú clár Gaeilge, cartúin i mBéarla agus cailliúint post san earnáil neamhspleách, arsa Ó Gallchóir le *Foinse* ar an 17 Samhain 2002 (Ní Mhonacháin).

'Caithfidh an Rialtas cinneadh a dhéanamh gan mhoill maidir le todhchaí TG4, ar mhaithe linne, le RTÉ agus leis an earnáil neamhspleách,' a dúirt sé.

Bhí an bhainistíocht ag éirí bréan chomh maith den síormholadh a bhí á thabhairt ag airí Rialtais agus ag an Taoiseach Bertie Ahern do TG4 agus gan faic sa bhreis ag an stáisiún dá bharr. Ba é croí an scéil, in ainneoin an phlámáis, gur beag tacaíocht bhreise a bhí faighte ag an stáisiún ar bunaíodh é le dóthain maoinithe chun craoladh ar feadh dhá uair an chloig in aghaidh an lae agus a bhí anois ag craoladh 19 n-uaire an chloig gach lá.

In 2004, d'fhoilsigh Screen Producers Ireland, scáthghrúpa na léiritheoirí neamhspleácha teilifíse agus scannán, tuarascáil a mhaígh go raibh €44m ag teastáil ó TG4 ní hamháin le go mbeadh rath air ach le go dtiocfadh sé slán (Ó Muirí 2004).

Scríobh údar na tuarascála Peter Quinn, a ceapadh ina chathaoirleach ar Bhord TG4 ina dhiaidh sin, go raibh 'géarphráinn' ag bagairt ar chomhlachtaí neamhspleácha teilifíse toisc TG4 a bheith ar an anás agus gan na hacmhainní aige 'a theastaíonn chun rátaí réadúla eacnamaíochta a íoc ar léiriú cláracha'.

Bhí fonn ar TG4 níos mó clár Gaeilge a chraoladh ach a mhalairt a tharlódh mura gcuirfí cuidiú fónta ar fáil dóibh agus bheadh rogha le déanamh go luath: 'is é sin a chlársceideal Gaeilge a laghdú go suntasach nó úsáid a bhaint as cláracha Béarla níos saoire chun a sceideal a líonadh ...'

Suim €23m a bhí á fháil ón Rialtas ag TG4 in 2004, ach má bhí an earnáil teilifíse neamhspleách le teacht slán chaithfí an tsuim sin a ardú go €30m in 2005 agus go €44m faoin mbliain 2008, a dúirt Quinn.

Moladh sa tuarascáil chomh maith go rachadh comhlachtaí neamhspleácha Gaeltachta i bpáirt lena chéile feasta toisc go raibh 'seans láidir' ann go mbeadh 'ráta ard tnáite i measc na gcomhlachtaí beaga' is cuma cén maoiniú breise a thiocfadh. Bhí laghdú 30 faoin gcéad tagtha cheana féin ar líon na léitheoirí neamhspleácha a bhí ag obair sa Ghaeltacht agus bhí léiritheoirí ag tabhairt cúl le craoltóireacht na Gaeilge agus le TG4 toisc nach raibh dóthain sna buiséid le maireachtáil.

Bhí seachtó comhlacht léiriúcháin ar fad ag soláthar clár do TG4 faoin tráth seo agus bhí idir tríocha a cúig agus daichead comhlacht díobh sin lonnaithe sa Ghaeltacht. Bhí 413 post ag brath ar TG4, 74 acu sa stáisiún féin agus 220 acu i gcomhlachtaí léiriúcháin Gaeltachta. Mhaígh Quinn go mbeadh na poist sin i mbaol mura gcuirfí moltaí na tuarascála i bhfeidhm toisc na comhlachtaí neamhspleácha a bheith ag brath chomh mór sin ar TG4.

Faraor, níor tháinig aon mhaolú ar an ngéarchéim airgeadais agus, in 2005, scríobh Pól Ó Gallchóir litir chuig an Aire Noel Dempsey, inar mhaígh an Ceannasaí go raibh easpa maoinithe TG4 *impacting negatively on every aspect and level of our output*. (McCaughren 2006)

Agus neamhspleáchas geallta, theastaigh €10m breise sa bhliain ón gCeannasaí agus *the most critical juncture* i stair an stáisiúin amach roimh TG4. *While the funding issue has bedevilled the channel since the outset, it has reached a critical point now,* a scríobh Ó Gallchóir.

Hector Ó hEochagáin i gCeanada dá chlár taistil in 2010

Mhaígh sé chomh maith go raibh gaisce déanta ag an stáisiún. '*The channel has won the hearts and the minds of both the core Irish-language community and the casual non-committed viewers.*'

Ceadaíodh €30.98m do TG4 'neamhspleách' in 2007, méadú timpeall €6m ar an tsuim a fuarthas ón státchiste an dá bhliain roimhe sin. Ag deireadh 2007, d'fhógair an tAire Airgeadais Brian Cowen go mbeadh €4.7m breise ag TG4 in 2008, méadú 15 faoin gcéad ar 2007.

Bhíothas ag tarraingt ag an am sin chomh maith as an scéim nua *Sound and Vision* a bhunaigh Coimisiún Craolacháin na hÉireann in 2005. Sa bhliain sin d'éirigh le TG4 €9.2m a fháil ón gCoimisiún agus i measc na dtograí ar ceadaíodh maoiniú dóibh bhí an tsraith drámaíochta do dhaoine óga *Aifric*, a fuair €3m, agus an leagan scannáin d'úrscéal Mháirtín Uí Chadhain, *Cré na Cille*.

◉

Ina theannta sin, bhí pinginí breise ag teacht aduaidh ó chiste eile a bunaíodh in 2005, Ciste Craoltóireachta Gaeilge Choimisiún Scannán agus Teilifíse Thuaisceart Éireann, ar cuireadh ar bun é chun tacú le léiriúcháin Ghaeilge ó thuaidh den teorainn. Sa chéad bhabhta maoinithe ag an gCiste Craoltóireachta Gaeilge d'éirigh le TG4 €5.6m a fháil do chláir ar nós *MPH*, sraith faoi ghluaisteáin, *Adharca Fada*, dráma lonnaithe i gcomhlacht tréidliachta, agus *Ní Gaeilgeoir Mé*, iarracht ar mhúnla leithéid *I'm a Celebrity Get Me Out of Here*, a leanúint.

Tháinig ann do Chiste Craoltóireachta na Gaeilge ó thuaidh de thoradh feachtas fada a raibh an tIontaobhas Ultach ar thús cadhnaíochta ann. Ghlac an tIontaobhas páirt san FNT ó dheas agus bhí a gceann feadhna Aodán Mac Póilín ar Choiste Bunaithe Theilifís na Gaeilge, ach ba roimhe sin arís, i dtús na 1990idí, a thosaíodar ag éileamh go gcuirfí ciste craoltóireachta ar bun.

In 1997 d'fhoilsigh an tIontaobhas paimfléad le Mac Póilín dar teideal *Irish-Medium Television in Northern Ireland* inar deineadh an cás an athuair do chiste infheistíochta ó thuaidh a chuirfeadh oiliúint agus tacaíocht ar fáil do léiritheoirí a bheadh ag iarraidh cláir a sholáthar don stáisiún nua Gaeilge. In 1999, d'fhoilsigh an eagraíocht an tuarascáil le Don Anderson, *Conas an Ghaeilge a Chraoladh i dTuaisceart Éireann: Craolachán agus Comhaontú Bhéal Feirste*. Moladh ann go mbunófaí ciste craoltóireachta Gaeilge do Thuaisceart Éireann i bhfianaise gheallúintí Chomhaontú Aoine an Chéasta.

Sa Chomhaontú, a tháinig ar an bhfód in 1998, gealladh go lorgófaí 'bealaí níos éifeachtaí' chun 'spreagadh agus tacú airgeadais a thabhairt do léiriú scannán agus clár teilifíse trí Ghaeilge i dTuaisceart Éireann'. Tugadh geallúint eile ann go ndéanfaí 'an scóip' chun 'Teilifís na Gaeilge a chur ar fáil ar bhonn níos forleithne i dTuaisceart Éireann a scrúdú, mar ábhar práinne, in éineacht le húdaráis iomchuí na Breataine agus i gcomhar le húdaráis chraolacháin na hÉireann'. (1998)

Deir Pádhraic Ó Ciardha go raibh baint nach beag ag lucht Theilifís na Gaeilge féin leis an méid a bhí i gComhaontú Aoine an Chéasta faoin gcraoltóireacht Ghaeilge.

> Fiú más mé fhéin atá á rá sílim gur léirigh ardbhainistíocht TnaG solúbthacht agus ábaltacht agus sinn ag léamh ar na comharthaí sóirt sa phróiseas síochána agus go bhfaca muid go raibh deis ann go bhféadfaí ról níos lárnaí a thabhairt do TnaG sa ngréasán seirbhísí poiblí ar an oileán ar fad. Dá dtiocfadh rath ar an bpróiseas síochána is cinnte go mbeadh éileamh ag náisiúntóirí, ag pobal na Gaeilge agus ag Sinn Féin, le bheith lom faoi, ar sheirbhís Ghaeilge a chuirfeadh ar an riocht céanna leis an Albain agus an Bhreatain Bheag sinn. Ba léir dom nach mbeadh fonn ar an mBreatain seirbhís ar leith a bhunú don Tuaisceart agus is ar an mbonn sin a troideadh ár gcás. (2014)

Troideadh an cás sin trí iarracht leanúnach a dhéanamh 'dul i bhfeidhm ar lucht polasaí ag leibhéal an-sinsearach sa Tuaisceart'. Dar le Ó Ciardha go raibh ceacht le foghlaim ó chás TG4 ó thuaidh faoi cheist an neamhspleáchais.

> Ní bheadh cead ag a mhacasamhail de dhuine in RnaG nó Lyric FM a bheith ag póirseáil thart ar phasáistí na cumhachta i Stormont nó ag lorg maoinithe ó thuaidh. Chun obair mar sin a dhéanamh san fhadtéarma bhí orainn a bheith neamhspleách. Ní dúramar os ard é ach sin ceann de na cúiseanna ba mhó a bhíomar ag iarraidh neamhspleáchas a bhaint amach. (2014)

Bhain roinnt conspóide le bunú an Chiste Craoltóireachta ó thuaidh in 2005. Bhí cuid de phobal na Gaeilge i mBéal Feirste buartha nach raibh a gcandam féin á fháil acu den €12m a bhí le dáileadh. Scríobh Gearóid Ó Cairealláin, gníomhaire teanga agus iriseoir a bhí ag plé chomh maith le cúrsaí teilifíse, ar an nuachtán *Lá* go mb'fhéidir go raibh 'éad' air ag féachaint ar na 'comhlachtaí móra a tharraing na céadta míle punt amach as an sparán' ach gur cinnte go raibh 'fearg' agus 'éadóchas' air. (Ó Dónaill 2005)

Cuireadh an cat sa cholmán ar fad, áfach, nuair a thug Ceannaire an Chiste Craoltóireachta nua, Máire Killoran, aghaidh ar lucht a cháinte in iarthar Bhéal Feirste.

> Caithfidh siad [na comhlachtaí Gaeilge sa tuaisceart] foghlaim.
> Caithfidh siad foghlaim conas siúl sula mbeidh siad ag rith. Tá
> meon áirithe ann – síleann siad go bhfuil an t-airgead tuillte
> acu. Níl faic na ngrást tuillte acu. Caithfidh siad é a thuilleamh.
> Tá mé á rá sin leo i rith an ama agus is cuma sa tsioc liom. (Ó
> Dónaill 2005)

Ní róshásta a bhí daoine ach an oiread le míniú Killoran ar an gcinneadh ceannáras an Chiste a lonnú i lár Bhéal Feirste seachas in iarthar na cathrach. In ainneoin an meas a bhí aici ar a raibh 'bainte amach' ag muintir an cheantair sin, ní raibh sí ag iarraidh, a dúirt Killoran, go mbeadh 'an ciste ag feidhmiú i ngeiteo'.

Pé rud mar gheall ar an aighneas faoi dháileadh an mhaoinithe, is cinnte go raibh TG4 agus an earnáil neamhspleách buíoch as an bhfoinse mhaoinithe bhreise a bhí anois acu ó státchiste na Breataine.

Samhlaíodh Teilifís na Gaeilge ó thús mar sheirbhís uile-Éireann agus ba phort riamh anall é ag Micheál D. Ó hUigínn gur stáisiún don oileán ar fad a bheadh ann. Níor ghá cur leis gur shamhlaigh an tAire go mbeadh ról i maoiniú an stáisiúin ag Rialtas na Breataine, a bhí ag tacú cheana le S4C agus BBC Alba. Sna héilimh a d'aontaigh an FNT oíche a bhunaithe, dúradh 'gur chóir dul i gcomhairle le Rialtas na Breataine faoi fhreastal ar na Sé Chontae' (Mac Amhlaoibh 1990). Go gairid ina dhiaidh sin, d'iarr lucht an FNT ar Gerry Collins, Aire Gnóthaí Eachtracha na linne, go molfaí ag Comhdháil Angla-Éireannach go gcuirfeadh an dá rialtas maoiniú ar fáil don tseirbhís nua toisc go mbeadh sí ag freastal 'ar an tír ar fad' (Ní Chinnéide 1990).

Ní raibh aon amhras riamh ach an oiread ar Aodán Mac Póilín, a bhí ina bhall de choiste an FNT, faoi thábhacht thacaíocht Westminster don chraoltóireacht Ghaeilge ó thuaidh.

> Achan uile dhul chun cinn a rinne an Ghaeilge tháinig sé ó riail dhíreach Westminster. Ba chuma le Rialtas na Breataine an Ghaeilge ann nó as, ach nuair a cuireadh ar a súile dóibh gur gá gníomhú ar son na Gaeilge ar mhaithe leis an phróiseas síochána, chuir siad an tacaíocht ar fáil. (McMillen 2010)

Ach nuair a tháinig Teilifís na Gaeilge ar an aer in 1996 bhí pobal na teanga ó thuaidh i dtuilleamaí comhartha lag aneas chun féachaint air. Toisc a laige is a bhí córas tarchuradóireachta RTÉ in Clermont Carn i gContae Lú, ní raibh fáil ach ag 30 faoin gcéad de mhuintir Thuaisceart Éireann ar an tseirbhís nua. Ní raibh mórán feabhais tagtha ar an scéal faoin mbliain 2000 agus fágadh TG4 ar lár i margadh a deineadh an bhliain chéanna go mbeadh RTÉ 1 agus Network 2 ar fáil i mbunphacáiste digiteach NTL ó thuaidh. In 2002 fágadh TG4 ar lár arís nuair a seoladh an tseirbhís dhigiteach nua Freeview (a raibh 30 cainéal saor in aisce uirthi), cé go raibh S4C mar chuid den phacáiste céanna sa Bhreatain Bheag.

Bhí ceisteanna a bhain le cóipcheart ar chláir iasachta agus ar chraoltaí spóirt mar bhac chomh maith ar sholáthar TG4 do phobal na teanga ó thuaidh. Bhí ar mhuintir an Tuaiscirt fanacht go dtí 2005 chun go bhfaighidís dea-scéal faoin tseirbhís teilifíse Gaeilge uile-Éireann.

I mí Aibreáin na bliana áirithe sin, d'fhógair an comhlacht Sky go mbeadh RTÉ 1, RTÉ 2 agus TG4 ar fáil ag a gcuid síntiúsóirí ó thuaidh (190,000 duine acu) agus ar an 5 Iúil 2005 cuireadh tús le craoladh analógach an stáisiúin Ghaeilge ó Dhuibhis lasmuigh de Bhéal Feirste. D'fhág an socrú idir Rialtas na Breataine agus Rialtas na hÉireann faoi chraoladh ó Dhuibhis go raibh TG4 anois ar fáil saor in aisce ag 60 faoin gcéad de phobal Thuaisceart Éireann.

Ba in 2005 leis a bhain TG4 amach an sciar is mó den lucht féachana a bhí riamh nó ó shin aige – 3.2 faoin gcéad den lucht féachana. Ba léir go raibh an fhís a bhain leis an sceideal measctha a cheap Alan Esslemont agus Siún Ní Raghallaigh á fíorú. Bhí na fadhbanna teicniúla a ghoill chomh mór sin ar an stáisiún ag an tús curtha díobh aige agus bhí asarlaíocht lucht margaíochta na súile eile agus an 'Lucozade *phenomenon*' dulta i bhfeidhm ar an bpobal.

In 2006, agus deich mbliana ar an bhfód á cheiliúradh ag TG4, d'eisigh An Post stampa comórtha in ómós don stáisiún, aitheantas oifigiúil do ghaisce na foirne. Scríobh Colum Kenny, fear a bhí righin tráth ina mholadh faoin gcainéal Gaeilge, san *Irish Examiner* ar an 31 Deireadh Fómhair 2006 go raibh '*culture and variety*' bronnta ag TG4 ar shaol na craoltóireachta in Éirinn agus gurbh fhiú a bhunú a cheiliúradh.

Thagair Kenny chomh maith, áfach, don bhearna idir an moladh go haer a bhí faighte ag an stáisiún agus líon na ndaoine a bhí ag féachaint air:

> *TG4 has certainly been a public relations success, with members of the public commonly remarking on how great it is. However, audience figures suggest the level of enthusiasm is not matched by viewership.* (2006)

Ba dheacair easaontú leis an bpointe sin, cé go bhféadfadh leithéid Mhichíl Uí Mheallaigh scéalta ón drochshaol a insint don tráchtaire a chuirfeadh i gcomhthéacs dó an sciar de 3 faoin gcéad den lucht féachana a bhí ag TG4 in 2006. Is cuimhin le Ó Meallaigh an taom éadóchais a bhuaileadh é deich mbliana roimhe sin nuair a chuirtí ar fáil dó an chéad rud maidin Dé Luain na figiúirí a thaispeáin nach raibh aon duine ag féachaint ar Theilifís na Gaeilge.

> Bhí sé go dona. Is cuimhin liom an crá croí gach seachtain ag féachaint ar an leathanach seo agus gan ann ach liosta fada clár agus náideanna in aice leo ar fad mar go raibh a laghad sin daoine ag féachaint orainn nárbh fhiú iad a chomhaireamh. (2014)

In ainneoin nár chuir gach duine na múrtha fáilte roimh Phól Ó
Gallchóir nuair a ceapadh é cúig bliana roimhe sin, bhí rath ar réimeas
an Chonallaigh agus, má bhí, ba i réimse an spóirt is mó a d'fhág sé a
lorg. Fear CLG go smior atá sa Ghallchóireach a áiríonn an tráchtaireacht
a dhein sé in 1992 do RnaG ar chéadbhua Thír Chonaill i gcluiche
ceannais na hÉireann i measc bhuaicphointí a shaol craoltóireachta.
Ní raibh TG4 gann ar spórt sular ceapadh é, ach tháinig méadú mór
gan stad ar líon na gcraoltaí spóirt ar an gcainéal ón uair a tháinig sé i
gcomharbacht ar Chathal Goan.

Bhí dúil mhór phearsanta aige sa spórt cinnte, ach bhí tuiscint
fhuarchúiseach chomh maith aige ar thábhacht an spóirt don chraoltóir
mionteanga.

'Thuig Pól níos fearr ná cuid againn go bhféadfaí an spórt a úsáid ní
hamháin chun stádas an stáisiúin mar chraoltóir náisiúnta a chur chun
cinn, ach freisin mar bhaoite ar an duán chun daoine a mhealladh,' a deir
Pádhraic Ó Ciardha (2014).

Deir Ó Gallchóir féin gur ghá a bheith cúramach gan dul thar fóir leis an
méid spóirt a bhíonn á chraoladh.

> Tá an spórt lárnach sa sceideal, cinnte, agus tá suim faoi leith
> agus paisean ar leith ag muintir na hÉireann don spórt, go
> háirithe don spórt a bhaineann leo féin. Ach níor mhaith liom
> go mbeadh TG4 ag dul i bhfad eile i dtreo an spóirt – ní cainéal
> spóirt atá ann. (2014)

Bhí 170 uair an chloig de bheochraoladh spóirt ar TG4 in 2004, an bhliain
chéanna ar bhain an stáisiún meánsciar bliantúil de 3 faoin gcéad amach
den chéad uair. Cláir *GAA Beo* a bhí i gceist le dhá cheann déag den fhiche
clár ba mhó lucht féachana an bhliain sin agus d'fhéach 220,000 duine

ar bheochraoladh cluiche idir Celtic agus Barcelona sa Chorn UEFA, na figiúirí féachana ab airde i stair an stáisiúin.

In 2005 craoladh 71 uair an chloig de rás rothaíochta an Tour de France agus 84.5 uair an chloig de chomórtas leadóige Wimbledon. Bhí lucht féachana os cionn 200,000 duine ag beochlúdach an stáisiúin ar chluiche ceannais sinsir na hÉireann i bpeil na mban, comórtas a bhfuil TG4 ina phríomhurra air. Deineadh craoladh chomh maith in 2005 ar mhótarspóirt, ar Shraith Eircom agus ar Chorn FAI sa sacar, ar Chorn Snúcair Thuaisceart Éireann agus ar rásaíocht chapall agus chon. In 2006 ba chláir *GAA Beo* a bhí i gceist le ceithre cinn déag den fhiche clár ba mhó lucht féachana, liosta ar bhain clár faoin tráchtaire spóirt Micheál O'Hehir áit amach air mar aon le heagrán den tsraith faisnéise spóirt *Laochra Gael*. Bhain beochraoladh eisiach an stáisiúin ar Chluiche Ceannais Shraith Náisiúnta na Peile 2006 amach lucht féachana de 223,000 duine, nó nach mór duine de gach triúr a bhí ag faire na teilifíse an tráthnóna sin. B'ionann é sin agus a dheich n-oiread de mhéansciar lucht féachana an chainéil.

Ón uair a ghin an clár cartlainne *All Ireland Gold* an spréach dhein TG4 biaiste ar an spórt. Ní raibh aon duine ag magadh a thuilleadh faoi sholáthar spóirt an stáisiúin ar chuma an rógaire a dúirt le barr fonóide thiar in 2000 go raibh na cearta faighte ag TG4 '*to show this year's All-Ireland in thirty years' time*'.

I mbéarlagair na dornálaíochta – spórt eile fós a ndéanfadh TG4 a chuid féin de – bhí an craoltóir Gaeilge seiftiúil ar na doirne agus níos fearr ná a chosúlacht i mbun troda.

Bhí an soláthar spóirt anois de dhlúth agus d'inneach íomhá TG4 mar stáisiún óg rathúil dúchasach, mar a léirigh Des Fahy in alt leis in *The Irish Times* faoi bheochraoladh ar chluiche sacair idir Celtic Ghlaschú agus Valencia na Spáinne.

This felt like something which we could connect with in a way that simply wasn't possible anywhere else ... A connection is created that would not otherwise be there and the overall package does much to promote the idea of Irish as a living, vibrant language rather than one forever stuck in those dreary textbooks of 20 years ago. While their more illustrious competitors have dithered and, as it were, taken their eye off the ball, TG4 has blazed a trail and shown what can be done when the right people are making the scheduling decisions. (2001)

Thuill an beochraoladh ar Wimbledon ardmholadh chomh maith as freastal ar spórt nach raibh aon leanúint rómhór ag na mórchraoltóirí a thuilleadh air. Ba shampla maith den mholadh sin a raibh le rá ag an iriseoir spóirt Johnny Watterson faoi Ghaelú an chomórtais ársa leadóige.

What TG4 says is that we are an Irish language station but we are not stereotypically bog standard. It says we are progressive and we are unafraid to do things that superficially look out of character ... There is something cool, though, to listening to Mac Dara Mac Donncha and Brian Tyers talking about a smísteáil *rather than a smash and saying* eitleog *for volley.* (2006)

Ba gheall le spórt náisiúnta anois é i measc thráchtairí an Bhéarla a bheith ag moladh TG4, cé go raibh corrdhuine i gcónaí ann nár shlog an t-iomlán. Ar dhuine acu siúd bhí an t-iriseoir Tom Humphries:

I love and even half-understand what they say on TG4 but I feel a little sympathy for their plight during the so-called summer season. I mean on dark wet evenings in winter the station produces the best and most innovative Irish TV. On bright wet evenings in summer TG4 must force itself into some rí rá *and* ruaille buaille *about Wimbledon and the Tour de France. Sports from the crypt. It's plain wrong. Mícheart. Listen, I liked tennis before they all got to be so good at it. TG4 did none of this dark work, of course, but their summer programming creaks heavily with the deadweight of two sports which have outlasted their relevance in the world.* (2008)

Amach ó na páirceanna caide, sacair agus rugbaí, na hallaí snúcair, na cúirteanna leadóige agus na cúrsaí rothaíochta agus capall, bhí TG4 ag craoladh clár maith i mórán seánraí teilifíse.

Le linn na mblianta seo, mar shampla, bhí glúin páistí óga ag cur aithne i nGaeilge ar *Lizzie Maguire, Dora, SpongeBob SquarePants* agus *Clifford* a bhuíochas le Cúla 4, seirbhís thábhachtach den sórt a ceiledh ar na glúnta de Ghaeilgeoirí óga a chuaigh rompu. D'éirigh go seoigh le *Aifric*, sraith do dhéagóirí ó pheann Paul Mercier, a craoladh den chéad uair ar bhreithlá TG4 ar an 31 Deireadh Fómhair 2006. Léiriú snasta ó Telegael, bhí *Aifric* ar cheann de na cláir ab fhearr a luigh leis na bunchuspóirí a samhlaíodh le bunú Theilifís na Gaeilge. Ba é seo TG4 ag labhairt go nádúrtha leis agus tríd a threibh óg féin. Clár comhaimseartha dírithe ar an dream óg a bhí ann ach gan leide dá laghad den ró-iarracht a bheith 'comhaimseartha' ag teacht salach ar an insint. Agus bhí Gaeilge bhreá dhúchasach ag an gcliar óg ar fad.

Ní fhéadfá an rud céanna a rá faoi *Kings* le Tom Collins, an chéad mhórscannán ó cheárta TG4. Ní drochscannán é an t-athchóiriú ar an dráma stáitse *Kings of Kilburn High Road* le Jimmy Murphy a d'inis scéal bhuíon fear ó Chonamara ar chruaigh an saol orthu nuair a chuadar ar imirce go Sasana sna 1970idí. Bhí aisteoirí den scoth ann, Colm Meaney, Brendan Conroy agus Donal Kelly ina measc, ach faraor ní raibh an Ghaeilge sách maith ag cuid acu go gcreidfeadh fear ó Chonamara gur fir ó Chonamara iad. Íorónta go leor, tugadh carachtar Sasanach nár labhair ach Béarla mar pháirt do Dhiarmuid de Faoite, duine de na haisteoirí ba líofa ó thaobh na Gaeilge a ghlac páirt sa scannán. Ní raibh caighdeán na Gaeilge ag cuid de na príomhaisteoirí ina bhac ag an mórphobal féachana ná ag lucht bronnta na ngradam, ach géilleann Micheál Ó Meallaigh nach raibh an 'inchreidteacht' chéanna ag baint le *Kings* i súile phobal na Gaeilge agus na Gaeltachta.

'Goilleann sé sin fós orm agus cé go gceapaim i gcónaí gur scannán maith atá ann, tuigim don lucht féachana sin,' a deir Micheál Ó Meallaigh.

Glacann sé leis gur léiriú é cás *Kings* ar fhadhb teanga a bhfuil lucht TG4 ag sracadh léi ó thús agus nár éirigh leo í a fhuascailt chun a sástachta fós. D'fhéadfá a áitiú gurb é an 'Kings *phenomenon*' malairt an 'Lucozade *phenomenon*', an praghas a íocann TG4 ar bheith ina chraoltóir-do-chách.

Aisteoirí den scoth a raibh Gaeilge den scoth acu a bhí páirteach san fhadscannán eile a deineadh do TG4 le linn na mblianta seo – *Cré na Cille*. Ba é Robert Quinn, mac Bob Quinn, a stiúir agus an comhlacht Gaeltachta ROSG a léirigh an cóiriú ar úrscéal Mháirtín Uí Chadhain a thug ómós mar is cuí do spiorad, teanga, greann agus atmaisféar an bhunsaothair.

Ba é Daniel O'Hara a scríobh agus a stiúir *Yu Ming is ainm dom,* an gearrscannán ba mhó a raibh rath air i stair TG4. Scéal cliste dea-inste a bhí ann faoi fhear óg ón tSín a chuireann an-dua air féin an Ghaeilge a fhoghlaim roimh theacht chun cónaithe in Éirinn dó, toisc gurb í an Ghaeilge an chéad teanga náisiúnta. Gan amhras, baintear preab as an turasóir teanga óg nuair a bhaineann sé Baile Átha Cliath amach. Bhuaigh *Yu Ming is ainm dom* scata duaiseanna náisiúnta agus idirnáisiúnta agus dáileadh i bpictiúrlanna áirithe é i bpáirt le scannán Jim Sheridan *In America*.

Ba é Robert Quinn a stiúir chomh maith an scannán breá faisnéise *Cinegael Paradiso*, a chaith súil go caithiseach ar laethanta a óige sa phictiúrlann Ghaelach a bhunaigh a athair Bob i gConamara na 1970idí.

Mar a tharla ó thús, ba as a shaothar i réimse seo na scannán faisnéise ba mhó a thuill TG4 meas sa mhílaois nua chomh maith. Ar na scannáin faisnéise ab fhearr a cruthaíodh sa tréimhse seo ó thús na mílaoise go dtí scaradh TG4 ó RTÉ, bhí *Caipíní* agus *Bibeanna* le Brenda Ní Shúilleabháin inar inis daoine aosta ó Chorca Dhuibhne scéalta a mbeatha féin. Bhí an dá shraith fréamhaithe sa dúchas agus sa seanchas, ach is go réidh nádúrtha a chuireadar os ár gcomhair gnéithe tábhachtacha dár stair shóisialta agus chultúrtha.

Faoi mar a dhéanann cuid de phlúr na scannán faisnéise ar TG4, thug *Butte Montana, Galtymore: Damhsa an Deoraí* agus *Mobs Mheiriceá* léargas dúinn ar chuid dár stair, stair ár ndiaspóra sna cásanna sin, nárbh eol ach don bheagán é. D'éirigh go maith leis le cláir a chloígh leis an nós fadbhunaithe eile ag an stáisiún iarracht a dhéanamh scéalta suaithinseacha pearsanta a insint. Ar na scéalta pearsanta is mó a thuill moladh le linn na tréimhse seo bhí *Frank Ned agus Buzy Lizzie*, scéal faoi sheanfheirmeoir ó Thír Chonaill nár phós riamh agus a chaidreamh le Lizzie agus *Paddy Fitz – Fear Charna*, clár breá dúchasach bríomhar eile faoi ghnáthfhear eisceachtúil as Conamara.

Bhí samhlaíocht agus tathag leis i gcuid de na cláir a deineadh faoi chúrsaí litríochta agus cúrsaí ealaíne mar *Concerto Caitlín Maude, Ó Pheann an Phiarsaigh, Liam Ó Flaithearta: Idir Dhá Theanga, Faoileán Árann*, clár faoi Bhreandán Ó hEithir, agus *Harry Clarke – Dorchadas i Solas* a bhain le saothar an ealaíontóra gloine.

I réimse na drámaíochta bhí rith an ráis i measc na léirmheastóirí ag an tsraith faoi chúrsaí polaitíochta *The Running Mate*, ar thug an tráchtaire Anne-Marie Hourihane (2007) an '*best-kept secret in the country*' uirthi. Ní raibh gach duine eile ar sceitheadh an rún leo chomh tógtha céanna leis an tsraith ná leis an scéal gur i mBéarla a scríobhadh an bhunscript. Má bhí TG4 cuibheasach maith ag tabhairt ómóis mar is cuí do scríbhneoirí Gaeilge na haimsire caite, níl scríbhneoirí na linne seo chomh mór céanna faoi chomaoin acu.

Deineadh iarracht áirithe ó thús talann nua a thabhairt in inmhe le scéimeanna ar nós Oscailt, Scéal agus Síol agus déarfadh bainistíocht an stáisiúin féin gur minic nach mbaineann na scripteanna Gaeilge a chuirtear faoina mbráid caighdeán sách ard amach, ach dá mba scríbhneoir Gaeilge thú is cinnte go dtaibhseofaí duit uaireanta go raibh bob á bhualadh ort.

Bheifeá in amhras leis faoi thiomantas chuid de na scríbhneoirí a fuair coimisiúin do chur chun cinn na scríbhneoireachta Gaeilge ar ardán na teilifíse. Agus ní fheadar cad a déarfá ar léamh duit ráiteas ón bhfear grinn Paddy C. Courtney faoina chaidreamh siúd leis an stáisiún Gaeilge. '*TG4 hassled the heck out of us. But they were also generous and supportive. I had only basic school Irish and they loved that,*' a dúirt Courtney, duine de chomhúdair *Paddywhackery,* sraith ghrinn ina raibh taibhse Pheig Sayers bhocht le feiscint. (Mac Anna 2010)

Sna blianta tosaigh ag Teilifís na Gaeilge b'fhíor don seanrá go gcuireann an taisteal cruth ar an ógánach, agus ar chasadh na mílaoise ba mhó fós an fonn chun bóthair a bhí ar an stáisiún. Dhein an réalta is déanaí ag TG4, Dáithí Ó Sé, *Route 66,* sraith thaitneamhach neamhurchóideach inar thug an Duibhneach seamhrach aghaidh ar an mbóthar cáiliúil i Meiriceá.

Bhí *Siberia – An Bealach ó Thuaidh,* sraith eile le John Murray, ar fheabhas ar fad agus bhí dóthain den éagsúlacht ag roinnt le tréithe pearsanta agus cur chuige Mhancháin Magan agus Hector Uí Eochagáin gur sheas a sraitheanna taistil siúd amach ó shraitheanna smolchaite eile.

Sa mhéid sin, bhí na sraitheanna seo ag teacht leis an modh oibre a shamhlaigh Cillian Fennell leis an stáisiún.

> *There's no point in us doing a* No Frontiers *information-based travel show. That's done well elsewhere. What we need to do is stop aping British or US television forms and start developing indigenous Irish television genres and ways of doing things. '*Súil Eile' *is not a joke. It's our motto.* (Kilroy 2002)

Pé ní mar gheall ar an 'Súil Eile' ba chuma nó teanga eile ar fad an 'Hectoris', mar a tugadh ar an meascán de Bhéarla agus Gaeilge a bhíodh á spalpadh ag Ó hEochagáin, fear ar léir nár rith sé riamh leis foclóir Béarla-Gaeilge a dhingeadh sa mhála roimh dhul ar a shiúlta dó. Ach bhíothas sásta, is léir, a shleamchúis ó thaobh shaíocht na teanga – 'Béic mór ag dul amach go dtí an Amú Posse!' – a mhaitheamh dó fad is a bhí sé féin sásta meáchain a cheangal dá mhagairlí agus fad is a bhí daoine eile ann, idir Ghaeilgeoirí agus neamh-Ghaeilgeoirí, a bhí sásta féachaint air agus meáchain á gceangal dá mhagairlí aige.

Bhain na cláir *Amú* agus a chur chuige easurramach fuinniúil cáil náisiúnta amach d'Ó hEochagáin, láithreoir teilifíse den scoth ar bhuaigh a shraith *Amú Amigos* trí ghradam IFTA in 2003, an chéad uair a thug clár amháin teilifíse trí ghradam leis i rannóga éagsúla.

An bhliain chéanna bhuaigh clár álainn Pat Collins *Oileán Thoraí* an IFTA don chlár faisnéise ab fhearr, agus is dócha go bhféadfadh TG4 a mhaíomh dá réir go raibh an dá thrá a fhreastal aige.

'Súil Eile' *is not a joke* a mhaígh Fennell agus bhí an ceart aige den chuid is mó fad is a bhain sé le cláir ghrinn an stáisiúin. Dhein an léirmheastóir Shane Hegarty, mar shampla, cur síos ar an mbalbhchlár *Fear an Phoist* mar *'a comedy that was put in an envelope some time in 1978, but has not been delivered until now'* (Hegarty 2003a). Bheadh iontas ar an léirmheastóir sin, mar a bheadh ar mhórán eile, go bhfuil na cearta léiriúcháin do *Fear an Phoist* díolta le comhlachtaí in áiteanna chomh fada ó bhaile leis an Indinéis.

Ba é an coimisiún is aite ar fad a deineadh i rith an ama seo, áfach, ná *No Béarla*, sraith faisnéise inar chrom Manchán Magan ar an tír ar fad a shiúl le cruthú nár labhair ach mionlach an Ghaeilge, teanga an mhionlaigh ar bunaíodh TG4 chun freastal orthu. Go deimhin agus ní nárbh ionadh, d'éirigh le Manchán a phointe a dhéanamh. Roghnaíodh *'Boulevard of broken dreams'* leis an mbanna Greenday mar cheol aitheantais don tsraith seo agus d'oir an rogha ceoil sin di ar mhórán slite.

Ar an mórgóir, áfach, bhí ag éirí go maith le cláir TG4 agus b'iomaí duais a baineadh amach a bhuíochas le géarchúis agus samhlaíocht an lucht coimisiúnaithe agus feabhas shaothar na léiritheoirí neamhspleácha. Bhí na cláir ag dul i bhfeidhm chomh maith ar thráchtairí ar nós Liam Uí

Mhuirthile nach raibh róthógtha leis an 'Súil Eile' an chéad lá.

Tá feabhas agus éagsúlacht na gcláracha ar TG4 luaite ag cairde liom le déanaí. Braitheann siad úire na súile eile úd sna cláracha. De réir mar a théann sceidil eile chun ainnise agus chun baoithe, lasann snua TG4 le luisne. Tá fréamhú éigin déanta ag an stáisiún de thoradh a neamhspleáchais agus a pholasaithe cruthaitheacha. Níl aon cheist ná go mbíonn clár amháin ar a laghad anois gach aon oíche arbh fhiú an teilifís a lasadh chun é a fheiscint. (Ó Muirthile 2002)

Bronnadh ualach duaiseanna náisiúnta agus idirnáisiúnta chomh maith ar lucht margaíochta agus brandála an chainéil agus bhí cuid dá bhfeachtais fógraíochta chomh seolta samhlaíoch le haon chlár a deineadh. Dhírigh cuid de na feachtais ab fhearr ar aird a tharraingt ar sceideal measctha an stáisiúin. Ghnóthaigh an feachtas measctha 'Boobs', mar shampla, go leor poiblíochta do *Ros na Rún* agus *Nip/Tuck*, sraith Bhéarla faoi chlinic máinliachta plaistí, agus ba chliste mar a cuireadh aisteoirí ó *Ros na Rún* agus *Cold Case* ag obair i dteannta a chéile i gcomhfhógra eile – 'Tuigeann tú anois, Daniel'. Thuill fógra eile a deineadh don chlár *Paisean Faisean*, sraith réaltachta ar chuma *Blind Date* ach gur roghnaigh an bhean a compánach fir bunaithe ar na héadaí a phiocfaí di, cáineadh ó na húdaráis fógraíochta. Bhí an-rath go deo ar *Paisean Faisean* agus tá a shúil eile amuigh ó shin ag TG4 do chlár a ghlacfadh a áit sa sceideal.

San fhógra, d'iarr fear ar a bhean stílíní agus mionsciorta a chaitheamh agus dúirt an bhean go mbeadh a fo-éadaí le feiscint ag an saol mór dá ndéanfadh sí amhlaidh. *'Not if you're not wearing any, they won't,'* arsa an fear seoigh. Cúpla bliain ina dhiaidh sin thuill fógra don chlár céanna cáineadh an athuair as an bhfeachtas *'Girls dressed by boys'* ina raibh múinteoir scoile le feiscint agus crochóga á gcaitheamh aici.

Bhí an paisean agus an faisean dulta sa cheann ar lucht TG4 ní foláir, ach nuair a chuaigh an braon Béarla tríd an bhfuil is mó a tháinig lasadh iontu.

Aoife Ní Thuairisg ar an gclár *Paisean Faisean*, a craoladh ar dtús in 2005

In 2005, cuireadh 'zón' nua clár ar bun tráthnóna a bhí dírithe ar dhéagóirí agus ar dhaoine sna luath-fhichidí agus faoi dheireadh na bliana bhí 40 faoin gcéad den sprioc-aoisghrúpa tar éis féachaint ar *Síle* mar a tugadh ar an zón a bhí á chur i láthair ag an sárchraoltóir Síle Ní Bhraonáin. Bhí ríméad an tsaoil ar bhainistíocht TG4 agus iad ag bóisceáil go raibh an meánsciar féachana 'chun tosaigh ar mheán seachtainiúil an chainéil'. (TG4 2005)

Bhí 'ag éirí go maith leis na sraitheanna aitheanta ar fad sa zón,' a dúradh le teann gaisce. Ba chuma leo, ba léir, gur chláir Bhéarla iad na sraitheanna aitheanta seo ar fad, leithéid *Pimp my Ride, The OC, One Tree Hill, What I Like About You, My Super Sweet 16* agus *Instant Beauty Pageant*.

In 2006, bhíothas ag déanamh gaisce arís faoi na cláir seo a bheith ag mealladh sciar féachana chomh hard le 25 faoin gcéad sna haoisghrúpaí 15–19 agus 20–24.

'Éacht' a bhí anseo, a dúradh i dTuarascáil Bhliantúil 2006, agus gan an zón 'ach sa dara séasúr'.

Is díreach ina dhiaidh sin, sa tuarascáil chéanna, atá teacht ar cheann de na ráitis oifigiúla is aite agus is díchéillí a tháinig ón stáisiún riamh:

'Dá mbeadh a leithéid de sciar ag TG4 i ngach aoisghrúpa, bheadh sé ar an gcainéal is airde féachana sa tír …' (TG4 2006)

B'fhéidir gurbh amhlaidh a bheadh, ach bheadh sé ina chainéal Béarla leis.

Deir Pádhraic Ó Ciardha anois gur 'straitéis' a bhí sa zón 'arbh fhiú é a thriail'.

> Bíonn dhá rogha ann leis an sceideal measctha a líonadh ag stáisiúin cosúil linne, airgead ollmhór a chaitheamh ar rud éigin a dhéanamh i do theanga féin agus b'fhéidir nach n-oibreodh sé, nó na rudaí go bhfuil ag éirí leo go hidirnáisiúnta i dteanga eile a cheannach réasúnta saor. Tá cainéil cosúil linne ag streachailt leis na ceisteanna céanna ar fud an domhain. Cuimhnigh nach raibh ach trí chainéal ag go leor daoine nuair a thosaíomar agus go raibh na céadta anois ar fáil go héasca. Tharraing sé [an zón] caint ach mura bhfuil duine éigin do do cháineadh, go háirithe i saol na Gaeilge, cúis imní atá ann. Níor theitheamar uaidh mar gheall ar an gcáineadh. (2014)

Ach an raibh an cáineadh tuillte?

'Thángthas ar thuiscint nua,' a deir Ó Ciardha.

8. Ná lig sinn i gcathú

An reacaire: *This is the town … this is the town of Macroom. How will I do this? Shouldn't I do it in Irish?*

An stiúrthóir: *No, English, of course. Some part of this show has got to be comprehensible to our audiences.*

(*Caoineadh Airt Uí Laoire*, scannán le Bob Quinn, 1975)

… perhaps for the first time, we have tried to put Irish into the mainstream of Irish life. While this has been done by breaking quite a few rules regarding the normal mode of Irish-language broadcasting, it has worked to a considerable degree.

(Alan Esslemont, Tithe an Oireachtais 2007)

They have shown a dark ingenuity along the way, such as establishing an Irish-language TV station which doesn't require the viewer to know much Irish, if indeed any at all.

(Declan Lynch, *Sunday Independent*, 27 Meán Fómhair 2015)

❂

Agus aisling na teilifíse Gaeilge ag brath ar thoil an Stáit ó thús, ní nach ionadh go raibh dlúthcheangal i gcónaí idir í agus rath an gheilleagair.

Ba dhóbair go minic gur slogadh feachtas na teilifíse i gcraos na géarchéime eacnamaíochta sna 1980idí agus ba é an lámh ag bualadh agus lámh ag tarrtháil a bhí i ndán dó nó gur lig an Coileán Ceilteach a chluasa siar i lár na 1990idí. Tháinig tuilleadh feabhais ar chúrsaí le linn blianta an Tíogair Cheiltigh féin agus cé nár réitíodh riamh fadhb mhaoinithe an stáisiúin, nuair a bhí an borradh eacnamaíochta in airde láin sa mhílaois nua d'ardaigh sé leis TG4 chomh maith.

Más fíor do Mhicheál D. Ó hUigínn go raibh a naimhde sa díospóireacht faoi bhunú TnaG dall ar an 'bhféinmheas náisiúnta', is fíor leis gur bhain TG4 ceol as an bhféinmhuinín náisiúnta a bhláthaigh le linn bhlianta an rachmais.

Le cliseadh an gheilleagair sa bhliain 2008, áfach, tháinig an saol salach ar an stáisiún Gaeilge arís. Tháinig laghdú 15 faoin gcéad ar mhaoiniú stáit TG4, ó €38.01m ag tús na bliana 2009 go dtí €32.25m in 2010 agus, mar bharr ar an donas, tháinig laghdú 40 faoin gcéad sa tréimhse chéanna ar theacht isteach an stáisiúin ó fhógraíocht agus urraíocht.

D'fhéadfadh an scéal a bheith i bhfad ní ba mheasa, áfach. Agus an Stát fágtha lom dealbh ag an ngéarchéim airgeadais idirnáisiúnta agus teip mhargadh boilscithe réadmhaoine an Tíogair, bhunaigh an comhrialtas idir Fianna Fáil agus an Comhaontas Glas in 2008 coiste comhairleach chun moltaí a dhéanamh mar gheall ar chiorruithe ar chaiteachas poiblí.

'An Bord Snip Nua' a tugadh ar an gcoiste agus ba é an té a bhí ar an stiúir ná Colm McCarthy, eacnamaí neamh-mhaoithneach a bhfuil an teist air gur mó a spéis i bpraghas ná i luach earra. Is cinnte go raibh údar imní ag lucht TG4 agus iad ag fanacht ar bhreith McCarthy maidir le cén áit a raibh airgead á chur amú sa státchóras, ach b'fhaoiseamh dóibh foilsiú a thuarascála ar an 16 Iúil 2009.

Moladh i dTuarascáil McCarthy (*Special Group on Public Service Numbers and Expenditure Programmes 2009*) go bhfaigheadh an stáisiún €10m dá mhaoiniú ón gceadúnas teilifíse feasta agus gur cheart do TG4 agus RTÉ costais a ghearradh agus acmhainní a roinnt. Tháinig an stáisiún Gaeilge slán ó thua McCarthy cé go raibh RTÉ ar deargbhuile faoin moladh go gcuirfí cuid den cheadúnas ar leataobh don mhac díobhlásach a raibh orthu liúntas á íoc leis i gcónaí.

Thug Pól Ó Gallchóir le fios nár chuir moladh an Bhord Snip nua isteach ná amach air.

It doesn't really make any difference to us where the money comes from, whether it's commercial revenue, the licence fee or direct State aid, as long as we have adequate resources. We are aware of what is happening internationally and nationally. We all have to make cuts and TG4 isn't immune, but we can't cut internally any more. (O'Connell 2010)

Deir roinnt daoine ar cuireadh agallamh orthu don leabhar seo gur cruthaíodh le linn na géarchéime eacnamaíochta gurbh é an cinneadh ceart é scaradh ó RTÉ. Ar dhuine acu siúd, tá Ó Gallchóir féin.

Mura mbeadh TG4 neamhspleách, bheadh tionchar mór orainne ag na fadhbanna móra, faraor géar, a bhí ag RTÉ agus bheadh TG4 slogtha ag an ngéarchéim airgid le cúig bliana anuas nó roimhe sin fiú. Bíonn a gcuid tosaíochtaí féin ag gach comhlacht agus eagraíocht, agus ní shílim go mbeadh TG4 mar an chéad thosaíocht ag RTÉ agus an oiread sin fadhbanna eile acu le linn na géarchéime. (2014)

Idir 2007 agus 2009 tháinig laghdú 35 faoin gcéad ar theacht isteach RTÉ ó chúrsaí fógraíochta, ó €202m go dtí €132m, agus dhein an stáisiún ciorrú €17m ar chaiteachas clár in 2008–09.

Níor tháinig TG4 slán ar fad ón titim mhór seo ar ioncam RTÉ, agus bhí rian chruachás lucht Montrose le brath ar chaighdeán an tsoláthair reachtúil clár a chuir RTÉ ar fáil don stáisiún Gaeilge le linn na mblianta seo.

Maidir leis an gcainéal féin, tháinig laghdú €5m in aghaidh na bliana ar a ioncam ó 2009 go 2012 rud a d'fhág gur deineadh ciorruithe sa tréimhse seo ar phá na foirne (€1.35m), ar chostas na gclár a coimisiúnaíodh (€1.77m) agus ar chostas na gclár a ceannaíodh (€1.38m). Ar an iomlán, bhí an costas in aghaidh na huaire a bhain le cláir choimisiúnaithe TG4 11.5 faoin gcéad níos ísle in 2010 ná mar a bhí in 2008. Dhein an stáisiún margadh chomh maith le lucht déanta *Ros na Rún* go gcuirfí tuilleadh clár ar fáil leis an maoiniú céanna agus thángthas ar shocruithe nua le soláthraithe spóirt agus lucht na seirbhísí dubála chun an caiteachas sna réimsí sin a laghdú chomh maith.

Ach seachas ciorruithe móra 2009 agus an iomarca ábhair gan spréach ón gcartlann a bheith á chur ar fáil dóibh ag RTÉ, thug TG4 na cosa leis ón ngéarchéim eacnamaíochta gan an oiread sin dochair a bheith déanta dó.

Bhí lucht na teilifíse, agus lucht na gcomhlachtaí a bhí ag brath orthu, ag brácáil leo ar an gcuma chéanna is a bhí ó lasadh an solas dearg oíche Shamhna 1996, ach tháinig ardú beag ar theacht isteach an stáisiúin ón státchiste sna blianta i ndiaidh 2010. Fiú agus an IMF tagtha thar tír isteach chun smacht a chur an athuair ar gheilleagar na hÉireann, tháinig méadú de bheagán ar dheontas TG4 ó €32.25m in 2010 go €32.75m in 2011.

Sa bhliain 2012 d'fhan maoiniú an chraoltóra ag an leibhéal céanna agus €9.25m den €32.25m anois ag teacht ón gceadúnas teilifíse mar a mhol Tuarascáil McCarthy. Toisc nach raibh dóthain maoinithe ag TG4 ó thús ba dheacair anois a bheith ag baint an iomarca de, ach, mar sin féin, dhein an stáisiún go maith an méid a bhí aige a choimeád agus sceanairt á déanamh ar eagraíochtaí eile.

In 2011 d'éirigh le TG4 €9.5m a fháil do choimisiúin ón earnáil neamhspleách. Tháinig €7m den tsuim sin ó Údarás Craolacháin na hÉireann agus fuarthas an €2.5m eile ón gCiste Craoltóireachta Gaeilge. De réir chuntais bhliantúla RTÉ do 2012, b'fhiú €8.8m do TG4 an 365 uair an chloig a cuireadh ar fáil don chraoltóir Gaeilge, cé gur annamh a bhíonn an dá stáisiún ar aon fhocal faoin luacháil a dhéanann RTÉ ar an soláthar seo. In 2011, tháinig méadú beag fiú ar mheánphá fhoireann Bhaile na hAbhann.

Ba dheacair, áfach, cás a dhéanamh gurbh é a neamhspleáchas ó RTÉ amháin faoi deara an stáisiún a bheith á chosaint ón gcuid is measa de na ciorruithe a fógraíodh le linn na géarchéime. Rud is tábhachtaí ná sin, bhí glacadh forleathan anois leis an gcraoltóir Gaeilge mar thionscnamh stáit ar son na Gaeilge a raibh ag éirí leis. Ba é a theist air sin ná gur ar éigean a deineadh aon phlé fiú sna meáin ar an gcaiteachas a bhí á dhéanamh ar an stáisiún ag tráth a raibh an imirce agus an dífhostaíocht ag luí go trom an athuair ar phobal na hÉireann.

Sna tuarascálacha athbhreithnithe ar obair TG4 a dhein Údarás Craolacháin na hÉireann le linn na tréimhse seo moladh gan aon chiorrú breise a dhéanamh ar bhuiséad TG4 toisc a ghainne is a bhí acmhainní cheana féin acu agus toisc luach maith ar airgead a bheith á thabhairt acu.

Is beag eolas ceart atá ann faoi thuairimí an phobail faoi TG4, ach bunaithe ar an bhfianaise atá againn tá meas ag daoine ar an stáisiún. I suirbhé a dhein na comhairleoirí Indecon d'Údarás Craolacháin na hÉireann léiríodh gurbh é dearcadh cuid mhaith den phobal ná go raibh cláir Ghaeilge an stáisiúin tábhachtach sa tslí is gur thugadar 'scáthán' ar chultúr na hÉireann.

> *In terms of wider perception, TG4 is appreciated by the audience on almost every dimension and its contribution to the community is valued by regular viewers and the population as a whole. The need for Irish language programming is understood and appreciated by the wider population. TG4's place in meeting this need appears to be recognised by the public.* (2010)

Bhí dearcadh dearfach seo an phobail i dtaobh TG4 le brath chomh maith san athbhreithniú cúig bliana ar an gcraoltóireacht phoiblí in Éirinn a dhein an comhlacht Crowe Horwath don Údarás Craolacháin. Seacht mbliana déag i ndiaidh a sheolta, bhí TG4 agus pobal na hÉireann fós ar mhí na meala de réir na tuarascála seo a foilsíodh in 2013.

> *Nevertheless, reviewing the survey findings it is clear that TG4 is enjoying something of a 'honeymoon' period with Irish viewers generally – certainly relative to RTÉ. Although views are less defined about TG4 … they are still positive on balance … One important finding from the survey is that support for TG4's public service broadcasting role and activities is not 'ghettoised' in terms of regions or viewership. TG4 is therefore not perceived as 'filling the gaps' left by RTÉ in relation to its PSB remit – rather they are seen as both complementary broadcasters and at the same time distinctively Irish broadcasters, catering for the unique needs and tastes of Irish audiences.* (Crowe Horwath 2013)

Thug Crowe Horwath le fios chomh maith gur mheas an pobal go raibh TG4 níos faiseanta ná RTÉ agus go raibh níos mó úire ag baint lena shaothar.

> *From the focus groups, TG4 tends to be seen as more progressive than RTÉ, with its own originality and a greater willingness to try something new or air a programme that others may believe to be risky. It tends to be perceived as modern and 'hip' with well-chosen international shows as well as good home grown content …* (2013)

Dúirt an comhlacht comhairleoireachta Sasanach gur buntáiste a bhí ann do TG4 go raibh a bhunaidhm ó thaobh na craoltóireachta poiblí de chomh héagsúil sin le haidhmeanna stáisiún eile.

> *To that extent, it gets something of a 'free pass' from audiences in relation to 'value for money' perceptions, which tend to focus more on the cost of the TV licence versus the actions and outputs of RTÉ.* (2013)

Páidí Ó Lionáird, Maolra Mac Donnacha, Dáithí Ó Sé, Cormac Ó Loideáin, Fidelma Ní
Raighne, Sharon Ní Loideáin, Síle Ní Bhraonáin, Eimear Ní Chonaola agus Sinéad Ní
Loideáin i mbun bolscaireachta do cheiliúradh deich mbliana TG4 in 2006

Seacht mbliana déag roimhe sin, agus an cogadh faoi bhunú TnaG faoi
lánseol, bhí caint gan stad ann faoin moráltacht, nó easpa moráltachta,
a bhain le cainéal Gaeilge a thabhairt ar an saol fad is a bhí othair ar
thralaithe i bpasáistí ospidéal. Anois bhí *free pass* aige agus is ar éigean go
raibh gíog ná míog as aon duine a thuilleadh faoi.

Ba mhór idir cás TG4 agus S4C le linn bhlianta seo an chruatain. Bíodh
is go raibh i bhfad níos mó acmhainní i gcónaí ag an stáisiún a raibh
TG4 i bhformad leis ó thús, fógraíodh ciorrú nach mór 25 faoin gcéad ar
dheontas S4C in 2010. An bhliain áirithe sin aistríodh an cúram maidir le
maoiniú stáisiún na Breataine Bige go dtí an BBC agus faoin BBC Trust a
bheadh sé feasta cinneadh a dhéanamh i dtaobh mhaoiniú S4C.

Eilifint bhán? Bó bheannaithe atá anois in TG4, agus, más ea, is i measc
an aosa pholaitiúil is mó a fheactar glúin roimpi. Aon uair a bhíonn
díospóireacht ann i dTithe an Oireachtais faoin nGaeilge, nó faoi '*what we
euphemistically call the Irish language*', mar a scríobh Myles na gCopaleen,

cloistear paeáin ó Theachtaí Dála agus Seanadóirí faoin stáisiún Gaeilge. Is furasta go mór, ní foláir, an *free pass* a athnuachan agus moladh a thabhairt do na cláir faisnéise agus spóirt ar TG4 ná ionramháil mhacánta a dhéanamh ar pholasaí Gaeilge an Stáit nó éigeandáil teanga na Gaeltachta.

Ina dhiaidh sin uile, dea-theist é ar shaothar TG4 go mba dhána an mhaise é ag aon pholaiteoir fiú amhras a léiriú faoi chur chuige TG4, gan trácht ar cheist a chur faoin maoiniú a fhaigheann sé. Is trua, áfach, gurb í polaitíocht an chomhdhearcaidh a chleachtar i gcónaí i gcás an chraoltóra Gaeilge, mar b'fhearrde dó go mór agus go fada go gcuirfí tuilleadh ceisteanna faoi.

Pé ní mar gheall ar na ciorruithe, d'fhág géarchéim eacnamaíochta na hÉireann gur lú ná riamh an seans go bhfaigheadh lucht TG4 an t-ardú ón státchiste a bhí á éileamh le fada acu. Anuas air sin, ba mheasa an scéal don stáisiún de dheasca na n-athruithe a bhí tagtha ar shaol na craoltóireachta agus na teicneolaíochta. Le teacht ré na teilifíse digití bhí an iomaíocht san earnáil níos déine ná riamh.

Idir na blianta 2007 agus 2012 tháinig méadú beagnach 90 faoin gcéad ar líon na dteaghlach in Éirinn a raibh seirbhís dhigiteach acu. Ba mheasa cás TG4 mar go raibh bearna chomh mór sin idir an t-éileamh a bhí air i dtithe 'analógacha' agus an t-éileamh a bhí air i dtithe 'digiteacha' – sciar 4.62 faoin gcéad i gcomórtas le sciar 1.34 faoin gcéad. Ag deireadh na bliana 2011 ba i dtithe 'analógacha', nach raibh teacht iontu ach ar cheithre chainéal, a bhí 48 faoin gcéad de lucht féachana TG4, i gcomparáid le 37 faoin gcéad i gcás RTÉ.

Agus an córas analógach le múchadh ar fad ar an 24 Deireadh Fómhair 2012, ba dheacair a shamhlú gur ag cur lena lucht féachana a bheadh TG4. Ina theannta sin, bhí athruithe móra ag teacht chomh maith ar líon agus ar chineál na n-ardán a bhí in úsáid ag an lucht féachana chun cláir theilifíse a fhaire.

Ach an oiread leis na tuarascálacha eile faoi TG4 a deineadh d'Údarás Craoltóireachta na hÉireann le linn na géarchéime eacnamaíochta, moladh i dtuarascáil Crowe Horwath in 2013 nach ndéanfaí aon chiorruithe eile ar bhuiséad an stáisiúin. D'aontaigh an tÚdarás Craolacháin go raibh an phingin dheireanach fáiscthe as an gcraoltóir, ach tugadh le fios do lucht na teilifíse leis nach ndéanfaí ardú suntasach ar a mhaoiniú i gcóngar na haimsire.

> … the Authority recommends that it would be inappropriate to decrease the level of public funding available to TG4 at this time. However, in these uncertain circumstances the Authority cannot make a firm recommendation on any increase in funding without further consideration. That will, in its turn, require more detailed examination of likely future audience patterns and an exploration by TG4 of what could be achieved in terms of its schedule aspirations … (2013)

Ba í fírinne ghéar an scéil ná go raibh sprionlóirí 'Éire na Déine' anois ar leac an dorais ag an stáisiún Gaeilge agus gan fonn orthu a bheith ag cur agus ag cúiteamh faoi thábhacht chultúrtha na teanga. De réir a suímh idirlín féin, ba é an cúram a leagadh ar an gcomhlacht a dhein an t-athbhreithniú don BAI ná 'commercially driven solutions' a sholáthar.

Fuair Crowe Horwath agus an tÚdarás Craolacháin féin locht an-mhór ar an bplean straitéiseach a chuir TG4 faoina mbráid mar chuid den athbhreithniú cúig bliana.

Ba é tuairim Crowe Horwath gur 'ró-uaillmhianach' a bhí plean straitéiseach an chainéil in ainneoin 'it's very obvious public service credentials in serving a specific audience with content that the market would never provide'. Cé gur aithin na cuntasóirí an luach ar airgead a bhí á thabhairt ag an stáisiún agus an taithí a bhí aige ó thaobh na craoltóireachta poiblí de, ní rabhadar róthógtha le plean cúig bliana 'all or nothing' TG4.

We believe that further work by TG4 is required to produce a more affordable and more radical costed five-year strategic plan … We therefore believe that TG4 should be requested by the Minister to investigate an equally radical plan which does not depend on significant additional revenues, but which instead explores other ways to make existing funding go further. (2013)

Ba iad an dá mholadh shonracha a bhí ag Crowe Horwath ná go ndéanfaí infheistíocht in ardáin féachana ar éileamh seachas a bheith ag iarraidh cur leis an lucht féachana traidisiúnta agus go bhféachfaí ar chaidreamh ní ba dhlúithe a bhunú le RTÉ.

Ghlac an BAI le háiteamh na gcuntasóirí go mba chúis iontais é nach raibh measúnú níos fuarchúisí déanta ag an stáisiún ar a raibh i ndán dá bhfigiúirí féachana i bhfianaise na n-athruithe a bhí ag teacht ar earnáil na craoltóireachta. Ar an gcuma chéanna, bhí iontas ar an BAI nach raibh faic in aighneacht TG4 faoi cad é a d'fhéadfaí a bhaint amach sa chás nach gcuirfeadh an Rialtas maoiniú breise ar fáil.

Bhí an plean straitéiseach a bhfuarthas locht chomh mór sin air bunaithe ar ardú maoinithe €11.5m a fháil chun sé huaire an chloig de chláir Ghaeilge in aghaidh an lae a chraoladh ar feadh daichead seachtain in aghaidh na bliana.

De réir an phlean, d'fhágfadh toirt agus téagar an sceidil nua go dtiocfadh méadú ar sciar náisiúnta TG4 den lucht féachana ó 2 faoin gcéad go 2.5–3 faoin gcéad thar thréimhse chúig bliana. Thiocfadh ardú ó 577,000 go dtí 673,000 ar líon na ndaoine a 'aimsíonn' an stáisiún gach lá, is é sin líon na ndaoine in aghaidh an lae a fhéachann air ar feadh nóiméid amháin ar a laghad.

Dúirt Crowe Horwath go raibh an plean seo i bhfad róchostasach agus €11.5m á lorg chun 0.5 faoin gcéad breise a chur leis an sciar náisiúnta.

Thagair na cuntasóirí chomh maith don chostas a bhain le lucht féachana a mhealladh chuig TG4:

> *… in 2011, for example, programming spend by TG4 was about €12m to achieve a one percentage point share of the Irish television market, whereas the corresponding figure for RTÉ was just over €4m.* (2013)

Ba shuimiúla ná sin, áfach, ceann de na lochtanna eile a fuarthas ar phlean TG4. B'ait le Crowe Horwath a laghad a bhí ráite faoi sholáthar TG4 do phobal na Gaeilge agus na Gaeltachta, agus go háirithe a laghad a bhí sa phlean faoi conas an cróiphobal féachana seo a thomhas. Fágadh faoi na cuntasóirí Sasanacha é cúpla slais shacrailéideach a thabhairt don bhó bheannaithe.

Sa phlean straitéise ceithre bliana a leagadh amach do TG4 in 2008, bhí rabhadh ann faoi conas gan ghéilleadh do smál an pheaca. Ní foláir don chainéal, a deirtear sa cháipéis sin, a chinntiú nach 'ngéilleann sé don chathú a bheith imeallach, féintábhachtach, inbhreathnaitheach, dúghafa ag figiúirí féachana, scothroghnach, leisciúil ná gann ar acmhainní'. (TG4 2008a)

Dá gcuirfí scrúdú morálta ar an stáisiún b'fhéidir go ndéarfaí go mbíonn sé á chrá féin an iomarca maidir leis an gcathú a bheith imeallach, ach go ndéanann sé a dhícheall, den chuid is mó, gan géilleadh don chathú a bheith féintábhachtach, inbhreathnaitheach, scothroghnach agus leisciúil. Déanann sé a dhícheall leis gan a bheith gann ar acmhainní, ach chaithfí 'teip' a thabhairt dó maidir le gan a bheith dúghafa ag na figiúirí féachana.

Ba chóir a rá ar son TG4 go mbíonn gach stáisiún teilifíse á chiapadh féin faoi fhigiúirí féachana agus gur dual go háirithe don stáisiún beag ag craoladh i mionteanga a bheith buartha faoi líon na ndaoine a bhíonn ag féachaint air.

Ach tá cúis fhollasach eile ag lucht TG4 a bheith buartha faoi na figiúirí seo – tá lucht féachana an chainéil ag dul i ndísc ó 2009. An bhliain áirithe sin, bhí sciar 2.6 faoin gcéad den lucht féachana náisiúnta ag an stáisiún, ardú 4 faoin gcéad ar an 2.5 faoin gcéad a bhí aige in 2008. Sa bhliain 2010 bhí 2.1 faoin gcéad aige agus in 2012 bhí 'thart ar 2 faoin gcéad' den lucht féachana náisiúnta ar an meán ag an stáisiún.

Lá den saol thugtaí tús áite d'fhigiúirí féachana TG4 sna tuarascálacha bliantúla, ach le roinnt blianta anuas caitheann duine dul ag tochailt níos doimhne le teacht ar an tagairt fhánach don 'sciar náisiúnta'. I lár na bliana 2015, cuireadh stop chomh maith leis an nós a bhíodh ag an gcraoltóir na figiúirí féachana don 10 gclár ba mhó éileamh a fhoilsiú gach seachtain ar a shuíomh idirlín. Ní hé go mbíonn an fhírinne á ceilt ag lucht TG4, ach ní bhíonn an gealadhram céanna orthu á fógairt don domhan mór a thuilleadh.

Tugadh le fios i dtuarascáil bhliantúil 2013 go raibh méadú tagtha ar an sciar náisiúnta den chéad uair ó 2009. Dúradh go raibh céatadán na ndaoine a bhí ag féachaint ar an gcainéal ardaithe 'go dtí beagnach 2 faoin gcéad' (TG4 2014). Ba léir go raibh sé ag dul chun deacrachta cuma na maitheasa a chur ar scéal na bhfigiúirí agus dea-scéal á dhéanamh den 'ardú' ó 'thart ar 2 faoin gcéad' in 2012 go dtí 'beagnach 2 faoin gcéad' in 2013. Ba í fírinne an scéil ná gurbh ionann an 'thart ar 2 faoin gcéad' in 2012 agus 1.85 faoin gcéad. In 2014, bhí 1.8 faoin gcéad den lucht féachana ag TG4.

Cé gur údar imní na figiúirí seo a bheith chomh híseal sin, ní foláir a thabhairt san áireamh go bhfuil athrú as cuimse tagtha ar nósanna féachana an phobail de dhroim na réabhlóide digití i gcúrsaí craolacháin, agus cuid mhaith daoine anois ag úsáid seirbhísí seinnteora agus ag taifeadadh clár le seirbhísí Taifeadán Físe Pearsanta.

Cé go gcaitheann daoine níos mó ama ag féachaint ar an teilifís anois ná mar a dhein deich mbliana ó shin, fágann an méadú mór ar líon na gcainéal atá ar fáil don lucht féachana go bhfuil an sciar den mhargadh teilifíse in Éirinn atá ag na mórchainéil dhúchasacha agus Shasanacha ar fad níos ísle ná mar a bhí in 2006. Tá níos mó ama, mar sin, á chaitheamh ag daoine ag féachaint ar an teilifís, ach iad ag féachaint ar níos mó stáisiún. In 2015, bhí níos lú ná 1 faoin gcéad den lucht féachana ag naoi gcinn déag den tríocha cainéal is mó éileamh in Éirinn.

Cuireadh le hilroinnt mhargadh na teilifíse in Éirinn nuair a seoladh UTV Ireland ar an 1 Eanáir 2015. Bhí TG4 ar an seachtú stáisiún is mó a raibh lucht féachana aige an bhliain áirithe sin. Le tamall de bhlianta anuas, d'éirigh leis an stáisiún Gaeilge dul chun tosaigh ar BBC Northern Ireland agus Channel 4, ar tháinig titim mhór ar a lucht féachana ó dheas, ach is mó an ráchairt anois atá ar 3e, stáisiún siamsaíochta TV3, ná mar atá ar TG4. Bhí 1.7 faoin gcéad den lucht féachana ag TG4 in 2015 agus 2.85 faoin gcéad a bhí ag 3e, atá ag cur lena lucht féachana beagán ar bheagán, bliain i ndiaidh bliana, ó bunaíodh in 2009 é.

Tá nósanna an lucht féachana ag athrú chomh maith agus seirbhísí Taifeadán Físe Pearsanta anois ag 59 faoin gcéad den phobal. In 2015 chaith muintir na hÉireann, ar an meán, trí huaire go leith ag féachaint ar an teilifís in aghaidh an lae, i gcomparáid le trí huaire agus cúig nóiméad in 2005. Daoine a bheith ábalta féachaint ar chláir pé am is maith leo ba chúis leis an méadú seo. '*Time-shift viewing accounts for 10 per cent of all TV viewing and Live TV accounts for the remaining 90 per cent*,' dar le TAM Ireland (2015).

Ar ndóigh, tá méadú ag teacht i gcónaí chomh maith ar líon na ndaoine a bhaineann úsáid as seirbhísí sruthaithe ar líne amhail Netflix, a raibh timpeall 200,000 síntiúsóir in Éirinn aige faoi Aibreán 2016. (Reddan 2016)

Ní chuireann córas Nielsen TV Audience Share Ireland san áireamh líon na ndaoine a fhéachann ar sheirbhís seinnteora ná cuid de na daoine a fhéachann ar chláir ar sheirbhísí iarfhéachana. Ní chuirtear san áireamh ach an oiread an sciar a bhíonn ag na stáisiúin den lucht féachana ó thuaidh den teorainn. Maíonn TG4 go bhfuil an tseirbhís ar fáil ag 94 faoin gcéad de phobal an Tuaiscirt ó tharla an t-athrú go dtí an craolachán digiteach in 2012 agus maítear go bhféachann 3 faoin gcéad den phobal ó thuaidh ar an stáisiún ar bhonn laethúil.

Ba é TG4, in 2003, an chéad stáisiún Éireannach a chuir seinnteoir ar líne ar fáil dá lucht féachana agus, faoi 2014, bhí sruth beo leanúnach á chur ar fáil ar an seinnteoir agus deis ag daoine ar fud an domhain a seinmliostaí féin de chláir TG4 a chruthú.

Faoi stiúir Neil Keaveney, an Bainisteoir Teicniúil, tá éirithe leis an stáisiún coimeád suas leis na hathruithe ar fad i saol na teilifíse ó chasadh na mílaoise. Bíonn gach clár Gaeilge dá gcraoltar ar fáil anois beo nó 'ar atráth' ar shuíomh TG4 agus tá an seinnteoir ar fáil le híoslódáil chomh maith mar aip don fhón póca, don táibléad agus don teilifís chliste féin. Anuas air sin, tá ceangal déanta ag an stáisiún le soláthróirí éagsúla seirbhísí teilifíse ar éileamh.

In 2009 thug beagnach milliún duine cuairt ar shuíomh idirlín TG4 agus maíodh gur 1.8 milliún duine a thug cuairt ar an suíomh in 2014. Deir an stáisiún chomh maith go bhféachtar ar na céadta míle 'sruth' in aghaidh na míosa ar Sheinnteoir TG4 agus go bhfuil suíomh idirlín an chraoltóra ar an suíomh Gaeilge is mó ráchairt ar domhan.

'Aon áit, aon uair, ar fud an domhain' an mana atá ag an stáisiún dá seirbhísí digiteacha.

Íoslódáladh 58.6k aip Ghaeilge de chuid TG4 in 2014 agus tá ocht gcinn d'aipeanna Gaeilge do leanaí réamhscoile curtha ar fáil acu ar chabhair mhór iad do thuismitheoirí atá ag iarraidh leanaí a thógáil le Gaeilge. Tá seirbhís seinnteora teilifíse do leanaí ar fáil chomh maith.

Ar an taobh eile den scéal, maíonn lucht TG4 féin san ábhar bolscaireachta a chuirtear ar fáil d'fhógróirí ar a suíomh gur beo atá 90 faoin gcéad '*of all television viewing*' ach gur 95 faoin gcéad atá i gceist i gcás TG4.

> *TG4 is less susceptible to fast-forwarding as it has a higher percentage of live viewing. TG4 is not a 'box-set' channel but a vibrant channel containing event-driven must-see programming. This makes TG4 less vulnerable to services such as Netflix in the future than some of its competitors.* (TG4 2015b)

Mar sin, tugann an sciar 1.8 faoin gcéad a bhí ag TG4 den mhargadh in 2014 pictiúr réasúnta cruinn dá lucht féachana, ach, sa chás seo, is fiú arís comparáid a dhéanamh le figiúirí S4C.

In 2014 tugadh le fios i dtuarascáil a dhein Ofcom go raibh sciar stáisiún na Breataine Bige tite go dtí 1 faoin gcéad. Bíonn lucht S4C níos goilliúnaí fiú ná lucht TG4 faoina bhfigiúirí féachana, agus ní haon iontas é sin i bhfianaise tuairiscí ar chuma an scéil a foilsíodh sa *Daily Mail* in 2010 faoin gceannlíne, '*The £100m taxpayer-funded Welsh TV channel where one in four shows get ZERO viewers*'. De réir na tuairisce sin, b'ionann '*zero rating*' agus níos lú ná míle duine a bheith ag féachaint ar chlár. Tugadh le fios gur níos lú ná míle duine a d'fhéach ar 196 den 890 clár a craoladh ar S4C sa tréimhse idir an 15 Feabhra agus an 6 Márta 2010. Dúradh nár chraol an stáisiún ach 139 clár a ghnóthaigh lucht féachana níos mó ná 10,000 duine le linn na tréimhse céanna. (The Daily Mail 2010)

Dúirt urlabhraí ó S4C gur dírithe ar pháistí a bhí 90 faoin gcéad de na cláir a fuair '*zero rating*' agus nach ndéantar an sciar den lucht féachana atá faoi bhun ceithre bliana d'aois a thomhas.

Údar mórtais ag lucht TG4 i gcónaí é go mbíonn torthaí maithe acu i gcomparáid le craoltóir na Breataine Bige. I dTuarascáil Bhliantúil 2014, mar shampla, tugadh le fios nach raibh ach 286 chlár ag S4C sa tréimhse 2013/2014 ar fhéach níos mó ná 70,000 duine orthu agus nach raibh ach 54 clár aige ar fhéach os cionn 100,000 duine orthu. Maíodh go raibh

1,102 clár ag TG4 sa bhliain 2014 ar fhéach níos mó ná 70,000 duine orthu agus 619 clár ar fhéach níos mó ná 100,000 duine orthu (TG4 2015a).

Is dual do chraoltóirí a bheith ag iarraidh na fíricí faoi fhigiúirí féachana a chamadh agus is géire fós an gá le beagáinín seiftiúlachta i gcás an chraoltóra mionteanga, go háirithe leithéid TG4 atá ag brath ar mhaoiniú neamhchinnte stáit do os cionn 90 faoin gcéad dá theacht isteach.

Bhí sé riamh amhlaidh. Chomh fada siar leis na 1950idí, bhí raic ann nuair a dhiúltaigh an rialtas na torthaí ó shuirbhéanna faoi lucht éisteachta Raidió Éireann a fhoilsiú. I gceann de na suirbhéanna sin, a deineadh i Márta 1953, tugadh le fios gur bheag éileamh in aon chor a bhí ar chláir Ghaeilge i measc an 7,315 duine a ceistíodh.

Mar fhreagra ar an gcaitheamh anuas a deineadh ar an Rialtas faoi gan torthaí an tsuirbhé a fhoilsiú, dúirt an tAire Erskine Childers go raibh an t-eolas á choimeád faoi rún *'for obvious reasons'*. Mar a scríobh Robert J. Savage ina leabhar *Irish Television: The Political and Social Origins* (1996), ba rí-léir cérbh iad na *'obvious reasons'* sin: bhí a laghad sin daoine ag éisteacht le cláir Ghaeilge gur údar náire a bheadh ann dá sceithfí na figiúirí.

Léiríonn miontuairiscí ó chruinniú rialtais ar an 25 Meán Fómhair 1953 gur glacadh an cinneadh gan na figiúirí a fhógairt go poiblí *'in the light of the very poor showing of programmes in the Irish language'*. Measadh dá dtuigfeadh daoine a ainnise is a bhí an scéal go mbuailfí buille ar inchreidteacht na seirbhíse raidió.

Ba é an dála céanna é i gcás suirbhé eile in 1958 ina bhfuarthas gur idir 1 faoin gcéad agus 5 faoin gcéad den phobal a thug cluas do na cláir Ghaeilge.

An turas seo, dhiúltaigh Leon Ó Broin, an státseirbhíseach ba shinsearaí sa

Roinn Poist agus Teileagraf, torthaí an tsuirbhé a thabhairt do Choimisiún na Teilifíse a bunaíodh leis an mbóthar a réiteach do theacht an chéad stáisiún teilifíse in Éirinn.

Ina measc siúd a raibh amhras á léiriú anois acu faoin éileamh i measc an phobail ar chláir Ghaeilge bhí an Irish Association of Advertising Agencies a bhí buartha go gcuirfeadh 'minority interest programmes' isteach ar an lucht féachana ag an gcainéal teilifíse nua (Savage 1996). Bíonn craoltóirí arb é a ndualgas a bheith ag craoladh i mionteanga i gcónaí idir dhá thine Bhealtaine agus is amhlaidh an scéal ag TG4.

Ní hamháin go bhfuil dualgas ar TG4 freastal ar chainteoirí Gaeilge a bhfuil leibhéil éagsúla líofachta acu, ach caitheann siad leis freastal ar an bpobal i gcoitinne agus blaiseadh a thabhairt don mhóramh teanga ar chultúr an mhionlaigh. Mar a dúirt tuarascáil Crowe Horwath:

> … they [TG4] ought properly to be judged by the success with which they reach both a core audience of those with proficiency, or appetite for acquiring proficiency in the language, as well as the wider goal of acquainting a broader audience with the culture of the linguistic community. (2013)

D'aithin an BAI in 2013 chomh maith an dúshlán ar leith atá roimh an stáisiún Gaeilge.

> The Authority understands and appreciates the particular statutory role that TG4 plays in the Irish broadcasting context. It appreciates also the complex socio-linguistic environment in which it broadcasts and is aware of the differing expectations that many in the audience will have of its schedules. Its central purpose is to offer a broadly-based service in Irish to those for whom Irish is their home language or their language of preference as well as making that service as accessible as possible to those with varying levels of comprehension and to all others for whom the channel's content will be of interest.

This is a significant challenge, unlike that faced by any other television broadcaster operating in or available to Ireland. There is an inescapable level of cost in providing a schedule but there is a self-defining limit in terms of reach and share that can reasonably be expected to be achieved. (2013)

Is casta fós an dualgas ar TG4 toisc go mbíonn an stáisiún chomh mór sin i dtuilleamaí an Stáit dá mhaoiniú. Mar go bhfuil a lucht féachana chomh beag sin i gcomórtas leis na stáisiúin mhóra, ní éiríonn le haon chlár a dhéanann TG4 cóimheá airgid a bhaint amach. Fiú i gcás na gclár is fearr a chruthaíonn i measc an lucht féachana, ní fhaightear ar ais i bhfógraíocht ach timpeall 10 faoin gcéad den airgead a infheistítear iontu.

Cinneadh i dtús aimsire nach gcaithfí ach ioncam tráchtála ar chláir a cheannach isteach, cinneadh a mheasfá atá ina sciath chosanta mhaith ag TG4 ón gcathú breis clár Béarla a tharraingt chuige féin chun cuma níos fearr a chur ar na figiúirí féachana.

Caitheadh €17m, nó 75 faoin gcéad de bhuiséad iomlán na gclár, ar chláir nua Ghaeilge a choimisiúnú in 2010, laghdú 6 faoin gcéad ó 2009. An bhliain chéanna, de réir mar a tháinig laghdú ar a ioncam tráchtála, tháinig laghdú 24 faoin gcéad, go dtí €4.9m, ar chaiteachas an chraoltóra ar chláir a cheannach isteach agus ar dhubáil. Mar sin, cinntíonn an cur chuige seo ó thaobh caiteachais de go bhfanann an stáisiún in inne na treibhe ar bunaíodh é chun freastal uirthi an chéad lá.

Tá léiriú sa pholasaí caiteachais céanna, áfach, ar cheann de bhunfhadhbanna an stáisiúin: tá sé in iomaíocht i margadh dian nach mbacfadh na hiomaitheoirí eile ann go deo leis na cineálacha táirgí a bhfuil dualgas ar TG4 iad a chur ar fáil.

Sa bhliain 2012, bhí moladh fuarchroíoch ag na comhairleoirí gnó Indecon maidir le conas teacht timpeall ar an bhfadhb bhunúsach seo.

Indecon believes that the link between commercial revenue secured by TG4 and the level of acquired programme expenditures should be reviewed. While we understand how initial thinking may have led to such a direct linkage, this may be damaging the ability of TG4 to design a programme schedule which would maintain or increase its market share. The changes in market share in turn impacts on the ability of TG4 to increase commercial revenue. As a result, a direct correlation between these two very separate areas may be damaging the long-term sustainability of TG4. (Indecon 2012)

Go bunúsach, is é a bhí á rá ag na comhairleoirí gnó ná nach raibh aon ní cóir i ndán do TG4 mura gcaithfeadh sé níos mó airgid ar chláir a cheannach a bhí níos cosúla leis na táirgí a bhí á soláthar cheana ag iomaitheoirí eile an mhargaidh – nó i bhfocail eile, cláir Bhéarla.

Cúpla bliain i ndiaidh fhoilsiú na tuarascála sin le Indecon, d'aithin an BAI féin go raibh ceangal na gcúig gcaol ar TG4.

TG4 is distinctly different from any other broadcasting service in that such a significant percentage of its revenue is from public sources ... Any schedule development designed substantially to increase commercial revenue would run the risk of colliding with its statutory obligations and its fundamental founding purpose. (2013)

Cé gur ghlac an BAI leis chomh maith go raibh a leithéid de rud ann i gcás TG4 agus '*a self-defining limit in terms of reach and share that can reasonably be expected to be achieved*', bhí teorainn leis an trua a bhí acu don stáisiún.

'*Notwithstanding the considerable reach of some of its content, notably sport, TG4's audience share could be described as somewhat precarious,*' a dúradh i dtuarascáil an BAI.

Ní raibh, áfach, mórán moltaí ag an Údarás Craolacháin a chabhródh le fuascailt na bhfadhbanna ag TG4 agus is beag eile a bhí sa cháipéis a d'eisíodar in 2013 mar gheall ar an athbhreithniú cúig bliana seachas cur síos ar dheacrachtaí an stáisiúin a bhí soiléir don saol. 'There can be no guarantee that the present level of support is beyond reach,' a dúirt an BAI.

Níorbh aon rún é go raibh TG4 ag fuirseadh na déirce ó tháinig ann dó.

Ba bheag a bhí nua i gcáipéis an BAI nó a mhaolódh an drochscéal, ach bhí moladh amháin inti a thabharfadh faoiseamh éigin do TG4 óna dhualgas freastal ar chách, sin má bhí an stáisiún ag iarraidh faoisimh ón gclipeadh sin.

> *Attempting to reach out to a broad audience has further difficulties in terms of a measure that will capture the complexity of the audience being addressed. A focus on share … may not fully reveal the level of engagement by an Irish-language audience. A focus on ways of disclosing more clearly the level of attention from that particular audience may suggest policy options that will not assist in achieving a broader reach. (2013)*

Ba dhóigh leat go raibh an BAI ag tabhairt le fios don stáisiún Gaeilge nár ghá a bheith á chrá féin an iomarca faoin mórphobal féachana agus polasaithe á gceapadh ar mhaithe lena chroíphobal. Ach is mar chraoltóir-do-chách a shamhlaigh lucht na teilifíse an stáisiún ó thús aimsire, agus tá an tsamhail sin greanta sa reachtaíocht in Acht Craolacháin 2009.

Sa reachtaíocht sin, deirtear gurb é cuspóir TG4 ná seirbhís náisiúnta chraoltóireachta poiblí a chur ar fáil 'a mhéid is féidir le réasún, don phobal uile ar oileán na hÉireann'. De réir an Achta tá dualgas ar an tseirbhís a chinntiú go léireoidh na cláir aige 'na hairíonna éagsúla dá bhfuil cultúr phobal oileán na hÉireann uile comhdhéanta' agus caithfear cás ar leith a dhéanamh 'do na hairíonna a shainíonn an cultúr sin agus go háirithe do na Gaeltachtaí'. Caithfidh an stáisiún:

réimse cuimsitheach clár a sholáthar, as Gaeilge go príomha, a léireoidh éagsúlacht cultúir oileán na hÉireann uile agus a mbeidh ar áireamh ann cláir a sholáthróidh siamsa, eolas agus oideachas, a sholáthróidh tuairisciú ar ghníomhaíochtaí spóirt, reiligiúin agus cultúir agus a fhreastalóidh ar ionchais daoine ó gach aoisghrúpa sa phobal arb í an Ghaeilge a rogha teanga labhartha nó ar suim leo an Ghaeilge ar shlí eile (2009).

Is nós le lucht TG4 tagairt do na dualgais reachtúla seo an uair fhánach a gcuirtear ina leith go bhfuil siad imithe rómhór ar bóiléagar óna aidhm bhunaithe, is é sin freastal ar phobal teanga nach raibh freastal cóir á dhéanamh orthu.

Is furasta do lucht na teilifíse an cás a dhéanamh gur craoltóir-do-chách é. Is féidir leo a mhaíomh go bhfuil gach rud ansin ar pár – 'pobal uile oileán na hÉireann', 'cultúr phobal oileán na hÉireann uile' agus, mar bhuille scoir, 'daoine arb í an Ghaeilge a rogha teanga labhartha nó ar suim leo an Ghaeilge ar shlí eile'.

Ach is í an cheist ná, an ndéanann lucht TG4 léamh rólitriúil ar phíosa reachtaíochta atá, ar an mórgóir, scaoilte go maith? Agus, má dhéanann, an iad pobal labhartha na Gaeilge atá thíos leis seachas an dream mistéireach fulangach úd 'ar suim leo an Ghaeilge ar shlí eile'?

👁

I mí an Mhárta 2015, scríobh Liam Fay léirmheas searbh ar an gclár *Busker Abú*, clár ceoil réaltachta eile fós ar TG4, nó '*the latest manifestation of the station's passion for hoary old cover versions*' mar a thug fear an *Sunday Times* air.

Ní raibh faic spéisiúil ann féin faoin scalladh teanga a thug Fay do *Busker Abú* bocht, ach bhí ábhar machnaimh sa chuid eile dá alt:

TG4 owes as much to doublespeak as bilingualism. A seesawing mix of Irish and English is the lingua franca of the would-be 'Irish language' station, a state-sponsored venture that is supposed to advance our love of Gaelic. In reality, however, the first official language still boasts more lip-servants than speakers. Every TV channel strikes an uneasy balance between the aspirations of its founders and the wishes of its accountants, but the follies of the TG4 compromise are harder to overlook than most. Its schedules offer an incongruous, often bewildering blend of programmes: the good, the bad and the dirt-cheap. Quantity clearly trumps quality as station chiefs concentrate on broadcasting just enough Irish-language content to justify government funding, and just enough English-language content to attract an appreciable audience. (Fay 2015)

Micheál Ó Domhnaill, John Allen agus Pat Fleury i mbun anailíse do chlár de chuid *GAA Beo*

Ba rud neamhghnách ag tráchtaire Béarla nasc mar sin a dhéanamh idir ceist na teanga in TG4 agus bunaidhm an stáisiúin. Ar ndóigh, is annamh chomh maith ag tráchtairí Gaeilge a leithéid de scrúdú coinsiasa a chur ar an gcraoltóir Gaeilge. Ach leag Fay a mhéar ar chuid de na ceisteanna faoin stáisiún atá ag dó na geirbe le tamall ag cainteoirí Gaeilge, seachas ag daoine ar suim leo 'an Ghaeilge ar shlí eile', lena n-áirítear roinnt daoine atá fostaithe, nó a bhí fostaithe, ag an stáisiún agus ar cuireadh agallamh orthu don leabhar seo.

Bhí cuid de thuairimí Fay ag teacht le tuairimí roinnt de na daoine sin nár theastaigh uathu go luafaí a n-ainmneacha. Ní fhéadfaí ach an oiread beag is fiú a dhéanamh de dhrochbharúil Fay mar gur minic an léirmheastóir céanna moltach go maith faoi shaothar TG4, ar thug sé an dara stáisiún teilifíse náisiúnta air le teann measa sular dhein criticeoirí eile peata ceart de. Ní hé go raibh Fay anois gortach ar fad faoi mholadh, ach an uair seo thug sé fogha faoi urdhún niamhrach an stáisiúin – an 'tSúil Eile' féin.

Linguistic hugger-mugger aside, the Connemara-based operation's overblown editorial manifesto fails to hide the reality of a channel that actually talks out of both sides of its mouth. Alternative voices are presented as TG4's lifeblood: Súil Eile (another perspective) is the governing motto. The scope for a TV channel that bucks cultural trends is immense – and, in the documentary field at least, TG4 has provided a loudhailer for minority viewpoints and offbeat stories. All too often, however, the bright and sparky features of the output are overshadowed by the hackneyed and the hokey. Ill-considered and gimmicky forays into light entertainment are a signature channel weakness, and far from providing a colourful alternative to the mainstream, TG4 frequently delivers a faded copy of it. (2015)

Bhí dlúthbhaint ó thosach aimsire idir 'Súil Eile' TG4 agus an 'teanga eile' ina mbíonn sé ag craoladh, agus ní foláir dá bharr go mbeadh scrúdú teanga ina dhlúthchuid d'aon scrúdú coinsiasa a chuirfí ar an stáisiún.

'Ná leath do bhrat ach mar is féidir leat a chonlú,' ba cheart a bheith scríofa i lúibíní aon uair a scríobhtar "Súil Eile"', an chomhairle a bhí ag an léirmheastóir teilifíse Breandán M. Mac Gearailt do lucht Bhaile na hAbhann.

D'aithin an Gearaltach 'an comhthéacs' ina gcuirtear sceideal TG4 le chéile agus an craoltóir á fhéachaint 'le RTÉ agus go leor cainéal agus seirbhísí eile', ach níor leor dó an comhthéacs céanna mar mhíniú ar nósanna teanga an stáisiúin. Ba 'chraoltóir seirbhíse poiblí' é TG4 agus 'ní sodar i ndiaidh scóranna féachana an t-aon chloch ba cheart a bheith ar a phaidrín'. Scríobh Mac Gearailt go raibh 55 faoin gcéad de chláir an stáisiúin i nGaeilge, céatadán 'róbheag', dar leis.

> Is é an rud is measa de ná go bhfuil go leor Béarla sa 55 faoin gcéad … gan trácht ar an droch-Ghaeilge a bhíonn le cloisint ar fud na mball. Ina theannta sin, taibhsítear dom go bhfuil tréithe lábánta, cineálacha, díorthacha ag cuid de na cláir Ghaeilge … Ó tharla go bhfuiltear ag íoc go daor astu, nár cheart go mbeadh na cláir Ghaeilge, nó na cláir seo a bhfuil Gaeilge iontu, ag cloí go hiomlán le meon na seirbhíse poiblí? (Mac Gearailt 2015b)

'Breis fócais ar an nGaeilge, ar an nGaeltacht agus a pobal' a bhí ag teastáil ó Mhac Gearailt. Ní hé go raibh sé ag áiteamh gur cheart go ndúnfaí an 'tSúil Eile' ar fad ar an 1.77 milliún duine a mhaígh i nDaonáireamh 2011 go raibh líofacht éigin sa teanga acu, ach bhí amhras air gurb iad an 77,000 cainteoir laethúil a bhí thíos leis an iarracht freastal ar chách.

Do dhream a bhíonn coitianta ag maíomh nach 'eagraíocht Ghaeilge' é TG4, agus a mholann go minic go ndéanfaí a saothar a mheas de réir chaighdeán na gclár amháin, bíonn nóisin aisteacha ag lucht na teilifíse faoina gcumas draíocht a imirt ar mheon an phobail i dtaobh na teanga de. Dealraíonn sé go gcreidtear nach bhfuil aon duine slán ón draíocht seo, agus, shílfeá, mar shampla, go mbeadh an díograiseoir teanga is mó a bheadh imithe le brothall sásta le dearcadh Peter Quinn go bhfuil dualgas ar TG4 freastal fiú orthu siúd 'nach bhfuil aon fhocal [Gaeilge] acu fós'. (TG4 2008)

De réir na tuisceana seo, is ionann Béarlóirí na hÉireann agus Gaeilgeoirí nár tháinig ciall chucu fós agus tuiscint is ea í a théann go smior an scéil maidir leis an gcur chuige éidreorach a shamhlaíonn Alan Esslemont le TG4.

> Tá sé sa DNA ag TG4 go bhfuil an dá phobal seo ann agus go bhfuil gá i gcónaí le 'national resonance'. Ach mothaím gur fearr iad ag maíomh as an 'national resonance' ná ag léiriú tuisceana ar an bpobal eile – pobal na Gaeilge agus na Gaeltachta. Go leor daoine atá ag plé leis an stáisiún ní thuigeann siad pobal dúchasach na Gaeilge. Cén fáth go raibh TnaG mar TnaG? Mar go raibh fís ann gurb ionann pobal na hÉireann agus pobal na Gaeilge agus gurb ionann pobal na Gaeilge, nó pobal TnaG, agus an 1.77 milliún duine a mhaíonn sa daonáireamh go labhraíonn siad Gaeilge. An fhadhb atá ann ná nach bhfuil sé sin fíor. Chuaigh TnaG sa tóir ar an 1.7 milliún duine agus níor éirigh leis. Sin an ceacht is mó atá le foghlaim ó TG4. Cé gur bhreathnaigh sé mór agus tarraingteach mar phobal, ní hann dó i bhfírinne. Tá tú ag caint ar b'fhéidir 100,000 duine a bhreathnaíonn ar an teanga mar theanga labhartha. Don chuid eile níl sa Ghaeilge ach 'party trick' seachas 'driver of habits'; níl sí láidir a dóthain acu go dtabharfaidh sé orthu a nósanna a athrú, ó thaobh na teilifíse, mar shampla. (Esslemont 2014)

Le tamall de bhlianta anuas, cé gurb annamh fós é, tá ceisteanna á gcur faoi chraoltóirí mionteangacha agus an iarracht a bhíonn ar bun acu gach aon duine a shásamh.

Ag Féile na Meán Ceilteach 2015 in Inbhir Nis na hAlban, ba shuimiúil na ceisteanna a leagadh amach don seisiún díospóireachta *Sport, Subtitles, and Country Music – Healthy supplements or addictive sweeteners for indigenous language broadcasters?*

An mbíonn lucht bainistíochta TG4, S4C agus BBC Alba chomh tógtha sin le figiúirí féachana go bhfuil an baol ann go gcuirfidh siad an lucht féachana is dílse acu ó dhoras agus go mbainfidh siad an bonn de na teangacha ar bunaíodh iad chun freastal orthu? An íocann na stáisiúin seo praghas ró-ard ar bheith istigh a thabhairt do chách?

Toisc a cheansa is a bhíonn tráchtairí abhus agus iad i mbun díospóireachta faoi TG4, ba gheall le caint choimhthíoch ó chríocha aineoil na ceisteanna seo.

Ba ag an gcomhdháil 'Súil siar is Súil ar aghaidh: 10 mBliana TG4: Ceiliúradh agus Anailís' a eagraíodh in Ollscoil na hÉireann Gaillimh deich mbliana ó shin ar an 25 Samhain 2006, a cuireadh scrúdú ceart poiblí go deireanach ar an stáisiún. Ag an gcomhdháil sin, ar ar bunaíodh an leabhar *TG4@10*, bhí ceist bhunúsach i gcaint Íte Uí Chionnaith agus i gcainteanna go leor daoine eile – an ar mhaithe le *Pimp My Ride* agus *The OC* a troideadh?

Ag labhairt di in 2015 faoi fheachtas atá ar bun in Albain i gcoinne na bhfotheideal dóghreanta ar BBC Alba agus 'ró-úsáid an Bhéarla' ar an stáisiún sin, dúirt Ní Chionnaith go gcaithfí a chur in iúl go láidir do bhainistíocht TG4 nach bhfuil pobal na Gaeilge sásta ach an oiread leis an méid Béarla a bhíonn ar TG4. Dúirt sí, áfach, go gcaithfí a bheith cúramach faoin gcur chuige a bheadh ag aon fheachtas dá leithéid a bhunófaí.

> Bhí sé chomh deacair sin orainn TG4 a bhaint amach. Throid muid ar feadh 30 bliain chun stáisiún Gaeilge a bhaint amach. Tá an stáisiún an-ghar do mo chroí, ach is dóigh liom gur gá dúinn dul i bhfeidhm ar an lucht bainistíochta ar bhealach láidir chun a chur in iúl dóibh nach bhfuil pobal na Gaeilge sásta leis an méid Béarla a bhíonn ar TG4. Conas a láimhseálfaí é? Níl a fhios agam, ach an rud is dóigh liom ná gur ón taobh istigh a chaithfí é a dhéanamh seachas feachtas mór poiblí a tharraingeodh aird na ndaoine atá naimhdeach do TG4 ar aon

chaoi; is dóigh go gcaithfear a bheith an-chúramach faoi sin. (Ó Coimín 2015a)

Déarfadh lucht na teilifíse leat go dtuigeann 'an gnáthdhuine' go rímhaith an chúis go mbíonn polasaí dátheangach i bhfeidhm ag craoltóir mionteanga agus gur beag duine a chuireann spéis i gceist seo na teanga seachas an corrdhíograiseoir agus an corr-intleachtóir atá dall ar fad ar obair shalach na teilifíse. Ach an amhlaidh go bhfuil daoine, amhail Íte Ní Chionnaith, buartha go dtarraingeofaí ar TG4 aird an dreama atá naimhdeach don stáisiún? Nó an fíor gur róchuma le 'croíphobal' TG4 faoin mBéarla, na fotheidil agus an ceol tíre, agus go dtuigtear dóibh nach 'rómhilis' atá na 'milseáin' seo ach riachtanach?

Dar le Eithne O'Connell, scoláire atá ag plé le ceist na bhfotheideal ón uair a bhí TnaG á bhunú, go bhfuil dearcadh *'live and let live'* ag pobal na Gaeilge faoin scéal. Gach seans, dar le O'Connell, go raibh pobal na Gaeilge chomh sásta sin le teacht na teilifíse Gaeilge gur bhraitheadar go mbeadh sé *'churlish'* cur i gcoinne na bhfotheideal *'aimed at helping English speakers'*.

> Whatever many Irish speakers think of English subtitles, it is a fact that a senior TG4 executive told me years ago of some frustrated Gaeltacht viewers tying scarves around the bottom of the television screen to obscure the English subtitles … In any case, however annoying some Irish speakers may find open English subtitles, many of them to date have adopted a 'live and let live' attitude, probably accepting the TG4 line that Irish-language programmes with English open subtitles represent a fair compromise between the needs of competing linguistic groups. (O'Connell 2014)

Tuigeann O'Connell go maith na cúiseanna leis an *'fair compromise'* seo, agus mar sin ní fhéadfaí a chur ina leith go bhfuil sí soineanta i dtaobh shaol anróiteach an stáisiúin mionteanga atá ag iomarbhá le dúshláin an mhargaidh.

The broadcasters, for their part, are acutely aware and have been from the very foundation of TG4 of the need to attract good viewing figures across a wide range of the general population (many of whom are more or less exclusively Anglophone) ... The programmes broadcast must be varied and accessible, with a broad appeal, otherwise the goodwill which sustains the station will be forfeit. (2014)

Dar le Pádhraic Ó Ciardha go bhfuil TG4 ag obair 'síoraí seasta' ar cheist na bhfotheideal ar an stáisiún agus gur fadhbanna teicniúla is cúis le gan rogha a bheith ann na fotheidil Bhéarla a mhúchadh.

> Ní oibríonn siad uilig ar an gcóras céanna. Dá mbeadh sé ag obair ar chóras UPC, ní oibreodh sé ar Saorview, mar shampla. Tá an BBC ag rá gur féidir leo é a chur ar fáil ar ardán amháin, Freeview, ach tá na fadhbanna fós againn é a chur ar fáil ar na hardáin ar fad le chéile. Tá muid ag cur brú i gcónaí ar na hardáin éagsúla, Sky, UPC, Saorview agus eile, faoin gceist seo agus ba mhaith linn é a réiteach. (Ó Coimín 2015c)

Deir Ó Ciardha go dtuigeann sé don chainteoir Gaeilge atá cráite ag na fotheidil Bhéarla agus go ngoilleann siad go mór air féin.

Sa rannóg 'Ceisteanna Coitianta' ar shuíomh TG4 deirtear go bhfuil na fotheidil 'greanta ar an bpictiúr' faoi láthair ach go bhfuil súil ag an stáisiún go mbeidh rogha ar fáil 'go luath' iad 'a mhúchadh más mian' (TG4 2016). Ar a shon sin, ní bhíonn fuascailt fhadhb na bhfotheideal riamh i measc aidhmeanna oifigiúla an stáisiúin de réir mar a leagtar síos iad ina dtuarascálacha bliantúla.

Tá ráite ag Feargal Mac Amhlaoibh go bhfuil gá anois le feachtas úr in aghaidh na bhfotheideal Béarla dobhainte ar TG4 agus níl aon ghlacadh aige le leithscéalta TG4 faoi 'dheacrachtaí teicniúla'. Ba chóir, a dúirt Mac Amhlaoibh, d'aon fheachtas a throidfí in aghaidh na bhfotheideal Béarla díriú chomh maith ar na fógraí Béarla a bhíonn á gcraoladh ar an stáisiún.

Tá fógraí Béarla ann agus is féidir Gaelainn a chur orthu go furasta. D'fhéadfaí lacáiste nó rud éigin a thabhairt don chomhlacht chun Gaelainn a chur orthu. Cuireann sé isteach ar mheon daoine óga go háirithe má fheiceann siad go bhfuil na rudaí is tábhachtaí atá ar an teilifís i mBéarla. (Ó Coimín 2015b)

Dar le Eithne O'Connell go n-eascraíonn aon mhórcheist phráinneach amháin as dearcadh an stáisiúin i dtaobh na bhfotheideal:

> ... the pressing question now is 'Why is such priority being given to English rather than Irish subtitles on a channel such as TG4?', especially since the station is intended to promote and develop the Irish language and culture. Its own documentation states that it is mandated to cater for a) those whose preferred spoken language is Irish, as well as b) those interested in Irish culture and c) those interested in Irish language content but lacking sufficient competency to understand without subtitles. Yet ironically, it appears that it is the first group, those whose preferred spoken language is Irish (with the possible exception of children), which is in fact least satisfactorily accommodated by the practices that have prevailed since the establishment of the service. (2014)

In 2016, fógraíodh go mbeadh rogha feasta acu siúd a bhíonn ag féachaint ar TG4 ar aip iOS an stáisiúin fotheidil a mhúchadh agus iad ag féachaint ar chláir Ghaeilge nuachraolta. Bheadh rogha ar an leagan nua d'aip TG4 fotheidil Ghaeilge nó Bhéarla a roghnú. Dúirt Lís Ní Dhálaigh, Stiúrthóir Aschuir TG4:

> Is fada muid ag iarraidh an rogha áirithe seo le fotheidil a sholáthar, le freastal ar [dhaoine] idir Ghaeilgeoirí líofa, fhoghlaimeoirí agus daoine ar mian leo fotheidil ar chúiseanna éagsúla. Is céim shuntasach í seo agus is maith linn a bheith tagtha chomh fada seo (Ó Coimín 2016a).

Pé míniú atá ar pholasaí na bhfotheideal ag TG4, ní sheasann i gcónaí an argóint gur deacrachtaí teicniúla amháin atá i gceist agus, ag tús na bliana 2015, craoladh clár ar TG4 a léirigh an méid sin go paiteanta. Le linn an chláir seo, inar caitheadh súil siar ar an gcraobhchomórtas peile, taispeánadh buaicphointí ó chluichí móra na bliana mar ar craoladh ar TG4 iad agus deineadh na míreanna aicsin a fhí le chéile, mar a dhéantar go minic ar chláir chartlainne ar nós *Reeling in the Years* ar RTÉ, le reacaireacht scríofa agus ceol seachas le hinsint bhéil.

Bhí rud éigin as alt leis an reacaireacht scríofa seo, áfach. Is i mBéarla a bhí na fotheidil cé nár aistriúchán a bhí ar bun toisc nach raibh aon insint bhéil i nGaeilge ann go gcaithfí aistriúchán a dhéanamh uirthi. Béarla ar mhaithe le Béarla a bhí ann. An '*fair compromise*' é sin a bhí cothrom ar an gcroíphobal Gaeilge?

Nó cad faoin '*compromise*' a deineadh i gcás *Fleadh TV,* an tsraith clár a chraoltar gach bliain ó Fhleadh Cheoil na hÉireann, sraith a n-éiríonn go geal leis ach a mbíonn polasaí láithreoireachta dátheangaí níos scaoilte aici ná mar a bhí riamh roimhe ar TG4. Le linn na gclár *Fleadh TV* a craoladh beo ó Shligeach in 2015, ba i mBéarla a labhair na láithreoirí cuid mhaith den am in ainneoin gur craoltóirí líofa Gaeilge beirt den triúr acu. Ba i mBéarla cuid mhaith a dhein na láithreoirí cur síos ar imeachtaí agus ar chuideachta na fleá agus ba i mBéarla, mar shampla, a cuireadh cuid de na ceoltóirí in aithne don lucht féachana.

Craoltar cláir Bhéarla agus cláir dhátheangacha ar TG4 ar bhonn rialta, ach ní nós leis an stáisiún Gaeilge go mbeadh cur chuige dátheangach ag láithreoirí na gclár ach amháin sa chás go mbeadh duine faoi agallamh acu nach mbeadh Gaeilge aige. Béarla ar mhaithe le Béarla a bhí anseo, nó Béarla ar mhaithe le Béarlóirí.

Thaitin teanga uilíoch an cheoil riamh le TG4 agus uirlis iontach dóibh atá sa chlár ceoil chun daoine a mhealladh isteach nach bhfuil Gaeilge ar a dtoil acu ach atá sásta éisteacht léi fad is go mbíonn a fhios acu go bhfuil polca nó amhrán maoithneach *country 'n western* eile ag teacht gan mhoill.

Ach dhealraigh sé ar *Fleadh TV* go raibh a laghad sin muiníne ag TG4 as a lucht féachana gur shocraíodar go gcaithfí bleaist Bhéarla a thabhairt dóibh sna sosanna idir na ríleanna agus na bailéid, ar eagla go mbrisfeadh ar an bhfoighne orthu.

Dúirt Íte Ní Chionnaith le *Tuairisc.ie* 'go mba thrua go mór' léi an tráchtaireacht dhátheangach ar *FleadhTV* agus nach ar mhaithe le 'figiúirí arda lucht féachana' a bunaíodh TG4 an chéad lá ach chun 'seirbhís a chur ar fáil do phobal na Gaeilge agus d'aon duine eile ar theastaigh uathu féachaint ar chláracha i nGaeilge'.

> Thuigfeá dóibh dá mbeadh tráchtaireacht á déanamh ar scéal mór tromchúiseach agus gan teacht ar éinne le Gaeilge, ach an cineál tráchtaireachta a bhí ann ní raibh gá leis an mBéarla. Na daoine a mbeadh spéis acu sa cheol traidisiúnta fiú mura mbeadh tuiscint na Gaeilge acu – agus tá déarfainn ag cuid mhaith acu – bheidís sásta le tráchtaireacht i nGaeilge amháin ar chlár mar seo. Is Béarla nuair nach raibh gá le Béarla a bhí i gceist agus feictear dom go bhfuil an claonadh sin ag éirí níos láidre ar TG4 – go mbíonn Béarla ann nuair nach bhfuil gá le Béarla. (Ó Gairbhí 2015b)

Ghlac Ní Chionnaith leis go mbíonn gá le méid áirithe Béarla ar an stáisiún ach bhí sí buartha faoin meascán seo de Bhéarla agus Gaeilge 'a bhí in úsáid ar chláracha áirithe ar RTÉ tráth den saol'. Ba é an toradh a bhíonn ar an gcineál dátheangachais sin, dar léi, ná go dtagann sa deireadh 'méadú ar úsáid an Bhéarla agus laghdú ar úsáid na Gaeilge'.

Shéan Pádhraic Ó Ciardha gur chiallaigh cur chuige dátheangach *Fleadh TV* go raibh athrú tagtha ar pholasaí teanga an stáisiúin nó gur chuid de 'phatrún níos leithne' é. Cé gur ghéill sé go raibh formáid 'dhátheangach' *Fleadh TV* bunoscionn le gnáthpholasaí an stáisiúin maidir leis an láithriú dátheangach, 'eisceacht' a bhí ann. 'Comhfhiontar' a bhí in *Fleadh TV* agus 'formáid ar leith' aige 'a chreidtear a fheileann do bheochraoladh ar imeacht mhór sráide'. Bhí 'ag éirí go hiontach' leis an gclár 'agus na scórtha mílte duine ag baint taitnimh as,' a dúirt Ó Ciardha. (Ó Gairbhí 2015b)

Tá beagán tráchtairí ann, áfach, a chreideann go bhfuil an Béarla ar mhaithe le Béarla, nó Béarla nuair nach bhfuil aon ghá in aon chor le Béarla, ina chomhartha sóirt ar aicíd dhíobhálach atá ag dul in olcas. Dar le Breandán M. Mac Gearailt nach bhfuil 'an ról eiseamláireach céanna ag TG4 ó thaobh na teanga is a samhlaíodh dúinn tarrac ar fiche bliain ó shin'.

> Go minic, taibhsítear dom go bhfuil an Ghaeilge imeallaithe ...
> go bhfuiltear faillíoch ina leith, nach ndéantar cúram di ... Is léir
> an fhadhb seo i gcláracha áirithe ar fud an sceidil: sa chéatadán
> beag de chloigne cainte le Gaeilge, san easpa guthaithe, in úsáid
> na bhfotheideal; sa reacaireacht; sa drámú; agus thar aon ní eile
> sa droch-chaighdeán Gaeilge a bhíonn le clos rómhinic nuair a
> bhíonn an Ghaeilge le clos ... (Mac Gearailt 2015a)

Is beag duine a shíleann nár cheart aon Bhéarla a bheith ar TG4, seachas, b'fhéidir, feidhmeannaigh ó stáisiún tráchtála ar nós TV3 a bhíonn i bhformad leis an stáisiún Gaeilge mar gheall ar an maoiniú stáit a fhaigheann sé.

Maíonn bainistíocht TG4 go mbíonn timpeall 60 faoin gcéad dá sceideal i nGaeilge (48 faoin gcéad a bhí ann in 2010), agus má ghlactar leis an gcoibhneas 70-30, idir Gaeilge agus Béarla, a leagtar síos mar shlat tomhais do na cláir a fhaightear ón earnáil neamhspleách, fágtar fós go mbíonn ar a laghad leath den ábhar dá gcraoltar i nGaeilge. Ina theannta sin, déanann TG4 70 faoin gcéad dá mhaoiniú poiblí a infheistiú gach bliain in ábhar Gaeilge.

Is fíor go mbíonn sainmhíniú ábhairín scaoilte ag TG4 ar cad is clár Gaeilge ann – d'áireofaí *Fleadh TV* agus an clár CLG úd leis na fotheidil

Bhéarla mar chláir Ghaeilge, mar shampla – ach is fíor chomh maith go bhfuil méadú leanúnach tagtha ar líon na gclár Gaeilge a chraoltar ar an stáisiún.

Sé huaire an chloig de chláir Ghaeilge 'nua' in aghaidh an lae an sprioc atá ag an gcraoltóir le fiche bliain anuas, agus bíodh is nár baineadh an sprioc sin amach fós táthar ar an mbóthar ceart, fiú más mall féin an t-aistear. Tháinig, mar shampla, méadú 6 faoin gcéad go dtí 4.84 uair an chloig in aghaidh an lae, ar an líon uaireanta an chloig de chláir nua Gaeilge in 2013, in ainneoin nár tháinig aon mhéadú ar bhuiséad an stáisiún. Méadú a bhí arís ann in 2014 agus 4.99 uair an chloig d'ábhar nua Gaeilge a bhí i gceist.

Taobh amuigh de na cláir spóirt agus na cláir cheoil, áfach, is annamh a bhíonn na cláir Ghaeilge seo i measc na gclár is mó a mbíonn lucht féachana acu. Sa bhliain 2010 mar shampla, níor bhain aon chlár Gaeilge nár chlár spóirt nó clár ceoil é áit amach san fhiche clár ba mhó a thuill lucht féachana. An bhliain áirithe sin, bhí dhá cheann déag de chláir spóirt san fhiche clár ba mhó lucht féachana. Ba é an clár ceoil *This is Joe Dolan* an t-aon chlár nár chlár spóirt é a bhain áit amach i measc na ndeich gclár ba mhó. Ba iad na cláir eile san fhiche ba mhó ná *Come all you dreamers*, ceolchoirm Bhéarla le Christy Moore, dhá chlár sa tsraith *Ceol Daniel*, sraith cheoil le Daniel O'Donnell, ceithre chlár sa tsraith cheoil *Glór Tíre*, agus scannán *western* le Clint Eastwood, *Joe Kidd*.

In 2011, taobh amuigh den mhórdhíospóireacht pholaitiúil *Vóta 2011 – Díospóireacht* agus na cláir faisnéise *Ray McNally – m'athair* agus *The ballroom of romance*, ní raibh aon chlár Gaeilge nár chlár spóirt nó clár ceoil é i measc an fiche ba mhó. Bhí *Joe Dolan, Glór Tíre* agus *Daniel O'Donnell* go mór sa treis arís mar a bhí scannáin Bhéarla ar nós *Pale Rider* agus *The good, the bad and the ugly*.

Sa tréimhse 2009–2011, ar an meán, ba chláir spóirt iad 30 faoin gcéad de na cláir 'nua' a craoladh ar an stáisiún.

Geantraí na Nollag 2010, Mairéad Ní Mhaonaigh, Eleanor Shanley agus Muireann Nic Amhlaoibh, láithreoir an chláir, i mbun ceoil

In 2014 ba bheochraoladh ar chluichí Gaelacha nó ar chluichí rugbaí a bhí i ngach ceann den deich gclár ba mhó ar fhéach daoine orthu. An bhliain chéanna, ba chláir cheoil a bhí i naoi gcinn de na deich gclár Gaeilge ba mhó nár chláir bheo spóirt iad. B'eagrán den tsraith faisnéise spóirt, *Laochra Gael* a bhí sa deichiú clár.

Gan an spórt agus an ceol a bhac, ba é an clár faisnéise staire *Áille an uafáis*, a bhain lucht féachana 69,000 duine ar an meán amach, an clár Gaeilge ba rathúla ar an stáisiún le linn 2014. Bhain an chéad chlár den tsraith drámaíochta *An Bronntanas* 56,000 duine amach ar an meán agus thuill eagráin áirithe de *Ros na Rún* lucht féachana 47,000 duine ar an meán.

Is annamh a bhaineann na cláir Ghaeilge nach cláir spóirt nó ceoil iad áit amach i measc na gclár is fearr a chruthaíonn ó thaobh lucht féachana de. Mar shampla, le linn na seachtaine dar tús an 9 Feabhra 2015, ní raibh de chláir Ghaeilge ann a thuill áit i measc na ndeich gclár ba mhó éileamh ach *Glór Tíre,* an clár ceoil dátheangach, agus *Laochra Gael.* An tseachtain áirithe sin ba chluichí beo CLG a bhí i sé cinn eile de na cláir ar an liosta agus ba iad na scannáin *Public Enemies* agus *Guns of the Magnificent Seven* a bhain an dá áit eile amach.

An tseachtain roimhe sin, ba é *Clann Feirm Factor*, a raibh lucht féachana 32,600 duine aige, an t-aon chlár Gaeilge nár chlár spóirt nó ceoil é a bhain áit amach ar an liosta. Thug daoine éagsúla ar cuireadh agallamh orthu don leabhar seo le fios gur idir 6,000 agus 7,000 duine ar an meán a fhéachann ar *Nuacht TG4*, ceann den fhíorbheagán clár lán-Ghaeilge atá ar an stáisiún. De réir fiosrúcháin a deineadh don leabhar seo, ba é an clár Gaeilge ba mhó ar fhéach daoine air ar an 17 Samhain 2015 ná *Ros na Rún* a mheall 23,600 duine. Bhí mír na haimsire faoi dhó ar an liosta den fhiche clár ba mhó an lá sin. Ba iad na cláir Ghaeilge eile a bhain áit amach ar an liosta ná athchraoladh ar an gclár faisnéise *Litir ó Mháirtín Jaimsie*, a mheall 12,600 duine agus *Nuacht TG4* ar éirigh leis 11,000 duine a mhealladh an lá áirithe sin. Ar an 30 Bealtaine 2016, d'fhéach níos lú ná 5,000 duine ar gach clár Gaeilge, seachas *Cluiche na Bliana 2015* ar fhéach 7,100 duine air.

Ní haon iontas é go mbeadh TG4 tugtha don spórt agus don cheol agus go dtugtar suas an oiread sin dá sceideal do chluichí beo agus do chláir cheoil éagsúla. Agus ní haon rún é an polasaí seo ar thagair Pól Ó Gallchóir dó in agallamh le *The Irish Times*.

> *We now have a lot of emphasis on music programmes where the spoken word isn't that important. We also broadcast many sporting events where the spoken word isn't that important either. We are trying to make all our programming as user-friendly as possible.*
> (O'Connell 2010)

Ba é an clár a mheall an lucht féachana ba mhó riamh don stáisiún Gaeilge – 334,000 duine ar an meán – ná beochraoladh Chluiche Ceannais Roinn 1 den tSraith Náisiúnta Peile in Aibreán 2016 agus ba bheochraoltaí spóirt gach ceann den deich gclár ba mhó a mheall lucht féachana ar TG4 ó bunaíodh é.

In 2013, mhaígh an stáisiún gur 'aimsíodh' 527,000 duine in aghaidh an lae agus gur fhéach 1.6 milliún duine ar an gcainéal ar feadh nóiméid ar a laghad in aghaidh na seachtaine. Ach cérbh iad na daoine a sroicheadh?

Mhaígh Crowe Horwath nár sroicheadh in aghaidh an lae ach 17.3 faoin gcéad den 180,000 duine a thug le fios i nDaonáireamh 2011 gur chainteoirí seachtainiúla Gaeilge iad. De réir taighde na gcomhairleoirí bhí an sciar sin níos ísle ná líon na gcainteoirí mionteanga a shroich S4C, BBC Alba agus Maori TV na Nua-Shéalainne.

> *First, TG4 does not appear to reach a significantly higher proportion of Irish speakers than it does of the general audience – which is in marked contrast to the other services we have studied; second, even taking into account the likely differential between daily and weekly reach, the reach in the Irish language audience looks surprisingly low when compared to other indigenous language broadcasters ...*
> (2013)

Ba mhinic lucht na teilifíse a bheith seachantach beagfhoclach faoina ndualgais i leith phobal na Gaeilge, ach tar éis do Crowe Horwath achasán crua a thabhairt dóibh faoina leochailí is a bhí a gcaidreamh lena chroíphobal tháinig a chuid cainte chucu. I dTuarascáil Bhliantúil na bliana 2013, fógraíodh gan chás gan chathú dílseacht an stáisiúin do chaomhnú na teanga agus lucht a labhartha:

> Bunaíodh TG4 chun an Ghaeilge agus cultúr na hÉireann a chur chun cinn agus a chothú agus é ina ghné fhíorthábhachtach de bheartas an Rialtais maidir le caomhnú agus athneartú na Gaeilge agus na Gaeltachta. Sin an croíchuspóir atá ag TG4 i gcónaí agus is é an cuspóir sin is bun lena chuid gníomhaíochtaí go léir i ndáil le craolachán, ábhar agus nithe eile. (TG4 2014)

Níorbh ionann é agus géilleadh ar fad don sainmhíniú ar bhunchuspóir an stáisiúin a bheadh ag cuid mhaith acu siúd a throid ar son a bhunaithe, ach ní raibh sé i bhfad uaidh ach an oiread. Shamhlódh duine gurbh í tráchtaireacht Crowe Horwath ba mhó a spreag an ráiteas neamhbhalbh sin faoi 'chroíchuspóir' an stáisiúin, agus ba shuimiúil nach raibh aon rian den 'chroíchuspóir' i dTuarascáil 2014 (TG4 2015a).

Is fada lucht TG4 ag maíomh nach bhfaigheann sé a cheart i sampláil Nielsen (TAM Ireland), toisc nach gcuireann an córas sin san áireamh na háiteanna ina labhraítear an Ghaeilge ar bhonn laethúil ná na háiteanna is láidre ó thaobh labhairt na teanga de.

Deir an lucht bainistíochta go léiríonn na suirbhéanna ar fad atá déanta acu féin go bhfuil dílseacht i measc phobal na Gaeilge don tseirbhís, ach ba léir nár leor an méid sin mar fhianaise do Crowe Horwath nó don BAI a mhol go ndéanfaí córas nua a bhunú chun tomhas a dhéanamh ar lucht féachana TG4 i measc cainteoirí Gaeilge.

Mar thoradh ar an moladh sin, chuir TG4 córas nua tomhais, *Fios Físe*, ar bun sa bhliain 2013. Mhínigh Pól Ó Gallchóir in alt leis in *The Irish Times* an réasúnaíocht taobh thiar den chóras nua.

> Toisc nach ndéantar scagadh teanga sna suirbhéanna [féachana] seo fágtar ar thrá na tuairimíochta go minic muid. Dá thaitneamhaí agus dá spéisiúla mar ábhar plé é ní leor é in éagmais fios cinnte a bheith againn ar mhianta an chroíphobail fhéachana. Géaraíonn ar an dúshlán nuair atá sceideal seirbhíse mionteanga i gcoimhlint leis an chuid is fearr de chraoladh teilifíse mórtheanga, sa mhargadh is mó a bhfuil iomaíocht ann san Eoraip. Ba cheart a bheith cinnte go bhfuil éileamh agus tóir ag an lucht féachana le Gaeilge ar chraoladh Gaeilge TG4. Luíonn seo le misean an chainéil, le luach ar chaiteachas poiblí, le ciall cheannaithe. (Ó Gallchóir 2013)

Dar le hiar-Ardstiúrthóir TG4 go raibh gá le roinnt ceisteanna a chur bunaithe ar an bhfaisnéis daonáirimh a chruthaigh go raibh níos mó cainteoirí Gaeilge lasmuigh den Ghaeltacht ná laistigh di.

> ... an bhfuil a leithéid de neach ann anois agus cainteoir tipiciúil Gaeilge? Céard iad na bealaí is fearr le freastal sceidil a dhéanamh ar an éagsúlacht seo sa phobal teanga agus cén dóigh a ndéanfar an t-éileamh a thomhas feasta? (2013)

Thabharfadh *Fios Físe* faoi na ceisteanna sin a fhreagairt agus dhéanfadh an córas nua 'scagadh cruinn' ar phatrúin féachana lucht labhartha na Gaeilge.

Maíonn lucht TG4 go dtugann torthaí *Fios Físe* le fios go bhfuil pobal na Gaeilge agus na Gaeltachta dílis don stáisiún agus dá gclár oibre lán-Ghaeilge go háirithe, cé go gcaithfí a thabhairt san áireamh go bhfuil an córas nua tomhais bunaithe ar phainéal beag trí chéad cainteoir Gaeilge arbh é a rogha féin a bheith páirteach ann.

De réir na dtorthaí, nach bhfuil foilsithe fós, idir Bealtaine 2014 agus Bealtaine 2015, d'fhéach 85–90 faoin gcéad de phainéal *Fios Físe* ar *Nuacht TG4* ar a laghad uair sa tseachtain. D'fhéach 45–50 faoin gcéad de bhaill an phainéil ar an gclár seachtainiúil cúrsaí reatha *7 Lá*. D'fhéach 35–40 faoin gcéad den phainéal ar an gclár cainte *Comhrá* agus an céatadán céanna a d'fhéach ar an gclár irise *Róisín*. Thug 60 faoin gcéad de bhaill an phainéil le fios gur fhéachadar gach seachtain ar an tsraith drámaíochta *An Bronntanas* agus dúirt 50 faoin gcéad an rud céanna faoin dara sraith den dráma *Corp + Anam*.

Deir Pól Ó Gallchóir go gcruthaíonn *Fios Físe* go bhfuil TG4 i dtiúin le mianta a chroíphobail. 'An bhfuilimid ag freastal ar an gcroíphobal – tá. Táimid ábhartha do phobal na Gaeilge agus tá fianaise gach seachtain againn anois go bhfuil,' a deir sé. (2014)

An é sin críoch agus deireadh na mbeart, mar sin? An bhfuil, mar a d'iarr an BAI agus Crowe Horwath, athmhachnamh déanta dáiríre ag TG4 ar chaidreamh an stáisiúin lena chroíphobal? An bhfuil athrú tagtha ar a chreideamh teann sa chraoltóireacht-do-chách?

Má tá, ní léir é ón bhfís atá ag an mbainistíocht don stáisiún. Is é bun agus barr na físe ag Pól Ó Gallchóir i gcónaí ná go mbeadh TG4 'lárnach' i saol na hÉireann agus gurb é an rud ba mheasa ar fad ná go ngéillfí don chathú sin a bheith 'imeallach'.

> Ní shílim go bhfuil TG4 ann le freastal ar phobal na Gaeilge ná pobal na Gaeltachta amháin. Tá TG4 ann chun freastal ar phobal na tíre seo agus ar phobal na hÉireann ar fud an domhain. Ní féidir cúngú isteach ar phobal beag Gaeilge agus Gaeltachta. Caithfidh muid breathnú ar an saol iomlán agus iarracht a dhéanamh an teanga seo a chur i láthair an phobail agus cuireadh agus spreagadh agus gach cabhair a thabhairt do dhaoine a theacht linn ar an turas seo, trí a bheith ag cleachtadh na teanga, ag foghlaim na teanga nó ag éisteacht leis an teanga mura bhfuil líofacht acu. Tá sé tábhachtach go bhfuil an pobal náisiúnta agus an pobal domhanda sin againn seachas a bheith ag breathnú ar aon cheantar ar leith nó aon Ghaeltacht ar leith. Nílim ag rá nach bhfuil tábhacht leis an nGaeltacht, tá tábhacht mhór leis an nGaeltacht ach tá tábhacht le cuid mhór réimsí agus ceantar agus pobal. (Ó Gallchóir 2014)

Fiche bliain i ndiaidh a bhunaithe agus is cosúil TG4 fós a bheith ag fearadh cogaidh ar son croí agus intinn mhuintir na hÉireann.

> Deirim ag cruinnithe foirne i gcónaí gurb é an rud is tábhachtaí ná go mbeadh TG4 lárnach sa seomra suite sa mbaile ag daoine in Éirinn agus tá sin fíorthábhachtach dúinne mar mura bhfuil an áit lárnach sin sa seomra suite againn táimid ar an taobhlíne, táimid sórt *marginalized* … Creidim nach mbeidh éinne sásta breathnú ar TG4 mar gheall gurb í an Ghaeilge an teanga

labhartha againn, beidh daoine sásta breathnú ar TG4, seo go ginearálta, má tá caighdeán ard ann agus ábhar air a bhfuil fonn orthu breathnú air. Ní hé an ról atá ag TG4 ná RTÉ 1 as Gaeilge nó BBC 1 as Gaeilge a chur ar fáil. Is gá dúinn ábhar a chur ar fáil don phobal atá éagsúil eisiach agus a bhfuil éileamh air. A bheith lárnach, agus 'Súil Eile' a chur ar fáil, sin an sprioc – níl ann ach go dtarlaíonn sé go bhfuil an chuid is mó den ábhar i nGaeilge. (Ó Gallchóir 2014)

Is uasal agus is sólásach an dearcadh seo gur cainéal teilifíse sa chéad áit TG4 agus 'go dtarlaíonn sé gur i nGaeilge' a bhíonn sé ag craoladh, ach is dearcadh é a n-éiríonn leis an bhunfhírinne faoi chás TG4 a sheachaint. Ní de thimpiste a tháinig ann do TG4 nó ní de thimpiste a tharla gur i nGaeilge a bhíonn sé ag craoladh. Ní de bharr cor sa chinniúint ná rogha ghlanseansúil a socraíodh go mbunófaí stáisiún Gaeilge i gceartlár na Gaeltachta. Ní comhtharlúint é go mbíonn formhór ábhar an chainéil i nGaeilge agus ó thaobh an lucht féachana de, is í fírinne an scéil ná gur míbhuntáiste é a bheith ag craoladh i mionteanga.

I ndeireadh báire, is í an cheist mhór do TG4 ná conas dul i ngleic leis an míbhuntáiste sin. D'fhéadfaí gan amhras glacadh leis go bhfuil sé i ndán don chraoltóir i mionteanga nach mbeidh sé i lár an aonaigh i gcónaí, go bhfuil seomraí suí ann nach n-ardófar brat na Gaeilge iontu go deo. D'fhéadfaí, mar a mhol Breandán M. Mac Gearailt, 'Ná leath do bhrat ach mar is féidir leat a chonlú' a chur i lúibíní i ndiaidh an mhana 'Súil Eile'.

Nó, tá rogha eile ann. Is féidir leis an gcraoltóir seifteanna éagsúla a tharraingt chuige féin chun teacht timpeall ar an míbhuntáiste bunúsach sin a bhaineann le bheith ag craoladh i dteanga nach bhfuil ach mionlach ann a bhfuil sí ar a dtoil acu. Ar na seifteanna sin, tá an bhéim a leagann TG4 ar chúrsaí spóirt agus ar chúrsaí ceoil, seánraí nach gcuireann an toirmeasc céanna teanga ar dhuine is a chuireann cláir eile.

Ach is é an bealach is fusa ar fad leis an bhfadhb teanga a fhuascailt agus clár a dhéanamh chomh '*user-friendly*' agus is féidir ná dul i muinín an dátheangachais, idir scríofa agus labhartha. Deir Pól Ó Gallchóir go bhfuil TG4 'compordach' leis an dátheangachas, ach go mbíonn siad cúramach gan dul thar fóir leis.

> Tá sé tábhachtach go mbíonn Gaeilgeoirí agus Béarlóirí ann agus má bhíonn an meascán ceart, ní shílim go ndéanann sé aon dochar do chlár Gaeilge go mbeadh Béarla ann. Ní thuigim an *sanitization* seo – sin Béarla fág ansin é – ní fheicim an Béarla mar namhaid nó mar '*the enemy within*'. Úsáidim Béarla agus Gaeilge gach lá de mo shaol agus ba mhaith liom go mbeadh tuiscint ag pobal na tíre seo ar Bhéarla agus ar Ghaeilge, agus go mbeadh meas acu ar an nGaeilge, mura mbeadh ann ach go mbeadh cúpla focal acu nó go mbeadh siad in ann í a thuiscint. Ní thuigim an rud seo nach féidir an Béarla a ligean in aice leis an nGaeilge. Ba mhaith liomsa an dátheangachas seo a chur chun cinn agus ba mhaith linne [TG4] an dátheangachas a chur chun cinn. An Ghaeilge a chur ar an scáileán, fotheidil a chur léi agus cuidiú le daoine an teanga a fhoghlaim nó a thuiscint nó a leanúint, sin an sprioc atá againn. Sílim go bhfuilimid compordach leis an saol dátheangach agus go bhfuil TG4 mar scáthán ar an bpobal agus go bhfuil sé sin ceart go leor. (2014)

Ach an bhfuil sé ceart go leor? Fiú má tá lucht TG4 compordach leis an saol dátheangach agus go bhfeictear dóibh go bhfuil ról ag an stáisiún mar scáthán ar phobal dátheangach, cá bhfágann sé sin an cróiphobal féachana? Dá mbeifí ag beartú polasaí craoltóireachta de réir mhianta agus nósanna an phobail, is deacair a shamhlú go mbeadh TG4 in aon chor ann, nó dá mba scáthán ceart ar an bpobal an stáisiún is ar éigean a bheadh aon Ghaeilge air. 'Cothromaíocht teanga' an leigheas ar an scéal, a deir Ó Gallchóir.

> Caithfear an *balance* a choinneáil. Ní stáisiún Béarla sinn ach tá roinnt Béarla againn, agus scáthán ar an bpobal é sin agus

táimid ag iarraidh an pobal a spreagadh agus nílimid ag iarraidh an teachtaireacht a chur amach ansin 'mura bhfuil Gaeilge líofa agat nó murab as an Ghaeltacht thú níl fáilte romhat.' Táimid ag iarraidh go mbeadh deis ag pobal na hÉireann anseo agus ar fud an domhain ceiliúradh a dhéanamh ar ár gceol féin, ár dtraidisiúin féin, ár litríocht féin agus ár dteanga féin. Agus leis an *balance* ceart sin, tá bealach againn chun an lucht féachana is mó gur féidir linn a bhaint amach. Má tá cláracha maithe againne i nGaeilge tá níos mó den phobal sásta breathnú orainne. Ba mhaith linn níos mó cláracha úra Gaeilge a dhéanamh agus sin an sprioc atá againn i gcónaí. (2014)

Ach an mbeadh mórán an oiread céanna daoine ag féachaint ar chláir Ghaeilge TG4 mura mbeadh aon Bhéarla iontu? 'Ní bhreathnaím ar an saol ar an dóigh sin. An chaoi a mbreathnaím air ná, cad é an clár is fearr gur féidir linn a dhéanamh?' a deir Ó Gallchóir.

Mar sin, bíonn Béarla ar chláir TG4 nuair atá gá leis chun cur le caighdeán an tsaothair, polasaí a nglactar leis ar an mórgóir. Ach bíonn Béarla ar mhaithe le Béarla ar TG4 chomh maith.

B'fhurasta a áitiú gur luigh cur chuige dátheangach *Fleadh TV* le fís TG4 (luaite i gcónaí sna tuarascálacha bliantúla) 'ceangal leis an nGaeilge a chur ar fáil gach lá do gach teaghlach sa tír' agus níl aon amhras ach gur formáid *user friendly* a bhí ann, ach bhí an bhraistint ann chomh maith go raibh an Ghaeilge anois ina *party trick* ag TG4 féin.

B'fhéidir gur 'eisceacht' a bhí i gcur chuige *Fleadh TV* nár chiallaigh go raibh athrú tagtha ar pholasaí teanga TG4, ach cén cosc atá ar TG4 tuilleadh eisceachtaí a dhéanamh má oireann sé don fhormáid?

Agus scagadh á dhéanamh aige ar chur chuige an stáisiúin ó thaobh na Gaeilge de bhí ceisteanna níos bunúsaí fós ag Breandán M. Mac Gearailt faoi dhearcadh TG4 faoin nGaeilge agus faoi cheartúsáid na Gaeilge, go háirithe i gcraoltaí spóirt an stáisiúin:

> An bhfuil polasaí teanga ag an stáisiún? An bhfuil treoirlínte acu? An bhfuil duine ainmnithe le cúraimí teanga air? An mbítear i dteagmháil leis na comhlachtaí léirithe faoin nGaeilge agus faoi chaighdeán na Gaeilge? An dtugtar treoracha, comhairle, cabhair, aiseolas nó foláirimh? An aithnítear bóithre/gníomhaíochtaí chun feabhais? (2015b)

Mar fhreagra ar cheisteanna an iriseora, dúirt Pádhraic Ó Ciardha go bhféachtar 'le dea-Ghaeilge chruinn a chinntiú ar gach clár Gaeilge,' a chraoltar ar TG4. Dúirt Ó Ciardha go bhfuil 'saineolaithe' ag an stáisiún a fhéachann i ndiaidh cruinneas teanga agus go gcoinnítear 'súil ghéar ar fhotheidil chomh maith'.

> Táimid aireach agus féachtar leis an mbotún a cheartú in am agus an dea-shampla a thabhairt …Tugaimid faoi deara, áfach, gur fearr a spreagann an moladh daoine ná an cáineadh … (Ó Gairbhí 2015a)

Ní léir, áfach, gur freagraíodh an bhuncheist: an bhfuil polasaí teanga ag TG4?

Má tá, is polasaí scaoilte go maith atá ann atá bunaithe ar thuiscintí agus rialacha neamhscríofa éagsúla a chuirtear i bhfeidhm ar bhonn cás ar chás i gcomhráite neamhfhoirmeálta le comhlachtaí léiriúcháin. Níl aon pholasaí teanga i measc na gcáipéisí polasaí ar fad atá ar shuíomh TG4 agus níl aon duine ar leith fostaithe go buan ag an stáisiún chun féachaint i ndiaidh cúrsaí teanga. Deir Pól Ó Gallchóir go bpléitear 'ceist na teanga' ag cruinnithe seachtainiúla na bainistíochta ar an gcuma chéanna is a phléitear 'fadhbanna teicniúla' dá mbeadh a leithéid ann.

Ó bunaíodh TnaG, ba dhóigh le duine go minic go gcreideann bainistíocht an stáisiúin nach mbaineann an cheist seo faoi chaighdeán na Gaeilge in aon chor leo, gur cheist í nach spéis le héinne seachas an t-aos léinn agus cníopairí eile ar beag a dtuiscint ar ghnó na teilifíse. Go deimhin, ag an gcomhdháil úd i nGaillimh in 2006 cuireadh an locht ar an gcóras oideachais agus ar na hollscoileanna féin as pé laigí teanga a bhí ar an stáisiún. Fágann an dearcadh seo go mbíonn leisce ar thráchtairí mórán a rá faoi chaighdeán na Gaeilge ar TG4 nó go mbraitheann siad gur gá iad féin a mhíniú sula dtéann siad sa ghleo, mar a dhein Mac Gearailt:

> Ní 'awkward son of a bitch' mé agus ní cuid den 'Irish Language Taliban' mé … Nílim ag éileamh gur Gaeilge Chadhnach, Chriomhthanach nó Ghriannach ba cheart a bheith le cloisint ar gach clár ó *Dora* go *Comhrá* agus ó *Rekkit Rabbit* go *Róisín,* ach tá cothromaíocht ag teastáil uathu siúd a bhfuil an teanga foghlamtha go maith acu nó ar a dtoil acu ón gcliabhán, agus tá sé dlite dóibh, leis. Bíonn daoine proifisiúnta le feiscint ar na cláir seo agus ní leathchoróin agus cic sa tóin atá mar íocaíocht acu. (2015b)

Ar a shon sin, cuirtear ceisteanna ó am go chéile faoi pholasaí agus faoi chaighdeán Gaeilge TG4, bíodh na ceisteanna sin á gcur os ard nó os íseal. Phléigh Niamh Hourigan an cheist thiar in 2003:

> Many say that it has diluted Irish and made it slangy. That it's pidgin Irish. That same debate has been going on elsewhere in minority regions. Should you decide to be a purist or do you make it looser and more inclusive? (Hegarty 2003b)

In ainneoin a maítear go poiblí, tá cuid de lucht TG4 clipthe cráite ag an gceist chéanna ó thús aimsire. Deir Micheál Ó Meallaigh go raibh díospóireacht ann, mar shampla, faoi leibhéal líofachta an cheoltóra Donal Lunny a chuir *Sult,* an chéad mhórchlár ceoil ar TnaG i láthair.

'Tá an dá argóint ann, ach ní dóigh liom gur thángthas ar réiteach sásúil ar an gceist seo faoi líofacht teanga fós,' a deir Ó Meallaigh. (2014)

Fad is atáthar ag cuardach réiteach na ceiste sin, bíonn caighdeán cuid mhaith den Ghaeilge a chloistear ar TG4 'ionadaíoch ar chaighdeán na Gaeilge atá ag formhór phobal na hÉireann', mar a dúirt Aodh Ó Coileáin go cáiréiseach trócaireach agus clár taistil á léirmheas aige ar RnaG.

Dar leis an sochtheangeolaí Tadhg Ó hIfearnáin gurb é an baol is mó don stáisiún ná go dtitfeadh sé 'idir dhá stól'. Ag tagairt dó do na cláir spóirt, ealaíne agus taistil nach mbíonn ag brath ar an teanga féin 'ach go tánaisteach', mhaígh Ó hIfearnáin gur dheacair a shamhlú go mbeadh an oiread sin ratha ar na sraitheanna sin dá mbeadh an Ghaeilge 'i bhfad níos saibhre' iontu.

Aithníonn go leor daoine a gcumas féin cainte i láithriú Hector, agus ní dócha go spreagfadh a leithéid de chlár iad chun cur lena n-acmhainn cainte. Is iad an chumarsáid agus an cultúr croí na craoltóireachta, ach tá feidhmeanna eile ag stáisiúin teilifíse sa bhreis ar sin, go háirithe i gcás na gcainéal mionteangacha. (O'Connell et al. 2008)

Deir Pól Ó Gallchóir gurb í 'an Ghaeilge teanga TG4' agus gurb é cur chun cinn na Gaeilge 'ceann de na príomhspriocanna' ag an stáisiún. Ach caithfear 'suí siar', a deir sé, agus 'amharc ar an bpictiúr mór' – go bhfuil 1.77 milliún duine ann a mhaíonn go bhfuil líofacht éigin sa Ghaeilge acu agus go bhfuil timpeall 80,000 cainteoir laethúil sa tír.

Níl aon mhaith againn a rá 'tá Gaeilge den scoth againn, tá gramadach den scoth againn agus is cuma linn faoi na daoine nach bhfuil Gaeilge chomh maith sin acu'. Níl aon mhaith againn a rá 'Táimid anseo thuas ar an altóir ard agus is cuma linn faoi éinne thíos. Tá sé fíorthábhachtach domsa go mbeadh an Ghaeilge mar theanga bheo agus daoine in ann í a thuiscint … Níl aon cheart againne a bheith ag breathnú síos ar dhaoine nach bhfuil ach Gaeilge mheasartha acu nó a dhéanann botúin nó a mbíonn Béarlachas acu. B'fhearr liomsa a bheith ag tabhairt gach spreagadh dóibh. An féidir linn feabhas a chur ar chúrsaí, tacaíocht a chur ar fáil, oiliúint a chur ar fáil? Sin iad na ceisteanna. Ní hé an dearcadh atá agamsa ná 'Níl sibh maith a dhóthain dúinne'. 'Tá sibh togha dúinne!' (Ó Gallchóir: 2014)

Ní ghéilleann Ó Gallchóir beag nó mór don áiteamh go mbíonn TG4 siléigeach i leith na teanga nó ar nós cuma liom faoi chaighdeán na Gaeilge.

B'fhéidir go raibh cláracha drámaíochta ann san am a chuaigh thart nach raibh caighdeán an-ard Gaeilge iontu, ach an bhfuil an ghloine leathlán nó leathfholamh? B'fhearr liomsa go gcuirfí tuilleadh sa ghloine agus an caighdeán a ardú. Ní féidir leat a rá go bhfuil droch-Ghaeilge ar chláracha TG4 go ginearálta. Tá ardchaighdeán san ábhar scríofa, sna VOs, sna cláracha faisnéise, sna cláracha ceoil, sna cláracha do dhaoine óga, sa nuacht. Is *sweeping statement* atá míchruinn é a rá go mbíonn droch-Ghaeilge ar TG4.

9. Croíphobal agus creimeadh

Is í an fhís atá ag TG4 'an Ghaeilge agus cultúr na hÉireann a chur chun cinn chun áit lárnach a chinntiú do TG4 i saol an Éireannaigh, in Éirinn agus thar lear'

(Tuarascáil Bhliantúil TG4, 2014)

TG4 does rely on innovation and freshness and it needs to keep an eye on that. It can't rest on its laurels. It doesn't have any laurels.

(Niamh Hourigan, in agallamh le Shane Hegarty, *The Irish Times*, 2003)

Dhá scór bliain níos déanaí, is beag duine a bhí páirteach san fheachtas ar son TG4 – muintir Chonradh na Gaeilge, Freagra, Meitheal Oibre Theilifís na Gaeltachta agus an Feachtas Náisiúnta Teilifíse – nach ndéarfadh gurbh fhiú gach picéad, agóid, cás cúirte, cruinniú, dreapadh aeróige, suí isteach, achainí, agus litir chuig nuachtán …

(Íte Ní Chionnaith, *Tuairisc.ie*, 31 Deireadh Fómhair 2016)

❂

Is cinnte gur dhein teacht Theilifís na Gaeilge dóchas a mhúscailt i bpobal na Gaeilge agus go bhfuil an pobal sin mórtasach i gcónaí as an rath atá ar an stáisiún. Sa tréimhse i ndiaidh bhunú an stáisiúin, i ré an Tíogair Cheiltigh, dhealraigh sé go raibh níos mó tacaíochta á thabhairt don

Ghaeilge ná mar a tugadh le blianta fada.

Is iomaí fadhb a fágadh gan chíoradh ná réiteach, ach tháinig méadú ar bhuiséid eagraíochtaí ar nós Údarás na Gaeltachta, tugadh isteach Acht na dTeangacha Oifigiúla (2003), bunaíodh Oifig an Choimisinéara Teanga agus baineadh amach stádas mar theanga oifigiúil oibre don Ghaeilge san Aontas Eorpach.

Níor tháinig, áfach, aon staonadh ar chreimeadh na Gaeilge sa Ghaeltacht le linn blianta an rachmais. Tugadh le fios sa *Staidéar cuimsitheach teangeolaíoch ar úsáid na Gaeilge sa Ghaeltacht* (Ó Gollagáin et al. 2007) nach raibh fágtha ag an nGaeilge mar theanga phobail sa Ghaeltacht ach idir cúig déag agus fiche bliain. In 2015, maíodh sa *Nuashonrú ar Staidéar Cuimsitheach 2007* (Ó Giollagáin agus Charlton) go bhfuil an creimeadh atá á dhéanamh ar bhonn sóisialta na Gaeilge sa Ghaeltacht níos measa ná mar a bhí á thuar sa bhuntaighde.

Dúradh sa tuarascáil nua nach raibh 'an Ghaeltacht buan mar atá sí' agus go raibh an t-aistriú teanga ó Ghaeilge go Béarla 'á chur i gcrích go tréan' fiú sna ceantair Ghaeltachta ba láidre. Mhaígh údair na tuarascála nach mairfeadh 'aon cheantar Gaeltachta, mar a thuigtear go sóisialta agus go cultúrtha í, níos faide ná tréimhse deich mbliana ag an bpointe seo'. Ní bheadh fágtha an uair sin in 'iarsma na Gaeltachta' ach 'gréasáin scáinte Gaeilge i gceantair ar leith'. Bíodh an léamh sin 'ródhiúltach' nó ná bíodh, is léir nach bhfuil cuntas na sochtheangeolaithe ag teacht le háiteamh Phóil Uí Ghallchóir nach 'namhaid' don Ghaeilge é an Béarla.

Faoin am ar foilsíodh an *Nuashonrú ar an Staidéar Cuimsitheach* bhí cliste ar mhuinín phobal na Gaeilge as polasaí teanga an Stáit. In 2010, mar thoradh ar an Staidéar Cuimsitheach féin, d'fhoilsigh an comhrialtas idir Fianna Fáil agus An Comhaontas Glas an *Straitéis 20 bliain don Ghaeilge* inar leagadh síos mar sprioc go mbeadh 250,000 cainteoir laethúil Gaeilge sa tír faoi 2030, sprioc ar fhéach go leor daoine faoi na malaí air.

Agus an tír ag broic leis an dealús, ba bheag maoiniú a cuireadh ar fáil d'fheidhmiú na straitéise a bhí, dar le mórán, aidhmeantúil ach gan aon chur leis ann sa chéad áit. Idir an dá linn, in imeacht cúig bliana gearradh siar 75 faoin gcéad ar bhuiséad caipitil Údarás na Gaeltachta agus cuireadh deireadh, mar shampla, leis an liúntas a bhíodh ar fáil d'ábhar oidí chun tréimhse a chaitheamh sa Ghaeltacht. B'údar díomá chomh maith é gur ar phobal na Gaeltachta féin a leagadh an dualgas maidir le cur i bhfeidhm an chóras pleanála teanga a tugadh isteach faoi Acht na Gaeltachta 2012, Acht ar shiúl an fhreasúra ar fad amach as an Dáil le linn dó a bheith á phlé toisc nár ghlac an comhrialtas idir Fine Gael agus Páirtí an Lucht Oibre, a bunaíodh in 2011, le hoiread is ceann amháin de na leasuithe iomadúla a moladh ina leith.

Ba ag deireadh na bliana 2013, áfach, a tugadh an drochléargas ba mhó ar chur chuige an chomhrialtais i leith na Gaeilge. Tráthnóna Déardaoin, an 4 Nollaig, chuaigh an Coimisinéir Teanga, Seán Ó Cuirreáin, os comhair coiste Oireachtais agus scéal aige a tháinig aniar aduaidh ar chách. Thug an Cuirreánach 'briolla bhrealla, mugadh magadh agus bréaga' ar ionramháil, liobarnach, útamálach an Stáit ar cheist na teanga agus d'fhógair go raibh sé ag éirí as (2013). Ní raibh sé féin ag iarraidh a bheith mar chuid den chur i gcéill, a dúirt an chéad Choimisinéir Teanga agus an chéad Ombudsman ó bhunú an Stáit a d'éirigh as a chúram mar agóid i gcoinne polasaí rialtais.

D'eagraigh Conradh na Gaeilge mórshiúl chun tacú le seasamh an Choimisinéara agus chun éileamh a dhéanamh ar chearta teanga do phobal na Gaeilge. D'fhreastail thart air 10,000 duine ar 'Lá Mór na Gaeilge' agus iad 'Dearg le Fearg' de réir mana na hagóide (Ó Caollaí 2014). Ach más 'dearg le fearg' a bhí lucht na hagóide níor chosúil gur bhánaigh an Taoiseach le heagla nó gur dhearg sé le náire.

Ceithre mhí ina dhiaidh sin, cheap Enda Kenny ina Aire Stáit Gaeltachta fear nach raibh líofacht sa teanga aige. Bheadh an tAire nua ag dul ar 'aistear foghlama', a dúirt an Taoiseach. Ba léir, mar a scríobh an sochtheangeolaí

John Walsh ar *Tuairisc.ie*, gur tuigeadh do dhaoine áirithe gurbh ionann 'beartas teanga an stáit i leith na Gaeilge agus eagrán de *Bród Club* nó *An G Team*'.

> Tá níos mó i gceist leis an nGaeilge ná caitheamh aimsire agus mar chuid den mbeartas teanga riamh anall, bhí an tuiscint gurb ann do phobal arb í an Ghaeilge a ngnáthurlabhra, bídís sa Ghaeltacht nó lasmuigh di. Ní orthusan atá Joe McHugh ná Heather Humphreys ag freastal agus sin í an mháchail mhór atá ar shocrú reatha na nAirí rialtais … (Walsh 2015)

Fad is a bhí cúinne na bhfoghlaimeoirí á dhéanamh d'aireacht na Gaeltachta ba bheag dul chun cinn a bhí á dhéanamh leis *An straitéis 20 bliain don Ghaeilge*.

In aighneacht réamhbhuiséid a foilsíodh in 2014, dúirt an Roinn Ealaíon, Oidhreachta agus Gaeltachta féin go raibh an Straitéis ag 'pointe leochaileach' agus tugadh le fios go raibh an baol ann go gceapfadh pobal na Gaeltachta nach bhfuil an Stát 'dáiríre' nó 'macánta' faoin teanga (Ó Gairbhí 2014b).

Ba é tuairim údair na tuarascála, *Nuashonrú ar an Staidéar Cuimsitheach* (2015), Conchúr Ó Giollagáin agus Martin Charlton, gur mheasa go mór ná sin an scéal. Dar leo go raibh forálacha Gaeltachta na Straitéise agus an Achta [An tAcht Gaeltachta 2012] 'róleamh ó thaobh físe de, ró-lagbhríoch ó thaobh na ceannaireachta de, ró-thrína chéile ó thaobh straitéise de, rósheachantach ó thaobh a gcuid aidhmeanna de, agus rósheachmallach ó thaobh buntuiscintí de …'.

Mhaígh na húdair go raibh beartais an Stáit i leith na Gaeltachta 'ag iarraidh an Ghaeilge a chothú mar earra roghnach tomhaltóireachta ar mhargadh iomaíoch – an teanga lag in iomaíocht leis an teanga láidir'.

Ní margaíocht ar earra cultúrtha a theastaíonn ón nGaeilge

le go mairfidh sí mar theanga phobail, ach pobal misniúil, inmharthana a thabharfaidh feidhm di … Theastódh polasaí agus clár oibre radacach éigeandála teanga a chur i bhfeidhm sa Ghaeltacht, agus go háirithe i gceantair de chuid Chatagóir A, le teacht i gcabhair ar Ghaeil na Gaeltachta sa ghátar sochtheangeolaíochta a bhfuil siad ann. (Ó Giollagáin agus Charlton 2015)

Dúirt údair na tuarascála nárbh 'múnlaí pleanála teanga' iad Acht na Gaeltachta ná an *Straitéis 20 bliain don Ghaeilge* 'a fheileann cainteoirí Gaeilge atá rannpháirteach i ndlúthphobal Gaeilge'.

Cá seasann TG4 sa chomhthéacs seo? An bhfuil comharthaí sóirt an ghalair chéanna le haithint ar chur chuige an stáisiúin arbh é a bhunú ceann de na beartais stáit ba mhó riamh ar son na Gaeilge?

An gcaitheann TG4 leis an teanga amhail is gur 'earra tarraingteach cultúrtha' í a gcaitear 'margaíocht' a dhéanamh air? Ar chóir don chraoltóir níos mó dua a chaitheamh le pobal teanga 'misniúil' agus 'inmharthana' a chothú?

Dá fheabhas iad lucht na teilifíse i mbun áiteamh cúng caol orainn gur cheart iad a mheas ar chaighdeán a saothair amháin, bhí ciall leis an méid a dúirt Donncha Ó hÉallaithe in agallamh deich mbliana ó shin faoin ngá le cás phobal na teanga a áireamh nuair atá TG4 á chur sa mheá:

Tá an stáisiún i bhfad níos mó ná an fhís a bhí againn i dtosach, i bhfad níos fearr ar go leor bealaí. Tá éirithe leis lucht féachana mór a mhealladh, agus is éacht é go bhfuil sé inmharthana. Ach chun é sin a dhéanamh, tá go leor *compromises* déanta, rud nach bhfuil mé an-chompordach leis. Tá éacht déanta cinnte, ach tá sé in am anois breathnú go fuarchúiseach ar an bhfealsúnacht atá taobh thiar de TG4, i gcomhthéacs an mhéid atá ag tarlú do phobal na Gaeilge agus na Gaeltachta. (Mac Con Iomaire 2005)

Agus na ceisteanna seo á gcíoradh, is cóir ar dtús a gceart a thabhairt do TG4 as an méid atá déanta aige ar mhaithe le cur le misneach agus inmharthanacht phobal na Gaeltachta agus phobal na teanga. Níl aon amhras ach gur thug TG4 ábhar mórtais do phobal na teanga agus gur chabhraigh sé le cosa a chur faoi mheánaicme nua sa Ghaeltacht i ré an Tíogair Cheiltigh agus ina dhiaidh sin. A bhuíochas cuid mhaith leis an stáisiún nua cruthaíodh tionscal úr sa Ghaeltacht agus cuireadh fostaíocht trí mheán na Gaeilge ar fáil do ghlúin nua oilte.

Sa bhliain 2014, mar shampla, thacaigh TG4 le trí chéad post lánaimseartha san earnáil léiriúcháin agus ba sa Ghaeltacht a bhí cuid mhaith de na poist sin. An bhliain áirithe sin, chaith TG4 €21.6m ar choimisiniú 680 uair an chloig de chláir nua Ghaeilge, agus nach mór 700 uair an chloig d'ábhar ar cuireadh athchruthú nó fotheidil leis. Ina theannta sin, fuair léiriúcháin TG4 €3.1m ón gCiste Fuaime agus Físe agus €1.27m ó Chiste Craoltóireachta Thuaisceart Éireann in 2013.

'*We have changed a lot of people's approach to how TV can be made in the independent sector,*' a dúirt Cathal Goan le hEibhir Mulqueen thiar in 2000 agus níorbh aon bhréag aige é.

Tharlódh gurb é cás na Rinne i bPort Láirge an léiriú is fearr ar fad ar an tslí ar thug TG4 uchtach do phobal na Gaeltachta agus ar an tslí ar athraigh sé saol na Gaeltachta ó bhonn. Is sa Rinn a chuir Irial Mac Murchú tús leis an gcomhlacht léiriúcháin Nemeton, atá freagrach as formhór de chláir spóirt TG4 agus atá ar cheann de na comhlachtaí is bisiúla agus is buaine a bunaíodh chun freastal ar an stáisiún.

Tá cur síos maith déanta ag Mac Murchú ar an ardú croí agus meanman a bhain le bláthú na teilifíse Gaeltachta.

> Bhí paisean, tuiscint agus úinéireacht i gceist, agus tá fós, fiú amháin i measc an phobail níos leithne. Tiomáin síos go dtí an bhunscoil sa Rinn aon lá agus féach ar na carranna ag bailiú na

bpáistí ann. Tá greamán fuinneoige TG4 ar gach uile cheann acu. Mar a dúirt cathaoirleach Chomhairle Pobail na Rinne ag an am, Micheál Ó Fionnáin: 'an tionscal is fearr a bunaíodh riamh sa Ghaeltacht'. (O'Connell et al. 2008)

Ba ola ar a chroí ag Mac Murchú chomh maith an spreagadh a thug TG4 don teanga féin sa cheantar beag Gaeltachta:

> Conas mar a chuirfeá luach air sin? Ó thaobh na nDéise de is iontach é TG4. Ní hamháin go bhfuaireamar cainéal Gaeilge dúinn féin agus dár bpáistí, ach fuaireamar an buntáiste tánaisteach seo uaidh. Tánaisteach – sea – nó b'fhéidir i ndáiríre an príomhbhuntáiste. (O'Connell et al. 2008)

Ní raibh an rath céanna, áfach, ar gach comhlacht Gaeltachta a chuir a ndóchas in TG4 agus chuaigh an tobar i ndísc tapa a dhóthain do chuid mhaith acu siúd a chuaigh i bhfiontar leis an tionscal nua. Tá tionscal bríomhar ann i gcónaí i gConamara mar a bhfuil Eo Teilifís, lucht déanta *Ros na Rún* agus scata comhlachtaí bisiúla eile mar Abú Media, Telegael, ROSG, Gaelmedia, Magamedia agus Sónta. Ach fiú sa cheantar Gaeltachta is láidre sa tír d'imigh cuid mhaith comhlachtaí i léig, agus fiche bliain i ndiaidh a bhunaithe is ar éigean go bhfuil aon rian de thionscal na teilifíse Gaeilge le feiscint i nDún na nGall ná i gCiarraí. I mí Eanáir 2016, dúirt Irial Mac Murchú ó Nemeton go raibh 'tionscal sa Ghaeltacht ag crosbhóthar' agus go raibh sé 'ag éirí níos deacra do chomhlachtaí beaga maireachtáil'. (Foley 2016)

Ní port nua é. Breis is deich mbliana ó shin, dúirt Niall Mac Eachmharcaigh as Rann na Feirste i nGaeltacht Dhún na nGall gur mhó ba chás le TG4 '*Dublin 4*' ná an Ghaeltacht.

> Sílim gur chaill siad suim sa Ghaeltacht agus i gcomhlachtaí Gaeltachta ... Is cinnte gur cheart dóibh freastal ar Ghaeilgeoirí na tíre ach is Gaeilgeoirí muintir na Gaeltachta chomh maith.

B'fhearr liomsa na cláracha a bhí ann na chéad bhlianta. Bhí
blas na Gaeltachta orthu. Anois ní fheicim ach go leor cláracha
déanta i nGaeilge le formáid iasachta nó gallda. (O'Connell et
al. 2008)

Ba é an port céanna é ag cuid mhaith daoine atá ag obair i dtionscal na
teilifíse Gaeltachta agus ar cuireadh faoi agallamh iad don leabhar seo ar
an tuiscint nach n-ainmneofaí iad. Deir na daoine seo go bhfuil an stáisiún
róthugtha do chomhlachtaí nach bhfuil an Ghaeilge mar theanga oibre acu
ach a n-oireann a gcur chuige do na múnlaí a thaitníonn le TG4 i réimsí
na siamsaíochta agus an cheoil go háirithe. Is cúis díomá dóibh chomh
maith a laghad poiblíochta a dhéantar ar chláir áirithe.

I Meán Fómhair 2016, labhair an t-iriseoir Maitiú Ó Coimín le léitheoirí
neamhspleácha atá ag baint slí bheatha amach sa Ghaeltacht agus ba
ghruama an cur síos a dhein cuid acu ar staid na hearnála.

Dúirt Seán Ó Cualáin, ón gcomhlacht Sónta, go raibh 'an tóin tite as
tionscal na teilifíse Gaeilge' agus gur theastaigh plean tarrthála 10–15
bliain chun athbheochan a dhéanamh air.

Feictear dom go bhfuil ísle brí ar gach léiritheoir Gaeilge, tá sé
deacair do chuid tallainne féin a fhorbairt gan a bheith ag plé le
cláracha Béarla. Níl fadhb agamsa leis sin, ach tá rogha déanta
ag go leor léiritheoirí gan bacadh níos mó le Gaeilge ar chor
ar bith. Tá srianta airgid ar TG4 agus dá bharr sin tá srianta
airgid ar léiritheoirí Gaeilge. Tá ísle brí agus frustrachas ar go
leor daoine san earnáil. (Ó Coimín 2016b)

Ghéill Ó Cualáin go mb'fhéidir nach raibh dóthain 'cumarsáide' ar bun
idir comhlachtaí na Gaeltachta, ach b'fhacthas dó go raibh fadhb níos
práinní ná sin le réiteach. 'Ba cheart go mbeadh caint leanúnach ann
eadrainn uile go léir. Má thógann tú *Ros na Rún* agus an t-ábhar spóirt as
an gcuntas, ní chaitear ach airgead fíorbheag ar léiritheoirí Gaeltachta agus

Gaeilge,' a dúirt sé le *Tuairisc.ie*. Bhí Ó Cualáin buartha chomh maith faoina 'laghad daoine óga atá ag teacht isteach san earnáil'.

Ba thromchúisí ná sin an scéal dar le léiritheoir Gaeltachta eile a labhair le Ó Coimín ach nár theastaigh uaidh go luafaí a ainm.

Tá pobal na Gaeilge agus na Gaeltachta á ligean síos ag na cláir a dhéanann TG4 agus an pobal sin á chailleadh ag TG4 dá bharr. Tá TG4 an-fhaiteach roimh rud ar bith a bhfuil blas 'cúise' air. Déarfainnse go bhfuil fadhbanna móra ansin, agus iad ag iarraidh a bheith ag déanamh na rudaí céanna le stáisiúin eile ach gan an oiread céanna airgid acu. Tá an croí-lucht féachana á chailleadh le deich mbliana.

Dar le Niamh Ní Bhaoill, an dara duine a fostaíodh agus Teilifís na Gaeilge á bunú, nach bhfuil earnáil na Gaeltachta 'sláintiúil' agus nach bhfuil 'aon chinnteacht ann do léiritheoirí ó bhliain go bliain'.

Ní fheictear do Ní Bhaoill, atá anois i bhfeighil ar an gcomhlacht léiriúcháin Duibhneach, Sibéal Teo, go bhfuil aon bhealach éasca amach as an tsáinn.

Tá sí [an earnáil Ghaeltachta] an-lag agus tá sé an-deacair feidhmiú ar an gcaoi sin. Bhí mé ag cruinniú léiritheoirí le deireanas agus cuireadh go leor frustrachais in iúl ann. Dá ndéanfaí roinnt infheistíochta i bhforbairt na hearnála bheadh sé go maith, ach fós féin, an mbeidh an teilifís féin ann mar ardán i gceann deich mbliana? Tá an saol ag athrú agus caithfidh léiritheoirí athrú leis. (Ó Coimín 2016b)

Is cúis díomá ag daoine áirithe atá ag brath ar an stáisiún go mbíonn lucht na teilifíse go minic ag tacú le comhlachtaí arb é an Béarla teanga an ghnó acu agus an teanga ina ndéanann siad a gcláir a fhorbairt. Gearán é seo a bhí coitianta fiú sula bunaíodh an stáisiún.

I Lúnasa 1996 tharraing Trevor Ó Clochartaigh aird ar an nós a bhí ag teacht chun tosaigh tacú le comhlachtaí Béarla a bhí *'fronted'* ag Gaeilgeoir. Dúirt an Clochartach, a bhí ina léiritheoir teilifíse an uair sin agus atá anois ina Sheanadóir ag Sinn Féin, gur údar náire a bhí ina leithéid.

> *I think its farcical if TnaG spends money on programmes which will be made through English but broadcast through Irish. That's happening and I think it's disgraceful. It's disgraceful that it happens in RTÉ, I think it shows a massive amount of hypocrisy that people who are working for a television station in a particular language don't have the respect for the language to try and learn it or that people who have the language aren't trained in the technical skills they need to make programmes.* (Mac Dubhghaill 1996f)

Mhaítí go minic an uair sin go mbíodh daoine gan Ghaeilge ag obair ar chláir TG4 toisc nach raibh an tionscal 'Gaeilge' tagtha chun coinlíochta fós, ach fiche bliain níos déanaí tá an chasaoid chéanna ag roinnt acu siúd a bhíonn ag obair i bpáirt leis an gcraoltóir.

Go deimhin, is cosúil nach mbactar a thuilleadh leis an nGaeilgeoir a chur chun tosaigh mar *front*. Fuair iar-iriseoir amháin glaoch ó chomhlacht léiriúcháin ag deireadh na bliana seo caite ag tabhairt cuireadh dó páirt a ghlacadh i gclár ar TG4 nach raibh mórán saineolais aige ar an ábhar a bhí faoi chaibidil ann. Nuair a thug sé an méid sin le fios do bhean an chomhlachta a bhí á lorg, dúradh leis, *'But you come highly recommended as an Irish speaker'*.

Tost is mó a bhíonn ann faoi cheist an Bhéarla agus TG4, cé nach ionann sin agus a rá nach údar spéise é do dhaoine ar chás leo an stáisiún. Chraol an clár *Cormac ag a Cúig* ar RTÉ RnaG díospóireacht faoin ábhar seo idir Pádhraic Ó Ciardha agus Donncha Ó hÉallaithe i ndeireadh na bliana 2012 agus tá sé fós ar an mír is mó a craoladh ar an gclár sin a mhúscail spéis an lucht éisteachta. Bhí an díospóireacht, a bhí achrannach go maith, bunaithe ar alt a scríobh Ó hÉallaithe san iris idirlín *Beo.ie*. San alt sin, mhaígh sé go raibh fís bhunaidh an stáisiúin á ligean i ndearmad toisc gurbh é an Béarla an teanga oibre ag mórán comhlachtaí a bhí ag cur ábhair ar fáil do TG4:

> Tá daoine den scoth ag an bhfoireann oibre ag TG4 i mBaile na hAbhann atá chomh diongbháilte faoin nGaeilge is a bheinn féin. Ach is beag is féidir leo a dhéanamh nuair nach bhfuil aon fhís shoiléir ag ceannasaíocht an stáisiúin ach an seó a choinneáil ar an mbóthar. Glacaim leis gur theastaigh roinnt daoine gan Ghaeilge leis an stáisiún a chur ar bun ag an tús, ach tar éis sé bliana déag bheinn ag súil go mbeadh Gaeilge ag na foirne teilifíse a théann amach i measc an phobail ag bailiú ábhair do na cláracha. B'fhéidir go bhfuil sé thar am breathnú an athuair ar ról TG4 agus an cheist a chur: 'cá ndeachaigh an fhís a bhí mar chúis lena bhunú?' (Ó hÉallaithe 2012)

Ní dóigh le Pádhraic Ó Ciardha gur gá aon leithscéal a dhéanamh faoi mhaoiniú a thabhairt do chomhlacht 'Béarla' nó, mar shampla, faoi obair a thabhairt do cheamaradóir nach bhfuil Gaeilge aige.

> An cúram atá orainne ná ábhar den scoth a chur ar an scáileán agus má tá an t-ábhar sin i nGaeilge tá ár jab déanta. Bheadh sé contúirteach a rá 'nílimid chun an tsraith iontach sin a léiriú cé go mbeadh na mílte ag breathnú air sa nGaeltacht agus sa nGalltacht agus thar sáile mar go bhfuaireamar amach nach bhfuil Gaeilge ag an stiúrthóir'. An cineál dearcaidh sin 'an bhfuil sibh cinnte gur Gaeilgeoir a rinne an t-inneall don mbád farantóireachta a chuaigh go hÁrainn le criú chun clár a dhéanamh ann?', ní dearcadh folláin é sin. Agus cuirimid an oiread tacaíochta agus is féidir linn ar fáil do chomhlachtaí Gaeltachta agus tá glúin óg *talent* ón nGaeltacht – idir aisteoirí, stiúrthóirí, láithreoirí agus eile – aimsithe agus traenáilte againn agus taithí iontach tugtha dóibh. (2014)

Amach ó cheisteanna teanga, is é an gearán is mó a bhíonn ag comhlachtaí a chuireann cláir ar fáil do TG4 ná a laghad maoinithe a fhaigheann siad. *'I'm making more money from health and safety videos than from TG4,'* a dúirt an stiúrthóir Pat Comer leis an iriseoir Ian Kilroy in 2002 agus níl mórán feabhais tagtha ar an scéal agus TG4 ag iarraidh cur lena sceideal ach gan aon mhórathrú tagtha ar a bhuiséad.

Ní féidir a shéanadh, áfach, ach go bhfuil éirithe le TG4 áil a dhéanamh den éigean. Ní peaca a bheith bocht, agus dar le tráchtairí ar nós Darragh McManus is chun leas lucht an stáisiúin é nach bhfuil airgead siar síos leo:

> *William Gibson writes in his sci-fi novels of the differences between zaibatsu – enormous Japanese corporations – and smaller rivals. The former get bloated and lazy with too much wealth; the latter have an edge borne of budgetary necessity, which makes them sharper, innovative, flexible. TG4 is like that.* (McManus 2013)

Is furasta, áfach, suáilce an mhírathúnais a phraeitseáil, ach scéal eile ar fad é ag an té atá ag iarraidh comhlacht teilifíse a choimeád beo agus caighdeán ard saothair a bhaint amach ag an am céanna.

Tá an baol ann leis go gcaillfí cuid de na daoine is fearr atá ag obair sa tionscal, mar a d'aithin Irial Mac Murchú:

> Bhí, agus tá fós, na daoine san earnáil seo ag obair uaireanta níos faide, ar phá níos ísle ná aon réimse eile de na meáin chumarsáide. Mar gheall air seo, tá daoine – na daoine is fearr agus is cumasaí, go minic – ag fágaint na hearnála. Sin bac an-mhór ar theacht chun cinn na haibíochta san earnáil. (O'Connell et al. 2008)

Ar ndóigh, ar an taobh eile den scéal, is earnáil Darwineach go maith é tionscal na teilifíse agus ba é an teip a bhí i ndán i gcónaí do roinnt de na comhlachtaí a bunaíodh sa Ghaeltacht agus lasmuigh di, go háirithe agus cuid de na comhlachtaí sin ag brath go hiomlán ar TG4 dá dteacht isteach.

Ach tá imní chomh maith ar dhaoine atá fós ag tuilleamh crústa san earnáil. Dar le cuid acu siúd go bhfuil 'foirmle' aimsithe ag TG4 a raibh rath áirithe air go nuige seo agus go mb'fhearr leis an stáisiún, a raibh teist an mhisnigh, na neamheagla agus an deiliúis air tráth den saol, suí anois go socair seachas éirí agus titim.

Ba é an port céanna é ag roinnt daoine atá ag obair sa stáisiún féin, agus braitheann cuid acu go bhfuil múnla ródhocht ródhaingean anois ag lucht bainistíochta an stáisiúin – spórt, ceol agus an oiread den dátheangachas agus is féidir sa sceideal gan a n-oidhreacht a thréigean ar fad. 'B'fhéidir go bhfuil an múnla sin faighte cineál *stale*. Sin an *dilemma*,' a deir fostaí amháin ón stáisiún.

An fíor go bhfuil fuarbhlas anois ar mhúnla TG4, agus an bhfuil an leimhe sin le tabhairt faoi deara sa sceideal féin? Os cionn deich mbliana ó shin, scríobh Alex Hijmans in alt leis in *Foinse* go raibh TG4 'cooláilte, gnéasúil agus samhlaíoch'. (2006)

'Cé a cheapfadh go mbeadh cíocha ar an slánaitheoir?' a d'fhiafraigh sé, ach ba chúis díomá dó nár thaispeáin an slánaitheoir 'a chuid fiacla ó am go chéile'. Níor craoladh clár faisnéise ar an stáisiún fós, a dúirt Hijmans, 'a choinnigh an tír ar fad ag caint ar feadh laethanta as a chéile'.

Idir 2008 agus 2016, taobh amuigh de chorrscéal ar *Nuacht TG4*, ba é an t-aon chlár faisnéise ar TG4 a tharraing aird na meán náisiúnta i gceart ná clár faoin iarbhall den IRA, Rose Dugdale. Nuair a craoladh an clár mar chuid den tsraith *Mná an IRA*, chuir Concubhar Ó Liatháin, iar-eagarthóir an nuachtáin *Lá Nua*, peann le pár sa *Sunday Independent*, chun a mhíshástacht faoi a chur in iúl (2012).

De ghnáth ní cúis iontais a bheadh ina leithéid d'alt sa nuachtán áirithe sin, ach an turas seo bhí casadh sa scéal: ba bhall de Bhord TG4 é Ó

Liatháin. Dar leis gur *'serious stain'* ar an stáisiún a bhí sa chlár a bheadh *'nauseating and heartbreaking for the victims of the IRA and their relatives'*, agus d'iarr sé ar Phól Ó Gallchóir agus ar Peter Quinn, cathaoirleach an Bhoird a raibh sé féin ina chomhalta de, athbhreithniú a dhéanamh ar na cláir eile sa tsraith (Ó Liatháin 2012).

Chosain léiritheoirí *Mná an IRA*, Vanessa Gildea and Martina Durac, cur chuige na sraithe, á rá nach *'current affairs-style probe'* a bhí ann ach iarracht teacht ar thuiscint ar an stair trí éisteacht le scéalta pearsanta na mban. Thuigfeadh an lucht féachana an méid sin, a mhaígh na léiritheoirí (Reilly 2012).

Bhí bainistíocht an stáisiúin ar buile faoin alt sa *Sunday Independent* agus chuir comhghleacaithe Uí Liatháin ar an mbord a míshástacht in iúl dó go neamhbhalbh.

Ach seachas scéal *Mná an IRA*, a d'fhág go raibh TG4 á lua ar na meáin náisiúnta ar feadh lae nó dhó, is deacair cuimhneamh ar aon chlár eile ar TG4 le deich mbliana anuas ar éirigh leis díospóireacht nó conspóid náisiúnta a chothú.

Is ait nár éirigh níos fearr leis i réimse na gclár cúrsaí reatha. Taobh amuigh de *Nuacht TG4* ní bhíonn ar an stáisiún ach clár amháin cúrsaí reatha – *7 Lá*.

Tá an clár seachtainiúil seo ar cheann den líon beag clár lán-Ghaeilge ar TG4 a bhfuil an tréith chéanna ag baint le beagnach gach ceann acu: b'fhearr a d'oirfeadh a gcur chuige don raidió ná don teilifís. Sáite i gcarcair an stiúideo, is gnách gur i dtaobh le múnla na 'gcloigne cainte' a bhíonn siad agus gan acu ach buiséid atá suarach go maith.

Láithreoirí lán anama leithéidí Pháidí Uí Lionáird a bhíonn i mbun cuid mhaith de na cláir ar nós *7 Lá*, ach is deacair spréach a ghiniúint as foirmle chomh teoranta. Ní hamháin sin ach is mór an t-ualach é le leagan ar aon chlár aonair cíoradh a dhéanamh ar mhórscéalta na seachtaine.

Mar is dual d'aon chlár nuachta, b'fhéidir, bíonn *Nuacht TG4* féin thuas seal thíos seal, ach is í an fhadhb is mó a bhaineann leis ná gur clár seachas seirbhís nuachta atá ann, rud a fhágann cuma sheanchaite go maith air i ré seo na nuachta 'ar an toirt'.

Cé go bhfuil roinnt iriseoirí agus eagarthóirí cumasacha ag obair do *Nuacht TG4* baineann easpa seasmhachta uaireanta le fís eagarthóireachta an chláir. Cuireann an clár nuachta roimhe meascán de scéalta náisiúnta, idirnáisiúnta agus réigiúnacha a chur ar fáil, le béim ar chúrsaí Gaeltachta, ach ní bhíonn an chothromaíocht cheart ná an chothromaíocht chéanna i gcónaí ann idir na réimsí éagsúla nuachta seo. Ba mheasa go mór an fhadhb seo nuair a bunaíodh an tseirbhís ar dtús. In 1997, thug léirmheastóir teilifíse *Foinse* suntas do chur chuige scaipthe eagarthóireachta clár nuachta a craoladh i mí Eanáir na bliana sin. An oíche áirithe seo bhí scéal faoi ócáid bhronnta ag Glór na nGael i mBéal Feirste i measc na scéalta a bhí chun tosaigh ar thuairisc faoi insealbhú Uachtarán Mheiriceá Bill Clinton, mír 'a bhí lag ó thaobh anailíse, gann ar fhíricí agus ar atmaisféar,' ar craoladh ag deireadh an fheasacháin ar fad é. Cé go raibh tuairisceoir i láthair ag bronnadh Ghlór na nGael, b'údar iontais don léirmheastóir, Marie Ní Chonchubhair, nach raibh aon duine ar an láthair chun tuairisc a sholáthar faoi bhuamáil a tharla sa Tuaisceart (Ní Chonchubhair 1997).

Ach an oiread le *7 Lá*, shílfeá go mbíonn *Nuacht TG4* ar a buaic nuair atá scéal a bhaineann le cúrsaí Gaeilge nó le cúrsaí Gaeltachta le cogaint acu. Is minic chomh maith go mbíonn na tuairiscí Gaeltachta, ó leithéidí Sheáin Mhic an tSíthigh i gCorca Dhuibhne, ar na pacáistí is snasta agus is bríomhaire ar an gclár nuachta Gaeilge.

Bhí scéal Dhomhnaill Uí Lubhlaí i measc na samplaí maithe eile den chineál tuairisceoireachta a bhaineann go dlúth le pobal na teanga ach a gcuireann an mórphobal spéis ann chomh maith.

Ba iad Breandán Delap agus Sorcha Ní Mhonacháin ó *Nuacht TG4* a chuir i mbéal an phobail cás na bhfear ar dhein bunaitheoir Choláiste na bhFiann ionsaí gnéis orthu. Dá fheabhas an saothar iriseoireachta sin, áfach, ba dhóigh le duine go raibh clár faisnéise iomlán tuillte ag cás Uí Lubhlaí seachas cúpla tuairisc speisialta nuachta.

Lena cheart a thabhairt do bhunaitheoirí TnaG, deineadh cinneadh an chéad lá gur i gceartlár na Gaeltachta a bheadh an seomra nuachta. Ba mhór idir sin agus cinneadh an BBC gur in Caerdydd a bheadh an seomra nuachta acusan ag soláthar do S4C. Is suimiúil gur tógadh cinneadh le déanaí seirbhís nuachta S4C a bhogadh go ceantar ina bhfuil an Bhreatnais ina príomhtheanga labhartha. Dhein BBC Alba agus Alan Esslemont cinneadh ón tús gur in Inbhear Nis a bheadh a seirbhís nuachta siúd lonnaithe, cé go gcraoltar an clár nuachta féin as stiúideo BBC i nGlaschú.

Is fada tráchtairí ar nós Bhreandáin Delap, clár-eagarthóir le N*uacht TG4*, ag cásamh easpa iriseoireachta iniúchaí sna meáin Ghaeilge agus cé go bhfuil leas bainte in imeacht na mblianta ag Delap féin agus *Nuacht TG4* as leithéid an Achta um Shaoráil Faisnéise chun eolas tábhachtach a thabhairt chun solais, ní fhéadfá a rá go bhfuil lucht an stáisiúin Gaeilge tar éis luí amach orthu féin sa réimse seo.

Tá roinnt daoine a cuireadh faoi agallamh don leabhar seo in amhras chomh maith faoin socrú gurb é RTÉ a chuireann *Nuacht TG4* ar fáil do stáisiún Bhaile na hAbhann mar chuid dá sholáthar laethúil don chainéal Gaeilge, cé go nglactar leis nach bhfuil aon dul siar anois ar an gcinneadh sin. Fágann an socrú seo, atá bunaithe ar mhúnla S4C a fhaigheann a chuid nuachta ón BBC, go bhfuil sciar suntasach d'fhoireann Bhaile na hAbhann fostaithe ag RTÉ agus dhílis dó dá réir.

D'fhág an cónascadh a deineadh idir *Nuacht RTÉ* agus *Nuacht TG4* ag tús na mílaoise nua go raibh caidreamh níos dlúithe fós idir Montrose agus Baile na hAbhann ó thaobh na nuachta de agus, ó 2009 i leith, tagann clár nuachta Gaeilge RTÉ ó cheannáras TG4.

Faoi láthair is ionann an clár nuachta agus leath den soláthar reachtúil de 365 uair an chloig in aghaidh na bliana a chuireann RTÉ ar fáil do TG4. Cé go bhfuil ciall leis an socrú seo do TG4 ó thaobh acmhainní agus buiséid de, drochsheans go dtiocfaidh fás ná forbairt ar *Nuacht TG4* dá bharr. Deir foinse amháin i mBaile na hAbhann gurb ionann agus 'soláthraí seachfhoinse' é RTÉ sa chás seo agus tá amhras mór air gurb inmholta an socrú sin. Dar leis gurb é an dá mhar a chéile an socrú céanna agus gan aon bhaint a bheith ag eagarthóir *The Irish Times* le leathanaigh nuachta an pháipéir sin. Tá sé in amhras leis faoi cé acu an ar leas nó aimhleas TG4 a bhí an cónascadh le RTÉ. An fhadhb atá ann, dar leis, ná gur leasc le TG4 breis feasachán nuachta a lorg toisc go gciallódh sé go mbeadh níos lú clár eile ag teacht ó RTÉ mar chuid dá ndualgas reachtúil. Creideann an fhoinse seo gur beag fás atá i ndán do *Nuacht TG4* fad is atá an socrú 'amscaí' seo i bhfeidhm. Cé gur beag dóchas atá aige go dtarlódh a leithéid, deir sé go mb'fhearr go mór don stáisiún Gaeilge uaireanta an chloig breise, taobh amuigh den soláthar laethúil, a cheannach ó RTÉ le cur le líon na gclár nuachta.

Íorónta go leor, is beag nasc atá ann idir seirbhísí nuachta TG4 agus RnaG in ainneoin gur RTÉ atá i bhfeighil an dá sheirbhís Ghaeilge. Bhí caint ann le roinnt blianta anuas go ndéanfaí cónascadh idir seirbhísí nuachta Gaeilge RTÉ, ach is beag rath a bhí ar an iarracht.

I mí Feabhra 2013, dúirt ceannasaí nuachta RTÉ Kevin Bakhurst gur beag dul chun cinn a bhí á dhéanamh maidir leis an atheagar ar na seirbhísí nuachta Gaeilge a d'fhógair an craoltóir i Lúnasa 2012. Agus é ag caint le foireann *Nuacht TG4*, dúirt Bakhurst go raibh an t-atheagar 'cosúil leis an gcéad chogadh domhanda' agus go raibh 'gach duine sáinnithe sna trinsí agus gan aon dul chun cinn á dhéanamh ag éinne'. (Ó Gairbhí 2013)

Ba iad oibrithe RTÉ Raidió na Gaeltachta ba mhó a chuir a gcosa i dtaca maidir leis an gcónascadh, agus nuair a fógraíodh an t-atheagar den chéad uair chuir foireann an raidió ráiteas amach ina ndúradh gur 'masla' agus 'ísliú céime' don stáisiún a bhí i gceist (Ó Gairbhí 2012b).

Eimear Ní Chonaola roimh *Díospóireacht na gCeannairí*, olltoghchán 2011

Sa deireadh socraíodh in 2014 gur as ceannáras Raidió na Gaeltachta a léifí nuacht na Gaeilge feasta ar gach seirbhís raidió de chuid RTÉ agus go mbeadh comhoibriú idir na seirbhísí Gaeilge maidir le hábhar a sholáthar ar líne. Seachas sin, is beag athrú a tháinig ar an gcaidreamh idir seirbhísí nuachta Gaeilge RTÉ agus, ó shin i leith, tá dhá sheirbhís nuachta ar líne seolta ag *Nuacht RTÉ/TG4* agus *RnaG* agus gan an chuma orthu go mbíonn an oiread sin comhoibrithe eatarthu.

I nDeireadh Fómhair 2014, dhiúltaigh RTÉ cáipéisí a bhain leis an gcónascadh a scaoileadh le *Tuairisc.ie* ar an gcúis go raibh an t-eolas iontu 'ró-íogair' agus 'nach ar leas an phobail' a bheadh sé na cáipéisí a chur ar fáil faoin Acht Um Shaoráil Faisnéise (Hickey 2014).

Is é an trua nach bhfuil an toil ná an tsaoirse ann *Nuacht TG4* a fhorbairt mar sheirbhís ilmheáin cheart mar cruthaítear go minic, le linn toghchán, reifreann agus móreachtraí idirnáisiúnta, go mbeadh an mianach i meitheal na nuachta seirbhís chuimsitheach mhealltach a chur ar fáil don phobal.

Bhí lucht *Nuacht TG4* os cionn a mbuille, mar shampla, le linn an chláir *Vóta 2016* agus bhí idir thuairisceoireacht chuimsitheach agus aíonna aitheanta, tuisceanacha, eolacha ar an gclár toghcháin.

Bhí clár polaitíochta eile, an clár díospóireachta idir ceannairí na mórpháirtithe le linn toghchán 2011, i measc na gclár ba rathúla a craoladh riamh ar an stáisiún. Ócáid stairiúil a bhí sa díospóireacht ar an 16 Feabhra 2011 idir Enda Kenny, Micheál Martin agus Eamon Gilmore, an chéad uair riamh ar tharla a leithéid de dhíospóireacht teilifíse i nGaeilge.

Ina theannta sin, bhí *Díospóireacht 2011* ar an gcéad díospóireacht triúir idir Kenny, Gilmore agus Martin ó thús fheachtas olltoghcháin na bliana sin agus bhí suim mhór ag na meáin agus an pobal inti dá réir. Cé nár craoladh an díospóireacht go dtí 7 p.m. tráthnóna deineadh í a thaifeadadh níos luaithe sa lá chun go bhféadfaí fotheidil a chur léi. An mhaidin áirithe sin ba ar Bhaile na hAbhann a bhí triall tuairisceoirí polaitíochta na meán náisiúnta ar fad agus, den chéad uair ón 31 Deireadh Fómhair 1996, bhí ócáid ar bun i gceannáras TG4 a tharraing aird na tíre.

Dhírigh an díospóireacht ar mhórcheisteanna an lae chomh maith le ceisteanna a mbeadh 'suim ar leith ag lucht féachana TG4 iontu', mar a dúradh i bpreasráiteas an chraoltóra féin. Le linn na díospóireachta ba í ceist na Gaeilge éigeantaí sa chóras oideachais, a bhí go mór i mbéal an phobail ag an am, ba mhó a chuir tine ar chraiceann na gceannairí, ach thairis sin ní raibh an oiread sin d'ábhar nuachta ann.

Pé scéal é, níor chosúil go raibh an oiread sin suime ag na tuairisceoirí in ábhar an allagair. Mar a scríobh Ruth Lysaght, ba ar theanga na hócáide, an ócáid féin agus líofacht na rannpháirtithe ba mhó a dhírigh an tráchtaireacht i ndiaidh na díospóireachta (2011).

Ar an iomlán, d'éirigh go hiontach leis an gclár díospóireachta, ar fhéach 150,000 duine ó thús deireadh air agus ar fhéach 408,000 duine ar chuid éigin de.

Eamon Gilmore, Enda Kenny agus Micheál Martin roimh
Díospóireacht na gCeannairí 2011

Dúirt Pádhraic Ó Ciardha i bpreasráiteas ag an am gur 'sampla gléineach' a bhí ann de 'ghairmiúlacht' agus de 'dhíograis paiseanta' TG4 mar chraoltóir seirbhíse poiblí. Ba léir a dúirt sé 'go dtuigeann an pobal féachana gur maith ann an tsúil eile'.

Thuill cathaoirleach na díospóireachta Eimear Ní Chonaola ó *Nuacht TG4* ardmholadh ó na meáin ('*Election 2011 has produced a real star*' a dúradh san *Evening Herald* (Lynch 2011)) agus tugadh ualach poiblíochta don chlár a stiúir Tomás Ó Síocháin. '*No hype, no ego, just a cracking TG4 debate*' a dúradh san *Evening Herald* agus ba é '*TG4 breaks more than language barrier in TV debate,*' an bhreith a tugadh i gceannlíne san *Irish Independent* (Keane 2011).

Deir Pól Ó Gallchóir gur 'ábhar bróid' don stáisiún agus do phobal na Gaeilge ab ea *Díospóireacht 2011* agus gur léirigh sé an meas a bhí ar TG4 cúig déag bliana tar éis a bhunaithe (2014).

Deir Ó Ciardha gur bhronn an díospóireacht 'stádas' ar TG4 a d'fhág 'ar comhleibhéal leis na stáisiúin eile é'.

> Ba chomhartha é gur uirlis thábhachtach úsáideach í an Ghaeilge agus TG4 go raibh an triúr ceannairí, nár chainteoirí dúchais lán-líofa éinne acu, sásta dul sa seans i ndíospóireacht chinniúnach. B'fhéidir nach filíocht a bhí i ngach focal ach chruthaigh sé go bhfuil ar chumas an chórais Gaeilgeoirí a dhéanamh de dhaoine. Sa mhéid sin, bhí ról níos airde ag an gclár: chonaic an pobal an triúr seo, ceannairí na mórpháirtithe, agus líofacht sa Ghaeilge acu agus iad sásta an deis a thapú mórcheisteanna an toghcháin a phlé inti. (2014)

Faraor, ní bhíonn dóthain plé i gcónaí ar TG4 ar mhórcheisteanna an lae, laige arbh fhollasaí ná riamh é i ré na nuachta 24 uair an chloig agus an idirlín. I dtús aimsire craoladh corrchlár faisnéise ar an stáisiún a phléigh le ceisteanna comhaimseartha. Bhain *An I Fada*, mar shampla, leis an scéal go raibh tóir an athuair ar an druga eacstaise, ach is beag clár dá leithéid a craoladh ó shin, seachas b'fhéidir an fadscannán faisnéise *An Píopa* faoi chonspóid an gháis i Maigh Eo.

Fad is a bhaineann le cúrsaí reatha ba rídheacair cás a dhéanamh go bhfuil an tSúil Eile ar leathadh.

👁

Pé easpa eile atá ar TG4, ní bhíonn aon easpa clár faisnéise faoi chúrsaí staire air. Tá gaisce déanta ag an stáisiún sa réimse seo agus níorbh aon bhréag í ag Eamon O'Flaherty nuair a scríobh sé ar *History Ireland* gurb é TG4 an '*principal broadcaster of historical material in Irish television*' agus gur eiseamláir a bhí ann do stáisiúin eile ó thaobh ábhar staire de. (2005)

Is liosta le háireamh na cláir bhreátha staire atá curtha ar fáil ag an gcraoltóir Gaeilge, idir sraitheanna téagartha ar nós *1916 Seachtar na Cásca, Bású,* agus *1916 Seachtar Dearmadta* agus chláir faoi phearsana staire ar nós Dan Breen, Tom Barry, Ernie O'Malley, Erskine Childers agus T.K. Whitaker. Ba dhea-shamplaí den 'tSúil Eile' chomh maith leithéidí *An Dubh ina Gheal* inar inis an file Louis de Paor scéal na nGlún Fuadaithe san Astráil, *Áille an Uafáis* a thug léargas ó bheirt 'ar chaon taobh' d'Éirí Amach 1916, *Cumann na mBan – Mná na Réabhlóide* a chaith súil ghrinn ar scéal na mban a throid ar son na saoirse idir 1914 agus 1923, agus *Frederick Douglass agus na Negroes Bána* a thug cuntas dúinn ar shaol Douglass agus ar an tréimhse a chaith sé in Éirinn an Ghorta Mhóir.

Ba shraith mhealltach uaillmhianach é *Muide Éire* a dhein criathrú ar cheist na féiniúlachta Éireannaí, mar ar cuireadh i láthair i scannáin le céad bliain anuas í, agus seoid reacaireachta ab ea *Scéal na Gaeilge* le ROSG inar thug Alan Titley ar aistear teanga cliste ceannródaíoch sinn le cabhair ó mhíreanna beochana.

Is mó clár faisnéise staire eile le dealramh a chraol TG4 in imeacht na mblianta agus bíonn an stair shóisialta go minic chun tosaigh sa tsraith *Cogar*, scáth-theideal na gclár faisnéise aonair leathuair an chloig ar scéalta pearsanta sainiúla go minic iad.

Tá cláir faisnéise spóirt den chéad scoth déanta ag an stáisiún chomh maith, ina measc *An GAA @ 125* a chuaigh i ngleic le stair CLG, *Gualainn le Gualainn* sraith bhreá faoi stair an rugbaí in Éirinn agus *GAA USA,* sraith fhíorshnasta le Sónta inar dhein Dara Ó Cinnéide ionramháil chumasach ar chluichí na nGael i Meiriceá.

Le bliain nó dhó anuas, tá aghaidh á tabhairt chomh maith ag an stáisiún ar shaíocht na Gaeilge, réimse ar leasc leis an stáisiún tabhairt faoi tráth ar eagla, b'fhéidir, go gcuirfí síos dó go raibh sé seanfhaiseanta nó, Dia idir sinn agus gach olc, gur 'RnaG eile' a bhí chugainn.

Cláir chainte shuimiúla thaitneamhacha iad leithéid *Béaloideas Beo* agus *Logainm*, cé go bhfuil cuid de thréithe 'An Clár Gaeilge Nua' á leanúint.

Ba é an bhréagsheirbhís nuachta *Ar Son na Cúise* a chum an téarma 'An Clár Gaeilge Nua' mar chur síos ar chláir Ghaeilge TG4 go mbraithfeá orthu gur de ghrá an dualgais a dhéantar iad:

Ar *An Clár Gaeilge Nua*, beidh láithreoir sa stiúideo againn – *'babe'* más féidir ar chor ar bith é – ag suí ar tholg de dhath scéiniúil, ar caitheadh gach pingin den bhuiséad suarach air, ag caint le cúpla duine eile. (Ar Son na Cúise 2015)

Ábhar poiblíochta don tsraith faisnéise staire *Seachtar na Cásca* a craoladh ar dtús in 2010

Níl aon cheist ach go bhfuil beart fónta déanta ag TG4 in iomaire na staire agus is léir go háirithe dúthracht Mhichíl Uí Mheallaigh sa réimse seo ar chuid thábhachtach é den chraoltóireacht phoiblí a mbíonn stáisiúin eile na hÉireann ar nós cuma liom fúithi.

Ach in ainneoin an moladh coitianta a fhaigheann lucht sceideal TG4 as bearnaí a aimsiú agus a líonadh, is baolach go bhfuil an stáisiún éirithe róthugtha do réimsí áirithe clár a bhfuil ag éirí leo – an spórt, an ceol agus an stair – fad is atá faillí á dhéanamh i réimsí eile, cúrsaí reatha nó cúrsaí litríochta, cuir i gcás (ag deireadh na bliana 2016, tuairiscíodh go mbeadh clár nua litríochta á chraoladh uair sa mhí le tacaíocht Fhoras na Gaeilge).

Bhí an t-iriseoir Mairéad Ní Chinnéide ar dhuine den bheagán tráchtairí a cheistigh an cur chuige seo:

'Tá na cláracha faisnéise sármhaith' a deirtear agus caithfidh mé a rá is iad is mó a mheallann mé féin chun féachaint ar an stáisiún ach is annamh a bhíonn plé orthu sna meáin, á gcáineadh nó á moladh. Is ar RTÉ a craoladh an t-aon chlár Gaeilge ar chuimhin liom díospóireacht phoiblí ina thaobh agus b'shin an clár conspóideach faoi Chathal Ó Searcaigh sa Neapáil, *Fairytale of Kathmandu*. Fiú ar na meáin Ghaeilge, ar Raidió na Gaeltachta nó ar *Foinse* is annamh díospóireacht faoi ábhar clár faisnéise ar TG4. Agus mé i gcomhluadar Gaeilgeoirí is minice a chluinim gearán faoin iomarca Béarla ar chláir áirithe. Ba é an clár *Ar Lorg Shorcha* faoin amhránaí Sorcha Ní Ghuairim an t-aon chlár faisnéise ar chuala mé díospóireacht teasaí ina thaobh. Agus leis an fhírinne a dhéanamh b'fhearr liom go mór cáineadh láidir faoi ábhar cláir ó dhaoine a chonaic é agus a thuig é ná moladh ó dhaoine a shíl gurb é an rud ceart le rá. (Ní Chinnéide 2009)

Mar a scríobh Breandán Delap, 'ní hionann súil eile agus *vox pop* a dhéanamh ar an Fhaiche Mhór seachas ar Shráid Grafton' (2007). Tá cur chuige 'níos réabhlóidí' ná sin ag teastáil ó TG4, dar leis an eagarthóir nuachta, ach uaireanta thaibhseofaí duit gurb é t-aon réabhlóid a bhfuil suim ag TG4 inti ná an ceann atá thart.

Mar a dúirt Ní Chinnéide:

Dá fheabhas iad na cláracha faisnéise faoi chúrsaí liteartha, staire agus ceoil is iad na cláracha a phléann le cúrsaí reatha a léiríonn cé acu atá nó nach bhfuil stáisiún teilifíse nua-aoiseach lánfheidhmeach againn.

Tréith eile a bhaineann leis an 'stáisiún teilifíse nua-aoiseach lánfheidhmeach', go háirithe ó cuireadh tús le ré órga na drámaíochta teilifíse ar chasadh na mílaoise, ná go n-éiríonn leis cláir drámaíochta dhearscnaitheacha a sholáthar dá bpobal féachana.

I gcás TG4 talamh neamhthorthúil go maith a bhí san iomaire seo ar feadh i bhfad, ach tháinig feabhas ar an scéal de réir a chéile, agus, le blianta beaga anuas, tá ardmholadh á thabhairt do shaothar drámaíochta an stáisiúin. Fuair mórán daoine ardbhlas ar *Rásaí na Gaillimhe*, dráma grinn comhaimseartha lonnaithe i gCathair na dTreabh aimsir na féile rásaíochta capall, agus bhí úire ag baint le *Seacht*, sraith bhríomhar faoi shaol seachtar coláisteánach óg i mBéal Feirste. Ós rud é go bhfuil na nithe seo gann, bhí ardmholadh tuillte ag an gcéad sraith den chlár grinn *An Crisis*, aoir ó pheann Antoine Uí Fhlatharta a dhein ceap magaidh de mhaorlathas 'earnáil' na Gaeilge.

Scéinséir osnádúrtha comhaimseartha fréamhaithe sa bhéaloideas ab ea *Na Cloigne* ó ROSG, saothar suaithinseach a dhein a chuid féin de sheánra seanchaite. Sna sála ar *Na Cloigne*, tháinig *Corp + Anam*, sárdhráma a scríobh agus a stiúir Darach Mac Con Iomaire. Má bhain *Na Cloigne* cuid mhaith leis an saol eile, ba thuairisc dhuairc neamheaglach, fhoréigneach ón saol seo a bhí in *Corp + Anam*.

Faoin am ar tháinig an dara sraith de *Corp + Anam* ar an bhfód in 2014, bhí seánra nua á lua le TG4 – an 'Celtic Noir'. Ba bheag cosúlachtaí i ndáiríre a bhí idir leithéid *Corp + Anam* agus *An Bronntanas*, scéinséir eile ó ROSG a bhí molta go hard ag na léirmheastóirí, ach is cinnte go raibh cor chun maitheasa tagtha i scéal aistear TG4 ar bhóthar deilgneach na drámaíochta teilifíse.

Níor mheall aon cheann de na drámaí seo na figiúirí féachana a bhí tuillte acu, áfach. Ba é *An Bronntanas*, a ghnóthaigh cuid mhór poiblíochta agus áit ar ghearrliosta ainmniúcháin Oscar, ab fhearr a chruthaigh ó thaobh lucht féachana de, ach in ainneoin an moladh a fuair sé as feabhas na scéalaíochta agus na haisteoireachta ann, níor fhéach ach timpeall 7,000 duine ar *Corp + Anam*. Níor chaith TG4 an oiread sin dua le poiblíocht a dhéanamh air agus faoin am ar ghnóthaigh an dara gála de shaothar Mhic Con Iomaire gradam IFTA don chlár Gaeilge ab fhearr, bhí cinneadh tógtha ag lucht coimisiúnaithe an stáisiúin gan tacú leis an tríú sraith.

Sinéad Ní Fhlatharta, Dara Devaney agus Colm Joe Mac Donncha i radharc ón dara sraith den dráma *Corp + Anam* a craoladh in 2014

Dar le Micheál Ó Meallaigh go bhfuil míniú simplí ar an scéal go n-éiríonn níos fearr le cuid de dhrámaí TG4 i measc léirmheastóirí ná mar a éiríonn leo i measc an phobail. '*People are put off by subtitles for dramas,*' a dúirt Eagarthóir Coimisiúnaithe TG4 in agallamh (The Irish Times 2015). Ag trácht ar leithéid *An Bronntanas* agus *An Klondike*, sraith uaillmhianach, thaitneamhach eile a raibh mórán léirmheastóirí faoi gheasa aici, a bhí Ó Meallaigh nuair a mhaígh sé go meallfadh drámaí TG4 sciar níos mó den lucht féachana mura mbeidís ag brath chomh mór sin ar na fotheidil.

Chuir 'An Cúigiú Colúnaí' san iris *Comhar* suim sa réiteach ar fhadhb na bhfotheideal a mhol an Meallach.

An leigheas ar an scéal? Más fíor don *Irish Times*, is é an plean atá ag stáisiún Bhaile na hAbhann ná go mbeadh drámaí nua TG4 '*more action-than word-based*'. Tuilleadh aicsin agus níos lú cainte, mar sin, an tseift is déanaí ag aos seiftiúil na teilifíse Gaeilge. Nó, más ceadmhach ár bhfotheideal scaoilte féin a chur ar an scéal: tuilleadh aicsin agus níos lú Gaeilge. Ach cén fáth nach bhfaighfí réidh ar fad leis an gcaint? Nár éirigh go hiontach leis an mbalbhscannán sin *The Artist* ag na Oscars cúpla bliain ó shin, agus gan focal Béarla, Gaeilge nó Fraincise ann? B'fhéidir gurb é sin an múnla is fearr a d'oirfeadh do TG4? '*Silence, cunning and exile,*' mar a mhol an t-ealaíontóir óg fadó. (An Cúigiú Colúnaí 2015)

Bhí an imní chéanna ar chuid mhaith daoine ar cuireadh agallamh orthu don leabhar, is é sin nach leasc le TG4 cúl a thabhairt le pobal na Gaeilge ar mhaithe le freastal ar lucht féachana an Bhéarla. Tá a gcláirín déanta ag lucht an stáisiúin ar cháineadh dá leithéid agus freagra pras acu air – murab ionann agus lucht a cháinte is i gceartáin mhóra an tsaoil a deineadh goradh orthu. Ach mar sin féin, bhí ar a laghad nod faoin bhfírinne sa chur síos aorach a dhein *Ar Son na Cúise* ar mhúnla dátheangach *An Klondike*, dráma lonnaithe i mbaile fuadar óir in iarthuaisceart Cheanada:

Sa dráma seo, téann triúr deartháireacha go dtí iarthuaisceart Cheanada sa tóir ar phlota agus suíomh a thabharfaidh leithscéal maith do TG4 clár eile dátheangach a scríobhadh i mBéarla a chraoladh. (Ar Son na Cúise 2015)

Pé ní mar gheall ar a chur chuige dátheangach, chuaigh *An Klondike* i bhfeidhm go mór ar lucht na léirmheastóireachta agus thug an tsraith ceithre ghradam IFTA as naoi n-ainmniúchán, ceann amháin díobh don saothar drámaíochta ab fhearr.

'Gaisce dochreidte a chuirfidh corc iontu siúd a bhfuil dearcadh uasal le híseal acu i leith shaothair drámaíochta na Gaolainne,' a dúirt Breandán

M. Mac Gearailt cé go raibh súil ag léirmheastóir *Tuairisc.ie* nach rachadh 'an dátheangachas agus na hIFTAs ar fad go dtí an ceann ag lucht coimisiúnaithe agus bainistíochta TG4'. (2016)

An clár *Steip 2014* ag teacht beo ó Oireachtas na Samhna

Dála fhormhór mórdhrámaí TG4 ba i mBéarla a scríobhadh *An Klondike*. Eisceachtaí faoin tráth seo iad leithéidí *Na Cloigne* agus *Corp + Anam*, ar scríobhadh i nGaeilge iad, agus aistriúcháin ar scripteanna Béarla a bhí i gceist, mar shampla, le dhá mhórshraith a craoladh in 2016, *Epic*, dráma bríomhar do dhaoine óga agus *Wrecking the Rising/Éirí Amach Amú*, sraith ghrinn amthaistil faoi Éirí Amach 1916.

Tá nós seo an aistriúcháin ina údar díomá le fada ag scríbhneoirí na Gaeilge. I bpléchápéis a d'ullmhaigh Aontas na Scríbhneoirí Gaeilge in 2015 dúradh nárbh aon chabhair cur chuige TG4 don 'scríbhneoir atá ag saothrú i nGaeilge nó don earnáil teilifíse Gaeilge go fadtéarmach'. Dúradh sa phléchápéis nach raibh TG4 'i ndiaidh na struchtúir is gá a chruthú chun scríbhneoireacht na Gaeilge a chothú agus a fhorbairt chun leasa TG4 agus chun leasa an lucht féachana'. (Ó Gairbhí 2015c)

Ach an oiread lena chláir drámaíochta, bíonn cuid de chláir shiamsaíochta, irise agus réaltachta TG4 níos fearr ná a chéile. Tá *Seó Spóirt*, a chuireann an t-iarpheileadóir Dara Ó Cinnéide i láthair, inchurtha le haon chlár irise dá leithéid agus is amhlaidh freisin don chlár ealaíne dátheangach *Imeall* le Tristan Rosenstock. In ainneoin gur 'clár raidió ar an teilifís' eile é *Comhrá*, tá a lucht leanúna féin ag Máirtín Tom Sheáinín agus a aíonna agus is maith ann iad mar thearmann i bhfuadar an fhaisin. Is maith ann leis *Róisín*, clár irise nach náir leis freastal ar chroíphobal an stáisiúin díreach mar a dheineann cláir seánra ar nós *Garraí Glas*, an tsraith gharraíodóireachta.

Tugtar suas sciar mór eile den sceideal do chláir cheoil agus réaltachta ar nós *Jig Gig, Jockey Eile, Busker Abú, Pioc do Ride, Feirm Factor, Ceol Tíre* agus *Opry an Iúir*. Bíonn salachar maith Béarla ar chuid mhór de na cláir seo agus cé go mbíonn blas na gimice agus na mínáire ag baint le cuid acu, uaireanta bíonn rath ar an ngimic.

D'éirigh leis an gclár cúirtéireachta *Pioc do Ride* poiblíocht a bhaint amach ar an MailOnline, an suíomh nuachtáin Béarla is mó tóir ar domhan, díoladh na cearta do *Feirm Factor* i scata tíortha eile agus bhí TG4 chun cinn ar an gconairt le cláir cheol tíre, stíl cheoil a bhfuil borradh mór fúithi na laethanta seo (Tuairisc.ie 2015).

Ach níl an flosc ná an fuinneamh céanna ag baint le formhór na gclár seo is a bhaineann, mar shampla, leis an gclúdach a dhéanann TG4 gach bliain ar imeachtaí ar nós Oireachtas na Gaeilge. Oireann cláir ar nós *Steip!*, beochraoladh an stáisiúin ar chomórtas rince sean-nóis an Oireachtais do TG4, nó, ar a laghad, oireann na cláir sin don fhís a shamhlaíonn mórán leis an gcraoltóir Gaeilge. An uair is fearr a bhíonn TG4, bíonn an stáisiún ag labhairt go muiníneach lena phobal féin nó trína phobal féin seachas a bheith ag cuardach na foirmle is déanaí a shásódh pobal féachana nach ann dó dáiríre. Léiriú gléineach eile ar an méid sin ab ea *Cuimhní ón mBlascaod*, sraith a bhí uilíoch agus dúchasach chomh maith céanna agus a thug leis gradam 'Spiorad na Féile' ag Féile na Meán Ceilteach i bPort Láirge in 2016.

Is tráthúil go fóill an cheist a chuir Máirín Nic Eoin thiar in 2006 faoi chur chuige an chraoltóra in iomaire na siamsaíochta:

> An bhfuiltear le conair shainiúil a shamhlófá go speisialta leis an teanga a shiúl le cruthú don saol mór go n-iompraíonn an teanga cultúr ar leith, saoldearcadh ar leith, fís ar leith (gur lionsa í, súil eile ar an saol), nó an bhfuiltear le haithris a dhéanamh ar fhoirmlí is ar fhormáidí seanbhunaithe na teilifíse sna mórtheangacha lena mhalairt ghlan a chruthú; gur ghnáth-teanga cosúil le gach teanga eile í an teanga mhionlaithe, teanga nach bhfuil ceangailte le háit nó le cultúr ar leith ach teanga atá chomh solúbtha, chomh hiltíreach, chomh suas chun dáta, chomh 'te' agus *cool* le haon mhórtheanga dhomhanda? (O'Connell et al. 2008)

❖

Agus comóradh céad bliain 1916 faoi lánseol, deineadh go leor cainte le linn na bliana 2016 faoin ngá a bhain le 'hathnuachan' a dhéanamh ar 'idéalacha bunaidh'. Ní taise don stáisiún Gaeilge é. Do chraoltóir a raibh an cháil amuigh riamh air mar stáisiún atá i dtiúin leis an óige agus a mbíonn úire agus faobhar ag baint lena chur chuige, ní éiríonn chomh maith sin le TG4 i measc an dreama óig. Níl ach sciar timpeall 1 faoin gcéad den lucht féachana san aoisghrúpa 15–34 bliana ag an stáisiún i gcodarsnacht leis an 3 faoin gcéad atá aige i measc daoine atá 55 bliain d'aois nó níos sine.

Ar ndóigh, ní thagann an óige faoi dhó choíche agus tá foireann an stáisiúin féin ag dul in aois chomh maith. Deir Cathal Goan nach 'rud sláintiúil' é don chraoltóir go bhfuil 'go leor de na daoine céanna sna postanna céanna' le fiche bliain anuas (2014). In agallaimh éagsúla le faisnéiseoirí an leabhair seo, luadh go bhfuil an bús, an fuinneamh agus an t-idéalachas a bhí le braistint i mBaile na hAbhann tráth imithe i léig. Luadh freisin go bhfágtar daoine ag obair sna rannóga céanna rófhada.

Foireann an dráma *An Klondike* ag Gradaim IFTA 2016

Cé gur éirigh le go leor den fhoireann óg a chuir TnaG ar bun dul chun cinn a dhéanamh sa stáisiún, is fíor do Goan go bhfuil scata daoine in TG4 atá i mbun na hoibre céanna le blianta fada. Bhí fiche bliain caite ag Micheál Ó Meallaigh ina Eagarthóir Coimisiúnaithe faoin am ar éirigh sé as i mBealtaine 2016. Faoin am ar fhógair Pól Ó Gallchóir, i mí Iúil 2016, go raibh sé ag éirí as bhí sé bliana déag tugtha aige i mBaile na hAbhann. Ó ceapadh eisean in 2000 bhí ceathrar ar a seal i bpost an Ard-Stiúrthóra in RTÉ agus is annamh ar fad a bheadh éinne i bhfeighil stáisiún teilifíse níos faide ná deich mbliana. Ar deireadh thiar thall bhain an scéal go raibh Ó Gallchóir ag imeacht preab as foireann an stáisiúin.

Ba é an Conallach a bhí i bhfeighil TG4 nuair a bhain sé buaic amach ó thaobh lucht féachana agus próifíle de agus ba é a bhí ar an stiúir le linn cuid de na blianta is cinniúnaí agus is dúshlánaí i stair an stáisiúin.

Is cóir a rá nach dtagann léirmheastóirí teilifíse áirithe leis an áiteamh go bhfuil cur chuige TG4 ag éirí leamh. I bhfómhar na bliana 2015, scríobh Pat Stacey ón *Evening Herald*, mar shampla, go mbeadh sé i dtosach na scuaine chun aighneacht a shíniú dá ndéanfaí iarracht riamh deireadh a chur le TG4. Cé nach bhfuil focal Gaeilge ina phluc aige agus nach bhfuil mórán ceana aige ar an teanga, dúirt Stacey dá mbeadh sé féin i gcumhacht go seolfadh sé seic ar chasadh an phoist chuig an stáisiún a thuairiscigh go raibh caillteanas glan de €44,000 aige in 2014.

> *Whatever language you say it in, it's one of the best things that ever happened to Irish television. The fact that TG4's audience share is tiny — just 50,000 people watched* An Bronntanas, *as opposed to the 850,000 that watched the lamentable* Charlie *— is the best reason in the world for keeping it alive.* (Stacey 2015)

Ní raibh Liam Fay, léirmheastóir an *Sunday Times*, chomh flaithiúil céanna ina thuairisc siúd ar chás TG4 agus nach mór fiche bliain curtha de ag an gcraoltóir. Bhí a sháith ag Fay den '*propagandistic pretence that Irish is understood by everybody*' a shamhlaigh sé le cur chuige dátheangach an chraoltóra, agus é den tuairim go bhfuil gá ag TG4 le hathbheochan.

> *Irish TV is currently in flux, undergoing key changes at a speed normally reserved for a busker's rendition of Bohemian Rhapsody. UTV Ireland, though a washout, has forced TV3 to raise its game. RTÉ is increasing its online presence. In October 2016, TG4 will celebrate its 20th anniversary, an occasion bound to herald scrutiny of its cost and value. After years of punching above its weight, the station has latterly seemed complacent, lacklustre, tired. Revitalisation is urgently needed. Like any balladeer with high hopes but a limited repertoire, TG4 must keep finding new ways of playing to its strength.* (Fay 2015)

Feictear do Phól Ó Gallchóir gurb iad na dúshláin is mó roimh an stáisiún in 2016 ná cur le líon na gclár nua i nGaeilge a chraoltar agus líon na n-athchraoltaí, an laige is mó sa sceideal dar leis, a laghdú.

Dá bhféadfaimis idir cúig uair an chloig agus cúig uair go leith d'ábhar nua Gaeilge a chraoladh gach lá as seo go ceann cúpla bliain bheadh ag éirí go maith linn. Dúshlán mór eile atá ann ná cur leis an bpríomhshéasúr atá againn agus gearradh siar ar an 'silly season' mar a thugtar air. Bíonn a leithéid i rith an tsamhraidh ag gach stáisiún ach de ghnáth ní mhaireann sé ach b'fhéidir ocht seachtaine; i gcás TG4, mar gheall ar a laghad acmhainní atá againn, maireann sé suas le cúig seachtaine déag. (Ó Gallchóir 2014)

'Ní raibh dóthain airgid againn riamh. Tá sé chomh simplí leis sin,' a deir Pádhraic Ó Ciardha nuair a iarrtar air cur síos ar na dúshláin atá le sárú ag an stáisiún.

Cuir i gcás nach mbeadh aon teorainn le hacmhainní an chraoltóra, an mbeadh teorainn le líon na gclár Gaeilge a chraolfaí ar TG4?

Níl a fhios agam céard é an buaicleibhéal de chláracha Gaeilge atáimid ag iarraidh a bhaint amach. 'Sé sin, dá bhfaigheadh muid níos mó airgid, an gcuirfimis deich n-uaire an chloig de chláracha Gaeilge amach in aghaidh an lae? Níl freagra agam air sin. Sé uaire an chloig an sprioc atá againn, ach nílim cinnte nach bhfuil pointe ann a dtrasnaíonn an dá líne a chéile. Dá mbeifeá ag craoladh ar feadh deich n-uaire sa lá ach gan ach sciar féachana de 0.4 faoin gcéad agat, an ndéarfadh daoine gur rud iontach é go bhfuil sé ar fad i nGaeilge agus gur cuma nach bhfuil éinne ag féachaint air? Nó an ndéarfadh daoine nach maith an rud é go bhfuil cainéal Gaeilge ann ar chor ar bith? An aisling a bhí againn ná go mbeadh an rud ar fad i nGaeilge, ach an aisling eile a bhí againn ná go mbeadh daoine ag breathnú air. (2014)

Tá Ó Ciardha dóchasach, áfach, go dtiocfaidh an lá go mbeidh TG4 'lán-Ghaeilge' ann, cé nach mbeidh an tseirbhís sin ar fáil ar bhealach a shamhlaigh éinne fiche bliain ó shin.

Ní féidir a bheith faoi gheasa ag daorsmacht na bhfigiúirí féachana go brách ná a bheith ag brath ar chóras Nielsen, atá easnamhach agus neamhiomlán agus a bhfuil *margin of error* ann atá beagnach ar cóimhéid leis an sciar atá againn. Tá an tionscal ag athrú ó bheith ina thionscal teilifíse a bhíonn ag craoladh go dtí an seomra suite ina mbíonn Daidí, Mamaí agus an 2.4 gasúr ann, go dtí rud a mbíonn daoine ag féachaint air ar pé gléas nó ag pé am a fheileann dóibh. B'fhéidir go dtiocfadh an lá go mbeadh Béarla ar an gcainéal teilifíse, ach go bhféadfá féin cainéal lán-Ghaeilge a dhéanamh de TG4, más sin atá uait. Sin an bealach a tharlóidh sé.

❂

I bhfómhar na bliana 2016 bhí foireann TG4 ag prapáil do cheiliúradh fiche bliain bhunú an stáisiúin, ach ón uair a d'fhógair Pól Ó Gallchóir i mí Iúil go raibh sé ag éirí as ba í ceist na ceannaireachta an t-ábhar cainte ba mhó i mBaile na hAbhann. Orthu siúd is mó a bhí á lua leis an bpost, bhí Lís Ní Dhálaigh, Stiúrthóir Ceannachán agus Aschuir an stáisiúin, Rónán Mac Con Iomaire, Grúpcheannasaí Gaeilge RTÉ, agus Tomás Ó Síocháin, iar-chláreagarthóir le *Nuacht TG4*.

Albanach fir, áfach, a bhí mar rogha mhór na coitiantachta – Alan Esslemont.

Seisear a glaodh chun agallaimh agus tugadh an dara hagallamh do thriúr acu sin. Ar an 8 Meán Fómhair, fógraíodh gur ar Esslemont a thitfeadh sé a chinntiú gur fiche bliain faoi bhláth a bheadh ag an stáisiún Gaeilge.

Cé go raibh sé ag obair thall in Albain ar feadh ocht mbliana roimhe sin, ba i gCinn Mhara, i gCamas i gConamara, a bhí Esslemont agus a chlann lonnaithe i gcónaí, agus má bhraith sé in 2008 gur saothar gan chríochnú a chuid oibre i mBaile na hAbhann, bheadh seans anois aige clabhsúr a chur ar an obair sin.

Shil Esslemont deoir ag an ócáid a d'eagraigh foireann TG4 an lá ar fhág sé slán acu, agus ba thrua leis anois scaradh na gcompánach in Albain.

Nuair a fuair mé an scéala, bhí an-áthas orm. Bhí an próiseas agallaimh an-dian agus bhí mé tar éis go leor smaointeoireachta a dhéanamh faoin gcainéal in achar an-ghairid. Bhí iomaíocht an-ghéar ann le daoine den chéad scoth agus, i mo chroí istigh, bhí tuairim agam go roghnófaí duine níos óige. Ag an am céanna, bhí brón orm mar bhí an fhoireann a chruthaigh BBC ALBA á briseadh suas agam. Is foireann bheag eagarthóireachta a thug BBC ALBA ar an saol agus d'éirigh thar cionn linn le togra nár chreid mórán ann nuair a thosaigh muid. Agus an lá ag teannadh linn, bhí an brón ag fáil an lámh in uachtar ar an áthas. (Esslemont 2017)

Níorbh fhada, áfach, go raibh sé istigh leis féin arís agus é i measc seanchairde.

Tá na daoine atá ag obair i TG4 ar an acmhainn is fearr atá ag an gcomhlacht. Cheap mé go mb'fhéidir go mbeadh tuirse ar chuid den fhoireann agus go leor acu ag obair leis an stáisiún ó dheireadh na nóchaidí, ach is é a mhalairt a bhí romham. Ón gcéad lá ar tháinig mé isteach, níor airigh mé ach fuinneamh ón bhfoireann agus an mhian chéanna sin acu i gcónaí aidhmeanna móra a bhaint amach le TG4.

Léirigh pobalbhreith a foilsíodh agus an stáisiún ag ceiliúradh fiche bliain a bhunaithe go bhfuil tacaíocht fhorleathan i measc an phobail do TG4. De réir na dtorthaí, bhí 73 faoin gcéad den phobal den tuairim gur 'cuid thábhachtach de shaol na hÉireann' an stáisiún Gaeilge agus chreid

69 faoin gcéad díobh sin a ceistíodh gur mhaith ab fhiú an t-airgead a caitheadh ar TG4 le fiche bliain. Léiriú eile ar mheas an phobail ar an stáisiún, agus ar a láidre is atá an branda aige, ná nár easaontaigh ach 8 faoin gcéad de lucht freagartha na pobalbhreithe leis an áiteamh sin gur cuid lárnach de shaol na hÉireann TG4. Níor easaontaigh ach 10 faoin gcéad leis an áiteamh gurbh fhiú go maith an t-airgead a caitheadh ar TG4 ó 1996 i leith. (Ó Gairbhí 2016)

Bíodh sin amhlaidh, níl an tríú ceannasaí ar an stáisiún chun ligean air féin go bhfuil gach ní go diail agus ar fhilleadh dó ar an stáisiúin chonacthas dó go raibh cuid de na fadhbanna céanna ann i gcónaí.

> Ar an taobh eile den scéal, d'airigh mé go raibh doiléire ag baint leis an straitéis lucht féachana ag TG4 agus leis an ról atá againn i dtionscal na craoltóireachta in Éirinn. Is léir freisin go bhfuil i bhfad níos lú airgid againn le caitheamh ar chláracha ná mar a bhí roimh chliseadh na heacnamaíochta. Na laigí atá againn, baineann siad le doiléire sin na straitéise lucht féachana, le heaspa infheistíochta agus le gan próifíl ard go leor a bheith againn maidir lenár ról cultúrtha agus eacnamaíochta i dtionscal na craoltóireachta in Éirinn.

Ba mhaith leis an Ard-Stiúrthóir a chinntiú go mbítear ag freastal mar ba chóir ar phobal na Gaeilge agus tá súil aige 'cur leis an sásamh a bhaineann an croíphobal as TG4'.

Tá súil aige chomh maith cur leis an lucht féachana náisiúnta, níos mó clár dúchasach a chur ar fáil do pháistí agus freastal níos fearr a dhéanamh ar an bpobal ó thuaidh agus ar dhaoine faoi bhun tríocha a cúig bliain d'aois. Bhí TG4 riamh ar thús cadhnaíochta sa teicneolaíocht, a deir sé, agus tá an ceannasaí nua an-tógtha leis an dul chun cinn atá déanta ag an stáisiún ar líne agus sna meáin shóisialta. Léirigh foireann an stáisiúin an mianach atá iontu sa réimse sin lena gcleas Oíche Shamhna nuair a bhuail 'splanc thintrí' an láithreoir Caitlín Nic Aoidh agus réamhaisnéis na haimsire á tabhairt aici. D'imigh an Conallach den scáileán gan tásc gan tuairisc agus tharraing an cleas poiblíocht do TG4 ar fud an domhain. Bhí mír, mar shampla, faoi scéal an láithreora ar *BBC Newsnight*, an chéad uair, meastar, ar chualathas an aimsir as Gaeilge ar an gclár áirithe sin.

Ugach do Esslemont na dea-scéalta, ach níl sé dall ar na botúin a dhein an stáisiún go nuige seo agus rún daingean aige tógáil ar an straitéis lucht féachana a thug sé féin isteach i dtosach na mílaoise chun na botúin sin a sheachaint amach anseo.

> Má thosaíonn muid ag aithint go bhfuil idirdhealú ann idir mianta an chroíphobail agus mianta an mhórphobail maidir le TG4, creidim gur céim mhór straitéiseach chun cinn a bheas ann. Dar liomsa, theip ar TnaG mar gheall ar nár aithin muid, nó nár admhaigh muid, go raibh an difríocht sin ann. Ach tar éis fiche bliain agus taighde lucht féachana déanta agam in Éirinn agus in Albain, tá sé soiléir domsa gur féidir, agus go gcaithfear, freastal ar an dá lucht féachana seo, ach nach n-oibreoidh an straitéis *one size fits all*.

Sa chuid sin den sceideal a bheidh dírithe ar phobal na Gaeilge, cuirfear béim ar chúrsaí nuachta, ar chúrsaí reatha, ar an drámaíocht agus ar an tsiamsaíocht, agus is ar an spórt náisiúnta, ar an gceol agus ar chláir fhíorasacha náisiúnta a bheidh an bhéim i gcás an mhórphobail.

Cuirfear tástáil cheart anois ar straitéis Esslemont agus, ó tá a uain tagtha, is cosúil nach bhfuil sé chun an deis a bhí uaidh fadó riamh a ligean le sruth. I dtús mhí na Nollag 2016, tuairiscíodh go raibh athruithe móra ar bun cheana féin aige i mBaile na hAbhann.

De réir scéal ar *Tuairisc.ie*, d'éireodh lucht TG4 as cláir leithéidí *Comhrá, Róisín, Béaloideas Beo* agus *Seó Spóirt* a dhéanamh iad féin agus, ina leaba sin, d'fhágfaí an sórt sin oibre faoin earnáil neamhspleách feasta. (Ó Coimín 2016)

Tuairiscíodh leis go rabhthas tosaithe ar bhallaí, idir bhallaí fisiciúla agus bhallaí meafaracha, a leagan sa cheannáras i mBaile na hAbhann d'fhonn caidreamh níos dlúithe a chothú idir rannóga éagsúla an stáisiúin, an rannóg coimisiúnaithe agus an rannóg ceannacháin ina measc. 'Alan an Tógálaí' a thug *Ar Son na Cúise* ar Esslemont. (2016)

Ba chosúil go raibh aghaidh á tabhairt chomh maith ag an gceannasaí ar an soláthar cúrsaí reatha, ceann de na laigí is mó sa sceideal, agus plean aige nasc a dhéanamh idir *Nuacht TG4* agus *7 Lá*. Dúirt léiritheoir neamhspleách amháin le Tuairisc.ie gur 'réabhlóid' a bhí sa chur chuige nua.

Is maith an scéalaí an aimsir, ach ba chuí an ceiliúradh a dhein lucht TG4 i dtreo dheireadh 2016 ar fiche bliain den 'tSúil Eile'. Thug an tsraith *TG4 XX*, inar craoladh scoth na gclár ón gcartlann, léargas ar an éagsúlacht bhreá a bhain leis an gcuid ab fhearr de shaothar an stáisiúin, agus Oíche Shamhna féin craoladh ceolchoirm bhríomhar ó Ollscoil na hÉireann Gaillimh mar chuid de chlár speisialta ina raibh míreanna beo chomh maith ó Bhaile na hAbhann, ó Dhún na nGall agus ó Chiarraí.

Ba thráthúil an téama a roghnaíodh don cheolchoirm – 'Aistriú an Lóchrainn'.

10. I ngreim an dá bhruach: TG4 1996–2016

Sure, it's the same old commercial brainwash that we've all been fighting against but on the other hand the only way we can get exposure for certain voices is to slip them into little scheduling cracks here and there. It's a question of easing the pressure the different slots exert on each other and then slipping in there with the visionaries, the prophets if you will, the authentic non-bullshit voices.

(*Great Jones Street* le Don DeLillo)

Oifig na dTeastas Beireatais,
Stathann tú uimhir as an meaisín
Suíonn tú síos
Osclaíonn tú *Hello.*
Laistigh de chuntar in airde
Go ceannasach
Sky News Rupert Murdoch.
'Faighim pardún agat, a bhean mhaith,
ach diúltaím suí anseo agus cac
mar sin os mo chomhair
is mé ag déanamh mo ghnó
mar shaoránach in oifig stáit
i dtír neamhspleách fhlaithiúnta.'

Leagann sí lámh go pras ar an gcnaipire
Is cuireann go TG4 é … Western!

('em … TV' le Michael Davitt, 2003)

*… TG4 has now emerged as the only Irish TV channel which, in
my opinion, can unambiguously claim to represent the interests
and tastes, as well as the intelligent idiosyncrasies of the
Irish people.*

(*Maverick* le Bob Quinn)

❦

Míorúilt is ea TG4 a bhronn amharc na 'súile eile' ar na daill.

Bhí an oiread sin ratha ar an stáisiún ó bunaíodh é gur tháinig fiú Kevin
Myers ar mhalairt tuairime faoi sa deireadh. I gcolún leis san *Irish
Independent* i Nollaig na bliana 2012 bhí líne bheag amháin faoi TG4 ag
an té a bhaist Teilifís de Lorean ar Theilifís na Gaeilge. Ní raibh ann ach
scéal thairis i gcolún ag cáineadh RTÉ agus ba léir nár thuig Myers gur
bhain an stáisiún Gaeilge neamhspleáchas amach ón gcraoltóir náisiúnta
ceithre bliana roimhe sin, ach, mar sin féin, is cinnte gur chuir admháil
dhiscréideach *bête noire* na teilifíse Gaeilge aoibh an gháire orthu siúd ar
ghoill a bhinbe orthu i lár na 1990idí.

*Oh be sure, within the broader RTE stable, TG4 has done
brilliantly well; its location in Connemara, away from the sinks and
stews of Montrose, is clearly justified (and thereby utterly disproving
my criticisms of its siting when it was first started). (Myers 2012).*

I measc an chomhluadair a bhí ag Myers ar an mbóthar go Damascus, bhí Pat
Stacey a luadh cheana, léirmheastóir teilifíse an *Evening Herald*. I samhradh
2012, scríobh Stacey go raibh sé ar aon intinn tráth den saol le Myers gur
'eilifint bhán' ab ea Teilifís na Gaeilge ach go raibh dul amú orthu beirt.

But as Groucho Marx said, 'Those are my principles. If you don't like them, I have others.' Fast-forward 16 years and I've changed my opinion. TG4 has become indispensable. The elephant is still around and no longer looks as white as it used to. (Stacey 2012)

Is minic go dtugtar moladh do TG4 ar mhaithe le cáineadh a dhéanamh ar an gcraoltóir náisiúnta agus, dála Myers, chuir Stacey TG4 i gcomórtas le RTÉ agus d'fhógair bua neafaiseach don chraoltóir Gaeilge:

TG4 might be the least-watched of all the Irish channels, yet it's the one that produces the most interesting domestic programming. In terms of creativity, originality, innovation, adventurousness, vision and sheer chutzpah, TG4 consistently kicks RTE's arse.

Pé rud faoin úsáid a bhaintear as TG4 mar bhata chun RTÉ a bhualadh, chaithfeá a bheith in amhras faoi chuid den mholadh a fhaigheann an craoltóir Gaeilge ó dhaoine a bhféadfaí a rá fúthu go bhfuil tuairimí míchuibhseacha acu faoi chás na teanga go ginearálta. Bhí ardmholadh, mar shampla, ag Ian O'Doherty don stáisiún – *'the most innovative TV station in this country'* – agus an tslí a n-éiríonn leis an teanga a chur i láthair mar *'a living, breathing, vibrant and sexy beast'*. (2015)

Sa cholún céanna, áfach, thagair sé do cheist na Gaeilge sa státchóras agus an t-airgead a bhí á chur *'down the endless toilet of the Irish language'*. B'ionann, dar le O'Doherty, iarracht a dhéanamh an Ghaeilge a mhúineadh d'oibrí sa státseirbhís agus *'a ridiculous waste of taxpayers' money…'*. Dá mba ainmhí í an Ghaeilge, chuirfí chun suain í, ar sé.

Mhol colúnaí an *Irish Independent* go gcuirfí deireadh le ranganna Gaeilge sna scoileanna agus go múinfí ina n-áit ranganna saoránaíochta agus eacnamaíocht bhaile. *'Of course, dropping the daily dirge in favour of imparting skills that are of actual, important use in the real world is heresy to the crypt keepers because they have no interest in the real world,'* ar sé.

Más iadsan cairde TG4, fág uainn a naimhde. Sea, 'Bó bheannaithe' anois í an 'eilifint bhán', agus an oiread forbartha tagtha ar stádas agus ar sceideal TG4 le fiche bliain anuas go bhfuil áit shocair lárnach aige i saol poiblí agus cultúrtha na tíre agus fiú 'naimhde' na Gaeilge leáite anuas air. Tá TG4 neadaithe go maith leis faoin tráth seo i samhlaíocht phobal na hÉireann agus is ar an stáisiún sin is túisce a chuimhníonn an-chuid daoine nuair a chuimhníonn siad ar an teanga féin. Is annamh sa lá atá inniu ann a chloisfeá éinne ag gearán gur cur amú airgid atá in TG4 agus is geall le halt creidimh é ag polaiteoirí an Oireachtais go bhfuil an cainéal Gaeilge ar cheann de na hinstitiúidí is tábhachtaí sa tír.

Uair sa bhliain, le linn Sheachtain na Gaeilge, dála an chaptaein chaithréimigh i bPáirc an Chrócaigh, bíonn 'an-áthas' ar an Teachta Dála agus an Seanadóir 'glacadh' leis an deis TG4 a mholadh go hard na spéire. Agus is breá leis an bhfear tacsaí TG4. A luaithe is a chloiseann sé an cúpla focal ina charr, cuirfidh sé ceist ort an bhfuil aithne agat ar Hector nó ar Dháithí Ó Sé nó an ceann eile sin a bhíonn ag léamh na haimsire. Déarfaidh sé leat go mbíonn na cláir faisnéise agus na cluichí ar fheabhas agus gur mór an trua nach bhfuil an cúpla focal aige féin ach gurb amhlaidh gur bhligeard críochnaithe a bhí mar mhúinteoir Gaeilge aige.

Dála mórán eile againn, measann Cathal Goan nár cheart an iomarca suntais a thabhairt don mhéid a bhíonn le rá ag fear an tacsaí.

> Cloisim na daoine seo agus is é an rud is mó a dhéanfaidh dochar do TG4 ná a bheith ag éisteacht leo. Ag insint bréaga, a bhíonn siad. '*Oh, I love the documentaries.*' Deirimse leo i gcónaí: '*Well name one, then.*' Agus má tá an t-ádh leat cuimhneoidh siad sa deireadh ar rud éigin a ceannaíodh ón iasacht agus a craoladh blianta ó shin. (Goan 2014)

Ach is minic chomh maith a thugann léirmheastóirí agus lucht bronnta na ngradam aitheantas do shaothar TG4. Go deimhin, bhí lámh ag an stáisiún sa leagan Gaeilge de shaothar a fuair ainmniúchán Oscar in 2015, an fadscannán beochana álainn, *Song of the Sea* (*Amhrán na Mara*). Níos minice ná a mhalairt bíonn an moladh agus an t-aitheantas seo ar fad tuillte ag an stáisiún cé go mbraithfeá uaireanta dá mbeadh gradam ann do chur isteach ar ghradaim go mbuafadh TG4 é sin chomh maith.

Deineadh 'bó bheannaithe' den 'eilifint bhán' mar gur fairsinge an tsamhlaíocht a bhí ag lucht bunaithe Theilifís na Gaeilge ná lucht a cáinte agus ba mhó go mór leis an tuiscint agus an meas ar mhuintir na hÉireann a léirigh lucht an stáisiúin ná mar a léirigh a naimhde, nó '*the culturally collapsed*', mar a thug Micheál D. Ó hUigínn orthu. (Sunday Independent 1996)

Mar sin féin, is gá chomh maith dianscagadh a dhéanamh ar stádas TG4 mar bhó bheannaithe na Gaeilge agus féachaint go géar ar cad a cailleadh agus cad a géilleadh chun an stádas sin a bhaint amach.

Sular bunaíodh Teilifís na Gaeilge ní raibh aon díospóireacht cheart ann faoin gcur chuige a bheadh ag an stáisiún nua. Teilifís na Gaeilge nó Teilifís na Gaeltachta? Bhí tuairimí láidre fónta ag daoine ar an dá thaobh den argóint áirithe sin, ach uaireanta deineadh an oiread sin cainte faoin ainm a bheadh ar an tseirbhís nua gur deineadh dearmad go raibh gá chomh maith le plé a dhéanamh ar an gcur chuige a bheadh aici.

B'fhéidir go raibh smut den áibhéil ag baint le breithiúnas Phádhraic Uí Chiardha ar thoradh na díospóireachta faoi ainm na seirbhíse, ach bhí smut den fhírinne chomh maith aige: '*This was a live issue to the extent that it made it relatively easy for the government to say no to the campaign for about two years*,' a dúirt sé. (2012)

Dá chúinge an díospóireacht a bhí ag pobal na Gaeilge faoin tseirbhís, ba bhoichte ná sin arís an díospóireacht 'náisiúnta' a bhí go mór ar easpa téagair a bhuíochas don mhionlach glórach a raibh fonn orthu leanúint den chogadh idé-eolaíochta faoin teanga ó lár na 1960idí.

B'fhíor do Mhicheál D. Ó hUigínn gur dhíospóireacht faoin 'féinmheas náisiúnta' a bhí sa díospóireacht faoi bhunú na teilifíse Gaeilge, ach ba é an rud a theastaigh ná díospóireacht faoin sceideal a bheadh ag an stáisiún nua, faoin bpolasaí teanga a bheadh aige, faoin lucht féachana a mheallfadh sé, faoin maoiniú a theastódh uaidh. 'Tá siad ann', a dúirt Ó hUigínn sular seoladh Teilifís na Gaeilge, 'ar mhaith leo go mbaileodh an Ghaeilge léi agus bás a fháil go ciúin' (Ó hUigínn 2014). Bhí an ceart aige, ach ar tugadh an iomarca airde ar na daoine sin?

Ag féachaint siar dó ar an díospóireacht faoi bhunú Theilifís na Gaeilge, géilleann Pádhraic Ó Ciardha, duine a raibh sé mar chúram air an uair sin freagra a thabhairt orthu siúd ar mhaith leo go mbaileodh an Ghaeilge léi agus bás a fháil go ciúin, go mb'fhéidir gur caitheadh an iomarca dua ag iarraidh fiúntas na seirbhíse a chur ar shúile an mhionlaigh a bhí dall ar a tábhacht.

Nocht an craoltóir Muiris Mac Conghail an tuairim chéanna nuair a scríobh sé ar *Comhar* in Aibreán 1997 gur bhotún a bhí ann gur ceadaíodh do mhionlach cáinteach tarcaisneach stiúir a ghlacadh ar an díospóireacht faoi bhunú na seirbhíse nua.

> Is léir go raibh an tAire gonta má bhí. Ach i gcead dó, níor léir domsa go raibh aon róchur i gcoinne bhunú TnaG. Ní mar sin a bhraith cuid de lucht na Gaeilge ná cuid díobh siúd a bhí báúil le TnaG. Bhraitheadar faoi léigear. Níorbh fhéidir ceisteanna a thógaint ar eagla eiriceachta. Cailleadh an deis, faoi mar a dúrt, ar mhaoiniú na seirbhíse a thógaint agus ar chineál na seirbhíse a scrúdú. (Mac Conghail 1997a)

Sna blianta tosaigh sin ba bheag deis ach an oiread a bhí ag bainistíocht TnaG cineál na seirbhíse a bhí á soláthar acu a scrúdú. Deir Cathal Goan gur ag 'múchadh tinte seachas ag déanamh diananailíse' (2007) a bhíothas sna blianta sin agus níor tharla aon mhórathrú ar chur chuige an chraoltóra go dtí athbhrandáil chinniúnach Theilifís na Gaeilge ag casadh na mílaoise.

Máire Treasa Ní Dhubhghaill ar an seit don chlár do dhaoine óga *Bog Stop* a craoladh ar dtús in 2010

Ar ndóigh, ní raibh aon amhras ar Goan agus a chomhghleacaithe faoin bhfís bhunaidh a bhí acu do TnaG, agus is beag athrú atá tagtha ar bhunéirim na físe sin ó shin. Tá 'Súil Eile' fós i réim, mar is léir ó *Ráiteas Straitéise (2011–2015)*:

> Is féidir achoimre a thabhairt ar ábhar uile na seirbhíse leis an mana gearr atá againn 'súil eile', dhá fhocal a aithníonn ár lucht féachana go maith … Téann fealsúnacht na 'súile eile' go croí ann i ngach gné d'oibríocht TG4, ó chruthú ábhair go sceidealú go margaíocht agus brandáil. (TG4 2011)

Ba ríshoiléir ó thús chomh maith gur chraoltóir-do-chách a bheadh in Teilifís na Gaeilge seachas beartas teanga do phobal ar leith, nó mar a dúirt Goan féin: '*We were to be a professional television service that broadcast in the Irish language, rather than a language initiative that would broadcast on television.*' (2007)

Ní seirbhís oideachais a bheadh ann ná seirbhís bholscaireachta don teanga, ach léireodh sé, mar a dúirt Goan, '*a commitment to a kind of broadcast culture which wasn't absolutely about the language*'. Bhronnfadh TnaG íomhá nuálach ar an teanga agus ba iad na focail 'úr' agus 'nua' na focail ba thúisce a tharraing Micheál D. Ó hUigínn chuige féin agus é ag trácht ar an stáisiún a bhí le teacht. Bhí dóchas ag Ó hUigínn go gcruthódh an cainéal nua 'gur sócmhainn chultúir í an Ghaeilge agus gur mó ná ábhar scoile í' agus bhí súil aige go raibh 'an lá thart go gcuirtear i leith na Gaeilge nach bhfuil inti ach sin'. (1996)

Ach cad faoi na daoine nár chuir a leithéid i leith na Gaeilge riamh? Cad faoi na daoine a thuigeann go rímhaith cheana 'gur mó ná ábhar scoile í'? Téama coitianta ab ea é ag Ó hUigínn agus ag bunaitheoirí na seirbhíse Gaeilge gur le gach éinne an Ghaeilge agus gur le gach éinne Teilifís na Gaeilge, fiú an dream a raibh col acu leis an teanga agus le lucht a labhartha. 'Na déanaimis dearmad go bhfuil daoine ann a fuair drochbhlas ar an teanga – de thairbhe drochmhúinteoireachta, cuirim i gcás. Tá daoine eile ann a shíleann gur dream iad lucht na Gaeilge a chloíonn le tuairimí seanfhaiseanta frithliobrálacha,' a dúirt Ó hUigínn i mí Dheireadh Fómhair 1996.

An t-aon cheacht a mhúinfí ar Theilifís na Gaeilge ná go raibh dul amú ar éinne a fuair drochbhlas ar an nGaeilge. Bhí an fhís seo don chraoltóir bunaithe ar an tuiscint gur ghníomh athghabhála a bheadh i mbunú Theilifís na Gaeilge a bhainfeadh den teanga cuid den ualach stairiúil a bhí á iompar aici. Ní tionscadal teanga eile a bhí ag teastáil chun an méid sin a bhaint amach, ach seirbhís chraoltóireachta den scoth i nGaeilge. Dhéanfadh TnaG an Ghaeilge a fhuascailt ó chuing na staire díreach toisc nárbh é sin an mhian ba thábhachtaí aici.

Dar le bainistíocht TG4 is craoltóir-do-chách atá ann, seirbhís don uile dhuine, ón gcainteoir dúchais Gaeltachta go dtí an cainteoir líofa cathrach go dtí an duine ar bheagán Gaeilge go dtí an duine atá báúil leis an teanga, bíodh is nach bhfuil focal di aige, go dtí an duine ar mhaith leis go mbaileodh an Ghaeilge léi agus bás a fháil go ciúin.

Is linne ar fad an teanga, bíodh sí uainn nó ná bíodh. Mar a dúirt Pádhraic Ó Ciardha:

> We have finally found a way to promote Irish without the dead hand of officialdom, making it an accessible, entertaining, optional, wide-ranging service that allows people to celebrate Irish and provides a space where shared ownership of the language by everyone becomes possible again. (2012)

Tá an chaint sin faoi 'shared ownership of the language' ag teacht leis an bhfreagra simplí a bhí riamh ag lucht TG4 ar an gceist chigilteach chasta a chaitheann aon chraoltóir freagra a thabhairt air – cé dóibh atáimid ag craoladh?

I Márta 2012 thug Ó hUigínn le fios don *Irish Times* gur bhunphrionsabal dá chuid ab ea an ghné 'uilíoch' seo den tseirbhís agus Teilifís na Gaeilge á bunú aige.

> Bhí sé ar intinn agam ardán agus guth a thabhairt dár dteanga dúchais. Theastaigh uaim go mbeadh teacht ag an saol mór ar an teanga – chun í a scaipeadh go forleathan lasmuigh den Ghaeltacht agus í a thabhairt isteach cois teallaigh mhuintir uilig na hÉireann. (Ó hUigínn 2012)

Fanann TG4 dílis don phrionsabal seo go fóill. Luaitear gach bliain i dtuarascálacha bliantúla an stáisiúin go bhfuil sé mar bhunaidhm aige 'ceangal laethúil leis an nGaeilge a chur ar fáil do gach teaghlach sa tír'. Is í an aisling a chuireann TG4 roimpi sna tuarascálacha seo ná 'an Ghaeilge agus cultúr na hÉireann a chur chun cinn chun áit lárnach a chinntiú do TG4 i saol an Éireannaigh, in Éirinn agus thar lear'.

Leagtar béim i gcáipéisí agus i ráitis oifigiúla an stáisiúin chomh maith ar an dualgas ar leith atá ar TG4 freastal ar phobal na Gaeilge agus na Gaeltachta, ach is dá ról mar chraoltóir seirbhíse poiblí náisiúnta a thugtar tús áite i gcónaí.

Mar a dúirt Cathaoirleach Bhord TG4, Peter Quinn ina ráiteas ar Tuarascáil Bhliantúil 2007:

> Is é an pobal féachana bun agus barr gach gné d'oibríochtaí TG4. Mar chraoltóir seirbhíse poiblí, is é ár ndualgas freastal ar an bpobal i gcoitinne agus gach aicme agus grúpa ann. Tá pobal na Gaeltachta an-tábhachtach dúinn agus pobal na Gaeilge ar fud na tíre freisin ach féachaimid le freastal ar an uile dhuine, iad siúd atá ar bheagán Gaeilge nó nach bhfuil aon fhocal acu fós, i ngach ceard den oileán, thuaidh agus theas. (TG4 2008b)

Ba ar bhonn cearta teanga do mhionlach, den chuid is mó, a troideadh an cás do Theilifís na Gaeilge, ach ní neamhchosúil uaireanta ráitis phoiblí TG4 agus an saghas ruda a chloisfeá céad bliain ó shin ó Chonraitheoir a bheadh á thabhairt féin suas le fonn dá bhrionglóidí faoin uair a bheadh an Ghaeilge le cloisteáil athuair cois teallaigh i ngach aon tigh sa tír.

I dTuarascáil Bhliantúil 2008, tugadh tús áite arís do dhualgas an stáisiúin freastal ar an lucht féachana go léir, 'iad sin atá líofa i nGaeilge, iad sin a bhfuil Gaeilge acu, iad sin ar bheagán Gaeilge nó gan Gaeilge ar bith agus iad sin a bhfuil spéis acu i gcultúr, spórt agus oidhreacht na hÉireann'. (TG4 2009)

Sin pobal leathan le bheith ag coimeád 'Súil Eile' orthu. In 2006 d'aithin Cathal Goan an fhadhb a bhaineann leis an iarracht seo gach éinne a shásamh.

> Cuid den dúshlán a bhaineann le bheith ag plé leis na rudaí seo i dteanga mhionlaigh ná go gcaithfidh tú a bheith ag freastal

ar na tránna seo ar fad. Sin cuid den dúshlán nach féidir ina iomláine teacht thairsti. Tá an oiread sin 'Súl eile' ag gach dream a bhíonn ag breathnú isteach. (O'Connell et al. 2008)

Láithreoirí aimsire in 2016: Caitlín Nic Aoidh, Irial Ó Ceallaigh agus Fiona Ní Fhlaithearta

Ina ainneoin sin, is amhlaidh a neartaigh creideamh TG4 ina ról mar chraoltóir-do-chách le himeacht na mblianta agus bhí baint mhór ag an athbhrandáil chinniúnach a deineadh ar an stáisiún in 1999 leis an neartú sin. Ar na cúiseanna praiticiúla le hathbrandáil an stáisiúin bhíothas ag iarraidh seilbh a fháil ar uimhir '4' ar sheirbhísí na gcomhlachtaí cábla sula sciobfadh cainéal dúchasach eile é, ach theastaigh uimhir '4' chomh maith chun nach mbeadh aon amhras ann gur tionscnamh craoltóireachta seachas tionscnamh teanga a bhí ar bun i mBaile na hAbhann.

Bhí Cathal Goan buartha go gceapfaí go raibh Teilifís na Gaeilge ait nó éagsúil le seirbhísí eile toisc nach raibh a huimhir féin aici agus mheas sé go raibh an tseirbhís 'isolated as a language initiative rather than a broadcast one' (2007) ó tharla an focal 'Gaeilge' seachas uimhir a bheith luaite léi.

Ach go bunúsach, deineadh athbhrandáil ar Theilifís na Gaeilge chun cur leis an lucht féachana, rud a bhí ag teastáil ag an am. Briseadh suas bloc na gclár Gaeilge sa sceideal agus tugadh isteach an 'sceideal measctha' mar iarracht an aisling a fhíorú agus 'ceangal laethúil leis an nGaeilge a chur ar fáil do gach teaghlach sa tír'. D'éirigh go maith leis an sceideal seo le meascán Béarla agus Gaeilge ann. In 1999 ní raibh ach sciar 1.1 faoin gcéad den lucht féachana ar an meán ag TnaG, ach faoin mbliain 2005 bhí sciar de 3.2 faoin gcéad ag TG4, an meánfhigiúr is airde atá bainte amach go dtí seo ag an gcraoltóir.

Faraor, ó 2005, tá laghdú leanúnach tagtha ar líon na ndaoine a fhéachann ar TG4, seachas in 2009 nuair a bhí méadú beag ann ó 2.5 faoin gcéad go dtí 2.6 faoin gcéad. Faoin mbliain 2013 'thart ar 2 faoin gcéad' den lucht féachana ar an meán a bhí ag an gcraoltóir. Tugann an creimeadh seo gan staonadh ar fhigiúirí féachana TG4 deis do lucht a cháinte an giorria a chur ina shuí arís maidir le fiúntas na teilifíse Gaeilge. In Aibreán 2013, scríobh Colum Kenny alt sa *Sunday Independent* faoi lucht féachana na stáisiún teilifíse a bheith á scaipeadh i ré na teilifíse digití, ach bhí seanbhlas ar a léamh ar chás TG4.

> *TG4 is slowly losing its small audience as more and more channels nibble away at the share of Irish viewers tuned into most Irish channels. Only 18 out of every 1,000 viewers are tuned into the heavily subsidised TG4 at any given time on average. Its market share is only ahead of that of 3e by a tiny fraction.* (Kenny 2013)

I nDeireadh Fómhair 2013, tuairiscíodh san *Irish Independent* go raibh TG4 tite taobh thiar de chainéal 3e in ordlathas féachana na gcainéal dúchasach. (Webb 2013)

Mar a chonaiceamar, tá cúiseanna éagsúla leis an laghdú ar sciar TG4 den lucht féachana agus ní TG4 amháin atá thíos leis na hathruithe móra atá tagtha ar shaol na cumarsáide agus ar nósanna an lucht féachana san aonú haois is fiche. Deir lucht TG4 féin go bhfuil a bhfigiúirí féachana 'thar a bheith sásúil i bhfianaise na géar-iomaíochta sa mhargadh teilifíse in Éirinn, an ceann is déine coimhlinte san Eoraip', ach ní gach éinne a aontaíonn leis an stáisiún go bhfuil an 2 faoin gcéad sin 'thar a bheith sásúil'. (TG4 2013a)

Mar a dúirt an BAI féin go neamhbhalbh: '*TG4's audience share could be described as somewhat precarious.*' (2013)

Toisc go bhfuil córas maoinithe measctha in Éirinn, agus craoltóirí poiblí ag brath ar theacht isteach ón státchiste agus ó lucht fógraíochta araon, beidh TG4 i gcónaí i ngreim an dá bhruach. Beidh an stáisiún i gcónaí faoi chuing an ruda ar thug an t-iriseoir Uinsionn Mac Dubhghaill 'ansmacht na bhfigiúirí féachana' air, agus aon uair a bheidh na pinginí sa státchiste gann, caithfear súil ghéar an chuntasóra ar an maoiniú a fhaigheann TG4 agus ar líon na ndaoine a bhíonn ag féachaint air.

Ach fiú má ghlactar leis gan choinníoll go bhfuil éacht déanta ag TG4 agus é i gcónaí ag iarraidh dul ar an gcloch is airde, fós tá ceisteanna ciapálacha le cur faoin laghdú leanúnach ar a lucht féachana agus faoi impleachtaí an laghdaithe sin do chur chuige an stáisiúin mar chraoltóir-do-chách. Mura bhfuil ach sciar 1.8 faoin gcéad den lucht féachana ag sceideal measctha TG4 ar chóir athmhachnamh a dhéanamh ar an meascán?

De réir an athbhreithnithe a dhein Crowe Horwath don BAI in 2013, níor fhéach os cionn leath den phobal riamh ar chlár ar TG4. Mar sin, más fíor nár fhéach os cionn leath den phobal riamh ar aon chlár ar TG4, an fiú a bheith ag déanamh an oiread sin iarrachta na daoine áirithe sin a mhealladh?

Ina theannta sin, dúradh san athbhreithniú nach bhfuil an céatadán de chainteoirí Gaeilge a bhíonn ag féachaint ar an stáisiún puinn níos airde ná an céatadán de Bhéarlóirí a bhíonn ag faire air. Ní mó ná sásta a bhí an BAI faoi seo agus ghéillfeadh fiú an cara is buaine agus is dílse ag TG4 go bhfuil lúb ar lár áit éigin i gcur chuige an chraoltóra Gaeilge nuair a chaitheann an BAI a rá leo teacht ar phlean nua a mheallfadh tuilleadh cainteoirí Gaeilge.

Seo an cruachás ina bhfuil TG4 agus fiche bliain caite aici i mbun craoladh; tá meas coitianta air ach tá sé i sáinn airgid agus an pobal féachana aige ag dul i ndísc. Is í an cheist is tábhachtaí ar fad, b'fhéidir, ná an bhfuil sé in am éirí as a bheith ag iarraidh gach éinne a mheallladh? Tá seal fada tugtha ag TG4 ag iarraidh 'ceangal' le gach teaghlach sa tír, ach má tá leath den tír fós ann nár fhéach riamh ar oiread is clár amháin ar an stáisiún nach bhfuil sé in am an fhís áirithe sin a chaitheamh i dtraipisí?

Tar éis fiche bliain, ní foláir a aithint go bhfuil daoine ann nach meallfar go deo, fiú dá gcuirfeadh an saoi margaíochta is glice dá bhfuil ag TG4 a bhundún amach ar feadh fiche bliain eile ag iarraidh teacht timpeall orthu. Ar chóir glacadh leis, mar a dhein Cathal Goan, go mbaineann dúshlán nach féidir 'teacht thairsti' leis an iarracht seo gach éinne a shásamh? Nár chóir stad den iarracht gach éinne a shásamh?

Tagann an t-am go gcaithfear cuireadh chun rince a thabhairt don té atá ceanúil ort agus éirí as bheith ag suirí leis an té ar cuma leis ann nó as duit. Bhí coimhlint riamh idir tuiscint TG4 ar a dhualgas reachtúil freastal ar 'daoine ó gach aoisghrúpa sa phobal arb í an Ghaeilge a rogha teanga labhartha nó ar suim leo an Ghaeilge ar shlí eile' (2009) agus a dhualgas freastal ar phobal na Gaeilge agus na Gaeltachta.

Chuir an sochtheangeolaí Tadhg Ó hIfearnáin ceist a chuaigh go croí na coimhlinte sin ag an seimineár ar dheich mbliana de TG4 a eagraíodh in Ollscoil na hÉireann Gaillimh in 2006:

> … tar éis deich mbliana, tá an cheist fós le cur: Cé leis a bhfuil TG4 ag caint? Más ag caint le formhór de mhuintir na tíre atá sí, fiú mura mbíonn siad uilig ag éisteacht, an féidir léi a bheith ina meán ag croíphobal na Gaeilge chomh maith? (O'Connell et al. 2008)

Dar le Máirín Nic Eoin, údar agus léachtóir, a labhair ag an seimineár céanna, bhí teannas le brath ón tús idir an dá mhórchuspóir ag TG4 – 'Súil Eile' agus 'Guth agus éadan bríomhar óigeanta, faiseanta, ilchultúrtha' a chur ar fáil (2008).

Téann an teannas a dtagraíonn Nic Eoin dó níos sia siar ná sin fiú. Nuair a bhí feachtasóirí na teilifíse Gaeilge in adharca a chéile faoi cé dóibh an tseirbhís a bhí á lorg acu, thángthas ar réiteach ciallmhar agus deineadh éileamh ar sheirbhís Ghaeilge náisiúnta a bheadh fréamhaithe sa Ghaeltacht. Bíodh is gur tharraing an socrú daoine le chéile ar son na cúise, bhí cuid d'fheachtasóirí na teilifíse den tuairim nach raibh sé riamh slán mar réiteach. Ina leabhar *Maverick*, chloígh Bob Quinn go daingean lena dhearcadh gur réiteach míshásúil a bhí ann:

> *In 1987 a local community television service for the Gaeltacht was our modest ambition. It was eventually distorted into a grandiose national plan to have a national and linguistically based service. The result – nine years later in 1996 – was compromise: the TV station would be physically located in Baile na hAbhann in the Conamara Gaeltacht, but it's philosophy, outlook and physical transmission would be 'national'. Like many compromises in Ireland, it fell between several stools and satisfied few. It would be called Teilifís na Gaeilge (not 'Gaeltachta'), thus emphasizing its location in the ephemera of linguistics rather than in the flesh and blood of small Irish-speaking communities.* (Quinn 2001)

Bheadh Bob Quinn i measc na ndaoine is faide amach ar eite na teilifíse Gaeltachta agus na teilifíse pobail, ach tá feachtasóirí eile a bhí sásta leis an réiteach den tuairim gur bhain lucht na teilifíse míthuiscint as a n-éileamh ar stáisiún náisiúnta fréamhaithe sa Ghaeltacht, go háirithe i ndiaidh teacht isteach an sceidil mheasctha in 1999.

Ar dhuine acu siúd tá Íte Ní Chionnaith, an gníomhaí teanga agus iarléachtóir sa chumarsáid a thug seal i bpríosún mar chuid d'fheachtas an cheadúnas teilifíse sna 1970idí.

> Nach é príomhdhualgas TG4 freastal ar phobal na Gaeilge
> agus na Gaeltachta agus orthu siúd a bhfuil spéis sa Ghaeilge
> acu nó atá ag iarraidh feabhas a chur ar a gcuid Gaeilge nó ag
> iarraidh an teanga a fhoghlaim? Bhí teannas sna hochtóidí agus
> sna luathnóchaidí idir an dream a bhí ag iarraidh Teilifís na
> Gaeltachta a bhunú agus an dream a bhí ag iarraidh stáisiún
> Gaeilge don tír ar fad a bhunú. Ach rinne an dá dhream, dar
> liom, talamh slán den fhíric gur i nGaeilge go hiomlán, nó ar a
> laghad den chuid is mó, a bheadh pé seirbhís a bhunófaí. Is fada
> uaidh sin an staid reatha. (O'Connell et al. 2008)

Dúirt Ní Chionnaith an méid sin ag seimineár i nGaillimh in 2006
agus bhí mórán de na cainteoirí a bhí i láthair ag an ócáid sin ar aon
tuairim léi go raibh an craoltóir imithe ar bóiléagar fad is a bhain sé
lena phríomhdhualgais teanga. Ba é an sochtheangeolaí Seosamh Mac
Donnacha, áfach, a dhein an cás is láidre ar son TG4 a mheas i dtéarmaí
na pleanála teanga. D'áitigh sé 'gur chun críche pleanála teanga seachas
chun críche craolacháin' a bunaíodh TG4 agus nár 'seirbhís chraolacháin'
ná 'seirbhís Ghaeilge' a bhí inti ach 'seirbhís phleanála teanga.' Dúirt sé
go dtacaíonn an reachtaíocht agus an ról a shamhlaíonn an Stát do TG4
leis an dá bhunchuspóir a bhí, dar leis, le bunú an stáisiúin, '… freastal ar
phobal labhartha na Gaeilge sa Ghaeltacht agus lasmuigh di, agus tacú le
polasaí stáit an Ghaeilge a chur chun cinn.' (O'Connell et al. 2008)

Is mór idir cur síos Mhic Dhonnacha ar an gcraoltóir Gaeilge mar
'sheirbhís phleanála teanga' agus samhail Chathal Goan den *professional
television service that broadcasts in the Irish language, rather than a language
initiative that would broadcast on television*.

Mar sin féin, bíodh is nach mbíonn an sochtheangeolaí agus an fear teilifíse
i gcónaí ar aon fhocal faoi bhunchuspóirí TG4, éiríonn le cuid de sceideal
an stáisiúin fónamh a dhéanamh do phobal na Gaeltachta agus na Gaeilge

ina dteanga féin. Is í an chuid eile den sceideal, na cláir Bhéarla agus go háirithe na cláir leath-Ghaeilge, a tharraingíonn ceisteanna crosta faoi chur chuige TG4 agus a dhílse is atá sé d'aidhmeanna an phobail a throid ar son na teilifíse Gaeilge.

Mhol Mac Donnacha go leagfaí síos 'spriocanna soiléire agus intomhaiste' maidir leis an teanga chun a chinntiú nach mbíonn TG4 ag déanamh mórtais as rudaí a dhéanamh ar beag a mbaint le bunchuspóirí an stáisiúin, nó ag 'déanamh fómhair i ngarraí na gcomharsan' mar a dúirt sé féin.

Is gá go mbeadh príomhchuspóirí na heagraíochta an-soiléir, chun gur féidir leis an eagraíocht díriú isteach orthu. Gan sin a bheith déanta, tá an chontúirt ann go mbeadh eagraíocht ag déanamh fómhair i ngarraí na gcomharsan .i. go mbeadh eagraíocht ag déanamh gaisce nó cás dóibh féin as cuspóirí a bheith bainte amach acu a bhaineann go príomha le réimse gníomhaíochtaí eagraíochtaí eile, ach gan dul chun cinn a bheith á dhéanamh acu le príomhchuspóirí na heagraíochta féin. (O'Connell et al. 2008)

Níl aon amhras ach go bhfuil cuid mhaith ama caite ag lucht TG4 ag moladh a gcuid saothair i ngarraí na gcomharsan, ag maíomh, mar shampla, as sraitheanna Meiriceánacha do dhéagóirí ar ceannaíodh iad le cinntiú go mbeadh 'tóir ag gach aoisghrúpa sa tír' ar an stáisiún.

Ach cad ina thaobh go mbeadh an oiread sin gaisce ag TG4 faoi sciar níos mó den lucht féachana a ghnóthú do chláir ar nós *The OC, Pimp My Ride, One Tree Hill, My Super Sweet Sixteen* agus *Instant Beauty Pageant,* fiú más á gcraoladh den chéad uair in Éirinn a bhí cuid acu? Agus cé hiad go díreach an lucht féachana náisiúnta agus an lucht féachana nideogach? Dúirt Joe Steve Ó Neachtain, údar agus aisteoir, go mbraitheann sé uaireanta nach mbíonn de rogha ag scríbhneoirí na Gaeilge ach *go with the flow* nó 'bheith ag caint linn féin'. Is amhlaidh an rogha a bhíonn uaireanta ag an gcraoltóir Gaeilge, agus b'fhéidir gur rómhinic a thograíonn TG4 gur cheart *go with the flow.*

I bhfianaise an laghdú seasta ar na figiúirí féachana le deich mbliana anuas tá dhá rogha anois ag an stáisiún: níos mó ama a chaitheamh ag déanamh fómhair i ngarraí na gcomharsan nó níos mó ama a chaitheamh ag déanamh branair an athuair sa ghort ar cuireadh an síol ann do theilifís na Gaeilge. Maíonn saineolaithe áirithe gur chóir an chéad rogha a dhéanamh. In alt in *The Irish Times* in Eanáir 2012, mhol an socheolaí Niamh Hourigan, mar shampla, go bhféachfaí ar '*a Micheál Ó Muircheartaigh-style GAA commentary which moves fluidly between English and Irish*' a thabhairt isteach i gclúdach rugbaí an stáisiúin.

Although this type of bilingualism horrifies some language purists, it may have to become an increasingly central part of any coherent survival strategy. It is no accident that Hector Ó hEochagháin is one of the most successful transition personalities from the Irish language service. A master of bilingualism, his real achievement has been to establish bilingual spaces on both TG4 and the mainstream RTÉ service. (Hourigan 2012)

Níl lá amhrais ar Hourigan ach gur mar chraoltóir-do-chách a chaithfidh TG4 an fómhar a bhaint:

Given the cost base of television, TG4 must recognise the importance of its role as a shop window on Irish language culture. Its main remit must be to entice and retain viewers from the large sector of the Irish population who have mediocre or poor language competency, but an interest in the language.

Ach tá rogha eile ag TG4 in áit a bheith ag cur meascán mearaí d'earraí i bhfuinneog an tsiopa d'fhonn an oiread daoine agus is féidir a mhealladh an doras isteach. D'fhéadfaí chomh maith glacadh leis an moladh a dhein Tadhg Ó hIfearnáin deich mbliana ó shin nuair a d'áitigh sé nach raibh réiteach sásúil aimsithe fós ag TG4 ar cheist na teanga:

Ní dóigh liom gur éirigh leo fós teacht ar réiteach éigin idir na cineálacha an-éagsúla teanga a theastaíonn chun an réimse is leithne daoine a mhealladh chun tráthnóna iomlán nó oíche iomlán a chaitheamh os comhair na teilifíse. Is cruacheist í, ach san fhadtéarma is dócha gur cheart don chainéal díriú i bhfad níos mó ar na haicmí is airde líofacht sna pobail féachana. Níl siad ar an ngrúpa is líonmhaire ach is í sprioctheanga na ndaoine eile a labhraíonn siad. (O'Connell et al. 2008)

Bhraithfeadh duine uaireanta ar sceideal agus ar chur chuige TG4 ó thaobh na teanga de gur mó an aird a bhíonn aige ar an ngrúpa 'is líonmhaire' ná ar phobal na Gaeilge agus na Gaeltachta, agus gur tábhachtaí go mór a íomhá agus a bhranda náisiúnta ná mianta a chroíphobail. Déarfaí leis go bhfuil an Béarla ar mhaithe le Béarla, nó an Béarla ar mhaithe le Béarlóirí, ag dul i dtreis ar an stáisiún.

Tá tuiscint san earnáil neamhspleách, mar shampla, go bhfuil athrú tagtha ar an gcoibhneas 70:30 idir Béarla agus Gaeilge a éilíonn TG4 dá gcláir, sa tslí gurb ionann an 30 faoin gcéad Béarla anois agus sprioc seachas uasmhéid. Fiú sa chroísceideal féin, mar a thugann TG4 ar a sholáthar clár Gaeilge dá 'chroíphobal', craoltar cláir faisnéise agus cláir réaltachta ann a mbíonn reacaireacht Ghaeilge leo ach nach mbíonn aon Ghaeilge le cloisteáil ag formhór na rannpháirtithe. I réimse an spóirt, cé nach bhfuil an *'Micheál Ó Muircheartaigh-style GAA commentary'* tugtha isteach ag an stáisiún, bíonn anailís i mBéarla anois ina cuid den tráchtaireacht bheo ar chluichí rugbaí.

B'fhéidir, áfach, gurb é díospóireacht thoghchán na huachtaránachta a craoladh in 2011 is fearr a thugann léargas dúinn ar an toradh a bhíonn ar ródhúil TG4 ina stádas mar chraoltóir-do-chách agus ar an ró-imní a bhíonn air go gcuirfí síos dó nach mbaineann sé leis an bpobal ar fad.

Nuair a bhunaigh Micheál D. Ó hUigínn TG4, is dócha gur bheag a shíl sé go mbeadh sé ar ais sa stáisiún lá éigin i mbun díospóireachta le scata Béarlóirí agus a chuid Gaeilge mar mhíbhuntáiste aige. Ach ar *Áras 2011* b'in díreach a tharla. Míbhuntáiste do Ó hUigínn ab ea an Ghaeilge mar bhí ar sciar mór den lucht féachana a chuid argóintí a leanúint ar na fotheidil fad is a bhí an seisear iarrathóirí eile ag spalpadh leo i bpríomhtheanga chumarsáide fhormhór pobal na hÉireann. Conas ar tharla sé go raibh an t-aon Ghaeilgeoir i measc na n-iarrthóirí ar Áras an Uachtaráin faoi mhíbhuntáiste teanga ar an stáisiún Gaeilge a bhunaigh sé féin?

Bhí baint ag an scéal le díospóireacht aonteangach na gceannairí a craoladh le linn Olltoghchán 2011. Ba é mian TG4 ná a bheith lárnach, a dúradh ag an am, sa toghchán uachtaránachta agus deis a bhí sa díospóireacht áit agus ról TG4 sa saol poiblí a bhuanú i samhlaíocht an phobail tar éis gur éirigh leis an gcraoltóir lucht féachana mór a mhealladh chucu do dhíospóireacht an olltoghcháin a thuill ardmholadh ó na meáin.

Clár stairiúil a bhronn údarás agus seasamh ar an gcraoltóir Gaeilge agus ar an teanga féin a bhí sa chlár aonteangach sin, ach bhain díospóireacht dhátheangach na huachtaránachta cuid den loinnir den údarás agus den inchreidteacht sin den stáisiún, faraor. Is cosúil gur cinneadh gur bhotún a bheadh ann scaoileadh leis an deis branda TG4 a threisiú an athuair, agus b'fhéidir go raibh ciall le cinneadh na bainistíochta ó thaobh na margaíochta de. Luigh *Áras 2011* go deas leis an íomhá de TG4 mar sheirbhís don uile dhuine, ach sampla maith a bhí sa chlár seo chomh maith de chlaonadh an stáisiúin dul thar fóir ag iarraidh a bheith i lár an aonaigh i gcónaí, beag beann ar theanga an aonaigh. Iarracht liobarnach ab ea é a bheith lárnach in imeacht phoiblí nach raibh áit ann di don Ghaeilge féin.

In 2016 caitheadh i dtraipisí an plean do mhórdhíospóireacht teilifíse le linn olltoghchán na bliana sin toisc nach raibh dóthain Gaeilge ag beirt de cheannairí na mórpháirtithe – Joan Burton agus Gerry Adams – chun páirt a ghlacadh ann. In áit na díospóireachta cuireadh ceannairí na mórpháirtithe agus ionadaithe Burton agus Adams faoi agallamh ina nduine agus ina nduine. Níor réiteach gan smál é ach ba mhó an dínit a bhí ag baint leis mar shocrú ná mar a bhain le cur chuige mínáireach *Áras 2011*.

Seoladh sceideal an fhómhair 2016

Deich mbliana ó shin, dúirt Cathal Goan go raibh an iomarca Béarla agus an iomarca athchraoltaí ar TG4 agus tá an scéal sin amhlaidh i gcónaí (2007). Bhí lucht TG4 dóchasach go mbeadh sé huaire an chloig de chláir nua Ghaeilge á gcraoladh in aghaidh an lae acu faoi dheireadh 2006 (TG4 2005), ach níor baineadh an sprioc sin amach fós, agus is deacair a shamhlú go mbainfear go ceann tamaill eile. Sa Ráiteas Straitéise nua a d'iarr an BAI ar lucht an stáisiúin a ullmhú in 2013, deirtear gur 4.6 uair an chloig de chláir nua Ghaeilge in aghaidh an lae a bheidh á chraoladh faoi 2017 agus ní 5.63 uair an chloig mar a bhí leagtha amach sa straitéis a bhfuair an BAI locht uirthi (TG4 2013b).

Tá samhlaíocht as cuimse léirithe ag TG4 ar bheagán acmhainne. Gan ach dhá shampla a lua, ba é TG4 ba thúisce a thuig go raibh margadh ann do sheanchluichí CLG agus go raibh dúil i gceol áirithe ag na 'poor ould fellas' mar a thug an scríbhneoir Declan Lynch ar an aicme sin daoine a chaitheann cur suas le 'all that bullshit about cookery and clothes and celebrity gossip, when all they want is an ould song from Johnny McEvoy.' (Lynch 2008)

Is minic leis a mholtar go faíoch TG4 as a meascán seiftiúil uathúil. I dTuarasacáil Bhliantúil 2008, is le teann mórtais a d'fhoilsigh an stáisiún ráiteas moltach ó dhuine dá lucht féachana: 'Is breá liom gach rud ar TG4, tá sé chomh héagsúil sin nach mbíonn a fhios agat céard a leanfaidh sa gcéad chlár eile – asail nó Honda 50 nó rud éigin níos iontaí fós.'

Ach cuireann cuid de na rudaí 'níos iontaí fós' sin mearbhall ar dhaoine chomh maith. In 2012, thug an craoltóir Will Hanafin seachtain ag féachaint ar TG4 don *Sunday Independent*:

> *TG4's idea of a perfect Saturday night in is to show the 2009 film* White Lightnin' *about a hallucinating hillbilly Appalachian drug-addict stepdancer who's prone to beating guys to a pulp with a lump hammer or wrapping his naked victims in chicken wire before drowning them in cesspits. This really isn't what we thought we were signing up for when Teilifís na Gaeilge was launched ... But psychotic-stepdancer movies fit seamlessly into the obscurantist groove that TG4 aims to occupy, standing aloof on the television schedules like a Fainne-wearing teetotaller nursing a Fanta at a Lady Gaga concert.* (Hanafin 2012)

Bheadh daoine atá i bhfad níos tuisceanaí ar chás na teanga ná Hanafin ar aon tuairim lena bhreithiúnas ar an tseachtain a thug sé ag faire TG4:

> *I got to see Liz Hurley shagging some young guy in* Gossip Girl, *see that crazed hillbilly mutilate a few guys, and improve my knowledge no end of the Irish greyhound-racing scene. But is that really celebrating Irish creativity and identity? ... It's impossible to square the presence of* Gossip Girl, Dance Academy *and* What I Like About You *with the lofty aspirations of TG4's mission statement.*

Lena cheart a thabhairt don stáisiún, le roinnt blianta anuas ba láidre ná riamh na tagairtí do phobal na Gaeilge agus na Gaeltachta ina thuarascálacha bliantúla. I dTuarascáil 2011, mar shampla, dúradh gur ghá:

> ... a chinntiú go bhfreagraíonn ár gcuid clár do chultúr mhuintir na hÉireann agus na Gaeltachta ach go háirithe. Cinnteofar freisin go bhfreagraíonn an tseirbhís do riachtanais na bpobal Gaeltachta agus na dteaghlach arb í an Ghaeilge a dteanga laethúil. (TG4 2012)

Déarfadh duine gur thug an ghéarchéim eacnamaíochta ar TG4 béim níos láidre a leagan ar an rud is mó a dhéanann í a leithroinnt ó chraoltóirí eile – an Ghaeilge. I dTuarascáil Bhliantúil 2011, dúirt Pól Ó Gallchóir:

> Bheadh tionchar ag laghdú leanúnach ar ár maoiniú ar fhorbairt seirbhíse TG4 a mbeadh tionchar dá réir aige ar chur chun cinn na Gaeilge agus ar chultúr na Gaeilge agus ar fhostaíocht san earnáil léiriúcháin neamhspleách agus ar an eacnamaíocht náisiúnta níos leithne i 2012. (TG4 2012)

Roimhe seo nuair a imíodh TG4 ar seachrán óna bhunchuspóirí teanga chuirtí an locht ar gheasa tráchtála, ach le tamall anuas tá cás tráchtála á dhéanamh ag an stáisiún bunaithe ar bhunchuspóirí teanga an stáisiúin. Bhí an bhainistíocht i mBaile na hAbhann an-mhórálach i gcónaí as na figiúirí féachana sláintiúla a bhíonn ag an stáisiún um Nollaig agus um Cháisc, ach le cúpla bliain anuas tá nasc níos daingne á dhéanamh acu idir na figiúirí sin agus dualgas teanga TG4.

> Tarraingíonn sé [an t-ardú sa lucht féachana um Nollaig, etc.] aird freisin ar an ngá atá ann do TG4 maoiniú breise a aimsiú, áfach, infheistíocht a dhéanamh i gcláir Ghaeilge láidre chun an sciar a mhéadú go dtí na leibhéil sin ar feadh na bliana. (TG4 2012)

Tugadh isteach an sceideal measctha chun an croísceideal a thabhairt slán, ach b'fhéidir gurb é an croísceideal a thabharfaidh an stáisiún slán sa deireadh. Más ceadmhach an seanrá Béarla faoin mbronntanas cainíneach a lúbadh, is é an dúshlán is mó atá roimh TG4 sna blianta amach romhainn ná a chur ina luí ar dhaoine nach 'don Nollaig amháin é an craoltóir Gaeilge'. Faoi mar atá cruthaithe ag cláir ar nós *Spillane an Fánaí*, *Rásaí na Gaillimhe* agus *Bliain in Inis Oírr* tá lucht féachana réasúnta mór ann do chláir i nGaeilge, nó do chláir atá i nGaeilge den chuid is mó. Tríd an nasc sin idir a gcuspóirí teanga agus a gcuspóirí tráchtála a dhaingniú, d'fhéadfadh lucht TG4 seirbhís níos fearr fós a sholáthar do phobal na Gaeilge agus na Gaeltachta agus dóibh siúd atá báúil leis an gcraoltóir Gaeilge.

Bíodh is gur mhaígh tuarascáil Crowe Horwath nach bhfuil an céatadán de dhaoine le Gaeilge a bhíonn ag féachaint ar TG4 puinn níos airde ná an céatadán de Bhéarlóirí a fhéachann ar an gcainéal, is léir go bhfuil caidreamh ar leith ag pobal na Gaeilge leis an stáisiún. De réir suirbhé a dhein IPSOS MRBI do TG4 ar 'chroí lucht féachana' an stáisiúin, tá *Ros na Rún*, *GAA Beo* agus *Nuacht TG4* i measc na gclár is mó a mbíonn pobal na Gaeilge ag féachaint orthu. Tá pobal na Gaeilge níos dílse do chláir áirithe ar TG4 ar nós *Ros na Rún* agus *GAA Beo* ná mar atá siad do chuid de na cláir is mó éileamh sa tír ar nós *The Late Late Show* agus *Fair City*. Maíonn Leas-Phríomhfheidhmeannach TG4, Pádhraic Ó Ciardha, gur chruthaigh torthaí an tsuirbhé go raibh TG4 'i dtiúin' lena chroí-lucht féachana, ach is cosúil go bhfuil pobal na Gaeilge deighilte i gcónaí mar gheall ar chur chuige dátheangach TG4. Dúirt 43 faoin gcéad de na daoine a ghlac páirt ann gur chóir go mbeadh gach clár ar TG4 i nGaeilge agus 40 faoin gcéad a dúirt a mhalairt (Ó Gairbhí 2012a).

I bhfianaise na bhfigiúirí féachana, áfach, is tacaíocht bhog den chuid is mó atá i measc an phobail i gcoitinne do TG4 agus níl na figiúirí féachana ísle a bhíonn i gceist cuid mhaith den am ag teacht leis an meas a deir daoine atá acu ar obair an chraoltóra. Nó, mar a dúirt Hanafin ina alt sa *Sunday Independent*, '*For most people, TG4 is like a dusty heirloom in a cupboard that you're happy to have but rarely use.*' (2012)

'Sean-uncail' seachas *dusty heirloom* an tsamhail don Ghaeilge atá ag Cathal Goan.

> 25 bliain ó shin, thug Breandán Ó hEithir an chéad Léacht Uí Chadhain, agus dúirt sé ag an am sin, gur chuir dearcadh mhuintir na hÉireann ar cheist na Gaeilge i gcuimhne dó duine a bhí ag caint ar an sean-uncail a bhí sa *county home*. Bhí meas agus urraim aige ar an sean-uncail ach bhí drogall air dul ar cuairt chuige. Ach gach uair a ndeachaigh sé ar cuairt air bhraith sé níos fearr dá thairbhe agus gheall sé dó fhéin go dtabharfadh sé cuairt níos minice air. Ach rinne sé dearmad ar ar gheall sé agus thit sé isteach sa phatrún céanna arís. (2014)

Bhí cuma na fírinne chomh maith ar an tvuít a sheol *Not the RTÉ Guide*, a fhoilsíonn bréagsceidil teilifíse ar Twitter, i Samhain 2011:

> *TG4 22:00 A Really Interesting Documentary: 'Hmm', you say to yourself, 'I should watch TG4 more often'. But you never do.*

❦

Tá éirithe go geal le TG4 'íomhá' nuálach a chruthú don teanga agus tá léirithe aige go bhfuil an Ghaeilge ar a compord sa saol comhaimseartha. Ach an gaisce is mó atá déanta ag an stáisiún ó thaobh na teanga, ná gur athraigh sé dearcadh chuid mhaith de mhuintir na hÉireann ina leith. Ní léir go bhfuil ról lárnach ag na meáin i gcothú teanga mionlaigh ar bith cé go bhfuil méid áirithe fianaise ann go nglacann pobal na hÉireann le dlisteanacht TG4, go bhfuil cion acu air agus go mbeadh díomá orthu dá ndúnfaí é (Crowe Horwath 2013).

Mar a dúirt Tadhg Ó hIfearnáin, is deacair a mhaíomh 'go gcuireann aon bhealach teilifíse an teanga mhionlaithe s'aige á labhairt i measc daoine nach raibh á labhairt cheana' agus 'b'ait a leithéid a iarraidh ar chainéal teilifíse i ndeireadh na dála'. (O'Connell et al. 2008)

Clíona Ní Chiosáin in *Aifric*, an tsraith drámaíochta don aos óg a craoladh ar dtús ar an 31 Deireadh Fómhair 2006 agus TG4 ag ceiliúradh deich mbliana

In éagmais fianaise, mar sin, ní fhéadfaimis a bheith cinnte ar spreag TG4 níos mó daoine chun Gaeilge a labhairt nó an bhfuil sí ag cabhrú le cosaint, le cothú agus le caomhnú na teanga mar theanga phobail sa Ghaeltacht. Is féidir linn buille faoi thuairim a thabhairt, áfach, bunaithe ar an daonáireamh is déanaí. Léirigh staitisticí Dhaonáireamh 2011 go raibh méadú 7 faoin gcéad ón daonáireamh roimhe sin ar líon na ndaoine sa tír a dúirt go raibh Gaeilge acu, méadú 7 faoin gcéad ar líon na ndaoine a dúirt gur úsáid siad an teanga go laethúil lasmuigh den chóras oideachais, agus méadú 3 faoin gcéad ar líon na ndaoine sa Ghaeltacht a dúirt gur úsáid siad an teanga go laethúil, lasmuigh den chóras oideachais (An Phríomh-Oifig Staidrimh 2012).

Ní fios go baileach cén bhaint a bhí ag TG4 leis seo, ach aon duine a choimeádann súil ghéar ar pholasaithe teanga an Stáit ó dheas, ba dheacair dó a áitiú go raibh, cur i gcás, baint níos mó leis an bhfás seo ag aon pholasaí teanga rialtais ná mar a bhí ag TG4. Sular tháinig Teilifís na Gaeilge ar an saol, léirigh dhá mhórshuirbhé de chuid Institiúid

Teangeolaíochta Éireann, in 1983 agus in 1993, go raibh tacaíocht shuntasach i measc an phobail don teanga, agus níl aon mheath tagtha ar an tacaíocht sin ó shin (Walsh 2014). De réir tuarascáil ón ESRI a foilsíodh in 2015 (Darmody & Daly), chreid nach mór dhá thrian den phobal go gcuirfí féiniúlacht na hÉireann 'ar ceal' dá rachadh an Ghaeilge in éag. Sa phobalbhreith a raibh taighde an ESRI bunaithe, thug 67 faoin gcéad de na daoine a ghlac páirt ann le fios go bhfuil dearcadh dearfach acu i leith na Gaeilge agus dúirt 45 faoin gcéad de rannpháirtithe an tsuirbhé i dTuaisceart Éireann an rud céanna. Thug pobalbhreith a dhein an comhlacht Millward Brown do *Tuairisc.ie* in 2014 le fios go gcreideann formhór an phobail ó dheas nach bhfuil dóthain á dhéanamh ag an Stát don Ghaeilge (Ó Gairbhí 2014a).

Bheadh fuar ag an té a d'áiteodh nach raibh ar a laghad baint fhánach éigin ag TG4 leis an dea-thoil seo don Ghaeilge a mhaireann i gcónaí i measc an phobail. Mar thairis aon rud eile, tá gaisce margaíochta agus brandála ar son na teanga déanta ag an gcraoltóir Gaeilge. Bíonn scaothairí ghné-ailt na nuachtán ag déanamh iontais de 'réalta' an stáisiúin ar an gcuma chéanna go mbíodh teangeolaithe ag déanamh iontais de mhuintir an Bhlascaoid Mhóir fadó.

Is beag seans, mar shampla, go léifí fiche bliain ó shin alt ar shearmanas bronnta gradam Gaeilge cosúil leis an gceann a scríobh Deirdre Reynolds san *Irish Independent* faoi Ghradaim Chumarsáide an Oireachtais in 2013:

Move over, Dáithí – meet the new buachaillí on the block. Maura Derrane, Gráinne Seoige and Eibhlín Ní Chonghaile are just some of the gorgeous Gaeilgeoirí to emerge from TG4 in recent years. But following in the footsteps of former weatherman Dáithí Ó Sé and Hector Ó hEochagáin, there's no shortage of male talent at the Irish-language channel either. Celebrating the best of the Irish language media, the Oireachtas Media Awards 2013 takes place at Galway

Bay Hotel tonight. Here, we meet some of the nominees helping to make our native tongue hot ... (Reynolds 2013)

Mar a dúirt Pádraig Ó Mianáin, foclóirí agus léachtóir, a bhuíochas le TG4 'tá an seanseál agus an cóta de ghlas na gcaorach caite i leataobh agus an bríste beirmiúda agus an mionsciorta ina n-áit' agus 'tá an íomhá nua seo á craobhscaoileadh amach thar chlaí ghort na Gaeilge agus amach sa mhórphobal, rud a chothaíonn dearcadh níos dearfaí ag na neamh-Ghaeilgeoirí ar an teanga.' (O'Connell et al. 2008)

Mhaígh Pádhraic Ó Ciardha in 2001 go raibh athrú tagtha ar dhearcadh an phobail faoin nGaeilge ó tháinig an stáisiún ar an bhfód cúig bliana roimhe sin.

In fact there is a pride and a sense of ownership about the language among core speakers that wasn't there before. Irish is now associated with being chic and creative – dare I say it 'cool'. I think it is not a coincidence that this very tangible change of image for the language has occurred at the exact same time as the establishment and development of TG4. (Cradden 2001)

Nuair a cuireadh ceist ar Phádraic Ó Ciardha in 2015 cérbh é an gaisce ba mhó a bhí déanta ag an stáisiún ón uair a bunaíodh é, tháinig freagra pras uaidh: '*TG4 has led a change in attitude towards the Irish language ... It is the most attractive, accessible and entertaining portal into the language since the foundation of the State.*' (Meagher 2015)

Arís, is i dtaobh le scéalta 'dúirt bean liom go ndúirt bean léi' atáimid agus sinn ag iarraidh an rian seo atá fágtha ag TG4 ar dhearcadh phobal na hÉireann i leith na Gaeilge a mheas, ach gheobhadh aon Ghaeilgeoir a phléifeadh TG4 le neamh-Ghaeilgeoirí blas na fírinne ar áitiú Uí Chiardha agus ar insint Joe Steve Uí Neachtain ar a thaithí féin mar aisteoir ar *Ros na Rún*:

Castar na céadta liom as chuile cheard den tír nach bhfuil acu ach líochán na bhfotheideal d'éadan na teilifíse de bharr an ghráin shaolach ar an teanga Ghaeilge a d'éirigh leis an gcóras oideachais a dhaingniú ina gcroí. Ach is léir go bhfuil a meon ag athrú de réir mar atá corrbhlaiseadh den chultúr Gaelach ag dul i bhfeidhm orthu. Iad ag gabháil a leithscéil as an míthuiscint a d'fhág balbh ar urlabhraíocht na Gaeilge iad … Ach mothaíonn tú an cultúr agus an nádúr atá báite i gcroí na ndaoine. An bairille a mbíonn an fíon ann, fanann an blas ar na cláir … Castar na céadta liom ins chuile cheard den tír nach gcaillfeadh *Ros na Rún* ar ór na cruinne, cé nach bhfuil focal Gaeilge ina bpluic. Ach ní friotal atá chomh tanaí le liathuisce ná an nua-aois a chuireann an t-aos óg ag pramsáil ó leaba go leaba is mó atá á mealladh ar ais i dtreo an chultúir ach na goití a bhíos ar Shéamas Mhicil Tom agus an saibhreas a bhíos ag tál as béal leithéid Thaidhg Uí Dhireáin. (Ó Neachtain 2013)

Ar ndóigh tá tábhacht ag baint chomh maith le dul i bhfeidhm ar an mórphobal seo agus dar leis an scríbhneoir Alan Titley, mar shampla, gur minic tuiscint rótheoranta againn ar cad is 'pobal na Gaeilge' ann.

Táimidne 'sa chaológ chalcaithe mhúnlaigh' sin ag seoladh timpeall dúinn féin agus go minic dár lomdearg ainneona. Ach smaoinítear ar na mílte de mhílte a dhéanann, cuir i gcás, onóracha sa Ghaeilge san Ardteistiméireacht, agus go háirithe an méid sin díobh a shealbhaíonn an Ghaeilge go slán agus go slachtmhar … Más í an chaolchuid féin í sin, i gcaitheamh na mblianta agus i bhfad na haimsire, ní suarach an t-áireamh é. Is é sin le rá, d'fhocail ghearra, tá pobal mór le Gaeilge amuigh ansin nach pobal na Gaeilge iad. Is é atá á mholadh agam sciar éigin díobh seo a thabhairt isteach inár lúib, iad a chur ar an eolas maidir leis an dioscúrsa síoraí atá ar bun againn. Tá an Ghaeilge ina codladh i measc na gcéadta míle de mhuintir na hÉireann, ach is ann di. Ní ag trácht thar lucht an 'chúpla focal' atáim – cé gurb ardluachmhar iad sin ar mhuir mhór bhá an phobail – ach lucht na Gaeilge líofa nach mbeadh ach broideadh nó mealladh beag ag teastáil uathu chun go leathnófaí ar phobal gníomhach na teanga. (Titley 2015)

Gan amhras tá ceannródaíocht léirithe ag TG4 níos fairsinge ná réimsí na brandála agus an 'bhabe-achais'. Beartas fónta cultúrtha agus craoltóireachta a bhí i mbunú Theilifís na Gaeilge agus tá a dhintiúir cruthaithe go maith aige sna réimsí sin leis, mar a ghéilleann fiú lucht an amhrais ar nós Bob Quinn:

> *In the ecology of Irish broadcasting, RnaG and TG4 may be considered to be the only species that are unique to Ireland, and like any rare species whose cultural hinterland is ever diminishing, they are hanging on by their fingertips. In the ecosystem of sounds, images and ideas which broadcasting should be, there is presently a monocultural preponderance of weeds, choking all educative possibilities, asphyxiating our cultural life and slowly toxifying our imaginations, RnaG and TG4 are essential detoxifiers.* (Quinn 2001)

Is iontaí fós na gaiscí ar fad atá déanta ag TG4 nuair a chuimhnítear ar an drochbhail a bhí ar an gcraoltóireacht Ghaeilge roimh theacht na teilifíse Gaeilge agus ar a laghad a raibh daoine ag súil leis – dhá uair an chloig de chláir Ghaeilge in aghaidh an lae – nuair a bunaíodh an stáisiún.

Chuir TG4 cláir Ghaeilge ar fáil do ghlúin daoine óga gur ar éigean a raibh aon chartún Gaeilge le feiscint ar an scáileán beag ag a dtuismitheoirí agus iad ag teacht chun coinlíochta agus tá an dara glúin anois ag fás aníos agus teacht acu ar shiamsaíocht Ghaeilge ar an teilifís. 'B'fhiú é ar fad ar mhaithe le Hiúdaí,' mar a deir Ciarán Ó Feinneadha.

Seans go raibh a theanga ina leathbhéal ag an bhfile Louis de Paor nuair a dúirt sé gurbh é buaicphointe na hathbheochana é 'nuair a labhair Kermit an frog glan-Ghaelainn ar *The Muppets* ar TG4', ach bhí smut den cheart aige leis. Thug TG4 misneach do phobal na Gaeilge agus na Gaeltachta agus chuir sé fostaíocht ar fáil do mheánaicme nua oilte.

Coco ón gclár do dhaoine óga *Bia Linn*, 2013–16

Agus é taobh le hacmhainní beaga, tá cláir Ghaeilge craolta ag TG4 le fiche bliain anuas a bhí chomh maith, agus uaireanta níos fearr, ná aon stáisiún eile.

Ba dheacair an saol a shamhlú gan TG4 agus b'fhurasta neamhaird a dhéanamh dá bhfuil bainte amach aige. Má b'ionann craoladh bradach na teilifíse Gaeltachta agus an '*moon landing*' mar a mhaígh Bob Quinn, b'ionann teacht ar an bhfód TG4 agus neach beo a aimsiú i réaltra eile.

Maidir leis an bhfís a bhí ag Micheál D. Ó hUigínn go ndéanfadh TnaG 'ardán agus guth a thabhairt dár dteanga dúchais' agus 'í a thabhairt isteach cois teallaigh mhuintir uilig na hÉireann', den chuid is mó deineadh deimhin dá dhóchas. Míorúilt ab ea é gur tháinig ann don stáisiún Gaeilge agus gur éirigh chomh maith sin leis, ach b'fhéidir go bhfuil sé in am don lucht ceannais dearmad a dhéanamh ar 'mhuintir uilig na hÉireann' nó ar a laghad an chuid sin de phobal na tíre nár fhéach riamh ar TG4. Ní mheallfar go deo iad, fiú le Béarla, *babe*-anna nó briathra binne.

Anois an t-am don chraoltóir Gaeilge díriú níos mó ar phobal na Gaeilge agus na Gaeltachta agus muinín a bheith aige as an gcuid eile den phobal a bhfuil suim acu sa teanga agus bá léirithe acu le TG4. Anois an t-am éirí as a bheith ag tabhairt cuireadh chun rince do chách agus glacadh leis gur chuid den saol an grá leatromach.

Nuair atá deireadh ráite, is ar mhaithe le pobal na teanga a bunaíodh Teilifís na Gaeilge agus b'fhéidir, leis, gurb í seo an deis is fearr atá ag TG4 ar bheith cuí agus ábhartha le himeacht aimsire.

Dúisímis, mar a mhol Alan Titley, an Ghaeilge san áit a bhfuil sí ina codladh agus cuirimis daoine ar an eolas maidir leis an 'dioscúrsa síoraí' atá ar bun againn. Ach déanaimis cinnte gur ár ndioscúrsa féin atá i gceist, mar tagann agus imíonn faisin agus foirmlí mar a bheidís á stiúradh le zaipire ag leadaí toilg mífhoighneach.

Tagann agus imíonn teangacha leis, agus, ar deireadh thiar, ní bheadh ann don 'tSúil Eile' mura mbeadh ann don 'teanga eile'.

Liosta foinsí

Agallaimh

Esslemont, Alan 2014, 2017.

Goan, Cathal 2014.

Hijmans, Alex 2014.

Ó Ciardha, Pádhraic 2014.

Ó Feinneadha, Ciarán 2013.

Ó Gallchóir, Pól 2014.

Ó hÉallaithe, Donncha 2013.

Ó hUigínn, Micheál D. 2014.

Ó Meallaigh, Micheál 2014.

Díospóireachtaí Oireachtais

Dáil Éireann 2004. *Other questions – Irish language broadcasting*, 29 Meitheamh 2004 [ar líne]. Ar fáil: oireachtasdebates.oireachtas.ie.

Dáil Éireann 1999a. *Broadcasting Bill, 1999: Second Stage*, 4 Samhain 1999 [ar líne]. Ar fáil: oireachtasdebates.oireachtas.ie.

Dáil Éireann 1999b. *Broadcasting Bill, 1999: Second Stage (Resumed)*, 10 Samhain 1999 [ar líne]. Ar fáil: oireachtasdebates.oireachtas.ie.

Dáil Éireann 1996. *Ceisteanna—Questions. Oral answers – Teilifís Na Gaeilge*, 8 Deireadh Fómhair 1996 [ar líne]. Ar fáil: oireachtasdebates.oireachtas.ie.

Dáil Éireann 1993. *Written answers – Teilifís na Gaeilge location*, 15 Nollaig 1993 [ar líne]. Ar fáil: oireachtasdebates.oireachtas.ie.

Dáil Éireann 1992. *Supplementary Estimates, 1992. Confidence in Government: Motion (Resumed)*, 5 Samhain 1992 [ar líne]. Ar fáil: oireachtasdebates.oireachtas.ie.

Dáil Éireann 1991. *Written answers – Teilifís [na] Gaeilge*, 16 Deireadh Fómhair 1991 [ar líne]. Ar fáil: oireachtasdebates.oireachtas.ie.

Dáil Éireann 1990a. *An Dara Comhchoiste don Ghaeilge — An Dara agus an Tríú Tuarascáil: Tairiscint*, 8 Márta [ar líne]. Ar fáil: oireachtasdebates.oireachtas.ie.

Dáil Éireann 1990b. *Private Members' Business – Confidence in Minister for Justice and Minister for Communications: Motion (Resumed)*, 13 Meitheamh 1990 [ar líne]. Ar fáil: oireachtasdebates.oireachtas.ie.

Dáil Éireann 1990c. *Broadcasting Bill 1990: Report Stage (Resumed)*, 11 Iúil 1990 [ar líne] Ar fáil: oireachtasdebates.oireachtas.ie.

Dáil Éireann 1987a. *Ceisteanna—Questions. Oral answers – Stáisiún Teilifíse Gaeltachta*, 27 Bealtaine 1987 [ar líne]. Ar fáil: oireachtasdebates.oireachtas.ie.

Dáil Éireann 1987b. *Ceisteanna—Questions. Oral answers – Irish Language Programming on Television*, 15 Deireadh Fómhair 1987 [ar líne]. Ar fáil: oireachtasdebates.oireachtas.ie.

Dáil Éireann 1986. *Ceisteanna—Questions. Oral answers – Telefís na Gaeltachta Proposal*, 10 Nollaig 1986 [ar líne]. Ar fáil: oireachtasdebates.oireachtas.ie.

Dáil Éireann 1960. *Broadcasting Authority Bill 1959 [Seanad] — Second Stage (Resumed)*, 16 Márta 1960 [ar líne]. Ar fáil: oireachtasdebates.oireachtas.ie.

Seanad Éireann 1990a. *Private business – Seirbhís Teilifís Ghaeltachta: Tairiscint*, 16 Bealtaine 1990 [ar líne]. Ar fáil: oireachtasdebates.oireachtas.ie.

Seanad Éireann 1990b. *Seirbhís Teilifíse Ghaeltachta: Tairiscint (Atógáil)*, 23 Bealtaine 1990 [ar líne]. Ar fáil: oireachtasdebates.oireachtas.ie.

Seanad Éireann 1990c. *Order of Business*, 6 Meitheamh 1990 [ar líne]. Ar fáil: oireachtasdebates.oireachtas.ie.

Seanad Éireann 1990d. *Broadcasting Bill, 1990: Second Stage (Resumed)*, 12 Iúil 1990 [ar líne]. Ar fáil: oireachtasdebates.oireachtas.ie.

Seanad Éireann 1990e. *'Ábhar ar an athló' – Teilifís na Gaeltachta*, 21 Samhain 1990 [ar líne]. Ar fáil: oireachtasdebates.oireachtas.ie.

Seanad Éireann 1966. *Broadcasting Authority (Amendment) Bill, 1965: Second Stage*, 16 Feabhra 1966. [ar líne]. Ar fáil: oireachtasdebates.oireachtas.ie.

Tithe an Oireachtais 2007. *Joint Committee on Communications, Marine and Natural Resources – Independence and Remit of TG4*, 11 Eanáir 2007 [ar líne]. Ar fáil: oireachtasdebates.oireachtas.ie.

Tithe an Oireachtais 2003. *Joint Committee on Arts, Sport, Tourism, Community, Rural and Gaeltacht Affairs. Department of Community, Rural and Gaeltacht Affairs: Ministerial Presentation*, 19 Feabhra. [ar líne]. Ar fáil: oireachtasdebates.oireachtas.ie.

Reachtaíocht, tuarascálacha, agus doiciméid eile

An tAcht Craolacháin 2009. Uimh. 18 de 2009. [ar líne]. Ar fáil: www.acts.ie.

Broadcasting Authority of Ireland. 2013. *Section 124, Broadcasting Act 2009 Five-year Review of Public Funding: Authority Recommendations* [ar líne]. Ar fáil: www.bai.ie/index. php/five-year-review-of-public-funding.

Crowe Horwath. 2013. *Final report for the BAI – Review of funding for public service broadcasters*, 23 May.

Darmody, M. agus Daly, T. 2015. *Dearcadh an Phobail i Leith na Gaeilge*. ESRI.

Department of Arts, Culture and the Gaeltacht. 1995. *Active or Passive? Broadcasting in the Future Tense: Green Paper on Broadcasting*. Dublin: Government Stationery Office.

Fianna Fáil agus Páirtí an Lucht Oibre. 1993. *Programme for a Partnership Government 1993–1997*.

Fennell, C. 2012. 'An bealach ar aghaidh. A proposed strategy for RTÉ's Irish language output'. Dublin.

Fennell, N. 1995. 'The Film West Interview'. *Film West*, Number 23.

Indecon. 2012. *TG4 Annual Public Funding Review 2011* [ar líne]. Ar fáil: www.bai.ie/ index.php/annual-review-of-public-funding.

Meitheal Oibre ar Chraolachán Teilifíse Trí Ghaeilge. 1987. *Tuarascáil d'Aire na Gaeltachta agus don Aire Cumarsáide*. Baile Átha Cliath: Oifig an tSoláthair.

Ofcom. *PSB Annual Report 2014*. 15 December.

Ó Giollagáin, C., et al. 2007. *Staidéar cuimsitheach teangeolaíoch ar úsáid na Gaeilge sa Ghaeltacht: tuarascáil chríochnaitheach*. Baile Átha Cliath: Oifig an tSoláthair.

Ó Giollagáin, C. agus Charlton, M. 2015. *Nuashonrú ar an staidéar cuimsitheach teangeolaíoch ar úsáid na Gaeilge sa Ghaeltacht: 2006–2011*.

Oliver and Ohlbaum Associates Limited. 2010. *PSB public funding reviews for public service broadcasters* [ar líne]. Ar fáil: http://www.bai.ie/wordpress/wp-content/uploads/2009-PSB-Funding-Review-Report.pdf.

An Phríomh-Oifig Staidrimh. 2012. *Daonáireamh 2011 – Cainteoirí Gaeilge*. [ar líne]. Ar fáil: http://www.cso.ie/en/media/csoie/census/documents/census2011profile9/Profile,9, Irish,speakers,-,Combined,document.pdf

RTÉ. 1994. *RTÉ Annual Report*. Dublin.

Special Group on Public Service Numbers and Expenditures Programmes. 2009. *Report of the Special Group on Public Service Numbers and Expenditures Programmes*. Office of Government Publications. Dublin.

Rialtas na hÉireann. 2010. *Straitéis 20 bliain don Ghaeilge.* [ar líne]. Ar fáil: www.ahg.gov.
ie/app/uploads/2015/07/Straiteis-20-Bliain-Leagan-Gaeilge.pdf

TG4. 2015a. *Tuarascáil Bhliantúil TG4 2014* [ar líne]. Ar fáil: www.tg4.ie/ga/corporate/
corporate-governance.

TG4. 2015b. *Gan teideal* [ar líne]. Ar fáil: http://old.tg4.ie/assets/files/Sales/TG4-Less-
Clutter-Less-FF.pdf

TG4. 2014. *Tuarascáil Bhliantúil TG4 2013* [ar líne]. Ar fáil: www.tg4.ie/ga/corporate/
corporate-governance.

TG4. 2013a. *Tuarascáil Bhliantúil TG4 2012* [ar líne]. Ar fáil: www.tg4.ie/ga/corporate/
corporate-governance.

TG4. 2013b. *Statement of Strategy 2013–2017. Additional Scenarios.* Ar fáil: http://
s3.amazonaws.com/tg4-docs/tg4-redesign-2015/wp-content/uploads/2015/07/
Statement-Strategy2013-2017.pdf.

TG4. 2012. *Tuarascáil Bhliantúil TG4 2011* [ar líne]. Ar fáil: www.tg4.ie/ga/corporate/
corporate-governance.

TG4. 2011. *Ráiteas Straitéise (2011–2015).* [http://s3.amazonaws.com/tg4-docs/tg4-
redesign-2015/wp-content/uploads/2015/07/Corp-Strategic-Plan-ie.pdf]

TG4. 2009. *Tuarascáil Bhliantúil TG4 2008* [ar líne]. Ar fáil: www.tg4.ie/ga/corporate/
background.

TG4. 2008a. *Plean Straitéise TG4 2008–2012* [ar líne]. Ar fáil: www.tg4.ie/ga/corporate/
corporate-governance.

TG4. 2008b. *Tuarascáil Bhliantúil TG4 2007* [ar líne]. Ar fáil: www.tg4.ie/ga/corporate/
background.

TG4. 2006. *Tuarascáil Bhliantúil TG4 2005* [ar líne]. Ar fáil: www.tg4.ie/ga/corporate/
background.

TG4. 2005. *Tuarascáil Bhliantúil TG4 2004* [ar líne]. Ar fáil: www.tg4.ie/ga/corporate/
background.

Ailt

An Cúigiú Colúnaí. 2015. 'An tost á scagadh ag TG4'. *Comhar,* Meán Fómhair.

Anois. 1990. 'Comhfhreagras Teilifíse'. *Anois,* 18 Márta.

Anois. 1991a. 'Tuarascáil Bháis'. *Anois,* 23–24 Márta.

Anois. 1991b. 'Gealltanas gan cur leis'. *Anois,* 2–3 Samhain.

Ar Son na Cúise. 2016. 'Bronntanais na Nollag ó Ar Son na Cúise'. *Tuairisc.ie,* 22 Nollaig.

Ar Son na Cúise. 2015. 'Sceideal an fhómhair ar TG4'. *Tuairisc.ie*, 2 Meán Fómhair.

Bhreathnach, B. agus Ó Gairbhí, S.T. 2006. 'TG4 amuigh leis féin gan gheallúintí'. *Foinse*, 20 Lúnasa.

Blain, E. 2006. 'Fancy a focail?' *Sunday Independent*, 12 February.

Boland, J. 2001 'Four-play has me all excited'. *Irish Independent*, 24 November.

Boland, J. 1996 'Energy and exuberance augurs well for future'. *Irish Independent*, 1 November.

Bourke, J. 1999. 'Súil eile?'. *The Irish Times*, 13 Deireadh Fómhair.

Bowman, J. P. 1996. 'Fiddling while millions burn'. *Sunday Independent*, 3 November.

Browne, H. 1997. 'On air with Radio Ireland'. *The Irish Times*, 18 March.

Browne, V. 1996 'Report fails to address root causes of drugs problem'. *The Irish Times,* 6 November.

Burns, K. 1994 'Cé a dhéanfaidh na cláracha?'. *The Irish Times*, 12 Deireadh Fómhair.

City Tribune. 1993. 'Defending the Teilifís "green light"'. *City Tribune*, 3 December.

Cooper, M. 1996 'Putting the role of Teilifís Na Gaeilge into context'. *Irish Press*, 9 September.

Cradden, J. 2001 'Breathing new life into the Irish language'. *The Irish Times*, 28 November.

Cunningham, J. 1993. 'Cliffhanger end for soap in boardroom'. *City Tribune*, 30 July.

The Daily Mail. 2010. 'The £100m taxpayer-funded Welsh TV channel where one in four shows get ZERO viewers'. *The Daily Mail*, 11 March.

de Barra, S. 1997a. 'Sé mhí de TnaG'. *Foinse*, 20 Aibreán.

de Barra, S. 1997b. 'Cé hé Aindrias Ó Murchú?'. *Foinse*, 11 Bealtaine.

de Blaghd, E. 1916. 'Cosaint na Gaeilge'. *An Claidheamh Soluis*, 5 Feabhra.

de Bréadún, D. 1991a. 'Músclaíonn an Taoiseach ceist na teilifíse arís'. *The Irish Times*, 13 Márta.

de Bréadún, D. 1991b. 'Plean teilifíse an Taoisigh doiléir fós'. *The Irish Times*, 20 Márta.

de Bréadún, D. 1991c. 'Dóchas agus imní faoi theilifís na Gaeilge'. *The Irish Times*, 2 Deireadh Fómhair.

de Bréadún, D. 1991d. 'Muinín agus milleán'. *The Irish Times*, 9 Deireadh Fómhair.

de Bréadún, D. 1990a. 'Scrúdú Roinne ar Theilifís Gaeilge'. *The Irish Times*, 14 Feabhra.

de Bréadún, D. 1990b. Tuarascáil. *The Irish Times*, 14 Márta.

de Bréadún, D. 1990c. Tuarascáil. *The Irish Times*, 21 Márta.

de Bréadún, D. 1990d. '"Ráflaíocht" séanta ag RTÉ'. *The Irish Times*, 16 Bealtaine.

de Bréadún, D. 1990e. 'Straitéis nua teilifíse molta'. *The Irish Times*, 30 Bealtaine.

de Bréadún, D. 1990f. 'TV plan for Irish language programmes under consideration'. *The Irish Times*, 24 September.

de Bréadún, D. 1989a. 'TV service in Irish would boost the language'. *The Irish Times*, 26 August.

de Bréadún, D. 1989b. 'Aire in amhras faoi scéim teilifíse'. *The Irish Times*, 22 Samhain.

de Bréadún, D. 1987a. 'Coiste na teilifíse faoi ionsaí'. *The Irish Times*, 30 Meán Fómhair.

de Bréadún, D. 1987b. 'Media urged to provide better Gaeltacht service'. *The Irish Times*, 5 October.

Delap, B. 2014. 'Cáipéisí Stáit 1984: Tacaíocht ar bith ón Rialtas d'fheidhmiú Plean Gaeilge'. *Tuairisc.ie*, 30 Nollaig.

Delap, B. 2012. 'Cathanna luatha 50 bliain ó shin le Teilifís Ghaeilge a bhaint amach'. *The Irish Times*, 21 Márta.

Delap, B. 1999. 'Carry on suas a' Ghleanna'. *Foinse*, 10 Eanáir.

Delap, B. 1998a. 'Níl TnaG ar fáil fós sna Gaeltachtaí'. *Foinse*, 8 Feabhra.

Delap, B. 1998c. 'Lucht teilifíse Gaeilge gan suim sa Ghaeilge'. *Foinse*, 21 Meitheamh.

Delap, B. 1998c. 'Cosaint láidir ag Goan ar dhul chun cinn TnaG'. *Foinse*, 18 Deireadh Fómhair.

Delap, B. 1997a. 'Gaeltachtaí "inbred" – Sunday Independent'. *Foinse*, 9 Márta.

Delap, B. 1997b. 'An bhfaca tú é?'. *Foinse*, 18 Bealtaine.

Delap, B. 1997c. 'Ag cosaint an linbh'. *Foinse*, 2 Samhain.

Diskin, P. 1994. 'Irish TV channel "meant for all"'. *Irish Press*, 16 July.

Dowling, B. 1993a. 'New Irish station to put £10 on licence'. *Irish Independent*, 23 November.

Dowling, B. 1993b. 'Price of the big language "switch on" – £20m a year cost'. *Irish Independent*, 23 November.

Doyle, D. 1996. 'Teilifís na gravy train chugs along just fine'. *Sunday Tribune*, 12 May.

Dunphy, E. 1996. 'Labour will pay when our day comes'. *Sunday Independent*, 7 April.

Fahy, D. 2001. 'TG4 offers a sporting chance'. *The Irish Times,* 12 December.

Fay, L. 2015. 'Prancing in the street'. *The Sunday Times*, 8 February.

Finlan, M. 1994. 'Has Dublin 4 hijacked Irish TV station?' *The Irish Times,* 30 May.

Finlan, M. 1987. 'Ros Muc gets its own TV Station'. *The Irish Times,* 9 October.

Fitzgibbon, F. 1993. 'Paying for Teilifís: Michael D. Higgins brainchild will cost State £21m to run'. *The Sunday Tribune*, 5 December.

Foley, C. 2016. 'Draíocht na Meán Ceilteach le feiceáil sna Déise'. *The Irish Times*, 13 Eanáir.

Foley, C. 2000. 'Young, free and bilingual'. *The Irish Times*, 16 September.

Foley, C. 1996. 'Teilifís na Gaeilge brings out the blas'. *The Irish Times*, 12 March.

Foley, M. 1996. 'Industrial action by journalists could disrupt start of TnaG'. *The Irish Times,* 19 August.

Foinse. 1996a. 'Clárasceideal Theilifís na Gaeilge ar an saol'. *Foinse*, 13 Deireadh Fómhair.

Foinse. 1996b. 'Eagarfhocal'. *Foinse*, 3 Samhain.

Foinse. 1998a. 'Buille trom do Theilifís Na Gaeilge'. *Foinse*, 10 Bealtaine.

Foinse 1998b. 'Eagarfhocal'. *Foinse*, 1 Samhain.

Geoghegan-Quinn, M. 1998. 'TnaG designed for next generation'. *The Irish* Times, 1 August.

Goan, C. 2007. 'Teilifís na Gaeilge: ten years a-growing'. *New Hibernia Review* 11:2.

Goan, C. 1998a. 'Teilifís Na Gaeilge'. *The Irish Times*, 31 Iúil.

Goan, C. 1998b. 'Giving relevance and resonance to the Irish language through TnaG'. *The Irish Times*, 19 October.

Godson, R. 1995. 'Higgins denies resign threat as costs row grows'. *Sunday Independent*, 17 December.

Hanafin, W. 2012. 'Seachtain na Gaeilge'. *The Sunday Independent*, 22 Iúil.

Hayden, J. 1999. 'Interview with Paul Mercier'. *Film West*, Number 34.

Hegarty, S. 2003a. 'The Prince who was lost in the shadows'. *The Irish Times*, 25 January.

Hegarty, S. 2003b. 'Is it craic or crass?'. *The Irish Times*, 31 October.

Hickey, K. 2014. 'Eolas faoi atheagar nuachta "ró-íogair" le scaoileadh'. *Tuairisc.ie*, 9 Deireadh Fómhair.

Hijmans, A. 2006. 'Gnéasúil, sea, ach riachtanach?' *Foinse*. 5 Samhain.

Hijmans, A. 1999a. 'Beirt ceaptha do TnaG le prapáil don ré dhigiteach'. *Foinse*, 11 Iúil Lúnasa.

Hijmans, A. 1999b. 'Céad slán le TnaG, fáilte roimh TG4'. *Foinse*, 8 Lúnasa.

Hijmans, A. 1998a. 'TnaG is mó atá thíos le TV3'. *Foinse, 26 Iúil.*

Hijmans, A. 1998b. 'Moltar TnaG a chur ar RTÉ nó Network 2'. *Foinse*, 27 Meán Fómhair.

Holt, E. 1999. 'Naked honesty and knee-jerk nonsense'. *The Irish Times*, 24 July.

Holt, E. 1997. 'Strange motivations'. *The Irish Times*, 15 February.

Holt, E. 1996a. 'Defiant TnaG given baptism of fire'. *The Irish Times,* 1 November.

Holt, E. 1996b. 'Year of the documentary'. *The Irish Times*, 28 December.

Holt, E. 1993. 'Give the language a fighting chance'. *Irish Press*, 4 December.

Hourigan, N. 2012. 'Can TG4 recapture some good feeling about Irish?'. *The Irish Times*, 4 January.

Hourihane, A. M. 2007. 'Running Mate is a poll-topper'. *The Irish Times*, 11 October.

Humphries, T. 2008. 'TG4 lumbered with sports from the crypt'. *The Irish Times,* 28 July.

Inniu. 1976a. 'An fear óg ar an aeróg'. *Inniu*, 10 Nollaig.

Inniu. 1976b. 'Údarás RTÉ agus an Ghaeilge'. *Inniu*, 17 Nollaig.

Inniu. 1976c. 'Beartas Gaeilge Fhianna Fáil'. *Inniu*, 24 Nollaig.

Inniu. 1969. 'Bunófar Stáisiún Raidió agus Teilifíse Lán-Ghaeilge'. *Inniu,* 29 Aibreán.

Irish Independent. 2005. 'Bualadh bos'. *Irish Independent*, 27 Meitheamh.

Irish Independent. 1993. 'Irish TV'. *Irish Independent*, 23 November.

Irish Independent. 1975. 'Teilifís gann faoi Ghaeilge'. *Irish Independent*, 13 Feabhra.

Irish Independent. 1969. 'Séanadh ar achainí na Comhdhála'. *Irish Independent*, 2 Aibreán.

Irish Independent. 1963. 'Beidh cruinnithe ar fuaid na tíre feasta'. *Irish Independent*, 17 Aibreáin.

Irish Press. 1993. 'Eagarfhocal'. *Irish Press*, 23 Samhain.

Irish Press. 1984. 'A cheap start for Irish language TV?'. *Irish Press*, 31 October.

The Irish Times. 2015. 'TG4 beats budget constraints with a lively homegrown drama line-up'. *The Irish Times,* 3 September.

The Irish Times. 2003. 'Row brewing over future of TG4'. *The Irish Times,* February 24.

The Irish Times. 1999. 'Súil Eile? TnaG becomes TG4 – changing its image and language'. *The Irish Times*, 13 October.

The Irish Times. 1998. 'On the box'. *The Irish Times,* 24 July.

The Irish Times. 1996a. 'RTE licence rise linked to TnaG'. *The Irish Times,* 9 July.

The Irish Times. 1996b. 'TnaG to research viewing figures after poor showing'. *The Irish Times,* 2 December.

The Irish Times. 1994. 'Ón bpobal aníos'. *The Irish Times,* 23 Márta.

The Irish Times. 1980. '20% output in Irish – RTÉ Aim'. *The Irish Times,* 13 February.

The Irish Times. 1976. 'Tuarascáil' *The Irish Times,* 22 Nollaig.

The Irish Times. 1971. 'Strong criticism at Conradh Ard-Fheis'. *The Irish Times,* 17 May.

The Irish Times. 1964. 'T.E. programmes "to mirror Irish life"'. *The Irish Times,* 2 September.

The Irish Times. 1963. 'Youth must revive the language'. *The Irish Times,* 15 April.

Johnson, D. 1998a. 'Dreach nua do Nuacht TnaG'. *Foinse,* 22 Feabhra.

Johnson, D. 1998b. 'Ní áitiúil agus náisiúnta ach áitiúil agus uilíoch'. *Foinse,* 3 Bealtaine

Johnson, D. 1998c. 'Agallamh le Cathal Goan'. *Cuisle* (eagrán 2) [ar líne]. Ar fáil: homepage.tinet.ie/~cuisle1/eagran2/tnag.htm.

Keane, K. 2011. 'TG4 breaks more than language barrier in TV debate'. *Irish Independent,* 18 Feabhra.

Kelly, K. 1996. 'Michael D.'s dream TV a nightmare for me!' *Connacht Sentinel,* 5 November.

Kenny, C. 2013. '"The Rose" may wither but Mrs Brown is blooming great'. *Sunday Independent,* 28 April.

Kenny, C. 2006. 'With only three in a hundred viewers tuning in, there's something seriously wrong flawed with TG4'. *Irish Examiner,* 31 October.

Kenny, C. 1996. 'Maith an fear, Frank'. *Sunday Independent,* 18 February.

Kenny, C. 1994. 'Good money after bad'. *Sunday Independent,* 6 February.

Kenny, C. 1993. 'The new Ireland'. *Sunday Independent,* 5 December.

Kiberd, D. 1993. 'Why we need Teilifís na Gaeilge'. *Irish Press,* 30 November.

Kilkenny People. 1995. Eagarfhocal, 'The collapse of The Irish Press'. *Kilkenny People,* 9 June.

Kilkenny People. 1993. Eagarfhocal, 'An Irish language television channel?'. *Kilkenny People,* 3 December.

Kilroy, I. 2002. 'Small budgets, big ideas'. *The Irish Times,* 16 January.

Lee, J. 1993. 'When failure of intellect reinforced failure of will'. *The Irish Times,* 13 April.

Linehan, H. 1996. 'First nocht'. *The Irish Times,* 26 October.

Longford Leader. 1993. Eagarfhocal, 'No need for all-Irish television station', *Longford Leader,* 26 November.

Lord, M. 1996. 'Micheál D's labour of love Tina gets air-borne'. *Irish Independent,* 1 November.

Lynch, A. 2011. 'No hype, no ego, just a cracking TG4 debate.' *Evening Herald*, 17 February.

Lynch, D. 2015. 'The Irish language over the limit again'. *Sunday Independent*, 27 October.

Lynch, D. 2007. 'Why those poor ould fellas deserved to have their say'. *Sunday Independent*, 14 October.

Lynch, D. 2001. 'Like a dose of Lucozade for the Irish language'. *Sunday Independent*, 4 November.

Lynch, D. 1998. 'A county councillor named Desire'. *Sunday Independent*, 4 January.

Lynch, D. 1996a. 'Newborn TnaG delivery on cue.' *Sunday Independent*, 3 November.

Lynch, D. 1996b. 'They're speaking our language'. *Sunday Independent*, 10 November.

Lynch, D. 1994. 'Swedish soaps and politics as Gaeilge?'. *Sunday Independent*, 13 November.

Lysaght, R. 2011. 'TG4 Leaders' Debate Election 2011: the image of the Irish language on screen'. *The Canadian Journal of Irish Studies*, Vol. 37, No. 1/2.

Mac Amhlaoibh, F. 1990. 'TnG: "Ag brath anois ar an Taoiseach"'. *Anois*, 8 Aibreán.

Mac an Iomaire, R. 2014. 'Ceachtanna a d'fhoghlaim mé'. *Scéal scéil: rúndiamhra na meán*. B. Delap, eag. Cois Life.

Mac Anna, F. 2010. 'The Irish edge in the ratings war'. *The Irish Times*, 19 March.

McCaughren, S. 2006. 'TG4 now facing a funding crisis, Dempsey told'. *Irish Independent*, 4 October.

Mac Coille, C. 2001. 'Glactar leis anois go bhfuil TG4 ar an saol…'. *Foinse*, 28 Deireadh Fómhair.

MacConnell, C. 1980. 'Challenge to Bishop on Irish Mass', *The Irish Press*, 12 May.

Mac Conghail, M. 1997a. 'Craolachán: Teilifís na Gaeilge: teilifís ar strae?' *Comhar*, Aibreán.

Mac Conghail, M. 1997b. 'An fhís á fíorú?' *Foinse*, 2 Samhain.

Mac Conghail, M. 1996. 'Níl de locht uirthi ach a laghad'. *Foinse*, 3 Samhain.

Mac Con Iomaire, R. 1999a. 'Beirt níos fearr ná duine?'. *Foinse*, 17 Eanáir.

Mac Con Iomaire, R. 1999b. 'Agallamh na Seachtaine le Gráinne Seoige'. *Foinse*, 31 Eanáir.

Mac Con Iomaire, R. 1999c. 'Scannáin nua Ghaeilge'. *Foinse*, 31 Deireadh Fómhair.

Mac Con Iomaire, R. 1999d. 'TG4 "ag tabhairt neamhairde ar phobal na Gaeltachta"'. 7 Samhain.

Mac Con Iomaire, R. 2005. 'Agallamh beo: Donncha Ó hÉallaithe'. *Beo!* (Eagrán 50) Meitheamh.

Mac Cormaic, M. 2000. 'TG4: "Bás Mall, Pianmhar"'. *Foinse*, 13 Feabhra.

Mac Dubhghaill, U. 2001. 'Ag teacht in inmhe'. *Foinse*, 28 Deireadh Fómhair.

Mac Dubhghaill, U. 1997. 'More watch TnaG than MTV or Sky News, station head claims'. *The Irish Times*, 27 August.

Mac Dubhghaill, U. 1996a. 'Department gaffe ruffles RTE staff'. *The Irish Times*, 27 Feabhra.

Mac Dubhghaill, U. 1996b. 'NUJ seeks talks on nuacht service and new station'. *The Irish Times*, 29 Feabhra.

Mac Dubhghaill, U. 1996c. 'Tales of "bearded zealots" and £100m bills anger Irish TV supporters'. *The Irish Times*, 5 June 1996.

Mac Dubhghaill, U. 1996d. 'Turning on and tuning in – as Gaeilge'. *The Irish Times*, 27 August 1996.

Mac Dubhghaill, U. 1996e. 'Boldly Goan'. *The Irish Times*, 28 August.

Mac Dubhghaill, U. 1996f. 'Lots of drama for not much money'. *The Irish Times*, 28 August.

Mac Dubhghaill, U. 1996g. 'Higgins sees TnaG as antidote to soulless exploitation'. *The Irish Times*, 19 October.

Mac Dubhghaill, U. 1996h. 'Súil eile ar TnaG'. *The Irish Times*, 23 Deireadh Fómhair.

Mac Dubhghaill, U. 1996i. 'Connemara resounds to craic of celebrations for new TV station'. *The Irish Times*, 31 October.

Mac Dubhghaill, U. 1996j. 'How the "Connemaras" almost perished on the prairies amid the alien wheat'. *The Irish Times*, 4 Samhain.

Mac Dubhghaill, U. 1996k. 'One in four need new aerials for TnaG'. *The Irish Times*, 4 December.

Mac Dubhghaill, U. 1995a. 'New affection for the language'. *The Irish* Times, 11 April.

Mac Dubhghaill, U. 1995b. 'Support for the Irish language has risen, says survey'. *The Irish Times*, 22 September.

Mac Dubhghaill, U. 1995c. 'Gallúntraí le coimisiúnú ag Teilifís na Gaeilge'. *The Irish Times*, 27 Meán Fómhair.

Mac Dubhghaill, U. 1994a. 'Teilifís na Gaeilge á tharraingt soir'. *The Irish Times*, 26 Deireadh Fómhair.

Mac Dubhghaill, U. 1994b. 'Níl aon chomhcheilg ann – Goan'. *The Irish Times*, 9 Samhain.

Mac Dubhghaill, U. 1994c. 'Moilleadóireacht na Roinne Airgeadais cáinte'. *The Irish Times*, 16 Samhain.

Mac Dubhghaill, U. 1993a. 'Caipín an Aire'. *The Irish Times*, 3 Márta.

Mac Dubhghaill, U. 1993b. 'Irish TV service to start up in 1995'. *The Irish Times*, 24 November.

Mac Dubhghaill, U. 1993c. 'New TV station will reach 60% of population at start'. *The Irish Times*, 1 December.

Mac Dubhghaill, U. 1993d. 'Irish language TV gets approval of TDs'. *The Irish Times*, 2 December.

Mac Dubhghaill, U. 1993e. 'Ceannáras teilifíse don Tulach'. *The Irish Times*, 8 Nollaig.

Mac Dubhghaill, U. 1992a. 'Gaillimh molta do TnaG'. *The Irish Times*, 16 Meán Fómhair.

Mac Dubhghaill, U. 1992b. 'Teilifís – dearcadh an Aire'. *The Irish Times*, 7 Deireadh Fómhair.

Mac Dubhghaill, U. 1992c. 'Baol toghcháin don teilifís'. *The Irish Times*, 4 Samhain.

Mac Dubhghaill, U. 1992d. 'Cinneadh craolacháin tuartha'. *The Irish Times*, 11 Samhain.

Mac Dubhghaill, U. 1991a. 'Gaeltachtaí in adharca a chéile'. *The Irish Times*, 24 Aibreán.

Mac Dubhghaill, U. 1991b. 'Tua Albert'. *The Irish Times*, 10 Iúil.

Mac Dubhghaill, U. 1991c. 'Dóchas faoi theilifís in ainneoin tua Albert'. *The Irish Times*, 17 Iúil.

Mac Dubhghaill, U. 1991d. 'No allowance for Irish TV station'. *The Irish Times*, 18 December.

McGarry, P. 1996. 'High fliers at RTÉ set sights on top job'. *The Irish Times*, 23 November.

Mac Gearailt, B. M. 2016. 'An Klondike ag na IFTAS – ní bhlífear aon bhó i Muiceanach Idir Dhá Sháile go ceann seachtaine!'. *Tuairisc.ie*, 11 Aibreán.

Mac Gearailt, B. M. 2015a. 'Chomh "tinn le pearóid" de bheith ag éisteacht le Gaeilge a chodail amuigh ar TG4'. *Tuairisc.ie*, 28 Eanáir.

Mac Gearailt, B. M. 2015b. 'Breis fócais ar an nGaeilge, ar an nGaeltacht agus an pobal atá ag teastáil ó TG4'. *Tuairisc.ie*, 3 Meitheamh.

Mac Gearailt, B. M. 2014. 'Nuair a bhí an "seat cíche" riachtanach i gConamara'. *Tuairisc.ie*, 27 Nollaig.

Mac Gearailt, B. M. 2000. 'Díomá ar Goan', *Foinse*, 13 Lúnasa.

McManus, D. 2013. 'TG4 proves that life on the edge makes you sharper'. *Irish Independent*, 29 August.

McMillen, R. 2010. 'Agallamh beo: Aodán Mac Póilín'. *Beo!* (Eagrán 111) Iúil.

Mac Síomóin, T. 1994. 'TV for the Gaeltacht'. *The Irish Times*, 4 June.

Mac Stíonn, T. 1997. 'A little sensitive?'. *The Connacht Sentinel*, 5 August.

Mag Cuill, D. 1990. 'Tuairisc Teilifíse'. *The Irish Times,* 11 Iúil.

Mhic Niallais, M. 1990. 'Éilímis bealach teilifíse Gaeilge'. *Anois,* 3–4 Samhain.

Meagher, J. 2015. '20 years a-growing – but how secure is the future for TG4?'. *Irish Independent,* 27 September.

Moloney, E. 2005. 'From no-hopers to giant killers, TG4 slays competition'. *Irish Independent.* 10 January.

Mulqueen, E. 2000. 'Gael Force in the west'. *The Irish Times,* 21 January.

Mulqueen, E. 1995. 'Connemara TV producer beats RTE to the post for Teilifís na Gaeilge title!'. *The Connacht Tribune,* 17 March.

Musgrave, D. 1971. 'Gaeltacht agitation campaign planned'. *The Irish Times,* 25 January.

Myers, K. 2012. 'Flaws at RTE show licence fee we pay just isn't worth it'. *Irish Independent,* 28 December.

Myers, K. 1997. 'An Irishman's Diary'. *The Irish Times,* 17 January.

Myers, K. 1996. 'An Irishman's Diary'. *The Irish Times,* 6 December.

Myers, K. 1995. 'An Irishman's Diary'. *The Irish Times,* 15 March.

Myers, K. 1994. 'An Irishman's Diary'. *The Irish Times,* 10 September.

Nic Éanruig. D. 1989. 'Teilifís na Gaeltachta?'. *Irish Press.* 22 Meán Fómhair.

Ní Chatháin. M. 1996. 'Ré órga teilifíse?'. *Foinse,* 3 Samhain.

Nic Dhonncha, B. 1999. 'An bhfaca tú é?'. *Foinse,* 19 Meán Fómhair.

Ní Chiaráin, P. 1998. 'Dhá bhliain ag fás'. *Foinse,* 1 Samhain.

Ní Chinnéide, M. 2009. 'Cláracha faisnéise TG4: smaointe fánacha iománaí ar an chlaí'. *Comhar.* Bealtaine.

Ní Chinnéide, M. 1998. '"Fatwa" Chonradh na Gaeilge'. *Foinse,* 10 Bealtaine.

Ní Chinnéide, M. 1990. 'TnaG le plé ag Comhdháil Angla-Éireannach?'. *Anois,* 29–30 Meán Fómhair.

Ní Chionnaith, Í. 2016. 'TG4@20: 'B'fhiú gach picéad, agóid agus cás cúirte, ach fainic an Béarla'. *Tuairisc.ie,* 31 Deireadh Fómhair.

Ní Chonchubhair, M. 1999. 'An bhfaca tú é?'. *Foinse,* 10 Eanáir.

Ní Chonchubhair, M. 1997. 'An bhfaca tú é?'. *Foinse,* 26 Eanáir.

Nic Pháidín, C. 1998. 'Fáinne an Lae 1898 – Slánchéad'. *Foinse,* 4 Eanáir.

Ní Dhomhnaill, N. 1993. *Pharaoh's Daughter.* Winston-Salem, NC: Wake Forest University Press.

Ní Mhárta. M. agus Ó Gairbhí, S. T. 2006. 'Neamhspleáchas TG4 i mbaol'. *Foinse*, 2 Iúil.

Ní Mhianáin, R. 1996. 'An bhfaca tú é?' *Foinse*, 3 Samhain.

Ní Mhonacháin, S. 2002. 'Buille do TG4'. *Foinse*, 17 Samhain.

Ó Caollaí, É. 2014. 'Thousands march for language rights'. *The Irish Times*, 15 Feabhra.

O'Casey, S. 1924. 'Irish in the Schools'. *The Irish Statesman,* Uimhir 3, 29 November.

Ó Cearúil, M. agus Ó Conaill, P. 1991. 'Athdhearbhú ón Taoiseach'. *Anois*, 13-14 Iúil.

Ó Ciardha, P. 2012. 'TG4.' *American Journal of Irish Studies*, Uimhir 9.

Ó Cíobháin, P. 1997. 'Litir chuig an eagarthóir'. *Foinse*, 7 Meán Fómhair.

Ó Coimín, M. 2016a. 'Rogha nua ar Sheinnteoir TG4 – fotheideal Bhéarla, fotheidil Ghaeilge nó gan fotheidil ar bith'. *Tuairisc.ie*, 20 Aibreán.

Ó Coimín. M. 2016b. 'An tóin tite as tionscal na teilifíse Gaeilge' – imní léirithe ag léiritheoirí neamhspleácha teilifíse'. *Tuairisc.ie.* 8 Meán Fómhair.

Ó Coimín, M. 2016c. 'TG4 ag tarraingt siar ó bheith ag déanamh clár agus athruithe móra á mbeartú i mBaile na hAbhann'. *Tuairisc.ie*, 6 Nollaig.

Ó Coimín, M. 2015a. 'Ceist na bhfotheideal "ar bharr an chláir oibre" ag TG4'. *Tuairisc. ie*, 29 Aibreán.

Ó Coimín, M. 2015b. '"Gá le feachtas" in aghaidh fotheidil Bhéarla agus fógraí Béarla ar TG4 – Feargal Mac Amhlaoibh'. *Tuairisc.ie*, 1 Bealtaine.

Ó Coimín, M. 2015c. 'TG4 ag obair "síoraí seasta" ar cheist na bhfotheideal'. *Tuairisc.ie*, 27 Iúil.

Ó Coimín, M. 2015d. 'Níor chreid éinne ag an gcruinniú sin go mbeadh TG4 ina chuid chomh nádúrtha den saol cumarsáide'. *Tuairisc.ie*, 5 Nollaig.

O'Connell, E. 2014. 'Subtitles and minority language broadcasting'. Gàidhlig TV [ar líne]. Ar fáil: http://www.gaidhlig.tv/post/104092170492/subtitles-and-minority-language-broadcasting-dr.

O'Connell, S. 2010. 'TG4 paused for thought as it awaits post-budget fate'. *The Irish Times*, 18 Samhain.

O'Connor, B. 1997. 'Slán go fóill TnaG'. *The Sunday Independent*, 23 Feabhra.

O'Cuaig, S. 1998. 'Gan Teilifís Ghaeltachta – Gan Ghaeilge' *Comhar.* Bealtaine.

O'Doherty, Ian. 2015. 'Want to save Irish? Stop forcing it onto school children'. *Irish Independent*, 1 January.

Ó Dónaill, É. 2005. 'Agallamh beo: Máire Killoran'. *Beo!* (Eagrán 52) Lúnasa.

Ó Donnchú, P. 1996. 'Tá sorry orainn'. *Foinse*, 15 Nollaig.

O'Faolain, N. 1996. 'Do "bad" people make better television?'. *The Irish Times*, 23 November.

Ó Feinneadha, C. 2001. 'Bhí laoch ag teastáil ó óige na Gaeilge agus na Gaeltachta'. *Foinse*, 28 Deireadh Fómhair.

O'Flaherty, E. 2005. 'TG4 and television history.' *History Ireland*, November–December.

Ó Gairbhí, S.T. 2016. 'TG4@20: Tacaíocht fhorleathan do TG4 20 bliain i ndiaidh a bhunaithe, de réir pobalbhreith nua'. *Tuairisc.ie*, 31 Deireadh Fómhair.

Ó Gairbhí, S.T. 2015a. '"Féachtar le dea-Ghaeilge chruinn a chinntiú ar gach clár Gaeilge ar TG4": Freagra tugtha ag TG4 ar cholún ar Tuairisc.ie faoi chaighdeán na Gaeilge ag an stáisiún.' *Tuairisc.ie*, 29 Eanáir.

Ó Gairbhí, S.T. 2015b. '"Eisceacht" a bhí i gcur chuige "Béarla-Gaeilge" láithreoirí Fleadh TV, a deir TG4'. *Tuairisc.ie*, 18 Lúnasa.

Ó Gairbhí, S.T. 2015c. 'Is mó seans go bhfeicfeá agallamh ar TG4 le scríbhneoir Béarla ar chamchuairt poiblíochta ná ceann le scríbhneoir Gaeilge…'. *Tuairisc.ie*, 29 Deireadh Fómhair.

Ó Gairbhí, S.T. 2014a. 'Míshástacht le polasaí Gaeilge an Stáit agus ceapachán McHugh'. *Tuairisc.ie*, 13 Deireadh Fómhair.

Ó Gairbhí, S. T. 2014b. 'Straitéis "idir dhá cheann na meá" – Roinn na Gaeltachta'. *Tuairisc.ie*, 21 Deireadh Fómhair.

Ó Gairbhí, S.T. 2013. 'Dul chun cinn fadálach le hatheagar seirbhísí nuachta'. *The Irish Times*, 20 Feabhra.

Ó Gairbhí, S.T. 2012a. 'TG4 sásta lena gcaidreamh craoltóireachta leis an lucht féachana'. *The Irish Times*, 15 Lúnasa.

Ó Gairbhí, S.T. 2012b. 'RTÉ chun atheagar a dhéanamh ar sheirbhísí nuachta Gaeilge'. *The Irish Times*, 26 Meán Fómhair.

Ó Gallchóir, P. 2013. 'Fios nua físe ag TG4 – agus fút atá sé an fhís sin a fhíorú'. *The Irish Times*, 11 Nollaig.

Ó Glaisne, R. 1987. 'TV Gaeltachta – sodhéanta'. *Irish Press*, 9 Deireadh Fómhair.

O'Hanlon, E. 1993. 'It's TV Ga-Ga as Gaeilge'. *Sunday Independent*, 28 November.

Ó hÉallaithe, D., Ní Thuathail, C., Ó Mainnín, C. agus Quinn, B. 1987. 'Letters to the Editor'. *Irish Press*, 9 October.

Ó hÉallaithe, D. 2012. 'TG4 ag sé bliana déag d'aois, ach cá ndeachaigh an fhís?'. *Beo!* (Eagrán 139) Samhain.

Ó hÉallaithe, D. 1998. 'TnaG ar leathshúil'. *Foinse*, 15 Feabhra.

Ó hÉallaithe, D. 1997. 'Cúléisteacht'. *Foinse*, 16 Samhain.

Ó hÉallaithe, D. 1992. 'Níl i ndán don Ghaeilge faoi Fhianna Fáil ach an bás'. *The Irish Times*, 6 Deireadh Fómhair.

Ó hÉallaithe, D. 1991. 'Athbhreithniú ar TnaG'. *Anois*, 13–14 Aibreán.

Ó hUigínn, M. D. 2012. 'Mise agus an Ghaeilge'. *The Irish Times*, 3 Márta.

Ó hUigínn, M. D. 2006. 'TG4 is culturally vital and may be the last bastion of public service broadcasting'. *Irish Examiner*, 31 October.

Ó hUigínn, M. D. 1996. 'Cead cnaipe á bhrú'. *Comhar*, Samhain.

Ó Liatháin. C. 2012. 'One-sided IRA documentary is a stain on TG4's good record'. *Sunday Independent*, 8 January.

Ó Maolfabhail, D. 1997. 'Ábhar díomá agus dóchais'. *Comhar*, Eanáir.

Ó Murchú, A. 1997. 'Béim ar an mbosca'. *Foinse*, 4 Bealtaine.

Ó Móráin, D. 1993. 'Why Teilifís na Gaeilge is not such a good idea'. *The Irish Press*, 10 May.

Ó Muirí, P. 2006. 'Saoirse TG4 fógartha ag an Rialtas'. *The Irish Times*, 23 Lúnasa.

Ó Muirí, P. 2005a. 'Molann cáipéis RTÉ féinriail do TG4'. *The Irish Times*, 20 Aibreán.

Ó Muirí, P. 2005b. 'Molann RTÉ fógraíocht a bhaint de TG4'. *The Irish Times*, 26 Deireadh Fómhair.

Ó Muirí, P. 2004. '€44m de dhíth ar TG4 anois – tuairisc teilifíse'. *The Irish Times*, 13 Deireadh Fómhair.

Ó Muirí, P. 1998a. 'Nuacht Theilifís na Gaeilge – *Zzzzzzzzzzzzzzzzz*'. *The Irish Times*, 8 Aibreán.

Ó Muirí, P. 1998b. 'An Irishman's Diary'. *The Irish Times*, 3 Samhain.

Ó Muirí, P. 1997. 'Teilifís na Gaeilge, an fiú an tairbhe an trioblóid?'. *The Irish Times*, 26 Samhain.

Ó Muirthile, L. 2002. 'An Peann Coitianta'. *The Irish Times*, 30 Eanáir.

Ó Muirthile, L. 2001. 'Comóradh Chúig Bliana TG4'. *Foinse*, 28 Deireadh Fómhair.

Ó Muirthile, L. 1998. 'An Peann Coitianta'. *The Irish Times*, 7 Bealtaine.

O'Regan, M. 1996a. 'Irish will never be restored as the national language of this country'. *The Kerryman*, 19 January.

O'Regan, M. 1996b. 'Teilifís na Gaeilge. An ill-conceived, expensive and reckless project'. *The Kerryman*, 21 June.

O'Reilly, P. 1995. 'Teilifís na Gaeilge a waste of millions of taxpayers' money'. *The Kerryman*, 1 September.

Quinn, B. 1991. 'A Gaeilgeoir solution to a Gaeltacht problem'. *The Irish Times*, 6 July.

Rea, J. 1994. 'Keeping dairy farmers poor'. *Irish Farmers Journal*, 24 September.

Rea, J. 1993. 'Fish riding bicycles'. *Irish Farmers Journal*, 4 December.

Reddan. F. 2016. 'Irish Netflix customers face price hike at end of month'. *The Irish Times*, 12 April.

Reilly, J. 2012. 'IRA series "seriously stains TG4"'. *Sunday Independent*, 8 January.

Reynolds, D. 2013. 'Now you're speaking our language!'. *Irish Independent*, 17 May.

Ryan, L. 1980. 'Irish language activists raid TV studios'. *Irish Independent*, 24 October.

Smith, M. 1993. 'When ideology overrules broadcasting sense'. *Sunday Independent*, 13 September.

Stacey, P. 2015. 'Why I want more of TG4'. *Irish Independent*, 16 October.

Stacey, P. 2012. 'TG4 has vision and right attitude'. *Evening Herald*, 12 June.

Stacey, P. 2004. 'TG4 is one of the best things to happen to Irish television – in any language'. *Evening Herald*, 29 September.

Sunday Independent. 1996. 'Quotes of the Week'. *Sunday Independent*, 14 January.

Sunday Independent. 1995. 'Quotes of the Week'. *Sunday Independent*, 16 July.

Tierney, D. 1996. 'TnaG – coming soon to a screen near you'. *Connacht Sentinel*, 14 May.

Titley, A. 2015. 'An Ghaeilge ar imeall an náisiúin'. *Comhar*, Meitheamh.

Tuairisc.ie. 2015. 'Clár TG4 mar phríomhscéal ar an suíomh nuachtáin Béarla is mó tóir ar domhan'. *Tuairisc.ie*, 27 Meán Fómhair.

Walsh, H. 2000. 'Gweedore man gets top job at TG4'. *Donegal News*. 28 April.

Walsh, J. 2015. 'Fós ag feitheamh ar an míorúilt theangeolaíoch.' *Tuairisc.ie*. 9 Deireadh Fómhair.

Walsh, J. 2014. 'Lagchosaint an Taoisigh pollta ag pobalbhreith.' *Tuairisc.ie*. 13 Deireadh Fómhair.

Waters, J. 1996. 'New salvo launched in war on the Irish language'. *The Irish Times*, 28 May.

Watterson, J. 2006. 'Irish-language station proves a real ace'. *The Irish Times*, 21 June.

Webb, N. 2013. 'Family Guy has helped 3e overtake TG4 in ratings'. *The Sunday Independent*, 6 October.

Leabhair

Anderson, D. 1999. *Conas an Ghaeilge a chraoladh i dTuaisceart Éireann.* Béal Feirste: An tIontaobhas Ultach.

Andrews, D. 2007. *Kingstown republican.* Dublin: New Island.

Corcoran, F. 2004. *RTE and the globalisation of Irish television.* Bristol: Intellect.

Collins, S. 2000. *The power game.* Dublin: O'Brien Press.

Davitt, M. 2003. *Fardoras.* Indreabhán: Cló Iar-Chonnacht.

Davitt, M. 1998. *Scuais.* Indreabhán: Cló Iar-Chonnacht.

Deane, S. 1997. *Strange country.* Oxford: Clarendon Press.

Delap, B. 2014. *Scéal scéil: rúndiamhra na meán.* Baile Átha Cliath: Cois Life.

Delap, B. 2012. *Ar an taifead.* Baile Átha Cliath: Cois Life.

DeLillo, Don 1973. *Great Jones Street.* Boston: Houghton Mifflin.

Denvir, G. 1997. *Litríocht agus pobal.* Indreabhán: Cló Iar-Chonnacht.

Denvir, S. 2008. *Ciarán Ó Fátharta – amhráin.* Indreabhán: Cló Iar-Chonnacht.

Doolan, L., Dowling, J. agus Quinn, B. 1969. *Sit down and be counted.* Dublin: Wellington Publishers.

Higgins, M. D. 2006. *Causes for concern.* Dublin: Liberties Press.

Hindley, R. 1990. *The death of the Irish language: A qualified obituary.* London: Routledge.

Hourigan, N. 2003. *Escaping the global village.* Lanham, Maryland: Lexington Books.

Kundera, M. 1991. *Immortality,* London: Faber and Faber.

Lee, J. 1989. *Ireland, 1912–1985: politics and society.* Cambridge: Cambridge University Press.

Lynch, D., agus Mathews, A. 2008. *The book of poor ould fellas.* Dublin: Hachette Books Ireland.

Mac Póilín, A. 1997. *Irish-medium television in Northern Ireland.* Béal Feirste: Iontaobhas Ultach.

McWilliams, D. 2012. *The Pope's children.* Dublin: Gill & Macmillan.

Montague, J. 1989. *The figure in the cave and other essays.* Dublin: Lilliput Press.

Nashawaty, C. 2013. *Crab monsters, teenage cavemen, and candy stripe nurses.* New York: Abrams.

Ní Dhomhnaill, N. 1993. *Pharaoh's daughter.* Winston-Salem, North Carolina: Wake Forest University Press.

Ó Conaire, B. 1996. *Myles na Gaeilge – lámhleabhar ar shaothar Gaeilge Bhrian Ó Nualláin.* Baile Átha Cliath: An Clóchomhar Teo.

Ó Conchubhair, B. 2008. *Why Irish?* Galway: Arlen House.

O'Connell, E., Walsh, J., agus Denvir, G. 2008. *TG4@10.* Indreabhán: Cló Iar-Chonnacht.

Ó Criomhthain, S. 1969. *Lá dár saol.* Baile Átha Cliath: Oifig an tSoláthair.

Ó Neachtain, J. S. 2013. *Ag caint linn fhéin.* Indreabhán: Cló Iar-Chonnacht.

Quinn, B. 2001. *Maverick.* Dingle: Brandon.

Savage, R. J. 1996. *Irish television: the political and social origins.* Westport, Connecticut: Praeger.

Thiong'o, Ngũgĩ Wa 1986. *Decolonising the mind: the politics of language in African literature.* London: Currey.

Watson, I. 2003. *Broadcasting in Irish: minority language, radio, television and identity.* Dublin: Four Courts Press.

Suímh Idirlín

TG4. 2016. *Ceisteanna coitianta.* [ar líne] Ar fáil: www.tg4.ie/ga/faq/frequently-asked-questions/

Daily Mail. 2015. *'Pioc do Ride: Man chooses pitstop voucher for car over date'.* [ar líne] Ar fáil: http://www.dailymail.co.uk/video/news/video-1217142/Pioc-Ride-Man-chooses-pitstop-voucher-car-date.html

An Coimisinéir Teanga 2013. *Nótaí Cainte; An Coimisinéir Teanga, Seán Ó Cuirreáin ag an gComhchoiste um Fhormhaoirsiú ar an tSeirbhís Phoiblí agus Achainíocha de chuid Thithe an Oireachtais, 4 Nollaig 2013, 4.15pm.* [ar líne] Ar fáil: www. coimisineir.ie/downloads/NotaicainteAnCoimisineirTeanga04122013.pdf

TAMIreland. 2015. 'TV is more popular now than 10 years ago'. Ar fáil: http://www.tamireland.ie/node/466

Raidió agus Teilifís

Cormac ag a Cúig. 2012. RTÉ Raidió na Gaeltachta. 6 Samhain.

Innéacs ainmneacha pearsanta